Der Grundschuldsicherungsvertrag als Wandlung eines Treuhandverhältnisses

Saarbrücker Studien
zum Privat- und Wirtschaftsrecht

Herausgegeben von Johann Paul Bauer,
Michael Martinek (geschäftsführender Herausgeber)
und Helmut Rüßmann

Band 82

PL ACADEMIC RESEARCH

Matthias Michael Kappel

Der Grundschuldsicherungsvertrag als Wandlung eines Treuhandverhältnisses

Ein Beitrag zur Überwindung der Dichotomie von Sicherung und Treuhand

PL ACADEMIC RESEARCH

Bibliografische Information der Deutschen Nationalbibliothek
Die Deutsche Nationalbibliothek verzeichnet diese Publikation in der Deutschen Nationalbibliografie; detaillierte bibliografische Daten sind im Internet über http://dnb.d-nb.de abrufbar.

Zugl.: Saarbrücken, Univ., Diss., 2013

Gedruckt auf alterungsbeständigem,
säurefreiem Papier.

D 291
ISSN 1433-8866
ISBN 978-3-631-64845-2 (Print)
E-ISBN 978-3-653-03830-9 (E-Book)
DOI 10.3726/978-3-653-03830-9

PL Academic Research ist ein Imprint der Peter Lang GmbH.

Peter Lang – Frankfurt am Main · Bern · Bruxelles · New York · Oxford · Warszawa · Wien

Dieses Buch erscheint in einer Herausgeberreihe bei PL Academic Research und wurde vor Erscheinen peer reviewed.

www.peterlang.com

Vorwort

Diese Arbeit beschäftigt sich mit dem Sicherungsvertrag der Grundschuld, dem Bindeglied zwischen der zu sichernden Forderung und dem dinglichen Recht. Im Sommersemester 2013 wurde sie durch die Rechts- und wirtschaftswissenschaftliche Fakultät der Universität des Saarlandes als Dissertation angenommen.

Besonderer Dank gebührt in allererster Linie meinem Doktorvater Herrn Prof. Dr. Dr. Dr. h.c. mult. Michael Martinek. Seine Offenheit bei der Themenwahl und seine konstruktiven Vorschläge im Rahmen der weiteren Erstellung der Arbeit bildeten den Grundstein des gesamten Vorhabens. Er stand mir während der gesamten Promotionsphase mit Rat und Tat zur Seite. Durch seine professionelle Betreuung konnte die Arbeit überhaupt erst gelingen. Frau Prof. Dr. Tiziana Chiusi sei für die Erstellung des Zweitgutachtens herzlich gedankt.

Weiterhin möchte ich mich ganz herzlich bei Herrn RA Georg Rohleder bedanken. Er hat mich während der Promotionsphase in jeder Hinsicht unterstützt und zum Durchhalten ermuntert. Die Zusammenarbeit mit ihm hat mir das Bankrecht näher gebracht und damit den thematischen Anstoß für die Arbeit gegeben. Ich habe mich in seiner Kanzlei immer sehr wohl gefühlt, wofür auch dem gesamten Team besonderer Dank gebührt.

Meiner Frau Rebecca sei für ihre unendliche Geduld während der Erstellung der Arbeit gedankt. Sie hat mir den Rücken freigehalten, so dass ich mich auf das Wesentliche konzentrieren konnte.

Schließlich gilt auch meiner Familie besonderer Dank. Ohne ihre Unterstützung wäre die Arbeit nicht gelungen.

Inhaltsübersicht

Inhaltsverzeichnis

§ 1 Einleitung

A. Problemstellung und Hinführung zum Thema

Der Gesetzgeber hat in den §§ 1113–1198 BGB mit der akzessorischen Hypothek und der abstrakten Grundschuld zwei gegensätzliche Grundpfandrechtstypen normiert. In der Praxis hat sich die Grundschuld als Sicherungsmittel der Bank und Kreditwirtschaft für die Absicherung längerfristiger, großvolumiger Kredite durchgesetzt und die Hypothek fast gänzlich verdrängt.[1] Die fehlende Abhängigkeit der Grundschuld von einer zu sichernden Forderung führt dazu, dass ihr Sicherungszweck der freien Vereinbarung unterliegt.[2] In der praktischen Handhabung können so Forderungsauswechslungen aufgrund von Umfinanzierungsvorgängen und Abtretungsgeschäften problemlos und ohne größeren Verwaltungsaufwand durchgeführt werden. Diese erhöhte Flexibilität hat den Siegeszug der Grundschuld zur Absicherung von Kreditforderungen gegenüber der Hypothek begründet.

Die Kehrseite der fehlenden Akzessorietät ist allerdings ein erhöhter Regelungsbedarf. Die Verknüpfung des dinglichen Rechts mit der zu sichernden Forderung erfolgt nicht im Wege eines Automatismus, sondern muss eigens durch eine schuldrechtliche Vereinbarung, den Sicherungsvertrag hergestellt werden.[3] In ihm finden sich die Regelungen darüber welche Sicherheit zu bestellen ist, wie weit der Haftungsumfang reicht und unter welchen Voraussetzungen der Gläubiger auf die Sicherheit zugreifen darf. Neben dem Kreditvertrag und der dinglichen Grundschuldbestellung bildet er das Herzstück eines jeden Kreditsicherungsverhältnisses.

Trotz der immensen praktischen Bedeutung fristet der Sicherungsvertrag ein Schattendasein. Bis zur Kodifikation des § 1192 Ia BGB, der den Sicherungsvertrag nunmehr explizit nennt und damit seine Existenz voraussetzt, hat er im

---

1 In diesem Sinne: *Jacoby* in Derleder/Knops/Bamberger, Handbuch zum Deutschen und europäischen Bankrecht, § 24 Rn. 1. *So* auch *v. Crailsheim/Rohleder* in Ahnert/Engel/Rohleder, Handbuch Firmenkreditgeschäft S. 657.

2 Selbstverständlich dient auch die Grundschuld in der Praxis nahezu ausschließlich der Forderungssicherung. Vgl.: *Wieling,* SachenR § 26 II 2.

3 Vgl.: Staudinger Eckpfeiler/*Kessal-Wulf,* S. 408.

Gesetz keinerlei Regelung gefunden.[4] Die Wissenschaft hat sich bemüht die vorhandene Regelungslücke zu schließen und vor allem die Rechtsnaturbestimmung des praktisch bedeutsamen Innominatvertrages voranzutreiben. Diese Bestrebungen haben dazu geführt den Sicherungsvertrag der Grundschuld, wie auch andere schuldrechtliche Verknüpfungsinstrumentarien bei abstrakten Kreditsicherheiten, als „fiduziarisch“ zu bezeichnen und ihn damit in Verbindung mit dem Rechtsinstitut der Treuhand gebracht. Die wissenschaftliche Auseinandersetzung wurde jedoch nur oberflächlich geführt und konzentrierte sich weniger auf den Sicherungsvertrag als solches, sondern mehr auf die Grundschuld selbst. Zudem wurde im Rahmen der einschlägigen Darstellungen nicht offengelegt von welchem Trauhandverständnis die jeweilige Untersuchung vorgenommen wurde.

An dieser Stelle will die vorliegende Arbeit ansetzten und alleine den Grundschuldsicherungsvertrag in den Fokus der Untersuchung rücken. Angesichts der rasanten dogmatischen Entwicklungen im Bereich des Trauhandrechts in den letzten Jahren besteht Anlass die Rechtsnaturbestimmung des Sicherungsvertrages umfassend zu hinterfragen.[5] Da es sich bei der gesamten Materie um „gelebtes“ Recht handelt, welches maßgeblich durch die Praxis der Banken und Kreditinstitute sowie die Entscheidungspraxis der Rechtsprechung geprägt wird, ist es unumgänglich aktuelle Problemstellungen in die Untersuchung miteinzubinden. Schließlich müssen auch wirtschaftliche Gesichtspunkte berücksichtigt werden, um der praktischen Bedeutung der Sicherungsgrundschuld bei Finanzierungs- und Sicherungsgeschäften gerecht zu werden.

B. Gang der Darstellung

Die Arbeit gliedert sich in sieben Kapitel. Nach einer kurzen Einführung, die das zugleich die Aufgabe übernimmt an die Themenstellung der Arbeit heranzuführen, wird in § 2 zunächst die Entwicklung des Sicherungsvertrages hin zu einem eigenständigen Rechtsverhältnis aufgezeigt, bevor die bisherigen Einordnungsversuche der Literatur und der Rechtsprechung im Sinne einer Bestandsanalyse wiedergegeben werden. § 2 endet mit der Vorstellung der eigenen These, im

4 § 1192 Ia BGB wurde durch das Gesetz zur Begrenzung der mit Finanzinvestitionen verbundenen Risiken („Risikobegrenzungsgesetz“, BGBL. I S. 1666) mit Wirkung zum 19.08.2008 neu eingeführt.

5 Im Jahr 2006 erschienen nahezu zeitgleich die Werke von *Löhnig*, („Treuhand“) und *Bitter*, („Rechtsträgerschaft für fremde Rechnung“).

Sicherungsvertrag der Grundschuld ein in zweierlei Hinsicht wandlungsfähiges echtes Treuhandverhältnis zu erblicken. § 3 wird sich dann den dogmatischen Grundlagen des Treuhandwesens nähern und überblicksartig die Entwicklung des Rechtsinstituts der Treuhand und deren Kategorisierungen wiedergeben. Dabei wird sich ein Teil der Darstellung dem Verhältnis von Sicherungsgeschäften zu Treuhandverhältnissen widmen. § 4 setzt sich mit dem Bezugspunkt treuhänderischer Rechte und Pflichten, dem „Treugut", näher auseinander und wird unter Berücksichtigung der neusten Entwicklungen die Besonderheiten des Sicherungsvertrages und der dadurch näher ausgestalteten Grundschuldsicherung in der Bank- und Kreditwirtschaft aufzeigen, systematisch analysieren und die Charakteristika des Grundschuldsicherungsvertrages als Treuhandverhältnis aufzeigen.

§§ 5 und 6 stellen das Kernstück der Arbeit dar. Inhaltlich wird die Wandlung des Sicherungsvertrages in zweierlei Hinsicht dargestellt. § 5 wird aufzeigen, dass der Sicherungsvertrag der Grundschuld in objektiver Hinsicht eine Zweckrichtungsänderung vollführt, die sich an der Entwicklung des gesicherten Kreditverhältnisses orientiert. Im Anschluss hieran wird sich § 6 dann mit den Interessen der Vertragsparteien auseinandersetzen und diese in den Fokus der Untersuchung stellen. Es wird herausgearbeitet werden, dass entsprechend der objektiven Zweckrichtungsänderung auch eine Wandlung des Rechtsverhältnisses auf der Ebene der Parteiinteressen stattfindet.

§ 7 bildet den Abschluss der Arbeit und wird nach einer kurzen Zusammenfassung die wesentlichen Erkenntnisse der Arbeit aufzeigen.

§ 2 Einordnungen des Grundschuldsicherungsvertrages

A. Die Entwicklung des Sicherungsvertrages als eigenständiges Rechtsverhältnis

Die Grundschuld wurde mit Inkrafttreten des BGB zum 01.01.1900 in den §§ 1191–1198 BGB aF. normiert. Der historische Gesetzgeber orientierte sich bei der Kodifikation an den Regelungen des hamburgischen, lübischen, mecklenburgischen und preußischen Rechts, die bereits ein nicht akzessorisches Grundpfandrecht in unterschiedlicher Ausformung geregelt hatten. Das preußische Recht verstand die Grundschuld als ein nicht akzessorisches Grundpfandrecht, bei welchem nur das Grundstück dem jeweiligen Gläubiger haftete und eine persönliche Haftung des Grundstückseigentümers ausgeschlossen war.[1] Die Ausgestaltung der Grundschuld im BGB entsprach daher den schon vorhandenen landesrechtlichen Regelungen.[2] Die Gründe zur Schaffung einer weiteren Grundpfandrechtsform neben der allseits bekannten akzessorischen Hypothek waren dabei sowohl wirtschaftlicher als auch rechtlicher Natur. In wirtschaftlicher Hinsicht war es um die Realkreditvergabe nach Auffassung des historischen Gesetzgebers nirgends so gut bestellt wie in den Regionen, in denen die Grundschuld in Gebrauch war.[3] In rechtlicher Hinsicht wollte man ein Institut kreieren, das den Anforderungen des expandierenden Kreditverkehrs gewachsen war. Grundstücke sollten als Kreditsicherheit die Aufnahme von Kapital ermöglichen, ohne ein persönliches Haftungsrisiko für den Eigentümer mit sich zu bringen,[4] um auf diese Weise die Mobilisierung des Grundeigentums voranzutreiben.

Die dogmatischen Folgen, die mit der Kodifikation eines neuen Grundpfandrechtstyps einhergehen würden, waren dem historischen Gesetzgeber bewusst. Die juristische Konstruktion und dogmatische Durchdringung des neugeschaffenen Rechtsinstitutes wurde bewusst der Wissenschaft überlassen.[5]

---

1 Vgl. §§ 18–67 des preußischen Eigentumserwerbsgesetzes vom 5. Mai 1872.
2 Motive des BGB Bd. 3, S. 779, 780.
3 Motive des BGB Bd. 3; S. 608.
4 Motive des BGB Bd. 3; S. 610.
5 Motive des BGB Bd. 3; S. 610.

In der Anfangsphase nach Einführung des BGB war der Sicherungsvertrag als schuldrechtliches Rechtsverhältnis bei der Grundschuld gänzlich unbekannt. Das hängt damit zusammen, dass die Rechtsbeziehungen zwischen den Beteiligten, wie sie einer grundschuldgesicherten Forderung zu Grunde liegen, dogmatisch nicht derart ausdifferenziert waren, wie es heute der Fall ist. Man erkannte, dass aufgrund des Abstraktionsprinzips, der Grundschuld ein schuldrechtliches Rechtsverhältnis zu Grunde zu legen war, welches den Rechtsgrund, die bereicherungsrechtliche „Causa", für ihre Bestellung darstellte. Es galt schon damals als gefestigte Annahme, dass dieser Rechtsgrund außerhalb der dinglichen Rechtsänderung zu suchen war.[6] Aus der vorgenannten Erkenntnis wurde der naheliegende Schluss gezogen, die zu sichernde Forderung als „Causa" in Sachen des Bereicherungsrechts anzusehen.[7] Zur Begründung dessen wurde angeführt, dass der Gläubiger einen Anspruch auf Erfüllung der Forderung habe, zu deren Sicherung die Grundschuld „erfüllungshalber" bestellt werde. Die Nichterfüllung der Forderung führe zur Verwertung der Sicherheit, aus deren Erlös die Forderung getilgt werde. Daher sei die Forderung auch der Rechtsgrund für die Grundschuldbestellung.[8] Diese Erkenntnis lässt offensichtlich werden, dass zur damaligen Zeit lediglich zwei Rechtsverhältnisse bei der Grundschuldsicherung unterschieden wurden: die zu sichernde Forderung und die dingliche Grundschuldbestellung.[9]

Dieses Verständnis hielt sich bis in die 1930-iger Jahre. Erst dann finden sich vereinzelt Hinweise, dass neben persönlicher Forderung und dem dinglichen Recht weitere vertragliche Vereinbarungen getroffen werden können, die Art und Weise der Verwertungsbefugnis des Grundschuldgläubigers regeln für den Fall, dass die gesicherte Forderung bei Fälligkeit nicht zurückgezahlt wird.[10] Die Idee, dass bei der Grundschuld die Verwertungsbefugnis des Gläubigers durch rechtlich verbindliche Abreden limitiert werden kann, war ein wichtiger Schritt, um den Sicherungsvertrag als eigenständiges Rechtsverhältnis zu entwickeln.

Der größte Fortschritt wurde erreicht, indem die Forderung als Rechtsgrund für die Grundschuldbestellung überwunden wurde. Nicht mehr die Forderung, sondern ein davon zu unterscheidendes, schuldrechtliches Rechtsverhältnis wurde als

---

6 Vgl. die Darstellung bei *v. Thur*, Allgemeiner Teil des Deutschen Bürgerlichen Rechts, Bd. 2, 2. Hälfte § 76 I, S. 174 ff.

7 Exemplarisch: *Plank/Strecker*, Bürgerliches Gesetzbuch, Bd. III, § 1192 S. 730; ebenso: *Krawielicki*, Die Grundlagen des Bereicherungsanspruches, S. 33, 167 ff., 186 ff.

8 *Krawielicki*, Die Grundlagen des Bereicherungsanspruches, S. 33, 167 ff.; 186 ff.

9 *Weisbecker*, Die Grundschuld in ihren Beziehungen zur persönlichen Forderung, S. 18 ff.

10 *Münstermann*, Grundschuld und persönliche Forderung, S. 15.

Rechtsgrund für die Bestellung der Grundschuld ausgemacht. Man erkannte, dass sich bei Nichtentstehen der zu sichernden Forderung ein Rückgewähranspruch aus Bereicherungsrecht zugunsten des Sicherungsgebers nur dann ergibt, wenn die „Zweckwidmung" nichtig ist.[11] Hierauf aufbauend wurde erkannt, dass die zu sichernde Forderung mit der Grundschuld lediglich in schuldrechtlicher Weise verknüpft ist.[12] Ein „Sicherstellungsvertrag" bestimme den Zweck, wofür die dingliche Sicherheit zu verwenden sei.[13] Fehlt dieser Zweck oder gerät er nachträglich in Wegfall, dann folge aus diesem „Sicherstellungsvertrag", ein Anspruch des Sicherungsgebers gegen den Sicherungsnehmer auf Rückübertragung der Grundschuld.[14]

Diese Erkenntnis führte dazu, dass seitdem bei der Sicherungsgrundschuld drei Rechtsverhältnisse unterschieden wurden: die zu sichernde Forderung, die Bestellung der Grundschuld und der schuldrechtliche Sicherungsvertrag. Für letzteren hatte sich allerdings noch keine klare Terminologie durchsetzen können. Stellenweise wurde der Sicherungsvertrag als „Zweckwidmung" bezeichnet,[15] während auch die Bezeichnung des „Sicherstellungsvertrag" gebräuchlich war.[16]

Von diesem Zeitpunkt an begann sich die Wissenschaft vertieft mit dem neuen schuldrechtlichen Rechtsverhältnis bei der Sicherungsgrundschuld zu beschäftigen. Der größte Durchbruch wurde erreicht, indem der Sicherungsvertrag als Rechtsgrund der Grundschuldbestellung erkannt und damit letztlich eine gedankliche Loslösung von der zu sichernden Forderung erreicht wurde.

Die dogmatische Entwicklung des Sicherungsvertrages als eigenständigem Vertragsverhältnis, dem die Aufgabe zukommt, den Rechtsgrund für die Bestellung der Grundschuld zu bilden und zugleich die Befugnisse des Grundschuldgläubigers auf die Zweckwidmung der Forderungssicherung zu limitieren, hatte erhebliche Zeit in Anspruch genommen. Vor dem Hintergrund, dass die Grundschuld bereits vor dem zweiten Weltkrieg auf dem Weg war, die Hypothek für die

---

11 *Kowalski,* Die Grundschuld im modernen Grundbuchverkehr, S. 29.

12 *Komanns,* Das Grundpfandrecht als fiduciarische Sicherheit, S. 5.

13 *Komanns*, Das Grundpfandrecht als fiduciarische Sicherheit, S. 21.

14 *Komanns*, Das Grundpfandrecht als fiduciarische Sicherheit, S. 21. Die Begründung für diese Ergebnis wird Huber 25 Jahre später erstmals zutreffend darin zusammenfassen, dass der Gläubiger einer Forderung nicht automatisch das Recht hat eine Sicherheit zu verlangen, sondern es hierfür eines gesonderten Anspruches bedarf. Daraus ergibt sich, dass die Forderung nicht der Rechtgrund der Grundschuldbestellung sein kann. Vgl.: *Huber*, Die Sicherungsgrundschuld, S. 88.

15 *Kowalski*, Die Grundschuld im modernen Grundbuchverkehr, S. 29.

16 *Komanns*, Das Grundpfandrecht als fiduciarische Sicherheit, S. 21.

Sicherung kurz- und mittelfristiger[17] Kredite abzulösen[18] und damit bereits seit 40 Jahren „gelebtes" Recht darstellte, zeichnet sich das für das Verständnis und die Rechtsentwicklung der Sicherungsgrundschuld typische Problem bereits ab: die Bankpraxis hatte bereits in den Anfängen des neuen Rechtsinstituts „Sicherungsgrundschuld" die dogmatische Entwicklung rasant überholt. Die Wissenschaft geriet mit der Entwicklung der dogmatischen Grundlage zusehends ins Hintertreffen. Diese Problematik des „retroperspektivischen" Untersuchungsansatzes hat sich bis in die heutige Zeit gehalten. Die Impulse und Entwicklungsinitiativen auf dem Gebiet der Sicherungsgrundschuld und insbesondere der sicherungsvertraglichen Regelungen finden ihren Anfang in der täglichen Praxis der Banken und Kreditinstitute.

B. Einordnungsversuche der Literatur

Das Auftauchen eines neuen, nicht kodifizierten Vertragstypus konfrontiert sowohl Wissenschaft, als auch Rechtsprechung mit der Frage, welche Regelungen auf das Schuldverhältnis Anwendung finden.[19] Die Rechtsfindung[20] stellt sich dabei als typologische Methode dar.[21] Die Rechtsnaturbestimmung erfordert eine wertende Untersuchung, ob die jeweilige Parteivereinbarung aufgrund des Inhalts und der Interessenlage der Beteiligten einem bestehenden, bereits bekannten Typus zugeordnet werden kann.[22] Im Kern geht es dabei um die Festlegung des rechtlichen Regelungsprogramms.[23]

---

17 Unter kurzfristigen Krediten wurden bis in die 1950-iger Jahre solche, mit einer Laufzeit bis zu drei Monaten verstanden. Mittelfristige Kredite hatten nach damaligem Verständnis eine Laufzeit von bis zu sechs Monaten. Vgl. *Seckelmann*, Die Grundschuld als Sicherungsmittel, S. 22.

18 *Felgentraeger*, FS Gierke, Hypothek und Grundschuld, S. 144.

19 Vgl. hierzu auch *Stoffels*, Gesetzlich nicht geregelte Schuldverträge, S. 3.

20 Gelegentlich auch „Typenvergleich" genannt, hierzu: *Becker*, Die Auslegung des § 9 Abs. 2 AGB-Gesetz, S. 93, 94.

21 Staudinger Eckpfeiler/*Oechsler* Vertragstypen II Nr. 1, S. 501.

22 Kritisch hierzu: *Oechsler*, Gerechtigkeit im modernen Austauschvertrag, der generelle Bedenken gegen diese Methode erhebt, S. 315 ff, 325 ff, sowie ders. Staudinger Eckpfeiler/*Oechsler*, Vertragstypen II Nr. 1, S. 502 ff.

23 Vgl. *Martinek* in Martinek/Stoffels/Wimmer-Leonhardt, Handbuch des Leasingrechts, § 4 Rn. 1.

I. Frühe Ansätze

1) Vom fiduziarischen Rechtsverhältnis zur Sicherungstreuhand

In den ersten Darstellungen der späten dreißiger Jahre des 20. Jahrhunderts wurde bei der Gegenüberstellung von Hypothek und Sicherungsgrundschuld betont, dass erstgenannte durch die Akzessorietät zur zu sichernden Forderung gekennzeichnet sei, wohingegen sich letztgenannte als fiduziarische Sicherheit darstelle.[24] Kennzeichnend sei, dass der Einfluss der schuldrechtlichen Forderung bei der Sicherungsgrundschuld auf das schuldrechtliche Gebiet verlagert ist. Dem Sicherungsnehmer würde eine Rechtsmacht eingeräumt, welche der von den Parteien beabsichtigte Sicherungszweck nicht erfordere.[25] Der Sicherungsnehmer sei lediglich schuldrechtlich gebunden, weswegen der Sicherungsgeber ihm besonderes Vertrauen entgegenbringe.[26] Typisch für die Sicherungsgrundschuld als fiduziarische Sicherheit sei, dass dem Sicherungsgeber nach außen hin die Rechtsmacht eingeräumt werde, eine bestimmte Summe Geld aus dem belasteten Grundstück zu verlangen, wobei zugleich eine schuldrechtliche Limitierung der Befugnisse auf den Sicherungszweck erfolge.[27]

In dieser Zeit wurde speziell für die Sicherungsgrundschuld erstmals betont, dass es sich bei der Einschränkung der Befugnisse um ein fiduziarisches, also treuhänderisches Rechtsverhältnis handeln soll, bei dem das persönliche Vertrauen des Sicherungsgebers in die Einhaltung der schuldrechtlichen Zweckwidmung durch den Sicherungsnehmer kennzeichnend sei. Die Charakteristik der treuhänderischen Sicherheit wird dabei weniger im Zusammenhang mit dem Sicherungsvertrag gesehen, sondern alleine in dem Umstand, dass dem Sicherungsnehmer eine dingliche Rechtsmacht eingeräumt wird, die die Sicherung der Forderung an sich nicht erfordert.[28]

Erstmals in den 1960-iger Jahren findet sich in Darstellungen für das Schuldverhältnis, das der Sicherungsgrundschuld zu Grunde liegt, der Terminus „Sicherungsvertrag".[29] Dieser soll ein atypisches, im Gesetz nicht geregeltes

---

24 *Komanns*, Das Grundpfandrecht als fiduciarische Sicherheit, S. 5.

25 *Komanns*, Das Grundpfandrecht als fiduciarische Sicherheit, S. 5.

26 *Komanns*, Das Grundpfandrecht als fiduciarische Sicherheit, S. 5.

27 *Komanns*, Das Grundpfandrecht als fiduciarische Sicherheit, S. 9.

28 Diesem Ansatz folgten auch *Stockmayer*, Die Grundschuld als Kreditsicherungsmittel, S. 41, 43 und *Dempewolf*, Der Rückübertragungsanspruch bei Sicherungsgrundschulden, S. 68.

29 *Seckelmann*, Die Grundschuld als Sicherungsmittel, S. 40.

Schuldverhältnis im Sinne des § 305 BGB aF. darstellen. In ihm seien Regelungen dazu enthalten, welche Forderung gesichert werde, wie lange der Gläubiger die Grundschuld behalten dürfe, wie die Verwertung vorzunehmen sei und schließlich auch wann eine Rückübertragung der Grundschuld zu erfolgen habe.[30]

Im Anschluss hieran wird nicht mehr der Sicherungsgrundschuld allgemein, sondern dem Sicherungsvertrag selbst ein „fiduziarischer" Charakter beigemessen.[31] Dieser wurde darin gesehen, dass die Verwertung der Grundschuld nur dann erfolgen dürfe, wenn die gesicherte Forderung bei Fälligkeit nicht erfüllt werde. Erfolge jedoch eine Erfüllung der Forderung, so sei die Grundschuld zurück zu gewähren. Hierin liege die eigentliche „fiduziarische Zweckbindung".[32] Darüber hinaus habe der Gläubiger, zumindest im Rahmen der Verwertung der Sicherheit, die Interessen des Sicherungsgebers zu wahren.[33]

Es wird deutlich, dass als weitere Fortentwicklung der Sicherungsvertrag als Ursprung fiduziarischer, demnach treuhänderischer Wirkungen ausgemacht wird. Inhaltlich wird zwar nach wie vor die Limitierung des Gläubigerrechts auf den Sicherungszweck hervorgehoben, allerdings werden auch erstmals Interessenwahrungspflichten erkannt.

Die Erkenntnisse wurden in den 1960-iger Jahren weiter präzisiert, woraus sich erneut eine Fortentwicklung ergab. Danach bezeichne der Sicherungsvertrag ein Abkommen zwischen dem Sicherungsgeber und dem Sicherungsnehmer, welches, unter Festlegung des Sicherungszwecks, sämtliche schuldrechtlichen Beziehungen regele.[34] Dieses Abkommen begründe ein besonderes Vertrauensverhältnis, da dem Sicherungsnehmer ein Überschuss an Rechtsmacht eingeräumt werde, der ihn zum Treuhänder in Ansehung der übertragenen Grundschuld mache. Diese Interessenlage sei typisch für eine Sicherungstreuhand, wie sie auch bei dem Sicherungseigentum anzutreffen sei.[35] Kennzeichnend sei nicht alleine die

---

30 *Seckelmann*, Die Grundschuld als Sicherungsmittel, S. 40; ebenso: *Räbel*, NJW 1953, 1247. Die Weiterentwicklung zum früheren Verständis wird bereits anhand der damaligen Darstellungen deutlich. Der Sicherungsvertrag wird nicht alleine auf die Zweckbindungsfunktion reduziert, sondern in ihm werden sämtliche Rechtsfragen, die das gesamte Kreditsicherungsverhältnis betreffen, geregelt.

31 *Seckelmann*, Die Grundschuld als Sicherungsmittel, S. 41.

32 *Seckelmann*, Die Grundschuld als Sicherungsmittel, S. 64.

33 *Seckelmann*, S. 88.

34 *Scholz* in FS Möring, S. 421.

35 *Scholz* in FS Möhring, S. 421.

Zweckbindung der Grundschuld, sondern die Möglichkeit des Sicherungsnehmers missbräuchlich über das dingliche Recht zu verfügen.[36]

Die Fortentwicklung liegt darin, dass der Sicherungsvertrag als Sicherungstreuhand gekennzeichnet wird. Erstmals ist davon die Rede, dass dem Gläubiger im Rahmen der Grundschuldbestellung und Ausgestaltung des Kreditsicherungsverhältnisses die Möglichkeit eingeräumt wird, auf einen fremden Interessenkreis Einfluss zu nehmen. Es geht nicht mehr nur um die Übertragung dinglicher Rechtspositionen. Vielmehr werden vermögensrechtliche Interessen und Bezugspunkte erstmals in die wissenschaftliche Untersuchung miteinbezogen. In den 1960-iger Jahren hat sich der Sicherungsvertrag als Sicherungstreuhand etabliert. Der Schwerpunkt des Treuhandcharakters wird auf die Zweckbindungsfunktion des Sicherungsvertrages gelegt.

2) Die Gegenposition Hubers

Huber stellt zunächst fest, dass der Sicherungsvertrag seinem Wesen nach Rechte und Pflichten für Sicherungsgeber und Sicherungsnehmer gleichermaßen enthalte. Der Sicherungsnehmer habe das Verbot der Doppelbelastung und den Rückgewähranspruch zugunsten des Sicherungsgebers zu beachten, im Gegenzug sei er durch den Sicherungsgeber befugt, die Grundschuld zu verwerten und dies als Erfüllung der zu sichernden Forderung anzusehen.[37] Diese typischen, festumrissenen Rechtsfolgen zugunsten beider Parteien seien „essentialia“ eines jeden Sicherungsvertrages.[38]

Die Annahme, im Sicherungsvertrag ein „atypisches“ Schuldverhältnis zu sehen, sei deshalb verfehlt. Die wiederkehrenden Rechtsfolgen würden es rechtfertigen, den Sicherungsvertrag als einen eigenständigen Vertragstypus aufzufassen, der mit den im BGB geregelten besonderen Schuldverhältnissen vergleichbar sei.[39]

Huber beleuchtet daneben, ob mit der Charakterisierung des Sicherungsvertrages als „fiduziarischem“ Rechtsverhältnis ein Erkenntnisgewinn verbunden ist. Er weist darauf hin, dass der Begriff „fiduziarisch“ dabei leicht zu Missverständnissen führen könne, da die verschiedenen Formen treuhänderischer Rechtsübertragungen sehr unterschiedlich ausgestaltet seien.[40] Mit dem Begriff der

36 *Scholz* in FS Möhring, S. 421.

37 *Huber*, Die Sicherungsgrundschuld, S. 84.

38 *Huber*, Die Sicherungsgrundschuld, S. 84.

39 *Huber*, Die Sicherungsgrundschuld, S. 84.

40 *Huber*, Die Sicherungsgrundschuld, S. 86.

fiduziarischen Treuhand sei nicht nur die Charakterisierung des Schuldverhältnisses verbunden, vielmehr müsse damit auch eine vermögensrechtliche Zuordnung des Treugutes in sachenrechtlicher Hinsicht einhergehen.[41] Dem Treunehmer müsse eine überschießende Rechtmacht eingeräumt werden, bei der die schuldrechtliche Zweckbindung quasi-dingliche Wirkungen entfaltet.[42] Der Sicherungsvertrag führe bei Pfändung der Grundschuld durch Gläubiger des Sicherungsnehmers, sowie bei Konkurs desselben, zwar ähnliche Wirkungen herbei, wie bei der Sicherungsübereignung als typischer Treuhand.[43] Diskrepanzen bestünden jedoch darin, dass bei der Sicherungsgrundschuld ein Überschuss an Rechtsmacht zugunsten des Sicherungsnehmers nicht zu verzeichnen sei, wenn sich der Wert der Forderung mit dem Wert des Sicherungsrechts decke.[44] Der Machtüberschuss bestünde lediglich darin, dass die Grundschuld ein nichtakzessorisches Pfandrecht darstelle. Alleine dieser Umstand rechtfertige es nicht, bei der Sicherungsgrundschuld und dem ihr zugrunde liegenden Rechtverhältnis, von einem fiduziarischen Recht zu sprechen.[45]

Huber stellt der Zweckbindungsfunktion des Sicherungsvertrages Fragen der Verwertungsbefugnis, der Erfüllungswirkung von Verwertungshandlungen und schließlich der Rückgewährverpflichtung bei Wegfall des Sicherungsbedürfnisses als gleichwertige Inhalte gegenüber und präzisiert damit den Inhalt des Sicherungsvertrages. Die Ausführungen zur Treuhandqualifikation sind nicht von gleicher Präzision, wie es bei anderen zeitgenössischen Darstellungen der Fall ist.[46] Huber entfernt sich wieder mehr vom Sicherungsvertrag und rückt die allgemeine Rechtslage der Sicherungsgrundschuld in Verwertung und Insolvenz ins Zentrum der Darstellung.

3) Zusammenfassung

Die frühe Literatur hat zunächst den Sicherungsvertrag als eigenständiges Rechtsverhältnis entwickelt, der dann in das Zentrum des Interesses rückte. Bei der Fragestellung, wie der Sicherungsvertrag zu qualifizieren ist, haben sich

41 *Huber*, Die Sicherungsgrundschuld, S. 254.
42 *Huber*, Die Sicherungsgrundschuld, S. 256.
43 *Huber*, Die Sicherungsgrundschuld, S. 257.
44 *Huber*, Die Sicherungsgrundschuld, S. 258.
45 *Huber*, Die Sicherungsgrundschuld, S. 259.
46 So etwa die Darstellung bei *Scholz*, der den Charakter des Sicherungsvertrages genauer untersuchte und dabei ein „Vertrauensverhältnis" erkannte. *Scholz,* FS Möhring, S. 421.

zwei Meinungsblöcke entwickelt. Einerseits wird der Sicherungsvertrag als (Sicherungs-)Treuhand angesehen, während er andererseits nur einen nichtkodifizierten besonderen Schuldvertragstypus darstellen soll. Diese Zweiteilung wird sich auch in der aktuellen Literatur wiederfinden.

II. Neuere Entwicklungen

1) Der Sicherungsvertrag als Treuhandverhältnis

Der Ansatz, in dem Sicherungsvertrag die Grundlage für ein fiduziarisches Rechtsverhältnis zu erblicken, ist auch in der neueren Literatur verbreitet.[47] Dabei wird der Sicherungsvertrag von einigen zurückhaltend als „atypischer" Vertrag bezeichnet, dessen besonderer Charakter es mit sich bringe, dass der Sicherungsnehmer auch die Interessen des Sicherungsgebers zu wahren habe.[48]

Andere sehen im Sicherungsvertrag ein echtes Treuhandverhältnis.[49] Die überwiegende Begründung, den Sicherungsnehmer als Treuhänder anzusehen, wird in dem Umstand erblickt, dass eine schuldrechtliche Limitierung des Verwertungsrechts auf den Sicherungszweck erfolgt.[50]

Eine etwas anders gelagerte Begründung führt Clemente an, der die Treuhänderschaft darin sieht, dass durch die Einräumung der Grundschuld zugunsten des Sicherungsgebers der Sicherungsnehmer gehindert sei, gewisse Interessen selbst wahrzunehmen. Aus diesem Grund müsse der Sicherungsnehmer diese Interessenwahrnehmung übernehmen, was ihn zum Treuhänder des Sicherungsgebers mache.[51]

Das maßgebende Indiz, um im Sicherungsvertrag eine Treuhand zu erblicken, ist nach wie vor der Umstand, dem Sicherungsnehmer eine dingliche Rechtsposition einzuräumen, die auf den Sicherungszweck beschränkt wird. Lediglich Clemente bringt eine andere Sichtweise zum Ausdruck, in welcher er die Interessen

---

47 *Serick*, Eigentumsvorbehalt und Sicherungsübereignung, Band II § 28 II 5, S. 428; Staudinger/*Wolfsteiner* BGB Vorbem. zu §§ 1191 ff. Rn. 29.

48 MüKo/*Eickmann* BGB § 1191 Rn. 14; *Westermann*, Sachenrecht, § 115, S. 810.

49 Exemplarisch hierzu: Palandt/*Bassenge* BGB § 1191 Rn. 15; HK-BGB/*Staudinger* § 1191 Rn. 29; *Jacoby* in Derleder/Knops/Bamberger, Handbuch des Deutschen und europäischen Bankrechts, § 24 Rn. 1; *Clemente*, Recht der Sicherungsgrundschuld, § 3 Rn. 228; *Baur/Stürner*, Sachenrecht § 45 II Rn. 9.

50 Vgl. statt aller: *Baur/Stürner*, Sachenrecht, § 45 II Rn. 9; so auch *Jacoby* in Derleder/Knops/Bamberger, Handbuch des deutschen und europäischen Bankrechts, §24 Rn. 1.

51 *Clemente*, Das Recht der Sicherungsgrundschuld, § 3 Rn. 228.

der Beteiligten stärker in den Vordergrund stellt. Aus diesem Blickwinkel heraus erschöpft sich die treuhänderische Stellung des Sicherungsnehmers nicht nur darin, die Limitierung des Verwertungsrechts auf den Sicherungszweck zu beachten und hierbei Nebenpflichten zugunsten des Sicherungsgebers zu erfüllen, vielmehr wird ein Tätigwerden des Sicherungsnehmers anstelle des Sicherungsgebers verlangt. Es besteht damit Grund zur Annahme, dass die überwiegende Auffassung die Treuhänderschaft des Sicherungsnehmers nur unzulänglich begründet.

2) Moderne Gegenpositionen

Auch in der neueren Literatur ist die Qualifikation des Sicherungsvertrages als ein fiduziarisches, treuhänderisches Schuldverhältnis, nicht unangefochten geblieben.

Nach Gernhuber kann die Sicherungsgrundschuld und der ihr zu Grunde liegende Sicherungsvertrag nicht mehr als Sicherungstreuhand aufgefasst werden.[52] Die Begründung eines beschränkt dinglichen Verwertungsrechts am Grundstück könne keine fiduziarische Treuhand begründen, da das Grundeigentum nicht auf den Sicherungsnehmer übertragen werde.[53]

Huang argumentiert, dass von einem fiduziarischen Rechtsverhältnis nur dann die Rede sein könne, wenn sich die schuldrechtliche Bindung des Sicherungsnehmers, in eine gegenständliche Bindung am Treugut umwandele.[54] Da für den Fall der Pfändung der Sicherungsgrundschuld durch Gläubiger des Sicherungsnehmers eine Intervention nach § 771 ZPO nicht möglich sei, bestehe keine Umwandlung einer schuldrechtlichen in eine quasi-dingliche Berechtigung. Dementsprechend sei der Sicherungsvertrag kein treuhänderischer Vertrag.[55]

Auch Zetzsche hat Bedenken von einem treuhänderischen Vertrag zu sprechen.[56] Nach Inkrafttreten des § 1192 Ia BGB könne nicht mehr von einer Sicherungstreuhand gesprochen werden. Indem dem Sicherungsvertrag nunmehr Drittwirkung gegenüber jedem Grundschuldgläubiger zukomme, sei eine überschießende Rechtsmacht, die konstitutiv für eine Treuhand sei, nicht mehr vorhanden. Die Treuhandqualifikation gehöre somit der Vergangenheit an.[57]

---

52 *Gernhuber*, JuS 1988, S. 355 ff.

53 *Gernhuber*, JuS 1988, S. 356.

54 *Huang*, Schutz des Eigentümers durch Einwendungen und Einreden gegenüber der Grundschuld, S. 85.

55 *Huang*, Schutz des Eigentümers durch Einwendungen und Einreden gegenüber der Grundschuld, S. 86.

56 *Zetzsche*, AcP 209 (2009), 543 ff.

57 *Zetzsche*, AcP 209 (2009), 575.

3) Zusammenfassung

Die Literatur liefert im Ergebnis ein gespaltenes Bild: einerseits wird der Sicherungsvertrag als Treuhandverhältnis aufgefasst, während andererseits Bedenken gegen diese Qualifikation geltend gemacht werden. Selbst bei den Vertretern, die eine Treuhandqualifikation mittragen, wird nicht deutlich gemacht, von welchem Treuhandverständnis bei den Feststellungen ausgegangen wurde. Bereits an dieser Stelle zeigt sich die Notwendigkeit, dass eine vertiefte Befassung mit der Rechtsnatur des Sicherungsvertrages nur möglich wird, wenn die modernen Entwicklungen in der Treuhanddogmatik näher beleuchtet werden.

C. Die Rechtsprechung

I. Die reichsgerichtliche Judikatur

In der Rechtsprechung des Reichsgerichts wurden keine expliziten Ausführungen zur Rechtsnatur des Sicherungsvertrages gemacht.[58] Für schuldrechtliche Verknüpfungsinstrumentarien von abstrakten Sicherheiten, etwa dem wertungsmäßig ähnlich gelagerten Fall der Sicherungsabtretung einer Forderung, wurde davon ausgegangen, dass die Abtretung zur Sicherheit ein Treueverhältnis zwischen Zedent und Zessionar begründe, auf Grundlage dessen der Sicherungsnehmer auch die Interessen des Sicherungsnehmers zu wahren habe.[59] Bemerkenswert ist, dass die aussagekräftigsten Entscheidungen der strafrechtlichen Judikatur entspringen und dabei die Annahme eines Treuhandverhältnisses auch bei einer abstrakten Grundpfandrechtssicherung als selbstverständlich erscheinen ließen, obwohl die zivilrechtliche Durchdringung des Stoffes zu dieser Zeit nicht die notwendige Tiefe erreicht hatte.

Im Jahre 1928 hatte das Reichsgericht einen Fall zu entscheiden, bei dem der Grundstückseigentümer eine Eigentümergrundschuld bestellt hatte, die der Angeklagte auf dem Kapitalmarkt liquidieren sollte.[60] Die hieraus erzielten Erlöse sollten zur Tilgung von Schulden des Eigentümers bei Dritten verwendet werden. Nach Bestellung des Rechts und erfolgter Liquidation hatte der Angeklagte den Liquidationserlös beiseite geschafft. Das Gericht hatte darüber zu entscheiden, ob das erlangte Geld als fremdes Vermögen aufzufassen war und damit das

58 So auch *Seckelmann*, Die Grundschuld als Sicherungsmittel, S. 110.

59 RGZ 59, 190, 191, 192; RGZ 76, 345, 347); RGZ, 116, 330, 331; RGZ, 127, 341, 345.

60 RG Urteil v. 01.03.1928, RGSt 62, 58.

Beiseiteschaffen eine Strafbarkeit nach § 266 StGB aF. nach sich zog. Das Reichsgericht sah es als unerheblich an, dass die Hypothek dem Angeklagten zu eigenem Recht bestellt worden sei, aus dem Innenverhältnis heraus sei der Vermögenswert nur fiduziarisch aufgrund eines Treueverhältnisses übertragen worden, weswegen die erworbenen Geldwerte, ebenso wie vormals das dingliche Recht, wirtschaftlich dem Vermögen des Eigentümers zuzurechnen seien.[61] Der Angeklagte wurde verurteilt.

In einer weiteren Entscheidung aus dem Jahre 1933 hatte ein Schuldner seinem Gläubiger sicherungshalber Grundschulden überlassen.[62] Dieser verpfändete die Grundpfandrechte für eigene Verbindlichkeiten gegenüber Dritten, ohne dass die Verwertungsvoraussetzungen im Verhältnis zum Schuldner vorgelegen hatten. Das Reichsgericht vertrat die Auffassung, dass der Gläubiger durch die wirksame Verpfändung der Grundschulden vor Verwertungsreife den Anspruch des Schuldners auf Rückgewähr seiner Grundschulden nach Zahlung der gesicherten Schuld erheblich gefährdet habe. Dementsprechend bestünden keine Bedenken, das Verhalten als tatbestandsmäßige Untreue aufzufassen.[63]

Die vorgenannten Entscheidungen lassen keinen Zweifel daran, dass die Grundschuldsicherung einer Forderung nach Auffassung des Reichsgerichts ein Treuhandverhältnis zwischen den Beteiligten zur Entstehung brachte. Offen blieb allerdings, woraus das Reichsgericht die Treuhandqualifikation eigentlich herleitete.

II. Die Haltung des BGH

In einer älteren Entscheidung beließ es der BGH darauf hinzuweisen, dass der Sicherungsvertrag die fiduziarische Zweckbindung zwischen der zu sichernden Forderung und der Grundschuld darstelle.[64] Das Gericht blieb dabei schuldig, woraus sich die Treuhandeigenschaft herleiten lässt und welche Folgen für die Beteiligten damit verbunden sind.

In einem Urteil aus dem Jahre 1988 konkretisierte der Bundesgerichtshof seine bereits früher geäußerte Auffassung. Die Entscheidung betraf den Fall, dass sich die Beklagte, eine Hypothekenbank, zur Absicherung eines an den Kläger ausgereichten Darlehens, Grundschulden hatte bestellen lassen. Die

61 RGSt 62, 58, 60.
62 RG Urteil v. 17.6.1935, RGSt 69, 223.
63 RGSt 69, 223, 225 ff.
64 Vgl. BGH WM 1979, 275, 276.

Beklagte hatte im Laufe der Rückzahlung des Darlehens einzelne grundschuldbelastete Grundstücke auf Weisung eines Dritten, ohne Zustimmung des sicherungsgebenden Klägers, aus der Haftung entlassen und zu diesem Zweck Löschungsbewilligungen an den Dritten ausgereicht. Auf Grund dieses Verhaltens war es der sicherungsnehmenden Beklagten unmöglich geworden, die Grundschulden nach Wegfall des Sicherungsbedürfnisses vollständig an den Kläger zurück zu gewähren.

Der BGH führte zunächst aus, dass der Sicherungsvertrag auch ohne entsprechende ausdrückliche Abrede, alleine kraft seiner Rechtsnatur ein Treuhandverhältnis zwischen den Vertragspartnern begründe.[65] Nach Auffassung des Gerichts erhalte der Sicherungsnehmer als Grundschuldgläubiger nach außen mehr Rechtsmacht, als er gebunden durch den Sicherungsvertrag ausüben dürfe. Als Treuhänder sei er deshalb verpflichtet, auch die Interessen des sicherungsgebenden Treugebers zu wahren.[66] Diese Pflicht habe die Beklagte gegenüber dem Kläger verletzt, indem sie eigenmächtig Löschungsbewilligungen erteilt und die vollständige Rückgewähr der Grundschulden an den Kläger unmöglich gemacht habe. Als Rechtsfolge schulde sie, bei entsprechendem Verschulden, Schadensersatz wegen Vertragspflichtverletzung.[67]

Aus der Entscheidung ist zu entnehmen, dass der BGH mit der Annahme des Treuhandverhältnisses eine echte Rechtspflicht der Parteien annimmt, die Interessen des jeweils anderen Teils zu wahren. Die Bedeutung dieser Verpflichtung wird durch die Rechtsfolge eines Schadensersatzanspruches zu Gunsten des Geschädigten wegen vertraglicher Pflichtverletzung untermauert.

Im Grundschuldsicherungsvertrag ein Treuhandverhältnis zu sehen, ist seitdem Bestandteil der ständigen Rechtsprechung geworden.[68]

D. Zusammenfassung

Die Auswertung der Literatur ergibt, dass eine konsensfähige Rechtsnaturbestimmung des Sicherungsvertrages nicht gefunden worden ist. Die Einheitlichkeit, die innerhalb der Meinungsblöcke suggeriert wird ist nur eine scheinbare, die sich hauptsächlich an Begrifflichkeiten orientiert. Man spricht im Zusammenhang mit

65 BGH WM 1989, 210, 211.

66 BGH, WM 1989, 210, 211.

67 BGH, WM 1989, 210, 211.

68 Vgl. BGH WM 1996, 133–135; BGHZ 185, 133–151, BGHZ 188, 186–193.

dem Sicherungsvertrag von einem „fiduziarischen“ Rechtsverhältnis, nennt ihn teilweise auch „treuhänderisch“. Will man sich nicht dem Vorwurf aussetzen, bei der näheren Beleuchtung des Sicherungsvertrages, eine Begrifflichkeit durch eine andere zu ersetzen,[69] so erfordert eine vertiefte wissenschaftliche Auseinandersetzung, dass das hinter einem Begriff stehende Verständnis offen darlegt und zur Diskussion gestellt wird. Die sonst unvermeidlichen Folgeerscheinungen spiegeln sich in Missverständnissen wider und führen zu einer vermeidbaren Lähmung des wissenschaftlichen Fortschrittes.

Erfolgt eine Offenlegung des jeweiligen Treuhandverständnisses im Zusammenhang mit der Bestimmung des Wesens des Sicherungsvertrages, wird zu hinterfragen sein, ob die gefundenen Ergebnisse angesichts voranschreitender Entwicklungen auf dem Gebiet der Treuhanddogmatik, haltbar sind.

Die Analyse der Rechtsprechung vermittelt ein einheitlicheres Bild, wenn sie in ständiger Entscheidungspraxis im Sicherungsvertrag ein Treuhandverhältnis erblickt. Der BGH macht dabei deutlich, welche Umstände ihn zu dieser Annahme leiten.[70] Die generelle Problematik besteht jedoch darin, dass die Entwicklung der Rechtsprechung nur eine Summe von Einzelfallentscheidungen darstellt. Es ist daher Vorsicht geboten, einen für den konkret zu entscheidenden Fall möglicherweise passenden Ansatz vorschnell zu generalisieren. Im Übrigen wird sich auch die Einordnung der Rechtsprechung an den Entwicklungsergebnissen der modernen Treuhanddogmatik messen lassen müssen.

E. Der eigene Ansatz

Der dieser Arbeit zu Grunde liegende Ansatz versteht den Sicherungsvertrag als ein echtes Treuhandhandverhältnis. Mit dem Begriff der Treuhand wird hierbei weit mehr verbunden, als das bisherige Verständnis, welches die Treuhandeigenschaft des Sicherungsvertrages lediglich in der schuldrechtlichen Limitierung der Grundschuld auf eine zu sichernde Forderung erblickt. Den Entwicklungen der Treuhanddogmatik entsprechend, wird die hiesige Darstellung von einem weitgefassten schuldrechtlichen Treuhandverständnis ausgehen und dabei die Interessen der beteiligen Rechtssubjekte in den Vordergrund der Untersuchungen stellen.

Die Besonderheit des treuhänderischen Sicherungsvertrages wird darin zu sehen sein, dass dieser im Laufe seines Bestandes Wandlungen unterliegt, die

69 Besonders kritisch zu den wechselnden Begrifflichkeiten schon *Huber*, S. 86.
70 BGH WM 1989, 210, 211.

sich aus zwei Blickrichtungen feststellen lassen. In objektiver Hinsicht wird nachweisbar sein, dass sich der Sicherungsvertrag von einer Sicherungstreuhand in der Begründungsphase, über eine Kombinationsphase aus sicherungs- und verwaltungstreuhänderischen Bestandteilen, schließlich zu einer reinen Verwaltungstreuhand wandelt. Es wird aufgezeigt werden können, dass diese objektive Zweckrichtungsänderung in engem Zusammenhang mit der Rückführung der gesicherten Forderung(en) und damit dem Schicksal des vertraglich vereinbarten Sicherungszwecks steht. Im Weiteren wird parallel hierzu eine Wandlung der Interessenrichtung des Sicherungsvertrages aufgezeigt werden können. Der Sicherungsvertrag wird sich aus Sicht des Sicherungsnehmers zunächst als nicht ausschließlich eigennütziges Treuhandverhältnis zeigen, im weiteren Verlauf durch eine zunehmende Fremdnützigkeit gekennzeichnet sein, bis schließlich im Hinblick auf die Interessenrichtung ein rein fremdnütziges Vertragsverhältnis nach vollständigem und endgültigem Entfall des Sicherungsvertrages vorliegen wird.

§ 3 Die Treuhand und das Verhältnis zu den Sicherungsgeschäften

A. Die dogmatische Entwicklung des Treuhandbegriffs

An dieser Stelle kann keine vollständige Darstellung der Entwicklung des Treuhandrechts erfolgen. Die nachfolgende Ausführung will lediglich einen Überblick über die Entstehung eines Rechtsinstitutes geben und dabei die wichtigsten Erkenntnisse und Weiterentwicklungen aufzeigen. Angesichts einer fehlenden allgemeinen Kodifikation der Treuhand im deutschen Recht, ist es nach wie vor der Wissenschaft und Rechtspraxis überlassen, probate Lösungsansätze zu finden. Erschwert wird die Untersuchung durch den Umstand, dass die Treuhand sowohl Berührungspunkte zum Schuld-, als auch zum Sachenrecht aufweist. Die „zwitterhafte Gestalt“ der Treuhand führt dazu, dass die herkömmliche Unterteilung in obligatorische und dingliche Kategorien nahezu versagt.[1]

I. Historische Grundlagen

Es gibt wenige Rechtsfiguren im Privatrecht, die sich auf eine derart lange Entwicklungsgeschichte berufen können, wie die Treuhand. Wie an eine „Perlenschnur“ gereiht, durchzieht sie sämtliche Epochen und hat in nahezu allen Rechtsordnungen Verbreitung gefunden.[2] Zurecht wird sie daher als „uralt“[3] und mittlerweile „Gemeingut“[4] bezeichnet. Dies lässt sich darauf zurückführen, dass sich Bedürfnisse und Motive, die einer treuhänderischen Rechtsgestaltung zu Grunde liegen, nicht signifikant weiterentwickelt haben: im Zentrum steht immer die Wahrnehmung fremder Interessen in eigener Machtstellung, die Innehabung von Vermögensgütern in fremdem Interesse.[5]

---

1 Vgl. zum Ausdruck: *Bitter*, Rechtsträgerschaft für fremde Rechnung, S. 5.

2 *Coing*, Die Treuhand kraft privaten Rechtsgeschäfts, S. 1.

3 *Siebert*, Das Rechtsgeschäftliche Treuhandverhältnis, S. 1.

4 *Scharrenberg*, Die Rechte des Treugebers in der Zwangsvollstreckung, S. 3 in Fn. 1.

5 *Siebert*, Das Rechtsgeschäftliche Treuhandverhältnis, S. 33.

Im altrömischen Recht bestand bereits das Bedürfnis der wirtschaftlichen Entwicklung auf dem Gebiet der Sicherung von Realkrediten Rechnung zu tragen. Da ein Pfandrecht unbekannt und das starre System des ius civile nur bestimmte Rechtsgeschäfte zuließ, wurden Vermögensgüter vollständig mittels mancipatio auf den Treuhänder übertragen und zugleich ein pactum fiduciae abgeschlossen, welches die Rechte des Sicherungsnehmers bezüglich der übertragenen Vermögensrechte limitierte. Man bezeichnete diese Form als fiducia cum creditore.[6]

Daneben war den Römern eine weitere Form des Treuhandgeschäftes, die fiducia cum amicore, bekannt.[7] War ein vermögender Römer[8] längere Zeit abwesend, so übertrug er sein gesamtes Vermögen einschließlich der familienrechtlichen Machtbefugnisse über seine Verwandten auf einen Verwalter, der die Güter verwaltete und sich um die Familie kümmerte.[9] Es wurde zudem eine Vereinbarung getroffen, dass der treunehmende Verwalter, nach Rückkehr des Treugebers, diesem wieder die ursprüngliche Rechtsstellung einzuräumen hatte und im Rahmen dessen alle Güter zurück zu übertragen waren.[10]

Im Mittelalter kam der „Triuwehender" auf, der neben die Rechtsfigur des Salmanns trat.[11] Beide hatten die Funktion eines Mittelsmannes, der insbesondere im Erbrecht verhindern sollte, dass Vermögen kinderloser Erblasser an Volk oder König fiel. Der „Triuwehender" wurde als künstlicher Erbe kreiert, der zu Lebzeiten eine Vereinbarung geschlossen hatte, das geerbte Vermögen im Sinne des Erblassers an einen bestimmten Bedachten weiterzureichen.

II. Von der Lehre des fiduziarischen Rechtsgeschäfts zur allgemeinen Dogmatik

Im 19. Jahrhundert ist der Ursprung der modernen Treuhanddogmatik zu finden. Zu dieser Zeit war die deutsche Rechtswissenschaft in zwei Lager geteilt, die auch bei der Erfassung der Treuhandproblematik verschiedene

---

6 *Siebert*, Das rechtsgeschäftliche Treuhandverhältnis, S. 34.

7 *Gaius*, Inst. II, 60.

8 Man sprach von einem „pater familias".

9 *Krämer*, Das besitzlose Pfandrecht, § 3 Fn. 1, versteht die fiducia cum amico als eine besondere Art der Hinterlegung.

10 Näher hierzu insbesondere zur rechtstechnischen Konstruktion: *Wiegand*, FS Fikentscher, S. 329, 332.

11 Auf diesen mittelhochdeutschen Begriff geht der Begriff des „Treuhänders" zurück. Näher hierzu Handwörterbuch zur deutschen Rechtsgeschichte/*Kerner* Stichwort Treuhand.

Ansätze verfolgten. Im Vordergrund stand dabei die rechtliche Erfassung neu aufkommender Phänomene im Wirtschaftsleben, namentlich die Behandlung der Sicherungsübereignung, der Sicherungszession und des Depotwechsels.[12] Es wurden dabei anhand von Einzelproblemen Lösungsansätze entwickelt, die später generalisiert wurden. Zu lösende Probleme der Treuhand sah man ausschließlich im Außenverhältnis, der Beziehung des Treuhänders zu Dritten. Zweckwidrige Verfügungen des Treuhänders und die Rechte des Treugebers bei Konkurs des Treunehmers und Zwangsvollstreckungsmaßnahmen von Seiten der Gläubiger des Treunehmers bildeten den Kern der Untersuchungen.[13]

Die Pandektisten beriefen sich zur Lösung der Problematik auf die römischen Quellen[14] und entwickelten die Lehre vom fiduziarischen Rechtsgeschäft, die insbesondere auf Regelsberger zurückgeht.[15] Dabei wurde dem Erwerber mittels eines Übertragungsgeschäfts die volle Rechtsmacht an einer Sache oder einer Forderung eingeräumt. Daneben wurde eine Abrede geschlossen, die die Befugnisse des Erwerbers im Hinblick auf die übertragene Rechtsposition limitierte.[16] Es bestand damit lediglich eine schuldrechtliche Einschränkung der Befugnisse des Treunehmers. In dinglicher Hinsicht konnte dieser uneingeschränkt als Berechtigter über die Rechtsposition verfügen.

Demgegenüber stand das Modell der Germanisten, die zur Begründung ihres Ansatzes auf mittelalterliche Konstruktionen zurückgriffen. Deren Lehre von der germanistischen, deutsch-rechtlichen Treuhand ging davon aus, dass dem Treuhänder nur eine dinglich beschränkte Rechtsmacht eingeräumt wurde.[17] Zwei Unterscheidungsformen wurden namentlich durch Schultze herausgearbeitet.[18] Bei einer Variante hatte der Treuhänder zwar die volle Rechtsposition inne, bei Zweckerreichung fiel sie aber automatisch an den Treugeber zurück. Erreicht wurde dies durch eine auflösend bedingte Vollrechtsübertragung. Die andere Treuhandform wurde anhand von Gestaltungen entwickelt, bei denen das Gesetz selbst dem

---

12 *Coing*, Die Treuhand kraft privaten Rechtsgeschäfts, Grundlagenüberblick S. 28 ff.

13 *Löhnig*, Treuhand, § 4 S. 46 ff.

14 Insbesondere auf *Gaius*, Inst. II, 60.

15 Vgl. hierzu insbesondere: *Regelsberger*, AcP 63 (1880), 157 ff.; insbesondere S. 173 ff.

16 *Regelsberger*, AcP 63 (1880), 157 ff.; insbesondere S. 173 ff.

17 Vgl.: *Mühl*, Sicherungsübereignung, Sicherungsabtretung und Eigentumsvorbehalt im italienischen Recht, S. 20 mit dem Hinweis, dass die Grundlage dieser Lehre durch Schultze gelegt wurde.

18 *Schultze*, Treuhänder im geltenden bürgerlichen Recht, JherJB 43, 1 ff.

Treuhänder nur bestimmte Befugnisse zuwies. Kennzeichnend war hierbei, dass überhaupt keine echte Rechtsübertragung vorgenommen wurde. Schultze führte hierzu die begrenzt dingliche Stellung des Testamentsvollstreckers an, dem nach dem BGB ein Verfügungsrecht zustehe, welches sich aber nicht auf unentgeltliche Verfügungen erstreckte.[19] Für die weitere Entwicklung spielte nur die erstere eine Rolle.

So unterschiedlich die Konstruktionsansätze auch waren, bestand Einigkeit, dass dem Treunehmer eine dingliche Rechtsstellung übertragen wurde, die auf einen bestimmten Zweck limitiert war.[20] Das Innenverhältnis der Treuhand, die Beziehung zwischen Treugeber und Treuhänder, spielte überhaupt keine Rolle. Schultze formulierte plakativ, dass das Innenverhältnis überhaupt keine Voraussetzung der Treuhand sei.[21]

In der fortschreitenden Entwicklung hatte der germanistische Ansatz wenig Erfolg. Die Konstruktion einer Vollrechstübertragung, die zugleich unter eine auflösende Bedingung gestellt wurde, war für die Rezeption in der Praxis zu kompliziert. Die Formulierung entsprechender Bedingungen erschien schlicht zu schwierig.[22] Die Entscheidung fiel daher zu Gunsten der praktisch einfacher handhabbaren Lehre vom fiduziarischen Rechtgeschäft aus, wie sie von Regelsberger entwickelt wurde. Die Rechtsprechung des Reichsgerichts übernahm den Ansatz und erkannte die Sicherungsübereignung als wirksames Rechtsgeschäft an.[23] Auch der Sicherungszession und dem Indossament zu Inkassozwecken wurde auf diese Weise zur Rechtswirksamkeit verholfen.[24]

Erstmals von Thur löste die Lehre vom fiduziarischen Rechtsgeschäft von Einzelfragestellungen der Sicherungsübereignung, Sicherungszession und dem Indossament los und stellte sie als eigenes Kapitel in seinem Allgemeinen Teil des bürgerlichen Rechts unter dem Titel „fiduziarische Zuwendung“ dar und stellte sie auf diese Weise bestehenden Vertragstypen an die Seite.[25] Nach seinen Ausführungen läge die Eigenart in der besonderen Vertrauensstellung des Fiduziars, die aus einer überschießenden Rechtsmacht resultiere. Er könne durch die erworbene

19 *Schultze*, Treuhänder im geltenden bürgerlichen Recht, JherJB 43, 1 ff., insbesondere 10.

20 *Löhnig* spricht in diesem Zusammenhang von einer treuhänderischen Rechtsmacht als Eigenrecht. Vgl.: Treuhand, S. 63.

21 *Schultze*, JherJB 43, S. 3.

22 *Coing*, Die Treuhand kraft privaten Rechtgeschäftes, S. 50.

23 RGZ 26, 180.

24 Für die Sicherungszession RGZ 24, 161; für das Indossament zu Inkassozwecken RGZ 27, 128.

25 *V. Thur*, Der allgemeine Teil des Bürgerlichen Rechts, 2. Auflage § 77.

Rechtsstellung nach außen frei verfügen, sei aber durch die obligatorische Abrede dem Treugeber gegenüber verpflichtet, hiervon nur in verabredeter Weise Gebrauch zu machen. Schließlich sei der Fiduziar unter bestimmten Bedingungen verpflichtet, das ihm Anvertraute zurück zu übertragen.

Von Thur legte damit den Grundstein für eine von Einzelfragen losgelöste Dogmatik.

III. Der sachenrechtliche Ansatz mit Fokussierung auf das Außenverhältnis

1) Siebert

Im Jahre 1933 stellte Siebert seine Monographie zum rechtsgeschäftlichen Treuhandverhältnis vor, die zum Standardwerk avancierte und deren Auswirkungen bis in die heutige Zeit spürbar sind.[26] Aufbauend auf den dogmatischen Entwicklungen von Regelsberger und v. Thur definiert er den rechtsgeschäftlichen Treuhänder als eine Person, die Vermögensrechte zu eigenem Recht erworben habe und diese Rechte nicht, oder nicht ausschließlich im eigenen Interesse ausüben solle.[27] Unmittelbar zu Beginn seiner Arbeit führt er an, dass Ausgangspunkt einer jeden Treuhandproblematik die „eigenartige Interessenlage" der Beteiligten sei. In jeder Treuhand sei eine „Interessenvertretung" festzustellen.[28]

Mit der Betonung der Interessen der am Treuhandverhältnis Beteiligten wird eine ungewöhnliche Gewichtung vorgenommen. Regelmäßig wurde der Interessenlage nur deskriptive Bedeutung beigemessen, ohne damit wirkliche Folgerungen zu verbinden. Aber auch Siebert will damit keine neuartige Sichtweise der Treuhand, ausgerichtet am schuldrechtlichen Innenverhältnis, präsentieren, wie es hätte den Eindruck erwecken können. Er bringt dies klar zum Ausdruck, indem er behauptet, dass die Gestaltung des Innenverhältnisses in dogmatischer Hinsicht „weniger problematisch" erscheine.[29]

---

26 Vgl. *Asmus*, Die Dogmengeschichtliche Grundlagen der Treuhand – Eine Untersuchung zur romaistischen und germanistischen Treuhandehre, S. 5 Fn. 1.

27 *Siebert*, Das rechtsgeschäftliche Treuhandverhältnis, Grundlegung und Vorbemerkung, S. 2 f.

28 *Siebert*, Das rechtsgeschäftliche Treuhandverhätlnis, Grundlegung und Vorbemerkung, S. 2 ff.

29 *Siebert*, Das rechtsgeschäftliche Treuhandverhältnis, S. 2.

Wie verhaftet die Ansicht dabei noch in dinglichen Kategorien ist wird deutlich, wenn Siebert als Mittelpunkt eines jeden Treuhandverhältnisses eine „Eigenmacht des Treuhänders“ ausmacht,[30] die sich als „Beherrschungsmöglichkeit“ über das zu verwaltende Gut charakterisieren lässt.[31] Gerade diese objektbezogene Rechtsmacht soll die Eigenart der Treuhand darstellen.[32] Besonders deutlich tritt hier hervor, dass für Siebert einzig und allein die Beziehung des Treuhänders zum Treugut und die daraus resultierenden Fragestellungen im Verhältnis zu Dritten von Interesse für die weitere Untersuchung sind. Dementsprechend rückt er die objektbezogene Rechtsmacht des Treuhänders im Außenverhältnis in den Vordergrund seiner Betrachtungen.[33]

Das Innenverhältnis zwischen Treugeber und Treunehmer wird nur als Randerscheinung gesehen und erlangt nur Bedeutung, wenn die dingliche Rechtslage dadurch beeinflusst wird.[34]

2) Fortentwicklung und Systematisierung durch Coing

Etwa 40 Jahre später widmet sich Coing der Treuhand.[35] Wie nachhaltig Sieberts strenges, objektbezogenes Treuhandverständnis die nachfolgenden Generationen geprägt hat beweist Coing, indem er feststellt, dass ohne Treugut und Verfügungsgewalt über einen Treugegenstand eine Treuhand schlichtweg nicht denkbar sei.[36] Diese etwas plakative Aussage darf jedoch nicht den Blick dafür versperren, dass eine echte Fortentwicklung des Treuhandverständnisses stattgefunden hat. Coing war um Systematisierung der Treuhandstruktur bemüht. Für ihn ist jedes Treuhandverhältnis durch zwei konstituierende Bestandteile gekennzeichnet: einem sachlichen und einem persönlichen Element.[37] Das sachliche Element kennzeichne dabei die Macht des Treuhänders über das Treugut nach herkömmlichem Verständnis. Das persönliche Element hingegen beschreibe das Innenverhältnis und stelle sich als obligatorischer Vertrag heraus.[38]

30 *Siebert*, Das rechtsgeschäftliche Treuhandverhältnis, S. 12.
31 *Siebert*, Das rechtsgeschäftliche Treuhandverhältnis, S. 17.
32 *Siebert*, Das rechtsgeschäftliche Treuhandverhältnis, S. 18.
33 *Siebert*, Das rechtsgeschäftliche Treuhandverhältnis, S. 24 f.
34 *Siebert*, Das rechtsgeschäftliche Treuhandverhältnis, S. 24 ff.
35 *Coing*, Die Treuhand kraft privaten Rechtsgeschäfts, 1973.
36 *Coing*, Die Treuhand kraft privaten Rechtsgeschäfts, S. 85.
37 *Coing*, Die Treuhand kraft privaten Rechtsgeschäfts, S. 85 f.
38 *Coing*, Die Treuhand kraft privaten Rechtsgeschäfts, a.a.O.

Die Neuerung liegt darin, dass der dinglichen Komponente, die seit jeher stark betont wurde, ein gleichwertiges schuldrechtliches Element gegenübergestellt wird. Coing selbst ist darum bemüht, die „beherrschende Stellung" des obligatorischen Elementes zu betonen.[39] Die schuldrechtliche Seite wird als unentbehrlich erkannt, da sie das gesamte Verhältnis organisiere.[40]

Coing schafft es nicht sich in Gänze von dem sachenrechtlich verhafteten Verständnis zu lösen, das fördern seine Ausführungen zum sachlichen Element deutlich zu Tage. Die Erkenntnis, dass jede Treuhand auch eine schuldrechtliche Ebene aufweist, die der dinglichen ebenbürtig ist und die das gesamte Verhältnis bestimmt, ihm letztlich das Gepräge gibt, deutet den Weg der zukünftigen wissenschaftlichen Forschung an. Diese wird die Treuhand aus dem schuldrechtlichen Innenverhältnis heraus entwickeln.

IV. Konzentration auf das Innenverhältnis – Das schuldrechtliche Treuhandverständnis

1) Die Treuhand als Strukturtypus des Schuldrechts

An dieser Stelle soll nicht der falsche Eindruck entstehen, die schuldrechtliche Sichtweise sei Errungenschaft der modernen Wissenschaft. Der Ursprung des Gedankens ist bei Beyerle zu finden.[41] Als Zeitgenosse Sieberts bricht er gänzlich mit den bisherigen dogmatischen Entwicklungen und präsentiert eine vollkommen neue Sichtweise. Ursprung dieser Entwicklung sind nicht die Lehren des 19. Jahrhunderts, sondern Grundgedanken des mittelalterlichen Rechts und dessen Baugedanken.[42] Beyerle betont, dass das Innenverhältnis der Treuhand, die „persönliche Verkettung", das Wesentliche sei.[43] Die Besonderheit liegt nun darin, dass Beyerle zu der Erkenntnis kommt, dass Kennzeichen eines jeden treuhänderischen Rechtsverhältnisses das immer gleich gestaltete Innenverhältnis ist. Hierin sei der „feste Fußpunkt im Wandel der Außenformen" zu sehen.

Im Kern wird das hergebrachte Treuhandverständnis auf den Kopf gestellt. Wie stark sich Beyerle dabei schon von dinglichen Kategorien löste, wird deutlich, wenn er selbst zu bedenken gibt, dass das „äußere Rechtskleid" der

---

39 *Coing*, Die Treuhand kraft privaten Rechtsgeschäfts, S. 87.
40 *Coing*, Die Treuhand kraft privaten Rechtsgeschäfts, a.a.O.
41 *Beyerle*, Die Treuhand im Grundriß des deutschen Privatrechts, 1932.
42 *Beyerle*, Die Treuhand im Grundriß des deutschen Privatrechts, S. 48.
43 *Beyerle*, Die Treuhand im Grundriß des deutschen Privatrechts, S. 8.

Treuhand nur Ausdruck verschiedener Entwicklungsstufen sei. Prägnant bringt er es selbst zum Ausdruck, indem klargestellt wird, dass die rein objektbezogene, in dinglichen Kategorien verhaftete Sichtweise den Begriff der Treuhand verengt und nicht das Wesen der Rechtsfigur charakterisiert.[44] Der Mittelpunkt wird im Innenverhältnis gesehen, das die Treuhand als vertretungsweise Wahrnehmung fremder Interessen kennzeichne.[45] Indem Beyerle in den verschiedenen Außenwirkungen nur Spielarten des ein und selben Grundtypus erkennt, gelingt ihm eine von Einzelproblemen losgelöste dogmatische Erfassung. Zugleich wird eine Systematisierung vorgenommen, wenn festgestellt wird, dass die Treuhand mit „einem Fuße im Schuldrecht" steht.[46] Schließlich wird die Erkenntnis gewonnen, dass die Treuhand als ein Strukturtypus des Privatrechts aufzufassen ist.[47]

Beyerle markiert den Wendepunkt in der dogmatischen Entwicklung des Treuhandrechts. Sein visionärer Ansatz wurde von Zeitgenossen wenig rezipiert. Vermutlich auch, weil Sieberts nahezu zeitgleich erscheinendes Werk, mit Betonung der dinglichen Sichtweise einfach mehr dem Zeitgeist entsprach.[48] Dies darf jedoch nicht darüber hinwegtäuschen, dass sämtliche modernen Entwicklungen aus schuldrechtlicher Perspektive vorgenommen werden und damit unmittelbar auf den Erkenntnissen Beyerles aufbauen. Bei ihm ist die Grundlage der modernen Treuhanddogmatik gelegt worden.

2) Die Treuhand der Gegenwart

Alle neueren Betrachtungen gehen, in Anlehnung an Beyerle,von einer schuldrechtlichen Sichtweise der Treuhand aus.[49] Uneinigkeit besteht jedoch bei der Frage, wie eine genauere Systematisierung und Wesensbeschreibung erfolgen kann.

Um dabei die einzelnen Ansätze nachvollziehen zu können, ist es unerlässlich das dahinterstehende Strukturtypenverständnis mit in den Blick zu nehmen.

---

44 *Beyerle*, Die Treuhand im Grundriß des deutschen Privatrechts, S. 20.

45 *Beyerle*, Die Treuhand im Grundriß des deutschen Privatrechts, S. 19.

46 *Beyerle*, Die Treuhand im Grundriß des deutschen Privatrechts, S. 14.

47 *Beyerle*, Die Treuhand im Grundrsß des deutschen Privatrechts, S. 17.

48 Ähnlich *Löhnig*, Treuhand S. 112.

49 Vgl. Staudinger/*Martinek* Vorbemerkung zu §§ 662 ff. Rn. 26; *Löhnig*, Treuhand S. 115; *Bitter*, Rechtsträgerschaft für fremde Rechnung, S. 287.

a) *Treuhand als Subordination*

Martinek geht davon aus, dass sich sämtliche Rechtsverhältnisse auf drei Interessenstrukturtypen zurückführen lassen: Interessengegensatz, Interessengleichrichtung und Interessenwahrung.[50] Die Treuhand lasse sich der Interessenwahrung zuordnen, welche dadurch gekennzeichnet sei, dass eine Partei „ihre Interessen unter diejenigen der anderen unterordne" und zugleich das gesamt Rechtsverhältnis durch eine „gesteigerte Treuepflicht" beider Parteien zueinander charakterisiert wird.[51] Die Zurückstellung eigener Belange des Treuhänders hinter diejenigen des Treugebers stellt für Martinek die besondere Charakteristik dar. Dementsprechend sieht er in der Treuhand ein „Subordinationsverhältnis".[52]

b) *Treuhand als Substitution*

Auch Löhnig erschließt sein Treuhandverständnis aus der schuldrechtlichen Sichtweise und ordnet sie als einen von drei Strukturtypen des Schuldrechts ein.[53] Er betont dabei die besondere Interessenlage, bei der eine Partei die Interessen der anderen wahrnehme, als ob es ihre eigenen seien, etwa so, wie es „derjenige idealerweise selbst tun würde."[54] Auf Grundlage dessen will Löhnig bei der Treuhand ein „Auseinanderfallen" desjenigen, der die Interessenposition grundsätzlich inne hat und demjenigen, der sie wahrnimmt, feststellen. Der Treuhänder sei quasi als „alter ego" des Treugebers aufzufassen. Charakteristisch sei also, dass der Treuhänder die Interessen zu wahren habe, die für den Fall, dass eine Treuhandkonstellation nicht vorliegt, selbst vom Treugeber wahrgenommen werden könnten. Dies führt ihn letztlich zu der Annahme, dass in der Treuhand ein „Substitutionsverhältnis" auszumachen ist.[55]

c) *Würdigung*

Die These Löhnigs lässt sich vereinfachen: Derjenige, der Inhaber bestimmter Interessen ist, wird durch einen anderen ersetzt, der diese Interessen für ihn wahrnimmt. Dann ist ein Treuhandverhältnis nichts anderes als der Austausch zweier Personen. Der Treugeber wird durch den Treuhänder ersetzt.

---

50 Staudinger/Martinek Vorbemerkung zu §§ 662 ff. Rn. 23.

51 *Martinek*, a.a.O. Rn 26.

52 *Martinek*, a.a.O. Rn. 27.

53 *Löhnig*, Treuhand, S. 115.

54 *Löhnig*, Treuhand, S. 116.

55 *Löhnig*, Treuhand, S. 116.

Teilt man diese Annahme, so geht man von der Voraussetzung aus, dass, bei Nichtbestehen eines Treuhandverhältnisses, die gleichen Interessen vom Treugeber selbst als Inhaber jederzeit wahrgenommen werden könnten.

Gerade mit dieser Annahme ist bei der Sicherungsgrundschuld Vorsicht geboten. Die umstrittensten Fragestellungen, die Art und Umfang der Interessenwahrung zugunsten des Sicherungsgebers durch den sicherungsnehmenden Grundschuldgläubiger zum Gegenstand haben, sind bei Konstellationen anzutreffen, im Rahmen derer der sicherungsgebende Schuldner niemals in der Lage wäre selbst seine Interessen wahrzunehmen. Diese Interessenwahrnehmung wird nur erforderlich, weil dem Grundschuldgläubiger als Treuhänder eine Rechtstellung eingeräumt wurde, die er bei Erfüllung der sonstigen Verpflichtungen des Sicherungsgebers nie für sich selbst beanspruchen kann. Es wird zu zeigen sein, dass sich während des Bestehens eines Kreditsicherungsverhältnisses Konstellationen ergeben, die ein Tätigwerden des Sicherungsnehmers als Treuhänder des Sicherungsgebers erfordern. Sie entstehen nur, weil ein Grundschuldsicherungsverhältnis eingegangen wurde und hieraus nicht selten Konfliktlagen in verschiedenen Situationen resultieren. Der Gedanke der Interessenvertretung hilft hier nicht weiter, da bei hypothetischer Fragestellung, wie der Sicherungsgeber seine Interessen wahrnehmen würde, keine Antwort gefunden werden kann.

Die Idee der Substitution gerät in dieser Situation an ihre Grenzen.

Der Gedanke der „Subordination" hingegen, der sich durch die Unterordnung von Eigeninteressen des Treuhänders gegenüber den Interessen des Treugebers auszeichnet, wird hilfreich sein, den Sicherungsvertrag als Treuhand aufzufassen. Mit Hilfe dieser Annahme können auch in Konfliktlagen, die als Folge aus dem Abschluss eines Sicherungsvertrages entstehen, probate Lösungsmöglichkeiten gefunden werden. Er wird daher den weiteren Untersuchungen zu Grunde gelegt.

B. Kategorisierungen der Treuhand

Innerhalb des modernen Treuhandrechts ist man dazu übergegangen, verschiedene Formen eines Treuhandverhältnisses zu unterscheiden. Schon die Bezeichnung des einzelnen Treuhandgeschäfts soll zum Ausdruck zu bringen, welcher Zweck mit der Begründung des Verhältnisses verfolgt wird. Neben dieser Einteilung wird eine Kategorisierung vorgenommen, die sich daran orientiert, welche Parteiinteressen im Vordergrund stehen. Dabei wird keine begriffliche Trennung vorgenommen. Meist wird ein Treuhandverhältnis sowohl nach dem Zweck, als auch nach der typischerweise vorliegenden Interessenrichtung benannt, mit dem Ziel, die

Eigenart des jeweiligen Rechtsverhältnisses durch beschreibende Attribute zum Ausdruck zu bringen.

I. Einordnung nach dem Zweck des Geschäfts

Die Einordnung nach dem verfolgten Zweck geht zurück auf Siebert, der die grundlegende Unterscheidung[56] in Verwaltungs- und Sicherungstreuhand vornahm.[57] Diese beiden Unterscheidungsformen haben weite Verbreitung gefunden und sind auch von der Rechtsprechung terminologisch übernommen worden.[58]

Die Verwaltungstreuhand ist dabei dadurch gekennzeichnet, dass der Treuhänder darauf beschränkt ist, ein fremdes Vermögensrecht oder eine Rechtsstellung für eine andere Person zu halten.[59] Die Sicherungstreuhand bezeichnet dagegen den Fall, dass dem Treuhänder zur Sicherung ihm zustehender Forderungen Rechte und Positionen eingeräumt werden auf die er zurückgreifen kann, sofern der schuldende Treugeber seinen Verpflichtungen nicht mehr nachkommt.[60]

Daneben wird vereinzelt noch die Erfüllungstreuhand unterschieden, bei der dem Treuhänder eine Rechtsposition eingeräumt wird, die zur Tilgung einer Forderung dient.[61]

II. Einordnung nach der Interessenrichtung

Daneben erfolgt die Einteilung der Treuhandgeschäfte nach dem Parteiinteresse, welches das Rechtsverhältnis prägt. Man spricht von einer eigennützigen Treuhand, wenn der Treuhänder vor allem eigene Interessen mit der Begründung der Treuhand verfolgt.[62] Im umgekehrten Fall, in dem die Interessen des Treugebers im Vordergrund stehen, spricht man von einer uneigennützigen Treuhand.[63]

---

56 *Henssler*, Treuhandgeschäft– Dogmatik und Wirklichkeit, AcP 196 (1996), 42; spricht von einer „Auffächerung" der Treuhandgeschäfte.

57 *Siebert*, Das rechtsgeschäftliche Treuhandverhältnis, S. 100.

58 Zur Sicherungstreuhand BGHZ 5, 292 ff.; zur Verwaltungstreuhand BGHZ 11, 37 ff.; die Berufungsinstanz hatte dabei den Terminus benutzt, was der BGH billigte.

59 *Coing*, Die Treuhand kraft privaten Rechtsgeschäfts, S. 89.

60 *Fikentscher/Heinemann*, SchuldR § 96 V Rn. 1371.

61 Vertiefend: *Gernhuber*, Die Erfüllung und ihre Surrogate § 9 I 5.

62 Staudinger/*Martinek* Vorbem. zu §§ 662 ff. Rn. 42.

63 *Coing*, Die Treuhand kraft privaten Rechtsgeschäfts, S. 89.

Die Kombination beider Einordnungen führt dazu, dass die Begriffe häufig synonym Verwendung finden. Die fremdnützige Treuhand wird als gleichbedeutend mit der Verwaltungstreuhand verstanden, die eigennützige Treuhand ist fest mit dem Begriff der Sicherungstreuhand verknüpft.[64]

III. Anmerkungen

Die herkömmliche Unterscheidung hat zwei Begriffspaare hervorgebracht: die Verwaltungs- und die Sicherungstreuhand, die ihrerseits durch die Interessenrichtung der Fremd- bzw. Eigennützigkeit beschrieben werden. Es ist kaum zu vermeiden, dass durch diese Begrifflichkeit der Eindruck erweckt wird, es handele sich bei den dargestellten Formen um Gegensätze, die strikt voneinander zu unterscheiden sind.

Dies ist jedoch nicht der Fall, was bei genauerer Betrachtung des Zwecks der jeweiligen Treuhandform deutlich wird. Alleine durch die Bezeichnung des Rechtsverhältnisses ist nicht ersichtlich, aus wessen Sichtweise die Zweckbestimmung erfolgt. Ebenfalls bleibt verborgen, ob ein unmittelbarer Zweck oder nur ein mittelbarer Zweck als Bezugspunkt für die Parteiinteressen angenommen wird.[65]

Die angeführten Bedenken lassen sich verdeutlichen: bei der Sicherungstreuhand wird der Zweck typischerweise aus der Sichtweise des Treuhänders bestimmt, der mit der übertragenen Rechtsposition sein Sicherungsbedürfnis befriedigt. Nimmt man die Perspektive des Treugebers ein, so ergibt sich ein gänzlich anderes Bild: sein direkter Zweck ist weniger die Sicherung einer Forderung, ihm geht es vor allem um die Erlangung eines Kredits, den er anders vermutlich nicht bekäme. Die Sicherung des Treugebers ist dann nur ein mittelbarer Zweck.[66]

Bei der Verwaltungstreuhand verhält es sich genau umgekehrt: hierbei erfolgt die direkte Zweckbestimmung aus Sicht des Treugebers, dessen Sache verwaltet wird.

Die Unterteilung in Sicherungs- und Verwaltungstreuhand bleibt daher eine rein begriffliche. Konkrete Rechtsfolgen sind damit nicht verbunden.[67] Letztlich handelt es sich um zwei „Extrempole“ auf einer Skala möglicher Erscheinungsformen eines Treuhandverhältnisses.[68] Vor diesem Hintergrund löst sich die Starrheit, die die antagonistische Begriffsbildung mit sich bringt. Dieses Verständnis öffnet

64 Statt vieler: *Gernhuber*, JuS 1988, 357; Staudinger/*Martinek* Vorbem. zu §§ 662 ff. Rn. 42 f.

65 In diesem Sinne auch *Gernhuber*, JuS 1988, 357.

66 So auch *Gernhuber*, JuS 1988, 357.

67 *Henssler*, AcP 196, 42.

68 *Henssler*, AcP 196, S. 43.

damit den Blick dafür, dass ein Treuhandverhältnis unterschiedlichste Ausformungen erfahren kann. Es ist daher möglich, dass eine Treuhandform im Laufe der Entwicklung in eine andere Form übergeht,[69] oder Sicherungs- und Verwaltungstreuhand kombiniert werden.[70]

Von dem Ansatz ausgehend, dass durch den Grundschuldsicherungsvertrag ein Treuhandverhältnis zwischen sicherungsnehmendem Grundschuldgläubiger und sicherungsgebendem Schuldner entsteht, wird diese Arbeit darstellen, dass das Treuhandverhältnis bei der Sicherungsgrundschuld einen Entwicklungsprozess durchlebt, im Rahmen dessen verschiedene Ausformungen anzutreffen sein werden. Die anfänglich reine Sicherungstreuhand wird im weiteren Verlauf verwaltungstreuhänderische Züge annehmen und sich letztlich in eine reine Verwaltungstreuhand wandeln.

C. Das Verhältnis von Treuhand und Sicherungsgeschäft

Die vorgenommene Darstellung und Aufarbeitung der dogmatischen Entwicklungen des Treuhandrechts erfolgt im Zusammenhang mit dem Sicherungsvertrag der Grundschuld. Die Sicherungsgrundschuld ist die am häufigsten anzutreffende Sicherheit für Immobiliarkredite.[71] Auf diesem Sektor ist sie folglich das wirtschaftlich wichtigste Sicherungsgeschäft. Ob allerdings ein Sicherungsgeschäft überhaupt als Treuhandverhältnis aufgefasst werden kann, ist nicht unumstritten. Um die Rechtsnaturbestimmung des Sicherungsvertrages im Hinblick auf die Einordnung als echtes Treuhandverhältnis überhaupt vorantreiben zu können, ist die Klärung dieser Vorfrage zwingend erforderlich.

I. Auffassungen der Literatur

1) Strikte Trennung zwischen Sicherungsgeschäft und Treuhand

Bereits in einigen frühen Abhandlungen zum Treuhandrecht wurden die Sicherungsgeschäfte getrennt dargestellt. Nathan hielt, unter Berufung auf die Interessenlage der Beteiligten, die Zusammenfassung der Sicherungsübereignung

69 So schon *Coing* Die Treuhand kraft privaten Rechtsgeschäfts, S. 89.

70 *Primaczenko*, Treuhänderische Vermögensverwaltung nach russischem Recht, S. 23.

71 *Sokolowski*, ZAP 2011, S. 405.

mit anderen fiduziarischen Sicherungsgeschäften unter einer gemeinsamen Kategorie für nicht gerechtfertigt.[72] Auch Reich berief sich auf die Interessenlage und konnte im Rahmen seiner Untersuchungen treuhänderische Pflichten des Sicherungsnehmers bei der Sicherungsübereignung nicht feststellen. Dies ließ ihn zu der Annahme gelangen, dass die Bezeichnung der Sicherungsübereignung als eigennützige Treuhand lediglich eine „Behelfskonstruktion" darstelle.[73]

In jüngster Zeit hat sich Löhnig besonders deutlich für eine klare Trennung von Sicherungs- und Treuhandgeschäften ausgesprochen.[74] Der Sicherungsnehmer wolle sich lediglich vorrangige Befriedigung vor anderen Gläubigern sichern und verfolge damit ausschließlich eigene Interessen. Eine Fremdinteressenwahrnehmung würde durch den Sicherungsnehmer bewusst vermieden.[75] Die Parteien eines Sicherungsgeschäftes stünden sich als „Antagonisten" gegenüber, sodass eine gänzlich andere Interessenlage zu verzeichnen sei, als bei einem Treuhandgeschäft.[76]

2) Sicherungsgeschäfte als eigennützige Treuhand

Der überwiegende Teil der Literatur sieht keinen Gegensatz zwischen einem Sicherungsgeschäft und einem Treuhandverhältnis. Siebert hat bereits darauf hingewiesen, dass es zu weit ginge, die Sicherung von der Treuhand strikt zu separieren. Es sei nicht zu läutern, dass selbst der Sicherungsnehmer treuhänderischen Bindungen unterliege, was sich insbesondere bei der Verwertung und der Behandlung eines daraus resultierenden Übererlöses zeige.[77] Selbst wenn man die Annahme einer diametralen Interessenlage teilt, hat schon Coing darauf hingewiesen, dass dies die Entstehung eines Treuhandverhältnisses nicht hindern könne. Der Ausgleich der widerstreitenden Interessen sei dann Aufgabe des Innenverhältnisses der Treuhand.[78]

---

72 *Nathan*, Die Übertragung des Eigentums mittels constitutum possessorium zum Zwecke der Sicherung von Forderungen, S. 61.

73 *Reich*, AcP 169 (1969), 255; Ähnlich kritisch im Zusammenhang mit der Sicherungsübereignung auch *Gaul*, AcP 168 (1968), 362; nachdem der allgemeine Gedanke der Treuhand die Gefahr der „Verwässerung" der Rechtsfigur mit sich brächte.

74 *Löhnig*, Treuhand, S. 121 ff.

75 *Löhnig*, Treuhand, S. 122.

76 *Löhnig*, Treuhand, S. 123.

77 *Siebert*, Das rechtsgeschäftliche Treuhandverhältnis, S. 403.

78 *Coing*, Die Treuhand kraft privaten Rechtsgeschäftes, S. 93.

Es wird im Anschluss daran davon ausgegangen, dass die Eingehung eines Treuhandverhältnisses aus egoistischen Motiven des Treuhänders es nicht ausschließt, dass Treuepflichten gegenüber dem Sicherungsgeber zur Entstehung gelangen.[79]

Sicherungsgeschäfte werden daher als eigennützige Treuhandverhältnisse bezeichnet.[80]

Die Vertreter dieser Auffassung sehen es daher als gesichert an, dass selbst wenn der Treuhänder versuchen sollte zuförderst eigene Interessen in das Zentrum des Rechtsverhältnisses zu rücken, er nicht umhin kommt auch Pflichten zu beachten, die im Interesse des Treugebers bestehen. Die Entstehung von Pflichten, im Interesse des Treugebers tätig zu werden, soll auf diese Weise nicht durch gegenläufige Interessen des Treunehmers gehindert werden können. Diesen Aspekt erkennt auch Löhnig an. Er selbst kommt nicht umhin festzustellen, dass bereits vor Verwertungsreife treuhänderische Pflichten des Sicherungsnehmers zu erkennen sind, da mehr Rechte als benötigt eingeräumt würden. Insbesondere bei der Verwertung seien Regeln zu beachten, die eine „treuhänderische Stellung" nahe legten.[81] Diese Feststellungen lassen die von Löhnig geäußerte Kritik nahezu widersprüchlich erscheinen.

Bereits an dieser Stelle der Untersuchung kristallisiert sich heraus, dass vor diesem Hintergrund eine Ausscheidung der Sicherungsgeschäfte aus dem Bereich des Treuhandrechts überhaupt nur dann vorgenommen werden darf, wenn unter Rekurs auf sämtliche Interessen der Parteien im Rahmen einer vertieften Auseinandersetzung tatsächlich eine diametrale Interessenlage festgestellt werden kann, die eine Trennung von Treuhand und Sicherungsgeschäft rechtfertigt.

II. Auffassung der Rechtsprechung

Die Rechtsprechung ist von Bedenken, die einige Literaturstimmen gegen die Einordnung von Sicherungsgeschäften als echte Treuhandfälle vorbrachten, unbeeindruckt geblieben. Eine Aussonderung der Sicherungsgeschäfte aus dem Treuhandrecht ist nicht vorgenommen worden.

---

79 So auch *Henssler*, AcP 196 (1996), 42 f.; Staudinger/*Martinek* Vorbem. zu §§ 662 ff. Rn. 44.

80 Statt vieler: *Vieweg/Werner*, Sachenrecht § 12 I Rn. 4; *Wolf*, Sachenrecht, § 3 Rn. 53; *Medicus/Petersen*, Bürgerliches Recht, § 21 Rn. 488; Staudinger Eckpfeiler/*Kessal-Wulf*, S. 418.

81 *Löhnig*, Treuhand, S. 122.

1) Die Judikatur des Reichsgerichts

Bereits im Jahre 1904 hatte sich das Reichsgericht im Rahmen einer zur Sicherung abgetretenen Hypothek mit der Fragestellung zu beschäftigen, ob das Innenverhältnis der Sicherungszession treuhänderische Pflichten zur Entstehung bringt.[82] Im konkreten Fall wurde ein Grundstück, auf welchem eine zur Sicherung abgetretene Hypothek lastete, durch einen vorrangigen Gläubiger zur Zwangsversteigerung gebracht. Die Zessionarin erwarb das Grundstück in der Versteigerung zu einem sehr niedrigen Preis, weswegen sie bis auf einen Zinsbetrag mit der Hypothek ausfiel, veräußerte das Grundstück jedoch kurze Zeit später zu nahezu dem doppelten Preis. Der Sicherungszedent machte Ersatzansprüche geltend, da die Zessionarin ihren treuhänderischen Verpflichtungen nicht nachgekommen sei und durch die unterlassene Geltendmachung ihrer Rechte den Ausfall der Hypothek verursacht habe, letztlich aber durch die Weiterveräußerung Gewinn zu seinen Lasten gemacht habe.

Das Reichsgericht gab der Klage statt und vertrat die Auffassung, dass die Sicherungszession des Grundpfandrechts ein Treuhandverhältnis zur Entstehung bringe im Rahmen dessen der Zessionar verpflichtet sei, die Interessen des Zedenten wahrzunehmen und beim Einzug der Forderung einen bestmöglichen Erlös anzustreben.[83] Es widerspräche Treu und Glauben, wenn der Sicherungsnehmer die ihm eingeräumte formale Stellung eigennützig gebrauche und damit den Zedenten schädige[84]. Die Sicherungszessionarin wurde verurteilt einen Teil des Verkaufserlöses an den Zedenten auszuzahlen.

Das Urteil macht deutlich, dass für das Reichsgericht keine Zweifel bestanden, dass auch ein Sicherungsgeschäft als Treuhandverhältnis aufgefasst werden kann.

Bemerkenswert ist in diesem Zusammenhang auch eine Entscheidung des Reichsgerichts aus dem Jahre 1911, in der erneut über Pflichten des Zessionars einer abgetretenen Forderung gegenüber dem Zedenten zu entscheiden war.[85] In den Urteilsgründen wurde besonders auf die Interessenlage aus Sicht des Sicherungsgebers abgehoben. Die Interessenwahrungspflicht habe ihren Ursprung in dem Umstand, dass der Zessionar alleine Rechtsinhaber würde, die Erhaltung des Sicherungsrechtes aber das Interesse des Sicherungsgebers tangiere. Schließlich sei bei Tilgung der Schuld sowohl die Rückübertragung,

82 Urteil v. 23. 11.1904-V 214/04=RGZ 59, 190 ff.

83 RGZ 59, 192.

84 RG, a.a.O.

85 Urteil v. 12.06.1911-II 14/11=RGZ 76, 345.

als auch eine etwaig vorzunehmende Übererlösverteilung, an den Sicherungsgeber vorzunehmen.[86]

Indem das Gericht die wirtschaftlichen Zusammenhänge, insbesondere bei der ordnungsgemäßen Tilgung der gesicherten Schuld, in den Vordergrund stellt, gelangt es zu der richtigen Erkenntnis, dass der Sicherungsnehmer stets die Interessen des Sicherungsgebers zu beachten hat. Die Interessenwahrungspflicht, die jedem Sicherungsgeschäft immanent ist, gibt den Ausschlag, Sicherungsgeschäfte als Treuhandverhältnisse aufzufassen. Bei einer derartigen Sichtweise gibt es letztlich keinen Widerspruch zwischen Sicherungsgeschäft und Treuhand.

2) Die Haltung des Bundesgerichtshofs

Im Anschluss an die Entscheidung des Reichsgericht aus dem Jahre 1911[87] bestätigte auch der BGH in seinem Urteil vom 01.03.1962 die Auffassung, dass keine Zweifel bestünden ein Sicherungsgeschäft als Treuhandverhältnis aufzufassen.[88] Die Abtretung von Rechten zur Sicherheit begründe ein Treuhandverhältnis, weshalb der Sicherungsnehmer tunlichst die Interessen des Sicherungsgebers zu wahren habe. Insbesondere bei der Verwertung habe der Sicherungsnehmer einen größtmöglichen Erlös anzustreben, da sonst Ansprüche wegen Pflichtverletzung bestünden. Im konkreten Fall waren der Beklagten, einer Bank, Patentrechte an einer technischen Erfindung zur Sicherheit der laufenden Geschäftsverbindung abgetreten worden. Nach Eintreten der Verwertungsreife hatte die Beklagte die Rechte freihändig veräußert. Die Kläger vertraten die Auffassung, die Beklagte habe das Sicherungsgut „verschleudert", da sie im Wege der freihändigen Veräußerung lediglich 230.000 Mark erzielte, obwohl nach dem klägerischen Vortrag der Wert bei mindestens 330.000 Mark gelegen hätte. Der BGH verwies die Sache zurück, da in tatsächlicher Hinsicht durch die Vorinstanz nicht fehlerfrei festgestellt worden war, ob die Beklagte es schuldhaft unterlassen hatte einen höheren Veräußerungserlös zu erzielen.

Noch bestehende Zweifel bezüglich der Eigenschaft eines Sicherungsgeschäfts als Treuhand beseitigte der BGH im Jahre 1969, indem er klarstellt, dass die bloße Verfolgung eigennütziger Interessen des Treuhänders, insbesondere das Streben

86 RGZ 76, 345, 347.
87 Vgl. RGZ 76, 345.
88 BGH Urteil v. 01.03.1962- II ZR 70/60=BB 1962, 663.

nach möglichst hohen Vergütungen, es nicht hindern könne, dass ein Treuhandverhältnis zur Entstehung gelangt.[89]

In ständiger Rechtsprechung werden daher abstrakte Sicherungsgeschäfte, unabhängig ihrer Erscheinungsform und jeweiligen Ausprägung, vom BGH als Treuhandverhältnisse aufgefasst.[90] Die Grundlage des Treuhandverhältnisses bildet dabei stets der schuldrechtliche Sicherungsvertrag.

III. Anmerkung und Stellungnahme

Löhnig beruft sich zur Begründung seiner Auffassung auf einen vermeintlichen Interessengegensatz, um eine Trennung zwischen Sicherungsgeschäften und Treuhandverhältnissen vorzunehmen.[91] Zutreffend ist dabei die Annahme, dass eine Klärung der Frage des Verhältnisses beider Institute zueinander, nur unter Rekurs auf die Interessen der Beteiligten erfolgen kann.[92]

Die Schwierigkeit besteht dabei darin, dass Interessen im Grundsatz untrennbar mit einem Individuum verbunden sind. Diese Kopplung hat zur Folge, dass Interessen nicht gänzlich von persönlichen Erfahrungen und Wertungen gelöst werden können. Sie stehen immer in persönlichem und situativem Kontext. Parteiinteressen sind damit so vielfältig wie die dahinterstehenden Individuen. Zugleich sind mit den Interessen Zielrichtungen verbunden, die die Parteien mit ihnen günstigen Mitteln zu erreichen versuchen. Parteiinteressen bestehen daher nicht um ihrer Selbstwillen, sondern sind auf ein Ziel ausgerichtet. Jedes Parteiinteresse weist daher einen Bezugspunkt auf, dessen Verfolgung Zweck des begründeten Rechtsverhältnisses ist. Sitatuationsbezogenheit und das Erfordernis eines Bezugspunktes führen daher zu einer Interessenrelativität. Um dieser Komplexität Rechnung zu tragen, muss im Hinblick auf die Betrachtung des Sicherungsgeschäftes sowohl die Position des Treugebers, als auch die des Treuhänders beleuchtet werden. Dem in diesem Zusammenhang überwiegend benutzten Begriff der „eigennützigen

---

89 Urteil v. 05.05.1969-VII ZR 79/67=BGH WM 1969, 935.

90 Vgl. Für die Inkassozession: BGH Urteil v. 15.11.1984-III ZR 115/83=WM 1985, 613 ff.; Für die Sicherungsgrundschuld: BGH Urteil v. 07.05.1987-IX ZR 198/85=NJW-RR 1987, 1291, 1292; zuletzt BGH Urteil v. 04.02.2010 V ZR 132/10=BGHZ 188, 186 ff.

91 *Löhnig*, Treuhand, S. 123.

92 So schon *Walter*, Das Unmittelbarkeitsprinzip bei der fiduziarischen Treuhand, S. 44.

Treuhand" kommt dabei einzig und alleine die Bedeutung zu, eine mögliche Interessenlage zu umreißen.[93]

Bereits Baur hat darauf hingewiesen, dass die Interessen des Sicherungsnehmers und die des Sicherungsgebers auch als „gleichgerichtet" aufgefasst werden können. Während es dem Sicherungsnehmer auf eine angemessen Kapitalanlage nebst zugehöriger Sicherheit ankäme, sei der Sicherungsgeber daran interessiert, die Voraussetzungen der Kreditvergabe herbeizuführen.[94] Westermann machte die gleichgerichteten Interessen daran fest, dass bei einem Sicherungsgeschäft jeder der Beteiligten auf seine Weise mit Kapital arbeiten wolle. Der schuldende Sicherungsgeber wolle fremde Vermögenswerte für eigene Zwecke einsetzten, dem Sicherungsgeber sei es daran gelegen, eine rentierliche Anlageform zu wählen, bei der eine zusätzliche Absicherung bestünde.[95]

Die vorstehenden Ausführungen öffnen den Blick dafür, dass bei einem Sicherungsgeschäft auch eine andere Sichtweise der Interessenrichtung möglich ist. Zu wenig wird bedacht, dass nicht jedes Sicherungsgeschäft später zu einem Verwertungsfall wird. Bei der überwiegenden Anzahl von Sicherungsfällen werden die zu Grunde liegenden Forderungen durch den sicherungsgebenden Schuldner ordnungsgemäß getilgt. Dies führt dazu, dass die Sicherheit zurück zu gewähren ist. Gerade dann zeigt sich aber, dass der Sicherungsgeber einen massiven Vorteil durch das Sicherungsgeschäft erworben hat. Über die gesamte Laufzeit wurde ihm ein Darlehen zu Konditionen überlassen, die ohne Einräumung einer Sicherheit nicht hätten gewährt werden können. Damit realisiert sich letztlich der wirtschaftliche Vorteil auch auf Seiten des Sicherungsgebers. Es ist daher nicht zu leugnen, dass auch der Sicherungsgeber seinen Nutzen aus dem Geschäft zieht.[96]

Sicherungsgeschäfte nützen daher sämtlichen Beteiligten.[97] Wird berücksichtigt, dass die ordnungsgemäße Tilgung der gesicherten Kredite den Regelfall darstellt, so hat der Sicherungsnehmer die Zweckbindung der Sicherung während der laufenden Tilgung zu wahren und ist nach Tilgung zur Rückgewähr verpflich-

---

93 Staudinger/*Wiegand* Anh. zu §§ 929–931, Rn. 325.

94 *Baur*, Sachenrecht, 7. Auflage 1973, § 57 I 2.

95 *Westermann*, Interessenkollisionen und ihre richterliche Wertung bei den Sicherungsrechten an Fahrnis und Forderungen, S. 9.

96 Ähnlich auch *Wolf*, Sachenrecht, § 3 Rn. 53, der davon spricht, dass im Regelfall das Sicherungsgut den Interessen des Sicherungsgebers als „wirtschaftlichem Eigentümer" dient.

97 *Isele*, Geschäftsbesorgung: Umrisse eines Systems, S. 42; spricht von einer „Interessenverknüpfung", da mit der Verfolgung von fremden Interessen tatbestandsmäßig auch die Verfolgung eigener Interessen verbunden sei.

tet. Der Sicherungsnehmer kommt daher nicht umhin, die Sache im Interesse des Sicherungsgebers möglichst pfleglich zu behandeln, um sie unbeschadet zurückgewähren zu können. Damit ist eine Fremdinteressenwahrung untrennbar verbunden. Sicherungsgeschäft und Treuhandschaft schließen sich damit nicht aus.

§ 4 Das Treugut des Grundschuldgläubigers

A. Fortentwicklung des Treugutverständnisses

Die dogmatischen Entwicklungen haben zu Tage gefördert, dass ein Treuhandverhältnis seinen Ursprung im schuldrechtlichen Innenverhältnis der Beteiligten zueinander hat. Die Rechtsbeziehungen im Außenverhältnis sind lediglich äußere Erscheinungsformen des Innenverhältnisses.[1] Alleine der Ursprung treuhänderischer Rechte und Pflichten ist nur ein Teil der Gesamtfigur. Auch die moderne Dogmatik kommt nicht umhin, sich mit dem Bezugspunkt vorgenannter Rechte und Pflichten zu beschäftigen, dem „Treugut". In Anlehnung an die von Coing vorgenommene Unterteilung,[2] lässt sich nach wie vor eine Zweiteilung der Treuhand feststellen. Angesichts der Erkenntnisfortschritte, die letztlich zu einer völlig neuen Sichtweise der Treuhand geführt haben, darf es nicht verwundern, dass auch an dieser Stelle die Entwicklung nicht stehen geblieben ist.

Zur Verdeutlichung darf auf den frühen sachenrechtlichen Ansatz rekurriert werden, der die gesamte Rechtsfigur der Treuhand aus der Beziehung des Treuhänders zum Treugut entwickelte. Es war konstitutives Merkmal einer jeden Treuhand, dass nach sachenrechtlichen Prinzipien Vermögensrechte übertagen wurden und der Treuhänder die ihm eingeräumten Rechte zumindest nicht ausschließlich eigennützig einsetzte.[3] Ein Treuhandverhältnis war damit durch eine sachenrechtliche Berechtigung an einem Gegenstand gekennzeichnet.[4]

Nach der modernen Sichtweise ist der Kern des Treuhandverhältnisses nicht mehr in der Beziehung des Treuhänders zu einem bestimmten Gegenstand zu sehen. Heute werden gänzlich andere Blickpunkte in den Fokus gerückt. Das Kernelement eines jedes Treuhandverhältnis wird darin gesehen, dass der Treuhänder

1 So schon *Emmerich*, Die Sanierung I Teil, §64 S. 152.

2 *Coing*, Die Treuhand kraft privaten Rechtsgeschäfts, S. 85, diffenrenzierte zwischen dem Innenverhältnis, was als „persönliches Element" bezeichnet wurde und der Rechtsbeziehung zum Treugut, dem „sachlichen Element."

3 Dazu bereits § 3 A; Exemplarisch die Definition bei *Siebert*, Die Treuhand kraft privaten Rechtsgeschäfts, S. 1.

4 Vgl. Zur Objektbezogenheit der Treuhand, *Siebert*, Die Treuhand kraft privaten Rechtsgeschäfts, S. 18.

fremde Interessen wahrnimmt. Der Gedanke der Subordination arbeitet diesen Gedanken besonders anschaulich heraus: Treuhandschaft ist Fremdbelangwahrung; Unterordnung treunehmerischer Belange unter diejenigen des Treugebers.[5] Wenn es darum geht, fremde Interessen wahrzunehmen, darf nicht aus dem Blick geraten, dass diese stets auf etwas „gerichtet" sind.[6] Coing wies in diesem Zusammenhang darauf hin, dass Treuhandschaft keineswegs eine allgemeine Interessenwahrnehmung mit sich bringt, sondern die „Ausübung bestimmter Interessen zum Gegenstand hat."[7] Folglich muss der Treuhänder in die Lage versetzt werden, diese Interessen auch wahrnehmen zu können. Es müssen Einwirkungsmöglichkeiten zugunsten des Treuhänders geschaffen werden, die einen Zugriff auf einen fremden Interessenkreis erlauben und ihn zugleich in die Lage versetzen, rechtlich wirksam im Außenverhältnis aufzutreten.[8] Treuhand zeichnet sich nicht mehr zwingend dadurch aus, dass Sachen oder Rechte übertragen werden und diese nicht ausschließlich eigennützig Verwendung finden, sondern dadurch, dass „Wahrung fremder Interessen kraft eigener Macht" betrieben wird.[9] Die moderne Treuhanddogmatik kommt damit gänzlich ohne ein „sachliches Treugut" aus.[10]

Nicht eindeutig zu beantworten ist, wodurch das dingliche „Treugut" abgelöst worden ist. Wenn von „Möglichkeiten" gesprochen wird, die eine Einwirkungsmöglichkeit in einen fremden Interessenkreis erlauben sollen, ist damit, jedenfalls auf den ersten Blick, keine rechtliche fundierte Erkenntnis verbunden. An dieser Stelle ist die weitere wissenschaftliche Entwicklung im Fluss. Im Rahmen der vorgeschlagenen Alternativen besteht jedenfalls Einigkeit, dass eine dingliche Rechtsposition nicht mehr erforderlich ist.

I. Ein Rechtsverhältnis als „Treugut"– Fortentwicklung oder Irrweg?

Einen neuen Ansatz hat Schmidt im Rahmen seiner Untersuchungen zum Kommissionsgeschäft herausgearbeitet.[11]

---

5 Staudinger/*Martinek* Vorbem zu §§ 662 ff. Rn. 26.

6 Hierzu bereits oben § 3 C III 3).

7 *Coing*, Die Treuhand kraft privaten Rechtsgechäfts, S. 85.

8 *Löhnig*, Treuhand, S. 118.

9 So bereits *Emmerich*, Die Sanierung I Teil, S. 144, im Jahre 1930.

10 *Löhnig*, Treuhand, S. 118.

11 *Schmidt*, Perspektiven am Anfang des 21. Jahrhunderts: FS Medicus zum 80. Geburtstag, S. 467 ff.

Ausgangspunkt der Betrachtungen ist, dass jede Kommission – egal ob in der Verkaufs- oder Einkaufsvariante – ein Treuhandverhältnis begründet.[12] Schmidt gelangt zu der Annahme, dass der Gegenstand treuhänderischer Rechte und Pflichten sich nicht im Kommissionsgut erschöpft, sondern das gesamte Rechtsverhältnis des Kommissionärs zum Dritten, einschließlich der vom Dritten erlangten Rechte, als Treugut aufzufassen ist.[13] Zur Begründung wird darauf hingewiesen, dass ein Rechtsverhältnis mehr darstelle, als die Summe einzelner Rechte und Pflichten und schließlich auch Gegenstand von Verfügungen sein könne.[14]

Die aus der Kommission gewonnen Erkenntnisse lassen sich verallgemeinern. Schmidt selbst stellt in diesem Zusammenhang fest, dass die Fragestellung, ob ein „Rechtsverhältnis als Rechtsgegenstand" aufgefasst werden könne, keine genuin handelsrechtliche sei, sondern ihren Platz in der allgemeinen Zivilrechtsdogmatik habe.[15] Nach diesem Verständnis stellt ein Rechtsverhältnis daher „Treugut" dar.

II. Einwirkungsmacht anstelle sachlichen Treuguts

In seiner grundlegenden Arbeit zur Treuhand hat auch Löhnig die Frage des Treugutes einer näheren Betrachtung unterzogen. Unter Bezugnahme auf die Interessenlage der Beteiligten stellt er fest, dass eine Interessenwahrnehmung nur dann erfolgen kann, wenn hierzu entsprechende „Machtmittel" eingeräumt würden. Erst dies setze die Treuhand „in Vollzug."[16] „Machtmittel" könne dabei alles sein, was eine Einwirkung in den Interessenkreis des Treugebers ermöglicht.[17]

Dieses Verständnis löst sich damit in Gänze von jeglichen dinglichen Kategorien. Treuhänderische Macht ist nicht mehr nur Vollrechtsinhaberschaft, sondern lediglich „Einwirkungsmacht."[18] Bei dieser „Einwirkungsmacht" nimmt Löhnig eine weitere Differenzierung vor, innerhalb derer „Rechtspositionen" von „Legitimationen" unterschieden werden. Erstere halte der Treuhänder für eine gewisse Zeit, letztere seien Werkzeuge, um fremde Interessen wahrnehmen zu können.[19]

12 *Schmidt*, Handelsrecht, S. 862, 868.
13 *Schmidt*, FS Medicus S. 473.
14 *Schmidt*, FS Medicus S. 469 f.; ähnlich *Larenz/Wolf* §13 Rn. 5 „Organismus".
15 *Schmidt*, FS Medicus, S. 468, 471.
16 *Löhnig*, Treuhand, S. 159.
17 *Löhnig*, Treuhand, S. 160.
18 *Löhnig*, Treuhand, S. 161.
19 *Löhnig*, Treuhand, S. 161.

III. Stellungnahme

1) Bedenken gegen das Verständnis eine Rechtsverhältnisses als „Rechtsgegenstand“

Ein Rechtsverhältnis als „Rechtsgegenstand“ aufzufassen, bedeutet, es jedweder Art von Verfügung zugänglich zu machen. Damit setzt letztlich eine Gradwanderung ein, die insbesondere in Konflikt mit sachenrechtlichen Grundprinzipien gerät.

Probleme ergeben sich hierbei insbesondere im Zusammenhang mit dem in der deutschen Zivilrechtsdogmatik fest verankerten Trennungsprinzip, wonach Verpflichtungs- und Verfügungsgeschäft rechtlich streng voneinander zu trennen sind.[20] Gerade diese Grenze droht zu verwischen, wenn ein Schuldverhältnis dinglichen Kategorien zugänglich sein soll. Die Konsequenz ist, dass man letztlich Vertragsverhältnisse den gleichen Regelungen unterwirft, wie sie für Sachen Geltung beanspruchen.[21]

Es darf nicht aus dem Blick verloren werden, dass das BGB alleine dem Aufbau nach Schuldverhältnisse von Sachen und Rechten strikt trennt.[22] Deren Übertragung ist einer Regelung zugeführt worden, die eine Verkehrsfähigkeit gewährleisten soll. Mechanismen für die Übertragung von Schuldverhältnissen hingegen existieren nur in Ausnahmefällen, beispielhaft sind § 566 BGB im Mietrecht und § 613a BGB im Arbeitsrecht anzuführen. Diese Normen dienen vor allem dem Schutz der strukturell unterlegenen Vertragspartei, nicht jedoch dem Zweck, eine Umlauffähigkeit des Vertragsverhältnisses herzustellen.

Rechtsbeziehungen und Herrschaftsrechte an Sachen und Rechten sind grundsätzlich verschieden, was insbesondere an ihrer Wirkungsweise deutlich wird. Während Schuldverhältnisse, dem Grundsatz des § 241 I BGB nach nur eine relative Wirkung entfalten,[23] Rechte und Pflichten nur für die Parteien zur Entstehung gelangen lassen, beanspruchen dingliche Rechte absolute Wirkung. Diese absolute Wirkungsweise findet ihre Rechtfertigung darin, dass eine „Verkörperung“ des jeweiligen Herrschaftsrechts festzustellen ist, an der es bei einem Schuldverhältnis im Allgemeinen fehlt. Eine Gleichbehandlung wäre allenfalls in den Fällen vorstellbar, in denen ein Rechtsverhältnis eine derartige „Verkörperung“ erfahren hat,

---

20 Statt vieler: *Jauernig,* BGB, Vor § 854 Rn. 12; Staudinger Eckpfeiler/*Beckmann* S. 517; *Füller*, Eigenständiges Sachenrecht § 3 I S. 113.

21 Vgl.: Oetker/*Martinek* HGB § 383 Rn. 15.

22 Oetker/*Martinek* HGB § 383 Rn. 15, weist explizit darauf hin, dass „Rechts- und Pflichtenbeziehungen fundamental anders sind und das interpersonale Beziehungen Herrschaftsrechten und Verfügungsgeschäften entzogen sein müssen.“

23 *Brox/Walker*, Allgemeines Schuldrecht, § 1 Rn. 7.

etwa bei der Aktie als wertpapierrechtlich verkörperte Form von Vermögens- und Teilhaberechten, oder beim GmbH-Geschäftsanteil, der vom Gesetzgeber handelbar ausgestaltet wurde.[24]

Eine generelle Gleichbehandlung ist aufgrund der eklatanten Unterschiede jedoch nicht gerechtfertigt. Weitere Bedenken lassen sich unter dem Gesichtspunkt des Spezialitätsprinzips anführen.[25] Danach müssen sich Verfügungen stets auf einen bestimmten Rechtsgegenstand beziehen. Verfügungen über Vermögens- oder Gattungsgesamtheiten sind hingegen unwirksam.[26] Zur Wirksamkeit eines Schuldverhältnisses reicht es aus, dass dessen Inhalt bestimmbar ist.[27] Sachgesamtheiten können daher Gegenstand von Schuldverhältnissen sein. Ein Schuldverhältnis als „Rechtsgegenstand“ aufzufassen bedeutet, dass auch Sachgesamtheiten Verfügungen zugänglich würden. Damit würde das Spezialitätsprinzip erodiert werden. Ausnahmen sind auch hier nur denkbar, sofern eine gesetzgeberische Grundlage geschaffen wurde, wie etwa bei § 15 GmbHG.

Es hat sich gezeigt, dass das Verständnis eines Rechtsverhältnisses als „Rechtsgegenstand“ in Konflikt mit den Grundprinzipien der Zivilrechtsordnung gerät, weswegen ihm in der weiteren Untersuchung nicht gefolgt wird.

2) Treugut als „Mittel zum Zweck“

Auch die Diskussion um ein modernes Treugutverständnis muss im Gesamtkontext der Rechtsfigur geführt werden. Diese zeichnet sich durch ihre besondere Interessenlage aus, im Rahmen derer es der Treuhänder übernimmt, fremde Interessen wahrzunehmen. Angesichts einer derartigen Sichtweise erfährt auch das Treugut eine neue Aufgabe. Es ist nicht mehr wesensbestimmendes Element der Treuhand, sondern nur „Machtposition“ oder „Machtbefugnis“, die eine Einwirkung in den Interessenkreis des Treugebers erlaubt.[28] „Treugut“ ist letztlich nur die Möglichkeit, die Kernaufgabe des Treuhänders, die Fremdinteressenwahrnehmung, umzusetzen. Letztlich „Mittel zum Zweck“.

Zu Recht wird daher davon ausgegangen, dass ein „Treugut“ im Sinne eines dinglichen Vollrechts überhaupt nicht mehr erforderlich ist.[29] Auch andere Mittel,

---

24 Vgl.: Oetker/*Martinek* HGB § 383 Rn. 16.

25 Vgl.: Oetker/Martinek HGB § 383 Rn. 16, spricht in diesem Zusammenhang von einer drohenden „Erosion“ des sachenrechtlichen Spezialitätsprinzips.

26 *Wilhelm*, Sachenrecht, Rn. 20.

27 *Brox/Walker* § 6 Rn. 1.

28 *Löhnig*, Treuhand, S. 118.

29 *Löhnig*, Treuhand, S. 161.

die sich in ihrer Vielfalt an dieser Stelle nicht abschließend aufführen lassen, können „Treugut“ darstellen.[30] Angesichts der vielfältigen Erscheinungsformen modernen „Treuguts“ ermöglicht die Unterteilung in „Rechtspositionen“ und „Legitimationen“ eine anschauliche Kategorienbildung. Mit dieser Fortentwicklung ist eine beträchtliche Ausweitung des Anwendungsfeldes der Treuhand verbunden. Zugleich werden die Ergebnisse einzig und allein aus dem zugrundeliegenden Innenverhältnis und der besonderen Interessenlage der Beteiligten heraus entwickelt und betonen damit die schuldrechtliche Grundlage eines jeden Treuhandverhältnisses.

Die Ablösung des herkömmlichen „Treugutes“ durch eine, in ihrer Erscheinungsform noch so unterschiedliche „Einwirkungsmacht“ vervollkommnet letztlich die schuldrechtliche Entwicklung der Gesamtfigur.

IV. Zusammenfassung und Ergebnis

Die Treuhand der Gegenwart lässt sich in zwei Bestandteile aufgliedern. Zunächst das schuldrechtliche Innenverhältnis, welches die Hauptpflichten des Treuhänders, die Fremdinteressenwahrnehmung zugunsten des Treugebers, zur Entstehung bringt. Daneben die „Einwirkungsmacht“, die an die Stelle des herkömmlichen Treuguts getreten ist und in Form von Machtmitteln die Aufgabe übernimmt dem Treuhänder den Zugriff auf den Interessenkreis des Treugebers zu ermöglichen.[31] Die Einwirkungsmacht kann in vielfältiger Form auftreten, entscheidend ist nur, dass durch sie eine Interessenwahrnehmung stattfinden kann.

Dieses Verständnis der Treuhand soll den nachfolgenden Untersuchungen zu Grunde gelegt werden.

B. Die Machtmittel des Gläubigers einer Sicherungsgrundschuld

I. Die herkömmliche Auffassung – Verhaftung im Gegenständlichen

Diejenigen, die im Zusammenhang des Sicherungsvertrages der Grundschuld von einem Treuhandverhältnis ausgehen, stellen alleine die Grundschuld in den Fokus

---

30 Beispiele bei *Löhnig*, Treuhand, S. 162.

31 Vgl. *Löhnig*, Treuhand, S. 118.

treuhänderischer Pflichten. Die Bestellung der abstrakten Grundschuld führe dazu, dass der Sicherungsnehmer als dinglich Berechtigter „bedingungslos“ aus dem ihm zustehenden Recht vorgehen könne, ihm insoweit eine „unbeschränkte Außenmacht“ zustünde.[32] Veranschaulicht wird dies mit dem Hinweis darauf, dass der Sicherungsnehmer aus der Grundschuld die Vollstreckung in das Grundstück betreiben könne, obwohl die gesicherte Forderung noch nicht fällig oder einredebehaftet ist oder die Möglichkeit gegeben sei, dass die Vollstreckung aus dem Nennbetrag des Grundschuldkapitals betrieben wird, obwohl die gesicherte Forderung weitaus geringer valutiert[33]. Diese umfangreiche Rechtsstellung des Grundschuldgläubigers werde lediglich im Innenverhältnis zum Sicherungsgeber den Beschränkungen des Sicherungsvertrages unterworfen, der eine schuldrechtliche, relative Bindung der Parteien herbeiführe.[34] Er sei gehalten, die Grundschuld nur im Rahmen des festgelegten Sicherungszwecks zu verwerten, was regelmäßig der Fall sei, wenn die gesicherte Forderung trotz Fälligkeit nicht zurückgezahlt werde.[35] Schließlich sei die Grundschuld bei endgültigem Entfall des Sicherungsbedürfnisses an den Sicherungsgeber als Treugeber zurück zu gewähren.[36]

Die vorgenannten Ausführungen zeigen deutlich, dass die Grundschuld im Mittelpunkt der Betrachtungen steht. Sie wird zum „Treugut“ nach herkömmlichem Verständnis stilisiert. Weitere Untersuchungen, ob auch andere Einwirkungsmöglichkeiten des Grundschuldgläubigers festzustellen sind, werden nicht vorgenommen. Lediglich vereinzelt ist davon die Rede, dass die Sicherungsgrundschuld meist nicht das alleinige Sicherungsmittel in der Rechtswirklichkeit darstellt.[37]

Das dingliche Recht als Grundlage der Betrachtungen aufzufassen, bedeutet zugleich, in einer dinglichen Sichtweise der Treuhand verhaftet zu bleiben. Dies zeigt sich deutlich, wenn als wesensbestimmendes, treuhänderisches Merkmal die Beziehung des Treuhänders zum Treugut und seine Rechtsmacht im Außenverhältnis, die lediglich schuldrechtlichen Bindungen im Innenverhältnis unterliegt,

---

32 Statt vieler: *Weller*, JuS 2009, S. 971, Staudinger/*Wolfsteiner* Vorbem. zu §§ 1191 ff. Rn. 26; MüKo/*Eickmann* § 1191 Rn. 13; FA-BKR/*Clemente* Kap. 5 Rn. 924; *Gaberdiel*, Kreditsicherung durch Grundschulden, Rn. 565; *Jacoby* in Derleder/Knops/Bamberger Handbuch zum deutschen und europäischen Bankrecht § 24 Rn. 1.

33 Ebenso mit weiteren Beispielen Staudinger/*Wolfsteiner* Vorbem. zu §§ 1191 ff. Rn. 26.

34 FA-BKR/*Clemente* Kap. 5 Rn. 924.

35 *Gaberdiel*, Kreditsicherung durch Grundschulden, Rn. 563.

36 Erman/*Wenzel* § 1191 Rn. 61.

37 So etwa FA-BKR/*Clemente* Kap. 5 Rn. 925.

angeführt wird. Es wird offensichtlich, dass die herkömmlichen Untersuchungen auf einem Treuhandverständnis aufbauen, was nicht mehr zeitgemäß ist.

Die nachfolgenden Untersuchungen werden zeigen, dass auch die Grundschuld selbst einer differenzierten Betrachtung zugänglich ist, die insbesondere ihre Erscheinungsform in der Bankpraxis berücksichtigt. Es kann vermutet werden, dass auch andere Rechtspositionen oder Legitimationen des sicherungsnehmenden Gläubigers als Einwirkungsmacht verstanden werden können, auf die sich die treuhänderischen Wirkungen des Sicherungsvertrages erstrecken.

II. Die moderne Sicherungsgrundschuld der Bankpraxis

Das gesamte Kreditsicherungsrecht wird maßgeblich durch die praktischen Erwägungen der Wirtschaftsordnung geprägt.[38] Die Hauptrolle spielen dabei die Banken in ihrer Position als institutionelle Kreditgeber. Die Rechtsfortbildung und Umgestaltung bekannter rechtlicher Institute wird nicht durch dogmatische Impulse initiiert, sondern stellt sich als Ergebnis wirtschaftlicher Erfordernisse der Bankenrealität dar. Dieser Umstand hat sich gerade bei der Grundschuld in zweierlei Hinsicht besonders deutlich hervorgetan. Der historische Gesetzgeber war bei der Kodifikation der Grundpfandrechtstypen davon ausgegangen, dass zuförderst auf die Hypothek zugegriffen würde, was sich alleine anhand der umfangreichen Normierung in den §§ 1113–1190 BGB belegen lässt.[39] Die Praxis ist dem nicht gefolgt, sondern hat die Grundschuld zur maßgeblichen Immobiliarsicherheit erkoren. Hypothek und Grundschuld stehen heute im Verhältnis von 20% zu 80%.[40] Die Praxis stellt sich damit als Gegenteil der ursprünglichen gesetzgeberischen Intention dar.

Bei der Ausgestaltung der Grundschuld selbst, lässt sich dies erneut anschaulich belegen. Bei der Kodifikation der Grundschuld wurde die germanische Rechtstradition, die bereits ein abstraktes, vom Bestand einer Forderung unabhängiges Grundpfandrecht entwickelt hatte, in Bezug genommen.[41] Die Grundschuld der §§ 1191 ff. BGB ist von einer Forderung gänzlich abhängig. Gleichwohl liegt der Hauptanwendungsbereich der Grundschuld in der Forderungssicherung. Sicherungsgrundschulden sind die am häufigsten anzutreffende Form.[42] Es kann nicht

38 Staudinger Eckpfeiler/*Kessal-Wulf* S. 405.

39 Staudinger Eckpfeiler/*Kessal-Wulf* S. 443.

40 MüKo/*Eickmann* § 1191 Rn. 5.

41 Hierzu bereits oben § 2 A.

42 *Westermann*, § 114 II 1a.

geleugnet werden, dass durch die Bindegliedfunktion des Sicherungsvertrages, der die zu sichernde Forderung mit dem dinglichen Recht in Beziehung setzt, eine gewisse Abhängigkeit des dinglichen Rechts von der schuldrechtlichen Forderung erreicht worden ist. Die Grundschuld hat sich vom Kerngedanken des abstrakten dinglichen Rechts fortbewegt, was stellenweise dazu geführt hat, sie als „lemurenartiges Gebilde“ zu bezeichnen.[43]

Eine vertiefte Auseinandersetzung mit der Sicherungsgrundschuld kann nur stattfinden, wenn die Besonderheiten der Praxis berücksichtigt werden.

1) Differenzierte Betrachtung des dinglichen Rechts

a) Das Grundschuldkapital

Gemäß § 1191 I BGB gibt die Grundschuld ihrem Gläubiger das Recht, eine bestimmte Geldsumme aus dem Grundstück zu verlangen. Es ist dabei nicht abschließend geklärt, ob der Anspruch inhaltlich auf die Zahlung eines bestimmten Geldbetrages gerichtet ist,[44] oder ob damit ein Befriedigungsrecht mit dem Inhalt verbunden ist, dass der Eigentümer die Zwangsvollstreckung zur Realisierung eines Geldbetrages zu dulden hat.[45] Der Wortlaut streitet eher für den Zahlungsanspruch, während § 1147 BGB den Duldungsanspruch betont. Einigkeit beststeht jedenfalls darin, dass in Anlehnung an § 1191 I BGB, der Anspruch der Höhe nach auf eine bestimmte Summe begrenzt ist. Dieser Grundschuldbetrag, häufig auch als Grundschuldnominalbetrag bezeichnet, wird im Grundbuch eingetragen, was § 28 S. 2 Halbs. 1 GBO zu entnehmen ist. In der Praxis hat sich zur Bezeichnung des Grundschuldbetrages der Terminus „Grundschuldkapital“ eingebürgert. Die Höhe des Grundschuldkapitals steht in wirtschaftlichem Zusammenhang mit der zu sichernden Forderung, so dass sie dieser entspricht. Es besteht aber auch die Möglichkeit, das Grundschuldkapital höher auszugestalten, um das Sicherheitenvolumen zu erhöhen[46] und somit auch

---

43 So Staudinger/*Wolfsteiner* Vorbem. zu §§ 1191 ff. Rn. 4, der die Entwicklung besonders kritisch auffasst und darauf hinweist, dass die Grundschuld in ihrer heutigen Erscheinungsform nicht mehr sinnvoll in das Immobiliarsachenrecht eingeordnet werden könne.

44 So Staudinger/*Wolfsteiner* Einleitung zu §§ 1113 ff. Rn. 24.

45 *Baur/Stürner* SachenR, § 36 Rn. 68.

46 *V. Crailsheim/Rohleder* in Ahnert/Engel Rohleder, Handbuch Firmenkreditgeschäft, Kap. 3, S. 689.

zukünftige Forderungen in den Sicherungsbereich der Grundschuld einbeziehen zu können.[47]

Das Grundschuldkapital bildet damit den Hauptinhalt der Grundschuld. Um sie zu realisieren, ist es zwingend erforderlich das Grundschuldkapital gem. § 1193 I S. 1 BGB zu kündigen, um die Fälligkeit der Grundschuld herbeizuführen.

b) Die Grundschuldzinsen

Regelmäßig werden die Grundschulden mit einem festen Zinssatz ausgestaltet. Diese Möglichkeit wird durch § 1191 II BGB eröffnet, der es erlaubt, das Grundschuldkapital zu verzinsen. Der Zinsanspruch ist selbstständiger Inhalt des dinglichen Rechts und steht in rechtlicher Weise nicht im Zusammenhang mit den Zinsen der gesicherten Forderung.[48] Die Zinssätze liegen in der Praxis zwischen 14% und 18%,[49] teilweise sogar bis zu 20% jährlich.[50] Sie beginnen regelmäßig mit dem Eintragungszeitpunkt der Grundschuld zu laufen, wobei andere Vereinbarungen zulässig sind.[51] In Anbetracht der Tatsache, dass sich die Zinsen für grundschuldbesicherte Kredite derzeit auf einem historischen Tiefpunkt von unter 3% jährlich bewegen, ergibt sich hieraus eine beträchtliche Differenz.[52] Diese bietet dem Grundschuldgläubiger, für den Fall der Verwertung der Grundschuld, eine zusätzliche Sicherheit. Beispielsweise kann er den, auf den Zinsanspruch entfallenden Erlösanteil auch zur Tilgung der Hauptforderung verwenden.[53]

c) Nebenleistungen

Neben Kapital und Zinsen werden auch Nebenleistungen zum Inhalt der Grundschuld gemacht. Grundlage bietet auch hierfür § 1191 II BGB. Eine Nebenleistung ist eine einmalige Leistung, die zum Inhalt der Grundschuld gemacht wird. Deren

---

47 Die Praxis macht hiervon nur in beschränktem Umfang Gebrauch, um eine anfängliche Übersicherungssituation zu vermeiden. Ein höherer Grundschuldkapitalbetrag wird nur gewählt, wenn schon zum Bestellungszeitpunkt absehbar ist, dass weitere Forderungen in den Sicherungsbereich der Grundschuld einbezogen werden sollen.

48 *Clemente*, Recht der Sicherungsgrundschuld, § 2 Rn. 11b.

49 FA-BKR/*Clemente* Kap. 5 Rn. 934.

50 Erman/*Wenzel* § 1191 Rn. 104.

51 *V. Crailsheim/Rohleder* in Ahnert/Engel/Rohleder, Handbuch Firmenkreditgeschäft, S. 689.

52 Vgl.: Onlinebericht von Focus Online v. 16.07.2012 „So billig war Baugeld noch nie“, abrufbar am 17.01.2013 unter: http://www.focus.de/immobilien/finanzieren/baugeld-vergleich/baufinanzierung_aid_18735.html.

53 BGHZ 142, 332–337. So schon BGH WM 1982, 839, 841; BGH ZIP 1993, 257, 258.

Höhe wird meist in einem Prozentsatz zum Grundschuldkapital angegeben und im Grundbuch eingetragen.[54] Daneben besteht die Möglichkeit, einen festen Betrag anzugeben.[55] Auch bei dem Anspruch auf Nebenleistung handelt es sich um ein selbstständiges Nebenrecht. Ähnlich wie die Zinsen führt es dazu, dass dem Gläubiger eine zusätzliche Sicherheit gewährt wird. Statt Nebenleistungen zu vereinbaren könnte auch der Grundschuldkapitalbetrag entsprechend angehoben werden.

d) Die vollstreckbare Form

Die Grundschuld verschafft ihrem Inhaber gem. §§ 1192 I, 1147 BGB nur einen dinglichen Anspruch auf Duldung der Zwangsvollstreckung in das belastete Grundstück. Um im Verwertungsfall die Vollstreckung einleiten zu können, müsste dieser Anspruch im Rahmen des gerichtlichen Erkenntnisverfahrens einer Titulierung zugeführt werden. Der erstrittene Titel könnte dann gem. § 750 ZPO als Grundlage der Vollstreckung dienen. Die Bankpraxis hat diesen zeit-und kostenintensiven Weg umgangen und ist dazu übergegangen, sämtliche Sicherungsgrundschulden vollstreckbar auszugestalten. Hierzu unterwirft sich der Grundschuldbesteller hinsichtlich des Grundschuldkapitals, der Grundschuldzinsen und etwaiger Nebenleistungen der sofortigen Zwangsvollstreckung in das belastete Grundstück.[56] Die Unterwerfung bezieht sich nur auf Ansprüche aus der Grundschuld und steht in keinerlei Verbindung mit der gesicherten Forderung. Die Unterwerfungserklärung wird in einer notariellen Urkunde festgehalten, die selbst nach § 794 I Nr. 5 ZPO Vollstreckungstitel ist. Die Unterwerfung gilt nur zu Lasten desjenigen, der in der Urkunde benannt ist. Um daher auch gegen einen möglichen Rechtsnachfolger des Eigentümers die beschleunigte Zugriffsmöglichkeit zu erhalten, wird die dingliche Unterwerfungserklärung im Grundbuch eingetragen und gilt dann gem. § 800 I S. 2 BGB auch gegenüber dem neuen Eigentümer. Der Gläubiger muss sich dann lediglich vom beurkundeten Notar zu gegebener Zeit eine vollstreckbare Ausfertigung der Urkunde gem. § 792 II S. 1 ZPO erteilen lassen. Üblich ist hierbei festzulegen, dass dem Gläubiger auf seinen Antrag hin eine vollstreckbare Ausfertigung durch den Notar erteilt wird, ohne dass nachgewiesen werden muss, dass die

54 FA-BKR/*Clemente* Kap. 5 Rn. 936.

55 Vgl. Formular einer Grundschuldbestellung bei *Gaberdiel*, Kreditsicherung durch Grundschulden, Anhang 1 (5).

56 Grundschuldformular bei *Gaberdiel*, Kreditsicherung durch Grundschulden, Anhang 1 (8), so auch Vorschlag des Ausschusses für Schuld- und Liegenschaftsrecht der Bundesnotarkammer für ein Grundschuldformular, Teil A II, 1.

Verwertungsvoraussetzungen vorliegen.[57] Nach Zustellung der Ausfertigung gem. §725 ZPO und Ablauf der in § 798 ZPO angeordneten Wartezeit von zwei Wochen, kann dann sofort die Vollstreckung betrieben werden.

Die Vollstreckungsunterwerfung birgt nicht nur ein Vollstreckungsrisiko für den Schuldner, sondern erschwert auch die Verteidigungsmöglichkeit für den Fall einer ungerechtfertigten Inanspruchnahme.

Dem Vorgehen aus der Grundschuld kann der Eigentümer normalerweise Einreden und Einwendungen entgegenhalten, denn eine pflichtwidrige Geltendmachung braucht er nicht zu dulden.[58] Grundlage der Verteidigung ist entweder § 1147 BGB, sofern es sich um grundschuldbezogene Gegenrechte handelt, oder der Sicherungsvertrag.[59]

Ist dem Gläubiger bereits eine vollstreckbare Ausfertigung erteilt, aus der er vollstreckt, so wird der Eigentümer aufgrund der Formalisierung des Zwangsvollstreckungsverfahrens mit derartigen Gegenrechten nicht mehr gehört. Einreden und Einwendungen, mit denen er sich gegen die Inanspruchnahme zur Wehr setzten will, muss er im Wege der Vollstreckungsgegenklage nach § 767, § 797 IV ZPO geltend machen.[60] Die Vollstreckungsunterwerfung zwingt daher den Eigentümer in die Position des Klägers.

Die Unterwerfungserklärung der Praxis ermöglicht dem Grundschuldgläubiger im Ergebnis einen jederzeitigen, unmittelbaren Zugriff auf das Grundstück, weswegen sie einer Ermächtigung, über das Vermögen des Bestellers zu verfügen in wirtschaftlicher Hinsicht gefährlich nahe kommt.[61] Die vollstreckbare Form macht die Grundschuld zu einer „Waffe."[62]

2) Die persönliche Haftungsübernahme

Kapital, Zinsen und Nebenleistungen sind dinglicher Grundschuldinhalt, so dass als Haftungsobjekt nur das belastete Grundstück zur Verfügung steht. Die Kreditwirtschaft ist dazu übergegangen, die alleinige dingliche Haftung zu ergänzen. Zusätzlich zu der vollstreckbaren Grundschuld, übernimmt der jeweilige Grundschuldbesteller in Höhe der Grundschuld für Grundschuldkapital, Zinsen und

57 *Reithmann*, DNotZ 1982, 76. Häufig bezeichnet als „Nachweisverzicht."

58 *Wolf*, SachenR § 34 Rn. 963.

59 *Reinicke/Tiedtke*, Kreditsicherung, Kap. 3, Abschn. 3 VI, Rn. 1202.

60 *Jacoby* in Derleder/Knops/Bamberger, Handbuch zum deutschen und europäischen Bankrecht, § 24 Rn. 31.

61 Vgl.: BGH NJW 2002, 138.

62 *Schimansky* WM 2008, S. 1049, 1050.

sonstige Nebenleistungen, die persönliche Haftung.[63] Diese Praxis stößt jedenfalls bei Identität von Grundschuldbesteller und Darlehensnehmer nicht auf Wirksamkeitsbedenken.[64]

Rechtstechnisch handelt es sich dabei entweder um ein abstraktes Schuldversprechen nach § 780 BGB oder um ein abstraktes Schuldanerkenntnis im Sinne des § 781 BGB.[65] Die genaue Einordnung spielt im Ergebnis keine bedeutende Rolle. Beide führen dazu, dass der Besteller sein gesamtes Vermögen zum Haftungsgegenstand erklärt.[66] Durch die Übernahme der persönlichen Haftung wird die alleinige dingliche Haftung des Grundstückes theoretisch vollständig ausgehebelt. Der Anspruch aus der Übernahme der persönlichen Haftung steht in keinem rechtlichen Zusammenhang mit der Grundschuld oder der Forderung. Es handelt sich um einen eigenständigen, separaten Anspruch.[67]

Die Haftungsübernahme erfolgt regelmäßig in der notariellen Grundschuldbestellungsurkunde, in der zugleich auch die persönliche sofortige Zwangsvollstreckungsunterwerfung niedergelegt wird. Der Gläubiger kann daher, nach Erteilung einer vollstreckbaren Ausfertigung durch den Notar und Zustellung derselben, die Vollstreckung in das gesamte Vermögen des Bestellers einleiten. Die persönliche Haftungsübernahme bietet daher eine besonders umfangreiche persönliche Zusatzsicherheit. Aufgrund der Abstraktheit des Anspruches von der Grundschuld oder der zugrunde liegenden Forderung, liefert sie dem Gläubiger eine nahezu vollkommene Absicherung auch in den Fällen, in denen die Grundschuld nicht realisiert werden kann oder die Verwertung nicht zur vollständigen Befriedigung geführt hat.

3) Abtretung von Rückgewähransprüchen vor- oder gleichrangiger Grundschulden

An einem Grundstück können mehrere beschränkt dingliche Rechte bestehen. In welchem Verhältnis diese zueinander stehen, wird materiell-rechtlich durch das sogenannte Rangverhältnis bestimmt. Nach § 879 I S. 1 BGB wird der

63 Grundschuldformular bei *Gaberdiel*, Kreditsicherung durch Grundschulden, Anhang 1 (9).

64 Formularmäßige Übernahme der persönlichen Haftung in Drittsicherungsfällen ist regelmäßig überraschend und nach § 305c I BGB unwirksam. Hierzu BGH Urteil v. 05.03.1991; XI ZR 75/90=BGHZ 114, 9–15.

65 Palandt/*Bassenge* § 1191 Rn. 2.

66 *Epp* in Schimansky/Bunte/Lwowski, Bankrechtshandbuch § 94 Rn. 237.

67 *Gaberdiel*, Kreditsicherung durch Grundschulden, Rn. 296.

materiell-rechtliche Grundsatz aufgestellt, dass für mehrere Rechte in derselben Abteilung, die räumliche Stellung entscheidend ist.[68] Das formale Grundbuchrecht greift diese Regelungen in §§ 17, 45 GBO auf, wonach später eingehende Anträge vom Grundbuchamt erst nach Vornahme früherer Anträge ausgeführt werden dürfen.[69]

Die Bedeutung des Ranges zeigt sich für Grundpfandrechte im Falle der Verwertung im Wege der Zwangsversteigerung besonders anschaulich. Aus dem erzielten Versteigerungserlös wird zunächst der erstrangige Grundpfandrechtsgläubiger vollständig befriedigt. Sofern danach noch etwas übrig bleibt, entfällt der nicht benötigte Erlös an den zweitrangigen Gläubiger usw.[70] Je schlechter daher der Rang eines Grundpfandrechtes ist, desto höher ist die Wahrscheinlichkeit im Falle der Zwangsversteigerung mit der Sicherheit auszufallen und damit letztlich „leer auszugehen."[71]

Die Gefahr des Ausfalles der Grundschuld wird von den Banken schon bei der Kreditvergabeprüfung berücksichtigt. Zunächst wird der Beleihungswert des Grundstückes ermittelt. Dieser orientiert sich an dem Verkehrswert des Grundstückes abzüglich eines ca. 10% Risikoabschlages.[72] Bestehen vorrangige Grundschulden oder Hypotheken, werden diese mit ihrem jeweiligen Kapitalbetrag vom Beleihungswert abgezogen.[73] Die sich ergebende Differenz bildet den Rahmen, der dann an nachrangiger Stelle noch wirtschaftlich vertretbar abgesichert werden kann. Der Rang entscheidet damit über den wirtschaftlichen Wert der Sicherheit.[74] Für den kreditnehmenden Sicherungsgeber äußert sich dies darin, dass er bei bestrangiger Besicherung wesentlich geringere Zinsen für den ausgereichten Kredit zahlen muss,[75] da ein Ausfallrisiko nicht eingepreist werden muss.

Ist der Sicherungsgeber im konkreten Fall nicht in der Lage eine erstrangige Grundschuld zu stellen, so sind die Sicherungsnehmer stets darum bemüht eine Rangverbesserung zu erreichen. Hierzu lassen sie sich sämtliche Rückgewähransprüche an vor- oder gleichrangigen Grundschulden bereits bei Bestellung des

---

68 Palandt/ *Bassenge* § 879 Rn. 8; *Jauernig* §§ 879–882 Rn. 3.

69 Sogenanntes „Prioritätsprinzip."

70 So auch *Bülow*, Recht der Kreditsicherheiten, Rn. 96.

71 *Jauernig* §§ 879–882 Rn. 1.

72 *Staab* in Ahnert/Engel/Rohleder, Handbuch Firmenkreditgeschäft, S. 178.

73 *V. Crailsheim/Rohleder* in Ahnert/Engel/Rohleder, Handbuch Firmenkreditgeschäft, S. 701.

74 *Vieweg/Werner*, Sachenrecht, § 13 Rn. 68.

75 *Bülow*, Recht der Kreditsicherheiten Rn. 96.

nachrangigen Rechts formularmäßig abtreten.[76] Die abgetretenen Ansprüche sind rechtlich unabhängig von der Grundschuld, sowie der persönlichen Haftungsübernahme. Entweder dienen sie zur Verstärkung der nachrangigen Grundschuld oder als eigenständige Sicherheit.[77] Ohne spezielle Vereinbarung, ist davon auszugehen, dass die Abtretung nur zur Verstärkung erfolgt.[78] Bei erfolgter Abtretung steht dem nachrangigen Gläubiger die Möglichkeit offen, Löschung des vorrangigen Rechts zu betreiben und so das eigene Recht im Rang aufrücken zu lassen.[79] Alternativ kann auch aus dem Recht im besseren Rang Befriedigung gesucht werden.[80]

Im Ergebnis führt die Abtretungskonstruktion dazu, dass der Grundschuldgläubiger auf ein weiteres, vorrangiges Recht zugreifen kann. Er erhält eine zusätzliche Rechtsposition.

III. Zwischenergebnis

1) Die Sicherungsgrundschuld als Kombinationssicherheit

Die Sicherungsgrundschuld besteht heute aus Grundschuldkapital, Grundschuldzinsen und einmaligen Nebenleistungen. Die Praxis hat damit bezüglich des Inhalts der Grundschuld von sämtlichen Möglichkeiten Gebrauch gemacht, die das Gesetz zur Verfügung stellt. Daneben tritt, zumindest im Falle der Identität von Kreditnehmer und Sicherungsgeber, stets die persönliche Haftungsübernahme. Damit wird ein Zugriff auf das gesamte Vermögen des sicherungsgebenden Schuldners eröffnet.

Die Niederlegung der Vollstreckungsunterwerfung in notarieller Form ermöglicht die unmittelbare Einleitung der Zwangsvollstreckung im Verwertungsfall. Zusätzlich werden Rückgewähransprüche an vor- oder gleichrangigen Grundschulden abgetreten, sofern vorrangige Belastungen bestehen, um das Ausfallrisiko des nachrangigen Gläubigers zu minimieren.

---

76 Vgl.: Grundschuldformular bei *Gaberdiel,* Kreditsicherung durch Grundschulden, Anhang 6 (7).

77 BGH Urteil v. 17.03.1988-IV ZR 79/88=ZIP 1988, 633, 634.

78 BGH Urteil v. 19.01.1990-IX ZR 241/88=ZIP 1990, 298, 299.

79 *Gaberdiel,* Kreditsicherung durch Grundschulden, Rn. 866.

80 *Clemente*, Recht der Sicherungsgrundschuld, § 7 Rn. 490.

Dies zeigt, dass die Grundschuld als alleiniges Sicherungsmittel die Ausnahme darstellt. Im Regelfall tritt sie neben anderen Sicherungsinstrumenten in Erscheinung.

Die Bankpraxis hat die Sicherungsgrundschuld im Ergebnis zu einer Kombinationssicherheit ausgestaltet.

2) Systematisierung der Machtmittel

Die aufgezeigten Machtmittel des Grundschuldgläubigers lassen sich, in Anlehnung an das moderne Treugutverständnis, noch weiter systematisieren.[81]

a) Rechtspositionen

Durch die Grundschuldbestellung wird dem Gläubiger ein beschränkt-dingliches Recht eingeräumt. Hierüber kann er frei verfügen, sofern keine anderen Vereinbarungen getroffen werden.[82] Mangels Akzessorietät haben Veränderungen der Forderung keinerlei Auswirkungen auf das dingliche Recht.[83] Erst wenn der, im treuhänderischen Innenverhältnis festgelegte Sicherungszweck in Wegfall gerät, steht dem Sicherungsgeber ein Anspruch auf Rückgewähr der Grundschuld zu.[84]Es handelt sich daher bei der Sicherungsgrundschuld um eine Rechtsposition, die dem Gläubiger solange verbleibt, wie es der Regelung im schuldrechtlichen Innenverhältnis entspricht.

In ähnlicher Weise verhält es sich mit der persönlichen Haftungsübernahme. Diese begründet einen selbstständigen Anspruch des Gläubigers aus § 780 BGB und steht ebenfalls in keinerlei Verbindung zu der gesicherten Forderung.[85] Auch hier hat nach den Regelungen des Innenverhältnisses eine separate Rückgewähr des Schuldanerkenntnisses zu erfolgen.[86] Auch die Rückgewähransprüche an vor- oder gleichrangigen Grundschulden erhält der Gläubiger im Wege der Abtretung zu eigenem Recht. Auch hier hat nach Wegfall des Sicherungszwecks eine Rückabtretung an den Sicherungsgeber zu erfolgen.[87]

---

81 Vgl. hierzu bereits oben § 4 A. II.
82 *Wolf*, Sachenrecht, § 34 Rn. 966.
83 HK-BGB/*Staudinger* § 1191 Rn. 6.
84 *Reischl* in jurisPK-BGB § 1191 Rn. 72.
85 BGHZ 114, 9, 12.
86 *Gaberdiel*, Kreditsicherung durch Grundschulden, Rn. 302.
87 *Clemente*, Recht der Sicherungsgrundschuld, § 8 Rn. 518.

Als Rechtspositionen lassen sich daher die Grundschuld, die persönliche Haftungsübernahme in Form des abstrakten Schuldanerkenntnisses, sowie die Abtretung von Rückgewähransprüchen verstehen.

b) Legitimationen

Durch die notarielle sofortige Vollstreckungsunterwerfung des sicherungsgebenden Schuldners in dinglicher, als auch persönliche Hinsicht, wird das gesamte Vermögen einem potentiellen Vollstreckungszugriff ausgesetzt. Zu Recht wird darauf hingewiesen, dass dies in wirtschaftlicher Hinsicht einer Ermächtigung, über das schuldnerische Vermögen zu verfügen, sehr nahe kommt.[88] Trotz alledem handelt es sich dabei um eine legitime Rechtsformenwahl.[89] Die Parteien reizen lediglich die Möglichkeiten des gesetzlichen Rahmens aus. Nicht zu leugnen ist, dass die in zweierlei Hinsicht erfolgende Vollstreckungsunterwerfung eine massive Zusatzsicherheit bietet, ohne dabei selbst eine Rechtsposition darzustellen. Es handelt sich letztlich um eine Ausgestaltung zweier Instrumentarien, die dem Gläubiger eine Zugriffsmöglichkeit eröffnen.

Dies rechtfertigt es, die Vollstreckungsunterwerfungen der Bankpraxis als zusätzliche Legitimationen des Grundschuldgläubigers aufzufassen.

IV. Treuhänderische Bindung durch die Sicherungszweckerklärung

Der sicherungsgebende Schuldner räumt dem Gläubiger Rechtspositionen ein und legitimiert ihn umfangreich, um ein bestehendes Kreditausfallrisiko weitestgehend zu minimieren. Zugleich ermöglicht dies dem Gläubiger theoretisch jederzeit, unmittelbar auf das gesamte Vermögen des Schuldners im Wege der Vollstreckung zugreifen zu können. Verdeutlicht werden muss, dass die umfangreiche Absicherung des Gläubigers zu einem Zeitpunkt vorgenommen wird, zu dem nicht klar ist, ob es jemals zu einer Verwertung der Sicherheiten kommt.[90]

Die Stellung des Gläubigers muss daher im Sinne des Schuldners einer Zweckbindung unterworfen werden, um Missbrauchsgefahren vorzubeugen und sicherzustellen, dass die Sicherheiten nur in Anspruch genommen werden, wenn der

88 BGH NJW 2002, 138.

89 *Bülow*, Recht der Kreditsicherheiten, Rn. 176.

90 So auch *Clemente*, wistra 2010, S. 250.

„Verwertungsfall“ tatsächlich eingetreten ist,[91] der Gläubiger im konkreten Fall ein Verwertungsbedürfnis aufweist.

1) Unklarheiten über den Ursprung der Zweckbindung

Die Literatur liefert bei der Frage, wodurch die Zweckbindung vorgenommen wird, ein uneinheitliches Bild. Stellenweise erfolgt der Hinweis darauf, dass dem Grundschuldsicherungsvertrag die Aufgabe zukomme, festzulegen, welche Forderungen gesichert seien.[92] Anderen Orts wird davon gesprochen, dass die Sicherungszweckerklärung die Funktion habe, den Sicherungsumfang festzulegen.[93] Scheinbar völlige Verwirrung wird mit dem Hinweis darauf gestiftet, im Bankjargon würde der Sicherungsvertrag stellenweise auch als „Zweckerklärung“ oder „Zweckbestimmungserklärung“ bezeichnet werden.[94]

Unklar bleibt, ob es sich bei der Unterscheidung zwischen dem Sicherungsvertrag einerseits und der Sicherungszweckerklärung andererseits, nur um eine terminologische handelt, oder ob damit tatsächlich rechtliche Differenzierungen verbunden sind. Sollte dies der Fall sein, wird im Anschluss zu untersuchen sein, in welchem Verhältnis der Sicherungsvertrag zu der Sicherungszweckerklärung steht.

2) Unterscheidung und Präzisierung

Die aufgeworfenen Fragen lassen sich nur durch eine analytische Betrachtung des Sicherungsvertrages und seiner Inhalte beantworten.

Der Sicherungsvertrag regelt die gesamten Rechte und Pflichten der Parteien im Zusammenhang mit der Grundschuld.[95] Beispielsweise sind Regelungen darüber enthalten, wann die Grundschuld zurückzugewähren ist, wann die Verwertung betrieben werden darf und insbesondere welche Forderung gesichert wird.[96] Es

91 MüKo/*Eickmann* § 1191 Rn. 11.

92 *Reinicke/Tiedtke*, Recht der Kreditsicherung, Rn. 1170; Palandt/*Bassenge* § 1191 Rn. 19; HK-BGB/*Staudinger* § 1191 Rn. 21; ähnlich auch *Vieweg/Werner*, Sachenrecht § 15 Rn. 90, die von der Sicherungsabrede sprechen.

93 *Wolf*, Sachenrecht, §34, Rn. 952; Bülow, Recht der Kreditsicherheiten Rn. 158; *Jauernig* § 1191 Rn. 5; FA-BKR/*Clemente* Kap. 5 Rn. 981.

94 Staudinger/*Wolfsteiner* Vorbem. zu §§ 1191 ff. Rn. 25.

95 *Gaberdiel*, Kreditsicherung durch Grundschulden, Rn. 563.

96 *Clemente*, Recht der Sicherungsgrundschuld, § 3 Rn. 226.

handelt sich letztlich um ein „Gesamtwerk".[97] Dabei ist die Regelung des Haftungsumfanges konstituierendes Element eines jeden Sicherungsvertrages.[98] Sie wird als „Sicherungszweckerklärung" bezeichnet.[99]

Die Unterscheidung zwischen dem Sicherungsvertrag und der Sicherungszweckerklärung ist also nicht nur begrifflicher Art. Die Sicherungszweckerklärung ist im Sicherungsvertrag enthalten und schafft einen rechtlichen Zusammenhang zwischen den Sicherungsmitteln und dem Zweck, zu dem sie eingeräumt wurden. Erst die hierdurch entstehende Finalität prägt den Sicherungscharakter des gesamten Vertragsverhältnisses.[100] Die Festlegung des Sicherungsumfanges erfolgt dabei nicht nur für die Grundschuld, sondern auch für die Übernahme der persönlichen Haftung[101] und die Abtretung der Rückgewähransprüche hinsichtlich vor- und gleichrangiger Grundschulden.[102] Sind keine gesonderten Regelungen getroffen, ist davon auszugehen, dass die persönliche Haftungsübernahme und die Abtretung der Rückgewähransprüche den Sicherungszweck der Grundschuld teilen.[103]

Es lässt sich daher präzisieren, dass die Verknüpfung der Sicherungsmittel mit der zu sichernden Forderung nicht durch den Sicherungsvertrag, sondern durch die in ihm enthaltene Sicherungszweckerklärung vorgenommen wird. Sie limitiert die, dem Gläubiger eingeräumten, Rechtspositionen und Legitimationen auf den Sicherungszweck.

C. Ergebnis

Es hat sich bewahrheitet, dass bei den bisherigen Betrachtungen nicht genügend berücksichtigt worden ist, dass die Bankpraxis die Grundschuld zu einer

---

97 *Reischl* in jurisPK-BGB § 1191 Rn. 42.

98 *Otten* in Derleder/Knops/Bamberger, Handbuch zum deutschen und europäischen Bankrecht § 23 Rn. 33.

99 *Wolf*, Sachenrecht § 34 Rn. 952; *Bülow*, Recht der Kreditsicherheiten Rn. 158, *Jauernig* § 1191 Rn. 5.

100 *Otten* in Derleder/Knops/Bamberger, Handbuch zum deutschen und europäischen Bankrecht, § 23 Rn. 33.

101 *Gaberdiel*, Kreditsicherung durch Grundschulden, Rn. 299.

102 BGHZ 110, 108; Erman/*Wenzel* § 1191 Rn. 76.

103 Vorschlag des Ausschusses für Schuld- und Liegenschaftsrecht der Bundesnotarkammer für ein Grundschuldformular Teil A II, 3 =DNotZ 2002, 84, 86, 87; *Gaberdiel*, Kreditsicherung durch Grundschulden, Rn. 865, für den Sicherungszweck der abgetretenen Rückgewähransprüche.

Kombinationssicherheit weiterentwickelt hat. Das dingliche Recht steht nicht mehr alleine im Vordergrund. Unter Berücksichtigung des neuen Treugutverständnisses konnten weitere Rechtspositionen in Form der Übernahme der persönlichen Haftung und der Abtretung der Rückgewähransprüche an vor- oder gleichrangigen Grundschulden zugunsten des Gläubigers festgestellt werden. Zusätzlich sind weitere Legitimationen in Form der vollstreckbaren Unterwerfungserklärung in dinglicher und persönlicher Hinsicht herausgearbeitet worden, die einen unmittelbaren Zugriff auf das gesamte Vermögen des Schuldners im Verwertungsfall ermöglichen.

Die Limitierung der dem Gläubiger übertragenen Befugnisse wird durch die Sicherungszweckerklärung vorgenommen, die Bestandteil des Sicherungsvertrages ist. Sie qualifiziert die übertragenen Rechtspositionen und Legitimationen zu echten Machtmitteln.

§ 5 Die objektive Umkehr der Zweckrichtung des Sicherungsvertrages

Die Besonderheit des Sicherungsvertrages liegt darin, dass er im Laufe seines Bestandes verschiedene Stadien durchläuft. In der Anfangsphase, regelmäßig zum Auszahlungszeitpunkt des gesicherten Darlehens, tritt er in Form einer Sicherungstreuhand in Erscheinung. Durch die ratierliche Tilgung der gesicherten Forderung wird sich eine Zwischenphase einstellen, in der Sicherungs- und Verwaltungstreuhand parallel nebeneinander bestehen. Nach gänzlichem Entfall des Sicherungszwecks wird sich der Sicherungsvertrag als eine reine Verwaltungstreuhand darstellen. Den Endpunkt der Wandlungen wird schließlich die Erfüllung des Rückgewähranspruches darstellen, die den Sicherungsvertrag bei regelgerechtem Verlauf des Kreditsicherungsverhältnisses einer Beendigung zuführen wird.

A. Umfassende Grundschuldsicherungstreuhand zum Auszahlungszeitpunkt

I. Der Grundschuldsicherungsvertrag als Treuhand

Es hat sich gezeigt, dass dem Gläubiger Rechtspositionen in Form der Grundschuld, der persönlichen Haftungsübernahme und schließlich der Abtretung von Rückgewähransprüchen eingeräumt werden. Hinzu treten die Legitimationen, die sich aus den sofortigen Vollstreckungsunterwerfungen ergeben. Die Zweckbindung erfolgt durch die Sicherungszweckerklärung, die im Sicherungsvertrag enthalten ist.

Damit wird beim Sicherungsvertrag die Grundstruktur eines Treuhandverhältnisses offensichtlich:[1] einerseits lassen sich umfassende Rechtspositionen und Legitimationen zugunsten des Grundschuldgläubigers feststellen, die einen Eingriff in den Interessenkreis des Sicherungsgebers ermöglichen. Andererseits besteht zwischen den Parteien ein Schuldverhältnis in Form des Sicherungsvertrages,

1 Vgl. hierzu *Löhnig*, Treuhand, S. 118.

welches den Gläubiger zum Behalten der Machtmittel berechtigt[2] und zugleich mit der in ihm enthaltenen Sicherungszweckerklärung einen Bezugspunkt in Form des Sicherungszwecks schafft. Die Sicherungszweckerklärung, die im Sinne der Parteien den Inhalt des Geschäftes konkretisiert,[3] macht andere Regelungen erst erforderlich, die ebenfalls im Sicherungsvertrag niedergelegt werden. Durch Vornahme der Zweckbestimmung entstehen, wie im Folgenden noch zu zeigen sein wird, nicht selten Interessenkonflikte. Es ist Aufgabe des Sicherungsvertrages und der in ihm weiter enthaltenen Bestimmungen, diese Spannungen zum Ausgleich zu bringen. Die Sicherungszweckerklärung macht den Sicherungsvertrag letztlich zum „Gesamtwerk" und ist der eigentliche Ursprung treuhänderischer Verpflichtungen.[4]

Der Sicherungsvertrag begründet damit anhand des Vorliegens objektiver Kriterien ein Treuhandverhältnis zwischen den Parteien. Die enthaltene Sicherungszweckerklärung macht den Gläubiger zum Treuhänder des Sicherungsgebers, so dass die Sicherheit nur in Anspruch genommen werden darf, wenn der Verwertungsfall eingetreten ist. Dabei darf der Sicherungsnehmer die Sicherheit nur in einem Umfang in Anspruch nehmen, die dem vereinbarten Sicherungszweck entspricht.

II. Absicherung des Kreditrisikos als Inhaltszweck

Aus rechtlicher Perspektive wird betont, dass die Grundschuld in wirtschaftlicher Hinsicht dazu dient, eine Forderung abzusichern.[5] Mit ihr soll das Ziel erreicht werden, dass bei Zahlungsunfähigkeit oder Zahlungsunwilligkeit des Schuldners Gewähr dafür geleistet ist, dass die ausgereichte Forderung zurückgeführt wird.[6] Dingliche Sicherheiten sollen ihrem Gläubiger die Möglichkeit eröffnen, wenigstens im Zugriff auf die Belastungsgegenstände, Befriedigung zu erreichen.[7]

2 Hierzu: *Jacoby* in Handbuch zum Deutschen und Europäischen Bankrecht § 24 Rn. 4; Staudinger Eckpfeiler/*Kessal-Wulf*, S. 408; Palandt/*Bassenge* § 1191 Rn. 15. Für die Grundschuld, *Gaberdiel*, Kreditsicherung durch Grundschulden, Rn. 299 ff. für die persönliche Haftungsübernahme, *Clemente*, Recht der Sicherungsgrundschuld Rn. 518, für die Abtretung der Rückgewähransprüche.

3 BGH NJW 1984, 1184 (kontrollieren).

4 *Reischl* in jurisPK-BGB § 1191 Rn. 42.

5 Statt Vieler: MüKo/*Eickmann* § 1191 Rn. 5; *Reischl* in jurisPK-BGB § 1191 Rn. 38.

6 *Bülow*, Recht der Kreditsicherheiten Rn. 2.

7 *Wolf*, Sachenrecht § 28 Rn. 664.

Eine besonders anschauliche Darstellung der Sicherungsfunktion findet sich bei Huber, der in seinen Ausführungen darauf hinweist, dass der Grundschuldgläubiger bei Vollvalutierung der Grundschuld genau das habe, was er braucht:

„Für eine Forderung von 10000 Mark ein Verwertungsrecht über 10000 Mark."[8]

So anschaulich dies auch sein mag, weist der stetige Hinweis auf die Absicherung einer Forderung doch eine gewisse Unschärfe auf, die daraus resultiert, dass insbesondere die betriebswirtschaftlichen Hintergründe nicht ausreichend miteinbezogen werden. Es soll nicht in Zweifel gezogen werden, dass die Grundschuld als Sicherungsinstrument mittelbar dazu dient, eine Forderung abzusichern. Die Sicherungsfunktion jedoch lediglich auf die Forderung zu reduzieren, trifft nicht den eigentlichen Kern. Um diesen näher zu bestimmen und eine Präzisierung vornehmen zu können, ist es unerlässlich, auch die betriebswirtschaftlichen Hintergründe miteinzubeziehen.

Den Anfangspunkt der Betrachtungen markiert der Terminus „Kreditsicherung", denn darum geht es letztlich auch bei der Sicherungsgrundschuld als Kombinationssicherheit. Unter Kreditsicherung versteht man im Bankjargon die vertragliche Vorsorge des sicherungsnehmenden Kreditgebers gegen Risiken, die ihm aus der Nichterfüllung des Hauptgeschäftes drohen.[9] Im Kern ist die Zielstellung der Absicherung die Abdeckung eines zukünftigen Entwicklungsrisikos.[10] Diese Gefahr, die aus einem möglichen Teil- oder Gesamtausfalls des Schuldners resultieren kann, wird überwiegend als „Kreditrisiko" bezeichnet, seltener auch als „Delcredere-", oder auch als „Gegenparteirisiko."[11] Häufig wird dieses Risiko mit der Valuta der ausgereichten Darlehensforderung gleichgesetzt, was die Erklärung dafür liefert, warum häufig von der Absicherung einer Forderung die Rede ist. Tatsächlich erschöpft sich das Kreditrisiko nicht alleine darin.

Üblicherweise werden Kredite verzinslich vergeben. Die Zinsen sind das Entgelt, welches der Schuldner für die Überlassung von Kapital zu zeitweisem Gebrauch zu zahlen hat.[12] Der Zinssatz setzt sich inhaltlich vereinfacht aus den Kreditkosten und der Bankmarge zusammen.[13] Er spiegelt daher die Kosten

---

8 *Huber*, Die Sicherungsgrundschuld, S. 258.

9 *Ganter* in Schimansky/Bunte/Lwowski, Bankrechtshandbuch, § 90 Rn. 6.

10 *Gröhl* in Ahnert/Engel/Rohlder, Handbuch Firmenkreditgeschäft, S. 354.

11 *Spreman/Gantenbein*, Kapitalmärkte, S. 150.

12 BGH NJW-RR 1992, 592.

13 *Becker/Peppmeier*, Bankbetriebslehre, S. 406.

wieder, die auf Seiten des Kreditgebers für die Ausreichung des Darlehens entstehen, sowie einen einkalkulierten Gewinn. Mit dem Zinssatz wird letztlich Geld auf Seiten des Kreditgebers verdient. Fällt der jeweilige Schuldner aus, so ist nicht nur die Rückzahlung der Darlehnsvaluta gefährdet, sondern auch die Zinsleistungen und damit eine wichtige Einnahmequelle des Kreditgebers. Dieser Umstand muss bei der Risikoabwägung vor Gewährung des Darlehens berücksichtigt werden.

Das Kreditrisiko besteht daher in der Gefahr, dass sowohl die Darlehensforderung, als auch die Zinsforderung in Ausfall gerät. Mathematisch präzise ausgedrückt, setzt es sich aus dem Barwert der ausstehenden Zins-und Tilgungsleistungen für den gewährten Kredit zusammen.[14] Das Kreditrisiko ist daher Ausdruck für die Gefahr des Ausfalls und des entgehenden Gewinns gleichermaßen.[15]

Das Kreditrisiko ist zum Auszahlungszeitpunkt am größten. Dies resultiert daraus, dass die Außenstände des Kreditgebers zu diesem Zeitpunkt am höchsten sind und damit auch die Wahrscheinlichkeit, dass Vertragsstörungen oder Ausfälle eintreten.[16] Im Laufe der Zeit werden durch den Schuldner Zins- und Tilgungsleistungen erbracht, so dass Ausfallgefahren immer geringer werden. Entsprechend sinkt dann auch das Kreditrisiko.

III. Zusammenfassung

Es lässt sich präzisieren, dass die Kombinationssicherheit Sicherungsgrundschuld dazu dient, das Kreditrisiko des Gläubigers abzufedern. Es stellt sich als Gefahr dar, dass der Schuldner sowohl mit Rückzahlung der Darlehensvaluta, als auch mit den Zinsleistungen ausfällt. Die Form der Kombinationssicherheit, mit umfassenden Rechtspositionen und Legitimationen, wird regelmäßig vor der Auszahlung des Darlehens bestellt, um Sicherheit in dem Zeitpunkt zu haben, in dem das Ausfallrisiko am größten ist.

Zum Auszahlungszeitpunkt besteht daher eine umfassende Sicherungstreuhand mit dem Zweck ein vorhandenes Kreditrisiko abzudecken. Die Grundlage des Treuhandverhältnisses bildet dabei der Sicherungsvertrag, der mit der enthaltenen Sicherungszweckerklärung die Funktion der Treuhand festlegt.

---

14 Vgl.: *Gröhl* in Ahnert/engel/Rohleder, Handbuch Firmenkreditgeschäft, S. 354.

15 Fachbeiträge zur Revision des Kreditgeschäftes, S. 69.

16 So auch *Gröhl* in Ahnert/Engel/Rohleder, Handbuch Firmenkreditgeschäft, S. 354.

B. Kombination von Sicherungs- und Verwaltungstreuhand durch Entstehung einer Übersicherungssituation

I. Forderungstilgung und die Entstehung einer Übersicherungssituation

Im Privatkundengeschäft werden regelmäßig Immobiliardarlehen gem. § 503 BGB durch Grundschulden gesichert. Aufgrund der dinglichen Absicherung werden diese Darlehen häufig auch als Realkredite bezeichnet.[17] Charakteristisch ist, dass sie auf eine lange Laufzeit angelegt sind. Diese beträgt im Durchschnitt 25 Jahre.[18] In der Regel werden Realkredite als Annuitätendarlehen vergeben. Das bedeutet, dass in Abweichung von dem Grundgedanken des § 488 BGB, die Rückzahlung inklusive der Zinszahlungen nicht in einer Summe am Ende der Laufzeit erfolgt, sondern der Darlehensnehmer in regelmäßigen Abständen Zins- und Tilgungsleistungen erbringt, die als Annuitäten bezeichnet werden.[19] Die Zins- und Tilgungsleistungen werden daher ratierlich über die gesamte Laufzeit erbracht.

Die Folge ist, dass durch die stetige Leistung des Schuldners die gesicherten Ansprüche stückweise zurückgeführt werden. Unmittelbare Auswirkungen sind damit für die Sicherungsgrundschuld nicht verbunden.[20] Als abstraktes Recht ist sie von der Entwicklung der gesicherten Forderung vollkommen unabhängig.[21]

Obwohl die gesicherten Ansprüche immer weiter zurückgeführt werden, bleibt die Grundschuld mit Kapital, Zinsen und vereinbarten Nebenleistungen in vollem Umfang bestehen. Die Relation von Sicherungsbedürfnis und vorhandenen Sicherheiten verschiebt sich einseitig immer weiter zugunsten des Sicherungsnehmers. Diese Äquivalenzstörung, die sich in einem unangemessenen Verhältnis bestehender Sicherheiten zu den gesicherten Ansprüchen ausdrückt, bezeichnet man als Übersicherung.[22] Da die Übersicherungssituation aus der Forderungstilgung, einem

---

17 Zum Begriff des Realkredites: *Schulte*, Immobilienökonomie, S. 571.

18 *Gröhl* in Ahnert/Engel/Rohleder, Handbuch Firmenkreditgeschäft, S. 161.

19 *Gröhl* in Ahnert/Engel/Rohleder, Handbuch Firmenkreditgeschäft, S. 171.

20 *Gaberdiel*, Kreditsicherung durch Grundschulden, Rn. 820.

21 *Wolf*, Sachenrecht, §34 Rn. 950.

22 Statt Vieler: *Jacoby* in Derleder/Knops/Bamberger, Handbuch zum deutschen und europäischen Bankrechts § 24 Rn. 43; *Vieweg/Werner*, Sachenrecht § 13 Rn. 26 f.; *Bülow*, Kreditsicherheiten, Rn. 1106; *Rombach*, Die anfängliche und nachträgliche

nach Vertragsschluss erfolgenden Ereignis, resultiert, lässt sie sich genauer als nachträgliche Übersicherung qualifizieren.[23]

1) Allgemeine Voraussetzungen und Rechtsfolgen

Die Feststellung, ob im jeweiligen Einzelfall eine Relationsverschiebung vorliegt, die als Übersicherungssituation auszumachen war, stellte die Kreditsicherungspraxis im Allgemeinen vor erhebliche Schwierigkeiten und betraf nicht alleine die Grundschuldsicherung. Verkompliziert wurde die Lage zusätzlich dadurch, dass nachhaltige Unsicherheit darüber herrschte, welche Regelungen erforderlich waren, um den jeweiligen Sicherungsvertrag nicht der Sitten- bzw. Treuwidrigkeit anheim fallen zu lassen.[24] Die Gesamtproblematik beschäftigte Rechtsprechung und Wissenschaft gleichermaßen intensiv. Sie mauserte sich zu einer der Kernfragen des Kreditsicherungsrechts des ausgehenden 20. Jahrhunderts.[25]

Feste Kriterien zur Übersicherungsbestimmung waren erstmals einem Vorlagebeschluss des BGH v. 06.03.1997 zu entnehmen.[26] Man ging davon aus, dass eine Übersicherung gegeben war, wenn der Wert der Sicherheiten eine bestimmte Deckungsgrenze überschritt. Mit der Deckungsgrenze bezeichnete man den Betrag, bis zu welchem die ausgereichten Kredite gesichert sein mussten. Sie war überschritten, wenn der Wert der Sicherheiten höher war, als die gesicherten

Übersicherung bei revolvierenden Globalsicherheiten, S. 48; Palandt/ *Bassenge* § 930 Rn. 24; BGH NJW 1991, 2768, 2769.

23 Ähnlich *Ganter* WM 1996, 1705, der von einer nachträglichen Übersicherung spricht, wenn die Äquivalenzstörung in der Vertragsabwicklung auftritt.

24 In ständiger Rechtsprechung verlangten der VII., der VIII., und der IX. Zivilsenat stets eine qualifizierte Freigabeklausel und die Festlegung einer Deckungsgrenze durch die Parteien; Dem entgegen vertrat der XI. Senat die Auffassung, die Aufnahme einer derartigen Klausel sei nur deklaratorischer Natur, der Sicherungsvertrag begründe stets einen ermessensunabhängigen Freigabeanspruch, so dass die Wirksamkeit auch gegeben sei, sofern weder eine qualifizierte Klausel, noch eine konkrete Deckungsgrenze aufgenommen sei. Zum Streitstand näher *Bülow*, Recht der Kreditsicherheiten, Rn. 1120 ff; *Rombach*, Die anfängliche und nachträgliche Übersicherung bei revolvierenden Globalsicherheiten, S. 50 f.

25 Die Frage wurde insbesondere im Zusammenhang mit revolvierenden Globalsicherheiten aufgeworfen. *Canaris* ZiP 1996, 1109 sprach in diesem Zusammenhang von einer „der spektakulärsten privatrechtlichen Kontroversen der letzten Jahre.“ Zu den Entwicklungen in der Rechtsprechung: *Rombach*, Die anfängliche und die nachträgliche Übersicherung bei revolvierenden Globalsicherheiten, S. 49 ff.

26 Vorlagebeschluss v. 06.03.1997-IX ZR 74/95=BGH NJW 1997, 1570 ff.

Forderungen.[27] Dementsprechend gelangte man zu der Annahme, dass eine Übersicherung nur vermieden werden könne, wenn der Wert der Sicherheiten 100% der zu sichernden Forderung entspräche.[28]

Abschließende Klärung brachte schließlich eine Entscheidung des Großen Senats für Zivilsachen.[29] Den Vorschlag, die Deckungsgrenze bei 100% der zu sichernden Forderung anzusiedeln, wurde als unzureichend zurückgewiesen. Es müsse berücksichtigt werden, dass dem Gläubiger im Falle der Verwertung der Sicherheiten, Feststellungs-und Verwertungskosten entstünden. Dem könne nur Rechnung getragen werden, indem ein 10% -Aufschlag auf die Deckungssumme vorgenommen würde.[30] Dementsprechend sei die Deckungsgrenze erst erreicht, wenn der Wert der Sicherheiten 110% des Wertes der zu sichernden Forderung betrage. Diese Grenze müsse durch die Parteien nicht ausdrücklich festgeschrieben werden, sondern sei dem Sicherungsvertrag zur Bestellung abstrakter Sicherheiten immanent. Um die praktische Bestimmung der Deckungsgrenze noch weiter zu vereinfachen, wurde unter Rekurs auf § 237 BGB klar gestellt, dass eine Freigabe zu erfolgen hat, wenn der Schätzwert des Sicherungsgutes 150% des Wertes der gesicherten Forderung überschreitet.[31]

Neben der abstrakt generellen Deckungsgrenze, die die Voraussetzungen einer Übersicherung klar markierte, war auch darüber zu entscheiden, welche Rechtsfolgen damit verbunden waren. Der Große Senat für Zivilsachen vertrat die Auffassung, dass bei Vorliegen einer nachträglichen Übersicherung dem Sicherungsgeber ein Freigabeanspruch bezüglich der nicht mehr benötigten Sicherheiten zustünde, ohne dass der jeweilige Sicherungsvertrag hierzu nähere Bestimmungen enthalten müsse. Zur Begründung wurde angeführt, dass jeder Sicherungsvertrag über abstrakte Sicherheiten ein Treuhandverhältnis zwischen den Parteien zur Entstehung bringe. Aus diesem ergebe sich die treuhänderische Pflicht des Sicherungsnehmers nicht mehr benötigte Sicherheiten schon vor Beendigung des Vertrages zurückzugewähren, ohne dass weitere Regelungen erforderlich wären.[32]Eine Klausel,

---

27 So schon BGH Urteil v. 13.01.1994-IX ZR 2/93=BGHZ 124, 371–380.

28 Vorlagebeschluss v. 06.03.1997-IX ZR 74/95=BGH NJW 1997, 1570 ff.; in ähnlicher Weise bereits zuvor: BGH Beschluss v. 11.07.1996-XI ZR 234/95=WM 1996, 1436 ff.

29 BGH Großer Senat für Zivilsachen Beschluss v. 27.01.1997-GSZ 1/97, GSZ 2/97=BGHZ 137, 212–236.

30 Für einen pauschalen Aufschlag auf die Deckungssumme schon BGH Urteil v. 02.12.1992 VIII ZR 241/91=BGHZ 120, 300, 303.

31 BGH NJW 1998, 671, 674.

32 BGH NJW 1998, 671, 672.

die die Freigabe in das Ermessen des Sicherungsgebers stelle, sei zwar nach den §§ 138 I, 306 I, 307 BGB unwirksam, gleichwohl berühre dies die Wirksamkeit des übrigen Sicherungsvertrages nicht.[33] Der Große Senat hatte damit die Haltung des IX. Zivilsenates bestätigt, der dies schon im Vorlagebeschluss an den Großen Senat für Zivilsachen in dieser Weise zum Ausdruck gebracht hatte.[34]

Damit waren sowohl den Voraussetzungen als auch den Rechtsfolgen einer nachträglichen Übersicherung feste Strukturen verliehen. Eine Übersicherung ist seitdem anzunehmen, wenn der Wert der Sicherheiten 110% der gesicherten Forderung übersteigt. Sobald dies der Fall ist, ergibt sich aus dem Treuhandcharakter des Sicherungsvertrages über die Bestellung nichtakzessorischer Sicherheiten ein Freigabeanspruch zu Gunsten des Sicherungsnehmers, ohne dass hierzu nähere Regelungen enthalten sein müssen. Mit dieser Lösung werden die Wirksamkeit des Sicherungsvertrages und des in dessen Erfüllung vorgenommenen Verfügungsgeschäfts nicht in Frage gestellt, was für die Praxis erhebliche Rechtssicherheit mit sich brachte.

2) Die Lage bei der Sicherungsgrundschuld

Es ist bereits angedeutet worden, dass aufgrund der Abstraktheit der Sicherungsgrundschuld von der gesicherten Forderung, auch hier die Möglichkeit besteht, dass eine nachträgliche Übersicherung eintreten kann.[35] Die stetige Erbringung von Zins- und Tilgungsleistungen auf das Darlehen als gesicherte Forderung berühren die Grundschuld nicht im Geringsten, so dass der Sicherungsumfang unverändert bleibt, obwohl das Sicherungsbedürfnis immer weiter abnimmt.

Über die Behandlung einer nachträglichen Übersicherung bestehen bei der Sicherungsgrundschuld nach wie vor Streitigkeiten. Diese rühren vor allem daher, dass schon fraglich ist, ob die Rechtsprechung des Großen Senates für Zivilsachen inhaltlich ohne weiteres auf die Sicherungsgrundschuld übertragen werden kann. Der Hintergrund liegt darin, dass die dargestellte Rechtsprechungsentwicklung zur nachträglichen Übersicherung bei revolvierenden Globalsicherheiten ergangen ist. Revolvierende Globalsicherheiten zeichnen sich dadurch aus, dass Sachgesamtheiten zur Sicherheit übertragen werden, deren Bestand sich laufend

---

33 BGH NJW 1998, 671, 673.

34 BGH Beschluss v. 06.03.1997-IX ZR 74/95=WM 1997, 750, 754.

35 Vgl. S. 61; auch näher hierzu *Ganter*, Die nachträgliche Übersicherung eines Kredits, ZIP 1994, S. 257, 258.

ändert.[36] In der Regel handelt es sich dabei um Warenlager oder Forderungszessionen. Für den jeweiligen Sicherungsnehmer stellt es hierbei kein Problem dar, überschüssige Warenwerte oder Forderungen freizugeben, da genügend Werte bei ihm verbleiben, die eine ausreichende Absicherung gewährleisten.

Die Sicherungsgrundschuld ist in ihrer Reinform[37] hingegen eine Singularsicherheit. Die Übertragbarkeit setzt daher voraus, dass eine Gleichbehandlung durch Teilfreigabe eines nicht mehr benötigten Sicherungsumfanges überhaupt möglich ist.

Entfällt der im Sicherungsvertrag näher festgelegte Sicherungszweck der Grundschuld, so steht dem Sicherungsgeber ein Rückgewähranspruch gegen den Sicherungsnehmer zu.[38] Rückgewähr wird auch bei der Vornahme von Teilleistungen geschuldet, wenn sich diesbezüglich der Sicherungszweck endgültig erledigt hat.[39] Da die Grundschuld inhaltlich auf einen bestimmten Betrag festgelegt wird, ist eine Rückgewähr dahingehend möglich, dass ein Teil des Grundschuldkapitals zurückgewährt wird.[40] Die rechtliche Grundlage bilden §§ 1192, 1152 BGB, wonach bei Teilung einer Grundschuld eine Brieferteilung lediglich für einen Teil möglich ist. In der Praxis erfolgt die Rückgewähr in Form der Teilfreigabe regelmäßig dadurch, dass der Gläubiger auf einen letztrangigen Teilbetrag des Grundschuldkapitals verzichtet, der zur Forderungssicherung endgültig nicht mehr benötigt wird.[41] Zu Gunsten des Sicherungsgebers ist im Zweifel davon auszugehen, dass der Sicherungszweck teilweise endgültig weggefallen ist,[42] so dass dementsprechend Teilfreigabe verlangt werden kann.

Damit zeigt sich, dass bei der Sicherungsgrundschuld eine Teilfreigabe möglich ist. Überlegungen, die Rechtsprechungslinie auch auf die Sicherungsgrundschuld zu übertragen sind damit zweifelsohne legitim, zumal der BGH selbst in seiner Entscheidung ausdrücklich hervorgehoben hat, dass ein Freigabeanspruch bei nachträglicher Übersicherung bei jeder nichtakzessorischen Sicherheit zur

---

36 *Wieling*, Sachenrecht, § 18 3 c, S. 258, Fn. 16.

37 Bei den nachfolgenden Ausführungen wird sowohl die persönliche Haftungsübernahme, als auch die Abtretung von Rückgewähransprüchen nicht miteinbezogen. Deren Behandlung soll an anderer Stelle gesondert behandelt werden.

38 BGH NJW-RR 1996, 234, 235; *Clemente*, Recht der Sicherungsgrundschuld Rn. 384 m.w.N.

39 BGH NJW 1984, 169, 171.

40 Staudinger/*Wolfsteiner* Vorbem. zu §§ 1191 ff, Rn. 74; *Siol*, WM 1996, 2217, 2218 und 2223.

41 Erman/*Wenzel* § 1191 Rn. 61; früher bereits *Derleder/Bartels* JuS 1971, 90, 92.

42 BGH NJW-RR 1990, 455.

Entstehung gelange.[43] Streitigkeiten sind jedoch dadurch entstanden, dass eine höchstrichterliche Rechtsprechung in dieser Richtung bislang nicht ergangen ist. Aufgrund dieses Umstandes gehen die Auffassungen auseinander, ob eine Übertragungsfähigkeit gegeben ist, oder ob andere Kriterien zur Bestimmung einer Übersicherungssituation bei der Grundschuld heranzuziehen sind.

a) Übertragbarkeit der Rechtsprechung

Für eine generelle Übertragbarkeit der Rechtsprechung auf die Sicherungsgrundschuld hat sich insbesondere Lettl ausgesprochen.[44] Unter Verweis auf die ähnliche Interessenlage bei der Sicherungsgrundschuld sieht er eine nachträgliche Übersicherung als gegeben an, wenn für den Fall der Verwertung der realisierbare Wert der Grundschuld den Gesamtbetrag der zu sichernden Forderung um 10% übersteigt.[45] In diesem Falle spricht er dem Sicherungsgeber einen Freigabeanspruch entsprechend den vom BGH aufgestellten Grundsätzen zu. Lettl sieht sonst den Sicherungsnehmer in der Gefahr, sich bei minimaler Überschreitung der Deckungsgrenze Teilfreigabeansprüchen des Sicherungsgebers ausgesetzt zu sehen. Dies ermögliche eine „schikanöse" Geltendmachung zu Lasten des Sicherungsnehmers.[46] Um dieses Missbrauchspotential einzuschränken, sei es gerechtfertigt, eine „5% Bagatellgrenze" auf die 110% – Deckungsgrenze aufzuschlagen.[47]

Im Ergebnis kann nach dieser Auffassung Teilfreigabe erst dann verlangt werden, wenn der realisierbare Wert der Grundschuld 115% der gesicherten Forderung entspricht. Letztendlich verlangt Lettl erhöhte Voraussetzungen für das Vorliegen einer nachträglichen Übersicherung.

b) Alternative Lösungsansätze

Mehrheitlich ist die Gegenposition zu Lettl eingenommen worden. Die Rechtsprechungsgrundsätze werden weithin als nicht auf die Grundschuld übertragbar angesehen. Insbesondere der 10%-Aufschlag, den der BGH dem Sicherungsnehmer für Verwertungs- und Feststellungskosten bei Mobiliarsicherheiten zubilligte, wird bei der Grundschuld als nicht gerechtfertigt angesehen.

---

43 BGH NJW 1998, 671, 672.
44 *Lettl*, WM 2002, S. 788–799.
45 *Lettl*, WM 2002, S. 793.
46 *Lettl*, WM 2002, S. 793.
47 *Lettl*, WM 2002, S. 793.

In dieser Weise hat Nobbe, der ehemalige Vorsitzende des Bankrechtssenats des BGH, zu Beginn seiner Ausführungen darauf hingewiesen, dass die 110%-Deckungsgrenze bei Grundschulden nicht zur Anwendung gelangen könne.[48] Insbesondere sei es nicht gerechtfertigt, dem Grundschuldgläubiger einen 10%-Aufschlag für Verfahrens- und Feststellungkosten zuzugestehen. Als Begründung wird angeführt, dass Verfahrenskosten, unter Hinweis auf § 109 ZVG, bei der Grundschuldverwertung vorweg aus dem Erlös zu entnehmen seien und zudem Feststellungskosten in Höhe von 4% des Verkehrswertes des mithaftenden Zubehörs, ohnehin bestehenden Grundpfandrechten im Rang vorgingen.[49] Dementsprechend sei dem Grundschuldgläubiger keine Marge zuzuerkennen.[50] Es reiche aus, dass Darlehensforderung und Zinsen durch Kapital, Zinsen und einmalige Nebenleistungen der Grundschuld vollumfänglich abgedeckt seien.[51]

Aus diesen Gründen sieht Nobbe eine nachträgliche Übersicherung als gegeben an, wenn der Wert der Sicherheiten den 100%-Wert der Forderungen übersteigt.[52]

In ähnlicher Weise hat sich auch Guse in seinen Ausführungen für eine Deckungsgrenze von lediglich 100% ausgesprochen.[53] Zu Recht weist er daraufhin, dass die Bestimmung einer Deckungsgrenze immer für den konkreten Einzelfall festgestellt werden muss.[54] Ein 10%-Aufschlag zur Abdeckung von Bewertungs- und Verwertungsrisiken kann seiner Auffassung nach nur dann gerechtfertigt sein, wenn bei der konkret zu untersuchenden Sicherheit solche Risiken überhaupt bestehen können.

Er weist daraufhin, dass zunächst ein 5%-Aufschlag für Rechtsverfolgungskosten bei der Grundschuld nicht vorzunehmen sei. Zum einen resultiere dies daraus, dass durch die Errichtung einer vollstreckbaren Urkunde bei Bestellung der Grundschuld Kosten für die Titulierung nicht mehr anfallen würden.[55] Zum anderen erfahre die Grundschuld über §§ 1192, 1118 BGB eine gesetzliche Haftungserweiterung, wonach die Grundschuld ohnehin für sämtliche Kosten hafte, die aus der dinglichen Rechtsverfolgung herrühren. Aufgrund der gesetzlichen

---

48 *Nobbe*, FS Schimansky S. 449.
49 *Nobbe*, FS Schimansky, S. 449.
50 In ähnlicher Weise auch *Clemente*, Recht der Sicherungsgrundschuld, Rn. 423.
51 *Nobbe*, FS Schimansky, S. 449.
52 *Nobbe*, FS Schimansky S. 450.
53 *Guse*, Grundschuld und Übersicherung, S. 198 ff.
54 *Guse*, Grundschuld und Übersicherung, S. 199.
55 Guse, S. 200.

Regelung sei es daher nicht erforderlich, eine Marge für Rechtsverfolgungskosten anzuerkennen.[56]

Gleiches gelte für einen 4%-Aufschlag für Feststellungskosten. Dieser sei bei der Grundschuld nicht anzuerkennen, da alleine die Immobilie den Haftungsumfang der Grundschuld darstelle. Zwar hafte auch das Zubehör entsprechend der gesetzlichen Regelung, anfallende Kosten für die Feststellung des Haftungsverbandes seien im Regelfall jedoch zu vernachlässigen. Sollten dennoch nennenswerte Kosten mit der Feststellung des Zubehörwertes verbunden sein, etwa weil Grundschulden auf gewerblich genutzten Grundstücken lasteten, so ergebe sich hieraus gleichwohl kein Ausfallrisiko zu Lasten des Gläubigers, da derartige Kosten unter die Regelung des § 1118 BGB gefasst werden könnten. Die gesetzliche Haftungserweiterung gewährleiste auch in diesem Fall eine vollständige Befriedigung des Gläubigers.[57]

Eine Freigabe des nicht benötigten letztrangigen Grundschuldteils habe daher in sämtlichen Fällen zu erfolgen, in denen der Sicherheitenwert 100% des Wertes der gesicherten Forderung überschreitet.[58]

c) Stellungnahme

Bei den Untersuchungen zur Festlegung einer Deckungsgrenze müssen die Bedürfnisse der Beteiligten berücksichtigt werden. Einerseits muss eine ausreichende Absicherung für den Gläubiger bestehen bleiben, andererseits ist dem Freigabewunsch des Sicherungsgebers Rechnung zu tragen, um einen nicht mehr benötigten Sicherungsumfang zurückzuerhalten und diesen anderweitig wirtschaftlich nutzen zu können. Aufgabe der Deckungsgrenze ist es daher, einen interessengerechten Ausgleich zwischen dem Sicherungsbedürfnis des Gläubigers einerseits und der wirtschaftlicher Bewegungsfreiheit des sicherungsgebenden Schuldners andererseits herbeizuführen.

Wenn Guse zu Beginn seiner Ausführungen darauf verweist, dass auf Seiten des Gläubigers aus wirtschaftlichen Gesichtspunkten alleine die vollständige Befriedigung im Vordergrund steht,[59] so wird offensichtlich, dass erneut eine Weiterentwicklung stattgefunden hat und nunmehr nicht nur ein wirtschaftliches Kreditausfallrisiko abgesichert wird, sondern weitere Ansprüche in den Sicherungsbereich der Grundschuld miteinbezogen werden. Bereits an anderer Stelle ist darauf

56 *Guse*, Grundschuld und Übersicherung, S. 201.
57 *Guse*, Grundschuld und Übersicherung, S. 202.
58 *Guse*, Grundschuld und Übersicherung, S. 204.
59 *Guse*, Grundschuld und Übersicherung, S. 198.

hingewiesen worden, dass die Grundschuldsicherung ursprünglich dazu diente, ein bestehendes Kreditausfallrisiko abzudecken, was nicht gleichbedeutend mit der Rückführung der ausgereichten Darlehensforderung ist.[60] Namentlich die Banken sind im Laufe der Zeit dazu übergegangen weitere Ansprüche, die zu ihren Gunsten im Laufe der Entwicklung des Kreditarrangements zur Entstehung gelangen können, durch die Grundschuld abzusichern.[61] Rechtlich erfolgt dies durch eine Ausweitung der Sicherungszweckerklärung.[62] Auch die Rechtsprechung hat ihren Teil zur Entwicklung beigetragen, indem sie weitere Nebenansprüche als von der Sicherungszweckerklärung erfasst sah und diese Ansprüche ebenfalls in den Sicherungsumfang nicht akzessorischer Sicherheiten miteinbezog, obwohl eine explizite Aufnahme in den Sicherungsvertrag durch die Parteien nicht erfolgt war.[63]

Werden dementsprechend in der Praxis nicht nur ein Kreditausfallrisiko, sondern auch andere Ansprüche zu Gunsten des Gläubigers abgesichert, so müssen diese weiteren Ansprüche bei der Bestimmung einer Übersicherungssituation berücksichtigt werden. Grundlage des Sicherungsumfanges ist die Sicherungszweckerklärung, die festlegt, welche Ansprüche zu Gunsten des Gläubigers gesichert werden.[64] Um daher eine Deckungsgrenze bestimmen zu können, ist es erforderlich, die in der Praxis gängigen Sicherungszweckerklärungsformen dahingehender Untersuchung zu unterziehen, in welchem Umfang Sicherheiten durch den jeweiligen Gläubiger benötigt werden. Zu berücksichtigen ist dabei das gesamte Forderungsvolumen, welches durch die jeweilige Zweckerklärungsform vereinbarungsgemäß gesichert werden soll.[65]

---

60 Näher hierzu bereits oben, § 5 A I. 2).

61 So auch *Clemente*, Recht der Sicherungsgrundschuld Rn. 283 f.

62 Da die Regelungen des Sicherungsvertrages lediglich schuldrechtlicher Natur sind stehen derartigen Vereinbarungen nicht in Widerspruch mit dem sachenrechtlichen Bestimmtheitsgrundsatz. Bestimmbarkeit der gesicherten Forderungen genügt. Vgl.: Staudinger/*Wolfsteiner* Vorbem. zu §§ 1191 ff. Rn. 44.

63 So etwa BGHZ 134, 195=NJW 1997, 522, im Falle einer Sicherungsübereignung, wonach selbst bei der Absicherung einer konkreten Darlehensforderung nebst Zinsen auch die Kosten die beim Gläubiger entstanden waren, als mitabgesichert aufzufassen waren, selbst wenn eine explizite Aufnahme in den Sicherungsvertrag im konkreten Fall unterblieben war.

64 *Otten* in Derleder/Knops/Bamberger, Handbuch zum deutschen und europäischen Bankrecht § 23 Rn. 85.

65 So auch Staudinger/Wolfsteiner Vorbem. zu §§ 1191 ff. Rn. 65.

aa) Haftungsumfang der „engen" Sicherungszweckerklärung

Die einfachste Form der Sicherungszweckerklärung ist die enge oder auch einfache Sicherungszweckerklärung. Sie findet am häufigsten Verwendung in „Drittsicherungsfällen", wenn Sicherungsgeber und Darlehensschuldner also nicht identisch sind.[66] Sicherungszweck ist dann die Absicherung eines konkreten Kredits.[67] Üblich sind Formulierungen, wonach die Grundschuld mit Kapital, Zinsen und Nebenleistungen für alle Forderungen, bestehend aus Hauptsumme, Zinsen und Kosten, aus einem Darlehen bestellt wird.[68] Der Gläubiger benötigt daher zunächst nur Absicherung in Höhe der noch offenen Zins- und Tilgungsleistungen zuzüglich etwaiger Kosten.

Ein prozentualer Aufschlag für Rechtsverfolgungs- oder Feststellungskosten wäre nur gerechtfertigt, wenn ansonsten ein Ausfall auf Seiten des Gläubigers zu befürchten ist.

Rechtsverfolgungskosten aus einem dinglichen Klageverfahren gegen den sicherungsgebenden Schuldner entstehen äußerst selten. Auf Grund der Tatsache, dass die Grundschuldbestellung mittels notarieller Urkunde in vollstreckbarer Ausfertigung erfolgt, verfügt der Gläubiger nach § 794 I Nr. 5 ZPO bereits über einen Vollstreckungstitel. Sollte dies einmal nicht erfolgt sein, würden entstehende Verfahrenskosten und etwaig später anfallende Vollstreckungskosten unter die gesetzliche Haftungserweiterung der §§ 1192, 1118 BGB fallen.[69] Die Geltendmachung könnte dann nach § 10 II ZVG im Zwangsversteigerungsverfahren erfolgen. Der Gläubiger könnte somit die Kosten aus einer dinglichen Klage auf Grundlage von § 1147 BGB an gleicher Rangstelle wie die Grundschuld geltend machen,[70] wobei die Kosten den Zinsen und Nebenleistungen und dem Grundschuldkapitalanspruch nach der Rangfolge des § 12 ZVG sogar vorgingen.

Die gesetzliche Regelung führt dazu, dass auf Gläubigerseite entstehende dingliche Nebenansprüche materiell der Haftungserweiterung der §§ 1192, 118 BGB unterfielen und verfahrensrechtlich über § 10 II ZVG geltend gemacht werden

---

66 Einer formularmäßigen Ausweitung des Sicherungszwecks in Drittsicherungsfällen auf sämtliche Ansprüche aus laufender Geschäftsverbindung wird seit BGHZ 83, 56, 59 f. unter Berufung auf § 305c I BGB die Wirksamkeit versagt.

67 *V. Crailsheim/Rohleder* in Ahnert/Engel/Rohleder, Handbuch Firmenkreditgeschäfts, S. 709.

68 Vgl: ähnliche Formulierung bei *Clemente*, Recht der Sicherungsgrundschuld, Rn. 294, dort Muster II.

69 Palandt/*Bassenge* § 1118 Rn. 2, 3.

70 ZVG/*Böttcher* § 10 Rn. 71.

könnten. Schließlich würden auch die Gesamtkosten des Zwangsversteigerungsverfahrens den Gläubiger nicht belasten, da sie nach der Regelung des § 109 I ZVG von Amts wegen vorweg aus dem Versteigerungserlös zu entnehmen wären. Dazu zählen etwa Zwangsversteigerungsverfahrensgebühr, Versteigerungsterminsgebühren und die Verteilungsverfahrensgebühr zuzüglich gerichtlicher Auslagen.[71]

Demnach wäre auch ohne einen Aufschlag auf die Deckungsgrenze für Rechtsverfolgungskosten ein Ausfall nicht zu befürchten.

Eine andere Beurteilung könnte sich lediglich aus Rechtsverfolgungskosten ergeben, die aus der Titulierung der schuldrechtlichen Darlehensforderung resultieren. Diese unterfallen als Kosten aus der persönlichen Forderung gerade nicht der Regelung des § 1118 BGB[72] und könnten damit auch nicht in einem Zwangsversteigerungsverfahren über § 10 II ZVG geltend gemacht werden.[73]

Gleichwohl rechtfertigt dieses Risiko keinen Aufschlag auf die Deckungsgrenze. In der Praxis erfolgt nämlich eine gesonderte Titulierung der Darlehensforderung nur äußerst selten. Grund dafür ist, dass mit der notariellen Bestellungsurkunde der Grundschuld bereits ein Vollstreckungstitel vorhanden ist, aus dem vorgegangen werden kann. Im Übrigen führt die unterbliebene Titulierung der Darlehensforderung zwar dazu, dass diese, nach Fälligstellung durch Kündigung, der regelmäßigen Verjährung der §§ 195, 199 BGB unterliegt, was aber keinerlei Auswirkungen auf das Vorgehen aus der Grundschuld hat. Gem. § 216 I BGB hindert die Verjährung des gesicherten Anspruches den Gläubiger nicht, seine Befriedigung aus dem belasteten Gegenstand zu suchen. Diese Regelung findet über ihren Wortlaut hinaus auch auf die Sicherungsgrundschuld Anwendung.[74] Insbesondere begründet eine mögliche Verjährung der Hauptforderung keine Einrede zu Gunsten des Eigentümers, die einer Inanspruchnahme aus der Grundschuld erfolgreich entgegengehalten werden könnte.[75] Ein Vorgehen aus der Grundschuld bleibt trotz etwaiger Verjährung des Darlehensrückzahlungsanspruches möglich und bietet dem Gläubiger eine Befriedigungschance.

Im Ergebnis ist dem Grundschuldgläubiger daher bei einer engen Sicherungszweckerklärung kein Aufschlag für Rechtsverfolgungskosten zuzubilligen.

Einen pauschalen Aufschlag von 4% für Feststellungskosten hielt der BGH bei revolvierenden Globalsicherheiten unter Berufung auf den Gedanken des

---

71 *Stöber*, ZVG § 10 Rn. 15.

72 So schon RGZ 90, 171.

73 *Stöber*, ZVG § 109 Rn. 2.

74 *Jauernig* § 216 Rn. 6, ebenso BGH NJW 1993, 3320.

75 *Bülow*, Recht der Kreditsicherheiten Rn. 267.

§ 171 I S. 2, II S. 1 InSO für gerechtfertigt.[76] Hintergrund ist, dass die Bewertung von Warenlagern mit wechselndem Bestand erheblichen Aufwand mit sich bringt. Es hat zunächst eine Inventarisierung zu erfolgen, um die jeweiligen Haftungsgegenstände überhaupt bezeichnen zu können. Im Anschluss ist zu prüfen, ob Rechte Dritter an den Bestandwaren bestehen, so dass eine entsprechende Aussonderung zu erfolgen hat.

Will der jeweilige Gläubiger einen derartigen Warenbestand verwerten, entstehen ihm hierfür erhebliche Kosten, die ebenfalls abgesichert werden müssen. In diesem Fall ist es durchaus geboten einen Feststellungskostenaufschlag vorzunehmen, um einen Ausfall bezüglich dieser Kosten auf Seiten des Sicherungsnehmers zu verhindern.

Die Situation bei der Sicherungsgrundschuld ist dementsprechend auf ihre Vergleichbarkeit hin zu untersuchen, insbesondere, ob Feststellungskosten überhaupt entstehen und durch wen sie zu tragen sind.

Auch bei der Sicherungsgrundschuld kommt es nach den §§ 1192, 1120 BGB zur Haftung von Bestandteilen und insbesondere von Zubehör.[77] Mithaftendes Zubehör spielt bei der Verwertung von grundschuldbelasteten Grundstücken mit privat genutzten Eigenheimen eine untergeordnete Rolle, so dass hierfür entstehende Feststellungskosten regelmäßig zu vernachlässigen sind.[78] Dieser Umstand darf nicht darüber hinwegtäuschen, dass bei der Kreditvergabe an Gewerbetreibende oder Unternehmen Grundstücksbeleihungen nur im Hinblick auf die Mithaftung wertvollen Zubehörs vorgenommen werden.[79] Stellenweise wird davon ausgegangen, dass bei langfristigen Kreditarrangements mit Unternehmen 40–50% des Sicherheitenwertes von Grundpfandrechten durch mithaftendes Zubehör abgedeckt werden.[80] Gerade in diesen Fällen ist im Verwertungsfall eine Feststellung des Wertes des mithaftenden Zubehörs unumgänglich.

Anders als bei Mobiliarsicherheiten erfolgt die zwangsweise Verwertung von Grundschulden regelmäßig in einem Zwangsversteigerungsverfahren. Bevor es zu einem Versteigerungstermin für das Grundstück kommt, ist gem. § 74a V ZVG der Grundstückswert festzustellen,[81] wobei nach § 74 V S. 2 ZVG der Wert

---

76 BGH NJW 1998, 671, 675.

77 Palandt/*Bassenge* § 1120 Rn. 9.

78 So zumindest *Guse*, Grundschuld und Übersicherung, S. 198 ff.

79 Westermann/Gursky/Eickmann, Sachenrecht § 96 Rn. 4.

80 MüKo/*Eickmann* § 1120 Rn. 1.

81 Vgl.: *Leyerseder* NJW 1955, 1427; die Festsetzung des Grundstückswertes dient insbesondere dazu die 7/10-Grenze festzustellen.

mithaftender Gegenstände im Wege der Schätzung vom Gericht zu berücksichtigen ist. Anders als bei Mobiliarsicherheiten erfolgt die Wertfestsetzung daher nicht alleine durch den Gläubiger, sondern der Wert des mithaftenden Zubehörs wird von Amts wegen berücksichtigt.[82] Das Gericht darf die Festsetzung des Grundstückswertes gem. § 74a V S. 2 ZVG unter Hinzuziehung von Sachverständigen vornehmen. Da das Gericht meist nicht in der Lage ist den Wert des Grundstückes, unter Berücksichtigung des Zustandes und der Marktverhältnisse zu schätzen, beauftragt es in der Regel einen Sachverständigen.[83] Dieser bestimmt den Grundstückswert durch die Erstellung eines Verkehrswertgutachtens, im Rahmen dessen auch die entsprechend mithaftenden Gegenstände Berücksichtigung finden.[84]

Für die Einschaltung des Gutachters und die darauffolgende schriftliche Gutachtenerstellung, stehen dem Sachverständigen Vergütungsansprüche zu, die sich nach §§ 8 ff. JEVG richten.[85] Der Sachverständige hat die Kosten gegenüber dem Gericht als beauftragende Stelle geltend zu machen, welche die Kosten dann nach GKG-KostVerz. Nr. 9005 entsprechend in voller Höhe festsetzt. Damit handelt es sich bei den Sachverständigenkosten, in denen auch die Feststellungskosten für mithaftendes Zubehör enthalten sind, um Verfahrenskosten.[86]

Wird das Grundstück im Zwangsversteigerungstermin einem Erwerber zugeschlagen, so hat dieser den entsprechenden Erlös an die Gerichtskasse zu erbringen. Aus diesem Erlös werden Gerichts- und Verfahrenskosten gem. § 109 I ZVG vorweg entnommen. Hat das Gericht die Kosten für die Gutachtenstellung bereits verauslagt, so sind diese als gerichtliche Auslagen dem Erlös vorweg zu entnehmen, bevor der Überschuss an die Gläubiger verteilt wird.[87] In diesem Fall wird

---

82 Stöber, ZVG § 74a Rn. 7.

83 Stöber, ZVG § 74a Rn. 10.

84 Der Wortlaut des § 74a V S. 1 ZVG sieht es nicht vor, den Sachverständigen auch zur Frage des Wertes mithaftender Gegenstände hinzuzuziehen. Dies entspricht jedoch der gängigen Praxis. Angesichts der komplexen Wertfestsetzung für Mithaftungsgegenstände ist ein derartiges Vorgehen sachdienlich. So auch *Stöber* § 74a Rn. 10, der die Zulässigkeit ausdrücklich betont.

85 Gesetz über die Vergütung von Sachverständigen, Dolmetscherinnen und Dolmetschern, Übersetzerinnen und Übersetzern sowie die Entschädigung von ehrenamtlichen Richterinnen und Richtern, Zeuginnen, Zeugen und Dritten; kurz: Justizentschädigungs- und Vergütungsgesetz.

86 *Stöber*, ZVG Einl. Rn. 84.

87 *Stöber*, ZVG § 109 Rn. 2.

der betreibende Gläubiger daher mit den Kosten für die Gutachtenerstellung überhaupt nicht belastet.

Andererseits ist denkbar, dass das Gericht vom betreibenden Gläubiger einen entsprechenden Vorschuss für die Gutachtenerstellung verlangt, der Gläubiger sozusagen Kostenvorschuss zu leisten hat. Auch in dieser Gestaltungsvariante trifft den Gläubiger jedoch kein Kostenrisiko. Ist er in Vorlage getreten und hat die entsprechenden Gutachterkosten vorweg ausgeglichen, so sind ihm nach Eingang des Versteigerungserlöses bei Gericht, an der Rangstelle der Verfahrenskosten, die Vorschussbeträge zu erstatten.[88] Der Gläubiger bekommt vorweg aus dem Versteigerungserlös seine Kostenvorschüsse zurück.

Ein Ausfallrisiko wäre höchstens dann denkbar, wenn es im Rahmen der Versteigerung tatsächlich nicht zu einem Zuschlag kommt und das Verfahren erfolglos eingestellt wird. Hätte der Gläubiger dann die Kosten vorgeschossen, so wäre kein Erlös vorhanden, aus dem die Kosten zurückgeführt werden könnten. Selbst in diesem Fall wären die verauslagten Kosten aber nicht endgültig verloren. Die verauslagten Kostenvorschüsse sind Verfahrenskosten und damit Kosten, die dem Gläubiger aus der Zwangsvollstreckung und damit der dinglichen Rechtsverfolgung herrühren. Für diese gilt die gesetzliche Haftungserweiterung des §§ 1192, 1118 BGB.[89] Die Grundschuld haftet also auch für diese Kosten weiter. Kommt es im Laufe der Zeit zu einem erneuten Zwangsversteigerungsverfahren, so kann der Gläubiger diese Kosten der dinglichen Rechtsverfolgung, als durch das Zwangsversteigerungsverfahren veranlasste Aufwendung, über den Weg des § 10 II ZVG an gleichem Rang wie die Grundschuld geltend machen. § 10 II ZVG zielt auf eine vollständige Kostenbefriedigung der Gläubiger, so dass auch Kosten früherer, wieder aufgehobener Verfahren in einem späteren Verfahren ein Recht auf Befriedigung aus dem Grundstück gewähren.[90]

Im Ergebnis besteht daher auch für den Fall der Bevorschussung der Sachverständigenkosten für den jeweiligen Gläubiger kein echtes Kostenrisiko.

Für Feststellungskosten bei der Wertermittlung mithaftender Gegenstände bei gewerblich genutzten Grundstücken ergibt sich nichts anderes. Die Kosten, die hierdurch entstehen, werden entweder direkt von Amts wegen aus dem Erlös entnommen oder vom betreibenden Gläubiger verauslagt, der sie dann bei erfolgreichem Ausgang des Verfahrens vorneweg aus dem Erlös erhält. Hat der betreibende Gläubiger die Kosten als Vorschuss gezahlt und wird das Verfahren

88 *Stöber*, ZVG § 109 Rn. 2.4.

89 *Jauernig* § 1118 Rn. 3.

90 *Stöber*, ZVG § 10 Rn. 15.

erfolglos beendet, kann sich der Gläubiger seine Kosten in einem späteren Verfahren über § 10 II ZVG zurückholen.

Den Gläubiger trifft daher zu keinem Zeitpunkt ein Ausfallrisiko bezüglich der Feststellungskosten. Anders als bei der Verwertung von Mobiliarsicherheiten, bei denen ein geordnetes Verfahren nicht gegeben ist und der Gläubiger daher weitgehend auf sich selbst gestellt ist, erfolgt die Verwertung der Sicherungsgrundschuld im Zwangsversteigerungsverfahren unter Führung des Gerichts. Die Rechtsprechung des BGH zu den Feststellungskosten ist daher auf die Verwertung einer Sicherungsgrundschuld nicht übertragbar, da der Gläubiger mit Feststellungkosten in keinem Fall endgültig belastet ist. Im Ergebnis ist ihm daher ein Aufschlag auf die Deckungsgrenze für Feststellungskosten nicht zu gewähren.

Für die Sicherungsgrundschuld mit enger Zweckerklärung ist damit festgestellt, dass dem jeweiligen Gläubiger weder für Rechtsverfolgungskosten, noch für Feststellungskosten ein Aufschlag auf die Deckungsgrenze zu gewähren ist. Im Ergebnis hat der Sicherungsnehmer einen Freigabeanspruch, wenn in der laufenden Zins- und Tilgungsrückführung eine Übersicherung eingetreten ist und letztrangige Teilbeträge endgültig nicht mehr benötigt werden. Die Deckungsgrenze ist überschritten, wenn der Wert der Sicherheiten den Wert der Forderung nebst Zinsen und etwaiger Kosten übersteigt. Die Deckungsgrenze liegt bei der engen Zweckerklärung und planmäßiger Rückführung im Ergebnis bei 100%.

bb) Haftungsumfang bei der „weiten" Sicherungszweckerklärung

Bei Personenidentität von Darlehensschuldner und Sicherungsgeber kommt meist die weite Sicherungszweckerklärung zum Einsatz.[91] Dabei haftet die Grundschuld für sämtliche, gegenwärtigen und zukünftigen Ansprüche des Kreditgebers gegen den Kreditnehmer.[92] Üblicherweise enthalten die entsprechenden Formulare der Banken Formulierungen, wonach „die Grundschuld mit Kapital, Zinsen und Nebenleistungen der Sicherung aller bestehenden, künftigen und bedingten

91 Grund dafür ist der Umstand, dass die Rechtsprechung bei formularmäßigen Sicherungsverträgen einer weiten Zweckerklärung in Drittsicherungsfällen aufgrund von § 305c I BGB die Wirksamkeit versagt und die Haftung lediglich in Höhe der Forderung bestehen lässt, die Anlass zur Kreditgewährung war. Hierzu BGH WM 1999, 685, 686. Grundlegend bereits für den Haftungsumfang in Drittsicherungsfällen: BGH WM 1982, 290, 291.

92 *Otten* in Derleder/Knops/Bamberger, Handbuch zum deutschen und europäischen Bankrecht, § 23 Rn. 85.

Forderungen aus der bankmäßigen Geschäftsverbindung dient."[93] In den Deckungsbereich fallen daher sämtliche Forderungen, die im Zusammenhang mit dem allgemeinen Geschäfts- und Rechtsverkehr zwischen Bank und Kunden stehen und einer typischen Bankleistung entspringen.[94] Hierzu zählen etwa die Ansprüche aus laufender Rechnung, aus einem debitorischen Konto, Ansprüche aus Krediten jedweder Art, Ansprüche aus Scheck- und Wechselverkehr und auch Sekundäransprüche, die zugunsten der Bank ebenfalls aus der Geschäftsverbindung resultieren.[95]

Die Bestimmung einer Übersicherungssituation setzt voraus, dass die Forderungshöhe endgültig genau bestimmt werden kann. Dies ist zwingende Voraussetzung, um eine Relationsverschiebung zwischen der Forderungshöhe und dem Wert der gestellten Sicherheiten überhaupt feststellen zu können. Die Rechtsfolge der Teilfreigabe rechtfertigt sich nur dadurch, dass die ursprünglich eingeräumten Sicherheiten aufgrund Abnahme des Sicherungsbedürfnisses endgültig nicht mehr benötigt werden.[96] Bei der Grundschuld spiegelt sich dieser Umstand dadurch wieder, dass Teilfreigabe in Form der Rückgewähr nicht mehr benötigter letztrangiger Grundschuldteilbeträge nur dann verlangt werden kann, wenn sich der Sicherungszweck endgültig bezüglich dieses Teilbetrages erledigt hat und sicher ist, dass der Gläubiger die Sicherheit nicht mehr benötigt.[97]

Anders als bei der engen Zweckerklärung, bei der lediglich eine Einzelforderung nebst Nebenleistungen abgesichert wird, stößt die endgültige Bestimmung der gesicherten Forderungshöhe bei der weiten Zweckerklärung auf Schwierigkeiten. Der Auslöser hierfür ist im Deckungsbereich der weiten Zweckerklärung zu sehen, der neben bestehenden Ansprüchen auch künftige, aus der laufenden Geschäftsbeziehung resultierende Ansprüche in die Haftung der Grundschuld miteinbezieht. Es besteht die Möglichkeit, dass ständig neue Forderungen aus der laufenden Geschäftsbeziehung entspringen, die dann ebenfalls in den Sicherungsbereich fallen. Beispielsweise werden neue Darlehen aufgenommen, Kontokorrentkredite werden ausgeweitet, aufgrund vorzeitiger Rückzahlung

---

93 Beispielhaft Formular für einen Grundschuldsicherungsvertrag mi weiter Zweckerklärung bei *Gaberdiel*, Kreditsicherung urch Grundschulden, Anhang 10 Rn. (3).

94 Zum Begriff der bankmäßigen Geschäftsverbindung: BGH NJW-RR 1998, 190.

95 Beispielhafte Aufzählungen bei: *v. Crailsheim/Rohleder* in Ahnert/Engel/Rohleder, Handbuch Firmenkreditgeschäft, S. 708.

96 BGH NJW 1998, 671, 672.

97 BGH WM 1990, 423, 424.

einzelner Darlehen sind durch den Sicherungsgeber Vorfälligkeitsentschädigungen zu zahlen.[98]

Bei einer bestehenden, weiten Sicherungszweckerklärung ist die Bestimmung der gesicherten Forderungen daher nur eine „Momentaufnahme“, da eine Ausweitung oder eine Rückführung des Sicherungsvolumens jederzeit stattfinden kann.

Solange die Geschäftsverbindung besteht, die Grundlage weiterer Ansprüche sein kann, ist es wahrscheinlich, dass weitere Sicherheiten benötigt werden. Dies rechtfertigt es die Sicherungsgrundschuld in vollem Umfang bei dem Sicherungsnehmer zu belassen, selbst wenn die Grundschuld nicht voll valutiert ist, um auch ein zukünftiges Sicherungsbedürfnis abdecken zu können.[99] Teilfreigabe nicht benötigter Teilbeträge kann dann nicht verlangt werden, weil ein endgültiger Wegfall des Sicherungszwecks nicht eintreten kann.[100]

Dieses Ergebnis überzeugt vor allem vor dem Hintergrund, dass eine weite Zweckerklärung bei der Absicherung von gewerblichen Kreditarrangements vor allem dazu dient, dem Kreditnehmer einen finanziellen Spielraum einzuräumen. Wird regelmäßig die Grundschuld nur teilweise valutiert, so können bei kurzfristigem Finanzierungsbedarf, etwa für die Vorfinanzierung von Aufträgen, weitere Verbindlichkeiten durch die Grundschuld abgesichert werden. Häufig findet die weite Zweckerklärung mit relativ hohen Grundschuldkapitalbeträgen Anwendung, wenn bei Auszahlung von Darlehen in der Bestellungsphase klar ist, dass kurzfristig weitere Finanzierungen erforderlich werden.[101] Eine derartige Absicherungspraxis sichert dem Sicherungsgeber nicht zuletzt auch ein verlässliches Liquiditätsmanagement.

Es liegt daher auch im Interesse des Sicherungsgebers, dass bei Rückführung des Sicherungsbedürfnisses, die Sicherheiten in vollem Umfang bestehen bleiben, um ihm wirtschaftliche Handlungsfreiheit zu ermöglichen.

Im Ergebnis kann daher eine nachträgliche Übersicherung bei wirksam vereinbarter weiter Zweckerklärung und bestehender Geschäftsverbindung nicht eintreten. Zum einen überschreitet der Wert der Sicherheiten nie endgültig den Wert der bestehenden Forderungen, weil ständig neue Verbindlichkeiten begründet werden

---

98 Als sekundärer Ersatzanspruch für entgangene Zinsen wird überwiegend davon ausgegangen, dass auch die Vorfälligkeitsentschädigung in den Sicherungsbereich der Grundschuld fällt. *Gaberdiel*, Kreditsicherung durch Grundschulden, Rn. 667.

99 *Gaberdiel*, Kreditsicherung durch Grundschulden, Rn. 731.

100 *Clemente*, Recht der Sicherungsgrundschuld Rn. 419; *Reischl* in jurisPK-BGB § 1191 Rn. 78.

101 Vgl. hierzu auch *Gaberdiel*, Kreditsicherung durch Grundschulden, Rn. 277.

können, die in den Sicherungsbereich der Grundschuld fallen. Zum anderen ist die für die Übersicherungssituation konstitutive Interessenlage, die sich durch eine einseitige Begünstigung in Form zu weitgreifender Absicherung des Sicherungsnehmers zu Lasten des Sicherungsgebers äußert,[102] nicht gegeben, da es auch im Interesse des Sicherungsgebers liegt die Sicherheiten in vollem Umfang beim Sicherungsnehmer zu belassen, um sich dadurch finanzielle Bewegungsfreiheit zu verschaffen.

Anders stellt sich die Lage nur dar, wenn die weite Sicherungszweckerklärung eine Einschränkung erfährt. Die Parteien können sie jederzeit für die Zukunft kündigen,[103] sofern kein ausdrücklicher Ausschluss vereinbart wurde. Denkbar ist weiter, dass die Geschäftsverbindung zwischen Sicherungsgeber und Sicherungsnehmer beendet wird.

Durch diese Umstände wird der Sicherungsumfang dahingehend eingeschränkt, dass bei Kündigung nur noch die Forderungen als gesichert anzusehen sind, die bei Wirksamwerden der Kündigung bereits begründet waren.[104] Für den Fall der Beendigung der Geschäftsbeziehung werden bereits zum Beendigungszeitpunkt bestehende Verbindlichkeiten durch die Grundschuld gesichert, als auch solche Ansprüche, die zwar noch nicht entstanden sind, bei denen aber der Rechtsgrund aus dem beendeten Verhältnis resultiert.[105]

Die vorgenannten Beendigungstatbestände führen dazu, dass sich das Sicherungsvolumen auf genau bestimmbare Forderungen konkretisieren lässt. Erbringt der Sicherungsgeber nunmehr stetig Zins-und Tilgungsleistungen auf die bestehenden Verbindlichkeiten, so wird das Sicherungsbedürfnis auf Seiten des Sicherungsnehmers immer weiter zurückgeführt. Die bestehende Sicherheit bleibt aufgrund ihrer Abstraktheit aber unberührt.[106] In diesem Fall kann wiederum eine nachträgliche Übersicherungssituation entstehen, wenn der Wert der Sicherheiten den Wert der gesicherten Forderung endgültig übersteigt. Was die hierbei anzusetzende Deckungsgrenze anbelangt, so ergeben sich für diesen Fall keine Unterschiede zur Lage bei der engen Sicherungszweckerklärung: auch bei beendeter weiter Zweckerklärung ist ein Aufschlag für Rechtsverfolgungs-und

---

102 BGH NJW 1991, 2768, 2769; BGH NJW ZIP 1990, 852, 853; OLG Hamm WM 1992, 1731; *Neuhoff* NJW 1993, 2840; auch *Steppeler*, WM 1989, 1913, 1915 für die Lage bei der Lohnzession.

103 So schon *Huber*, Die Sicherungsgrundschuld, S. 179; *Gerth* BB 1990, 78; auch *Stegmaier* BB 1996, 2587.

104 *Clemente*, Recht der Sicherungsgrundschuld Rn. 280.

105 *Gaberdiel*, Kreditsicherung durch Grundschulden, Rn. 733.

106 Näher hierzu bereits oben § 5 A. II 1).

Feststellungskosten zu Gunsten des Sicherungsnehmers nicht gerechtfertigt, da er mit diesen nicht belastet wird.[107] Die Deckungsgrenze ist dementsprechend überschritten, wenn der Wert Grundschuld nebst Zinsen und Nebenleistungen, die Höhe der zu sichernden Forderungen endgültig übersteigt.

Die Deckungsgrenze liegt daher, auch für den Fall der beendeten weiten Sicherungszweckerklärung bei 100%.

d) Ergebnis

Die Rechtsprechungsgrundsätze zur Frage der nachträglichen Übersicherung sind auf die Sicherungsgrundschuld nicht anwendbar. Bei vereinbarter, enger Sicherungszweckerklärung entsteht ein Freigabeanspruch zu Gunsten des Sicherungsgebers, wenn der Wert der Sicherheiten den Wert der gesicherten Forderung übersteigt. Eine Übersicherung tritt ein, wenn die Deckungsgrenze von 100% überschritten wird. Die prozentuale Festlegung rechtfertigt sich dadurch, dass der Gläubiger weder mit Rechtsverfolgungs-, noch mit Feststellungskosten belastet wird und ihm dementsprechend ein Aufschlag auf die festgestellte Deckungsgrenze nicht zuzubilligen ist.

Bei der weiten Zweckerklärung hingegen kann eine Übersicherungssituation nicht eintreten, da jederzeit neue Verbindlichkeiten zur Entstehung gelangen können, deren Absicherung durch die bestehende Sicherheit vorgenommen werden soll. Insofern ist bei laufender Geschäftsverbindung ein endgültiger Entfall des Sicherungszwecks nicht feststellbar, so dass es den Interessen der Beteiligten entspricht ein überschüssiges Sicherheitenvolumen beim Sicherungsnehmer zu belassen, um einem zukünftigen Sicherungsbedürfnis Genüge zu tun. Ein Freigabeanspruch kann in diesem Fall nicht zur Entstehung gelangen.

Wird die weite Zweckerklärung gekündigt oder die laufende Geschäftsbeziehung beendet, so konkretisiert sich das Sicherungsbedürfnis auf die, zum Zeitpunkt des Beendigungsereignisses bestehenden oder zumindest begründeten Ansprüche. Durch planmäßige Rückführung der gesicherten Forderungen kann dann eine Übersicherungssituation eintreten, für deren Bestimmung die gleichen Grundsätze heranzuziehen sind, wie bei der engen Sicherungszweckerklärung. Auch bei beendeter, weiter Sicherungszweckerklärung oder bei Beendigung der laufenden Geschäftsverbindung entsteht ein Anspruch des Sicherungsgebers auf Teilfreigabe endgültig nicht mehr benötigter Sicherheiten, wenn die Deckungsgrenze von 100% überschritten ist.

107 Siehe hierzu bereits für die Lage bei der engen Sicherungszweckerklärung: § 5 A II 1) b) cc).

Sobald daher eine Konkretisierung der zu sichernden Forderungen stattgefunden hat, sei es durch Vereinbarung einer engen Zweckerklärung, oder durch Kündigung der weiten Zweckerklärung oder Beendigung der laufenden Geschäftsverbindung, benötigt der Gläubiger stets nur eine Sicherungsgrundschuld, die im Umfang von Kapital, Zinsen und einmaligen Nebenleistungen seinem individuellen Sicherungsbedürfnis entspricht. Anderenfalls ist eine nachträgliche Übersicherungssituation festzustellen, die einen Freigabeanspruch zu Gunsten des Sicherungsgebers zur Entstehung gelangen lässt.

3) Auswirkungen auf die persönliche Haftungsübernahme

Entsteht aufgrund vorgenannter Umstände ein Freigabeanspruch zu Gunsten des Sicherungsgebers bezüglich endgültig nicht mehr benötigter rangletzter Grundschuldkapitalbeträge, so stellt sich die Frage, welche Auswirkungen damit für eine ebenfalls erklärte persönliche Haftungsübernahme des Sicherungsgebers verbunden sind.[108]

Die persönliche Haftungsübernahme, die entweder in Form eines abstrakten Schuldversprechens nach § 780 BGB,[109] oder als abstraktes Schuldanerkenntnis nach § 781 BGB erfolgt,[110] ist weder mit der gesicherten Forderung rechtlich verbunden,[111] noch von Entstehung, Bestand oder Erlöschen einer mitbestellten Grundschuld abhängig.[112] Des Weiteren handelt es sich hierbei nicht um ein unselbstständiges Nebenrecht zur Sicherungsgrundschuld nach § 401 BGB, was zur Folge hätte, dass die persönliche Haftungsübernahme bei Verfügungen über die Grundschuld dem Hauptrecht automatisch nachfolgen würde.[113] Vielmehr ist stets eine separate Übertragungshandlung des innehabenden Gläubigers notwendig.[114] Da auch die persönliche Haftungsübernahme mit dem Sicherungsbedürfnis des

---

108 Die persönliche Haftungsübernahme neben der Grundschuldbestellung stellt bei Personenidentität von Kreditnehmer und Sicherungsgeber den Regelfall dar. Näher hierzu bereits oben § 4 B II 2); sowie § 4 B III.

109 So die Auffassung des BGH WM 1992, 132 unter II.

110 Nach *Michalski* ZBB 1995, 260, 269 stellt das abstrakte Schuldanerkenntnis den Regelfall dar.

111 Palandt/ *Sprau* § 780 Rn. 1b; *Bork* in jurisPK-BGB § 781 Rn. 1.

112 BGH WM 1990, 1927; dem folgend OLG Köln, ZIP 1999, 355.

113 *V. Crailsheim/Rohleder* in Ahnert/Engel/Rohleder, Handbuch Firmenkreditgeschäft, S. 714; ebenso *Clemente*, Recht der Sicherungsgrundschuld Rn. 516.

114 *Clemente*, Recht der Sicherungsgrundschuld Rn. 513.

Gläubigers über die Sicherungszweckerklärung verbunden ist,[115] hat hier ebenfalls eine Rückgewähr zu erfolgen, sofern sich der Sicherungszweck auch nur teilweise, aber insofern endgültig erledigt hat.[116] Die Rückgewähr des abstrakten Schuldanerkenntnis kann in Form des Abschlusses eines Aufhebungsvertrages nach § 311 I BGB, durch Erlassvertrag nach § 397 I BGB oder durch ein negatives Schuldanerkenntnis erfolgen.[117]

Um daher ein Auseinanderfallen der Reichweite des Sicherungsumfangs der Sicherungsgrundschuld und der persönlichen Haftungsübernahme im Falle der Teilfreigabe bei nachträglicher Übersicherung zu vermeiden, müsste auch das abstrakte Schuldanerkenntnis teilweise zurückgewährt werden.

In der Praxis stellt jedoch die separate Rückgewähr der persönlichen Haftungsübernahme die Ausnahme dar.[118] Der Grund hierfür ist zum einen in der Rechtsprechung des BGH zu finden, wonach in der Rückgewähr der Grundschuld zugleich eine konkludente Rückübertragung der weiterhin bestellten, abstrakten Sicherungsrechte zu sehen sein soll.[119] Zum anderen erklärt sich dieser Umstand aus den Formularen, die in der Praxis Verwendung finden. Meist ist darin eine Formulierung enthalten, wonach die persönliche Haftung für die Zahlung eines Geldbetrages in Höhe des Grundschuldbetrages und der vereinbarten Grundschuldzinsen nebst einmaligen Nebenleistungen übernommen wird.[120] Dies führt dazu, dass der Haftungsumfang der persönlichen Haftungsübernahme an die Grundschuldkapitalsumme gekoppelt ist.

Erfolgt nun eine Teilfreigabe der Sicherungsgrundschuld in Form der Rückgewähr letztrangiger Grundschuldkapitalbeträge, so reduziert sich damit automatisch, aufgrund der vorgenannten Formulierung, der Haftungsumfang des abstrakten Schuldanerkenntnisses. Eine separate Rückgewähr ist für diesen Fall nicht erforderlich.

---

115 Siehe hierzu näher oben, § 4 B IV.

116 *Epp* in Schimansky/Bunte/Lwowski, Bankrechtshandbuch, § 94 Rn. 427.

117 *Clemente*, Recht der Sicherungsgrundschuld Rn. 514.

118 *Epp* in Schimanksy/Bunte/Lwowski, Bankrechtshandbuch, § 94 Rn. 428.

119 Für die konkludente Rückgewähr von neben der Grundschuld abgetretenen Rückgewähransprüchen an vor- oder gleichrangigen Grundschulden: BGH WM 1988, 564. Die Judikatur wird einhellig als auf die persönliche Haftungsübernahme übertragbar gehalten. So *Clemente*, Recht der Sicherungsgrundschuld Rn. 517, ebenso *Epp* in Schimanky/Bunte/Lwowski, Bankrechtshandbuch, § 94 Rn. 428.

120 So die Formulierung im Bestellungsformular für eine Buchgrundschuld bei *Schimansky/Bunte/Lwowski*, Bankrechtshandbuch, Anhang 1 zu § 94, dort unter V.

Die Teilfreigabe der Grundschuld hat zwar rechtlich keinerlei Auswirkungen auf die persönliche Haftungsübernahme. Regelmäßig ist die separate Rückgewähr aufgrund eingesetzter Formulare jedoch die Ausnahme und aufgrund der überwiegend anzutreffenden Kopplung auch nicht erforderlich.

II. Rückschlüsse aus der Bankpraxis–Die Teilwandlung zur Verwaltungstreuhand

Als Folge der eingetretenen nachträglichen Übersicherungssituation ergibt sich zu Gunsten des Sicherungsgebers ein Anspruch auf Teilfreigabe nicht mehr benötigter, letztrangiger Grundschuldkapitalbeträge.[121] Daneben ist auch der nicht mehr benötigte Teil der persönlichen Haftungsübernahme zurückzugewähren.[122] Regelmäßig werden nicht mehr benötigte Sicherheiten aber nicht bereits zurückgewährt, wenn eine nachträgliche Übersicherungssituation feststellbar ist, sondern erst dann, wenn sich der Sicherungszweck endgültig erledigt hat.[123]

Zum einen liegen die Gründe hierfür in der rechtstechnischen Ausgestaltung der Freigabefolge. Indem die Rechtsprechung einen ermessensunabhängigen Freigabeanspruch als Folge aus der eingetretenen Übersicherung postulierte,[124] muss die Initiative, in Form der Geltendmachung des Freigabeanspruches, vom Sicherungsgeber ausgehen, wenn er nicht mehr benötigte Sicherheiten zurück erhalten will. Dabei obliegt ihm die Darlegungslast für sämtliche Anspruchsvoraussetzungen.[125] Auf diesem Weg muss bei verlangter Teilfreigabe Beweis darüber angetreten werden, dass sich der Sicherungszweck endgültig erledigt hat.[126] Angesichts des strukturellen Übergewichtes der institutionellen Sicherungsnehmer scheuen viele private Sicherungsgeber die Geltendmachung der Freigabe. Im Übrigen wissen die meisten privaten Sicherungsgeber überhaupt nicht, dass ihnen

---

121 Vgl. hierzu bereits oben § 5 B. I. 1); näher hierzu auch *Siol* WM 1996, 2217, 2218, 2223, auch schon BGH ZIP 1980, 1076; BGH NJW 1986, 2108.

122 Näher bereits oben § 5 A. II. 1) c).

123 *V. Crailsheim/Rohleder* in Ahnert/Engel/Rohleder, Handbuch Firmenkreditgeschäft, S. 725.

124 Grundlegend BGHZ 137, 212.

125 *Jacoby* in Derleder/Knops/Bamberger, Handbuch zum deutschen und europäischen Bankrecht, § 24 Rn. 94, BGH NJW 1992, 1620; ebenso BGH NJW 2000, 1108.

126 In ähnlicher Richtung auch *Epp* in Schimanky/Bunte/Lwowski, Bankrechtshandbuch, § 94 Rn. 403.

bei Übersicherung ein derartiger Anspruch zusteht.[127]Andererseits haben die Sicherungsnehmer angesichts entstehender, durch sie zu tragender Kosten, wenig Interesse daran, eine vorzeitige Teilfreigabe vorzunehmen.

In der Bankpraxis stellt sich daher die Situation ein, dass ein immer größerer Teil der Sicherungsgrundschuld, als auch der persönlichen Haftungsübernahme, vom Gläubiger zum ursprünglich vereinbarten Zweck, der Absicherung bestehender Risiken, nicht mehr benötigt wird. In der Praxis bezeichnet man dieses Stadium, indem die Grundschuld und die weiteren Sicherheiten fortbestehen, obwohl kein Sicherungsbedürfnis in gleicher Höhe mehr festzustellen ist, als Teilvalutierung der Grundschuld.[128]

Indem der Gläubiger dennoch Inhaber dieser Rechtspositionen bleibt, ließe sich denken, dass bezüglich des überschüssigen Sicherheitenvolumens eine Zweckänderung stattfindet. Denkbar wäre, dass die ursprünglich der Sicherung dienenden Machtmittel nunmehr aufgrund Zweckerledigung vom jeweiligen Gläubiger bis zur endgültigen Rückgewähr lediglich für den Rückgewährberechtigten gehalten werden. Hinsichtlich dieser gehaltenen, aber nicht mehr benötigten Machtmittel, wäre daher eine (Teil)-Verwaltungstreuhand denkbar.

1) Die Rechtsfigur der Verwaltungstreuhand

Nach dem Treuhandverständnis, welches dieser Arbeit zu Grunde liegt, handelt es sich bei der Verwaltungstreuhand nicht um ein selbstständiges Rechtsinstitut, welches von der allgemeinen Treuhandfigur zu unterscheiden wäre, sondern um eine andere Erscheinungsform des gleichen Grundtypus.[129] Die Zweckrichtung, die durch das schuldrechtliche Innenverhältnis bestimmt wird, ist schlicht eine andere als bei der Sicherungstreuhand. Die dogmatischen Entwicklungen auf dem Gebiet des Treuhandrechts haben auch die Erscheinungsform der Verwaltungstreuhand nicht unberührt gelassen. Die entsprechenden Fortschritte sind daher bei der weiteren Untersuchung zu berücksichtigen.

---

127 Die Anschlussfrage, ob die sicherungsnehmende Bank aus ihrer treuhänderischen Stellung heraus verpflichtet ist, auf die Entstehung einer Übersicherungssituation hinzuweisen ist bislang nicht thematisiert worden.

128 So auch *Rünger*, S. 21 der die Teilvalutierung darüber definiert, dass Zahlungen auf die gesicherte Forderung geleistet werden, die Grundschuld aber als Fremdgrundschuld in voller Höhe beim Gläubiger verbleibt.

129 Vgl. hierzu näher bereits oben § 3 B. III; *Henssler* AcP 196 (1996), S. 43.

a) *Die herkömmliche Sichtweise der Verwaltungstreuhand*

In seiner grundlegenden Arbeit zum Treuhandrecht stellte Siebert, im Rahmen der Funktionen der Treuhand, der Sicherungstreuhand erstmals die Verwaltungstreuhand gegenüber. Die Verwaltungstätigkeit sei dadurch gekennzeichnet, dass fremde Vermögensinteressen durch eine andere Person in selbstständiger Vertrauensstellung wahrgenommen würden.[130] In ähnlicher Weise beschrieb auch Coing die Verwaltungstreuhand, die sich dadurch auszeichne, dass treuhänderisch übertragene Positionen durch eine andere Person gehalten werden, als derjenigen, der sie grundsätzlich zustünden.[131] Entscheidend ist also, dass bei der Verwaltungstreuhand dem Treuhänder die Rechtspositionen und Legitimationen zwar als eigene zustehen, wirtschaftlich aber eine Zugehörigkeit zum Vermögen des Treugebers feststellbar ist.[132] Die Verwaltungstreuhand zeichnet sich folglich dadurch aus, dass rechtliche Inhaberschaft und wirtschaftliche Zugehörigkeit in Bezug auf die übertragenen Rechte und eingeräumten Legitimationen auseinanderfallen. Die Charakteristik der Erscheinungsform Verwaltungstreuhand liegt im Halten fremder Vermögenswerte und Rechte in eigener Rechtsstellung.[133] Um die Unterscheidung zur Sicherungstreuhand auch in Bezug auf die Interessenlage hervorzuheben, wird stets betont, dass die Verwaltungstreuhand im Gegensatz zu Sicherungstreuhand hauptsächlich dazu diene, objektive Interessen oder solche des Treugebers wahrzunehmen.[134]

b) *Verwaltungstreuhand als Handeln auf fremde Rechnung*

In jüngerer Zeit hat sich insbesondere Bitter im Rahmen seiner Habilitationsschrift der Rechtsfigur der Verwaltungstreuhand näher zugewandt.[135] Entsprechend den bereits stattgefundenen Entwicklungen auf dem Gebiet des Treuhandrechts,[136] geht auch er davon aus, dass nur eine schuldrechtliche Betrachtungsweise der Rechtsfigur zielführend sein kann.[137] Den Ausgangspunkt seiner Betrachtungen

---

130 *Siebert*, Das rechtsgeschäftliche Treuhandverhältnis, S. 33.

131 *Coing*, Die Treuhand kraft privaten Rechtsgeschäfts, S. 89.

132 *Medicus*, Bürgerliches Recht § 21 Rn. 489.

133 *Meder/Czelk*, Grundwissen Sachenrecht, S. 48. Palandt/*Ellenberger* Überbl.v. § 104 Rn. 25. In diesem Sinne versteht auch die Rechtsprechung die Verwaltungstreuhand, etwa BGH WM 1995, 2065 ff. unter c).

134 Staudinger/*Martinek* Vorbem. zu §§ 662 ff. Rn. 42.

135 *Bitter*, Rechtsträgerschaft für fremde Rechnung, Tübingen 2006.

136 Vgl. hierzu bereits oben § 3 A IV.

137 *Bitter*, Rechtsträgerschaft für fremde Rechnung, S. 264, S. 263 ff.

bildet dabei die Feststellung, dass die gesamten bisherigen Untersuchungen keine zufriedenstellende Erklärung für die Rechtsfolgen liefern konnten, die der Verwaltungstreuhand allgemein beigemessen werden.[138] Das Auseinanderfallen von Rechtsinhaberschaft und wirtschaftlicher Vermögenszugehörigkeit nimmt er daher zum Anlass, eine konsequente Weiterentwicklung des Treuhandverständnisses vorzunehmen. Das für die Verwaltungstreuhand festzustellende, charakteristische Zuordnungsproblem sei bereits im Rahmen der kommissionsrechtlichen Regelung des § 392 II HGB einer Regelung zugeführt worden, die Modellcharakter aufweise und dadurch auch zur Erklärung der Treuhand herangezogen werden könne.[139] Die Rechtsfolgen der Kommission, insbesondere der Vollstreckungsschutz des § 392 II HGB für vom Kommissionär erworbene Forderungen, rechtfertige sich nur vor dem Hintergrund, dass eine Rechtsträgerschaft für fremde Rechnung vorliege.[140] Die Erklärung des „Handelns für fremde Rechnung" sei in dem Umstand zu sehen, dass der Kommissionär zwar bei auftragsgemäßem Handeln Rechte und Forderungen zu eigenem Recht erwerbe, diese aber letztendlich dem Kommittenten zustünden, da dieser das wirtschaftliche Risiko des Geschäfts trage.[141] Diese Erkenntnis überträgt Bitter konsequent auf die Verwaltungstreuhand. Die schuldrechtliche Treuhandabrede im Innenverhältnis der Parteien führe zu einer Vermögenzuordnung, die der Lage bei der Kommission entspräche: der Treugeber habe als Gläubiger des Treunehmers gegen diesen einen schuldrechtlichen Herausgabeanspruch auf Rückübertragung des Treugutes, wobei er zu jeder Zeit die Gefahr des zufälligen Untergangs des Treugutes trage.[142]

Eine Verwaltungstreuhand liegt demnach vor, wenn eine Rechtsträgerschaft für fremde Rechnung festgestellt werden kann. Diese zeichnet sich dadurch aus, dass dem Treuhänder lediglich ein schuldrechtlicher Herausgabeanspruch gegen den Treunehmer als Rechtsinhaber zusteht und er zugleich die Gefahr des zufälligen Untergangs des Treuguts trägt.[143] Aus dem Auseinanderfallen von Rechtsinhaberschaft und wirtschaftlicher Zugehörigkeit rechtfertigen sich alleine die treuhänderischen Wirkungen in Zwangsvollstreckung und Insolvenz.[144]

---

138 *Bitter*, Rechtsträgerschaft für fremde Rechnung, S. 267; so auch *Weckerle*, Die Verwaltungstreuhand, S. 21, der von „Scheinlösungen" spricht.

139 *Bitter*, Rechtsträgerschaft für fremde Rechnung, S. 264.

140 *Bitter*, Rechtsträgerschaft für fremde Rechnung, S. 262.

141 *Bitter*, Rechtsträgerschaft für fremde Rechnung, S. 248.

142 *Bitter*, Rechtsträgerschaft für fremde Rechnung, S. 324.

143 *Bitter*, Rechtsträgerschaft für fremde Rechnung, S. 518.

144 *Bitter*, Rechtsträgerschaft für fremde Rechnung, S. 518, 519.

2) Übertragung auf die teilvalutierte Sicherungsgrundschuld

Die Übertragbarkeit der Fortentwicklung der Verwaltungstreuhand auf die Sicherungsgrundschuld setzt voraus, dass auch bei dieser eine Zuordnungslage festzustellen ist, die ein Handeln auf fremde Rechnung möglich erscheinen lässt. Erst im Anschluss daran kann dann die Untersuchung des Bestehens eines Herausgabeanspruches und die nähere Beleuchtung der Gefahrtragung vorgenommen werden.

a) Die Zuordnungslage

Bestellt der Sicherungsgeber dem Gläubiger eine Sicherungsgrundschuld, so wird dieser Inhaber eines beschränkt dinglichen Rechts.[145] Die Einräumung der materiellen Berechtigung des Gläubigers soll allerdings keine endgültige Güterzuordnung herbeiführen. Der Sicherungsgeber leistet die Sicherheit nicht erfüllungshalber auf die zu sichernde Forderung, sondern in Erfüllung einer entsprechenden Sicherheitenbestellungsverpflichtung.[146] Diese geht in dem Recht des Gläubigers auf, die Sicherheit solange zu behalten, wie es der im Sicherungsvertrag festgeschriebene Sicherungszweck zulässt.[147] Entfällt der vereinbarte Sicherungszweck endgültig, so tritt Rückgewährreife ein.[148] Das vorgenommene Übertragungsgeschäft ist rückgängig zu machen, die Grundschuld an den Sicherungsgeber zurück zu gewähren und die güterrechtliche Ausgangslage wieder herzustellen.

Dieser Ansatz lässt sich mit Hilfe der Werthaltigkeit der Grundschuld untermauern. Deren Wert ist untrennbar mit dem Wert des Grundstückes verbunden. Welcher Wert für das jeweils belastete Grundstück anzusetzen ist, entscheidet sich zum größten Teil durch die vorhandene Bebauung und etwaig vorhandenes Zubehör. In den Sicherungsverträgen der Kreditinstitute sind häufig Klauseln enthalten, wonach der Sicherungsgeber entsprechende Gebäude- und Feuerversicherungen während des gesamten Vertragsverhältnisses aufrecht zu erhalten hat und zugleich Sorge dafür trägt, dass die Werthaltigkeit des mithaftenden Zubehörs

---

145 Palandt/*Bassenge* § 1191 Rn. 1.

146 *Weber*, AcP 169 (1969), 238; *Huber*, Die Sicherungsgrundschuld, S. 81, 82; *Becker-Eberhard*, FS Huber, S. 141.

147 Der Sicherungsvertrag und die in ihm enthaltene Sicherungszweckerklärung liefern dem Gläubiger den Grund dafür, die Grundschuld zu behalten. Vgl. statt Vieler: *Jauernig* §1191 Rn. 5; Palandt/*Bassenge* § 1191 Rn. 15; MüKo/*Eickmann* § 1191 Rn. 15; Staudinger/*Wolfsteiner* Vorbem §§ 1191 ff. Rn. 38.

148 *Rünger*, Der Rückgewähranspruch in der Zwangsversteigerung, S. 77.

nicht gefährdet wird.[149] Die naheliegendste Deutungsweise derartiger Klauseln mag sicherlich in dem Umstand liegen, dass damit die Befriedigungsmöglichkeit des Gläubigers gewahrt bleiben soll.[150] Die Klauseln lassen sich aber auch dahingehend auslegen, dass die Parteien stets davon ausgehen, dass der gesamte Haftungsverband Eigentum des Sicherungsgebers ist und dies auch bleibt. Dann ist es aus Sicht beider nur gerechtfertigt, wenn der Eigentümer für die Unterhaltung und Verwaltung seines Eigentums selbst verantwortlich ist und hierfür auch die anfallenden Kosten trägt. Dieser Gesichtspunkt lässt sich auf die Grundschuld als einem Teilrecht aus dem Grundeigentum übertragen. Angesichts der Tatsache, dass es in der Bankpraxis nur selten zu einer zwangsweisen Verwertung der Grundschuld kommt, sichern vorgenannte Klauseln damit auch die Werthaltigkeit der Grundschuld selbst. Den Nutzen aus den vorgenannten Regelungen zieht dann, bei ordnungsgemäßem Verlauf des Kreditsicherungsverhältnisses ohne Notwendigkeit von Verwertungshandlungen, vor allem der Sicherungsgeber, der zum Zeitpunkt der Rückgewähr eine werthaltige Grundschuld zurückerhält. Dies versetzt ihn in die Lage, die Sicherheit erneut anderweitig zum Einsatz zu bringen.[151]

Vor diesem Hintergrund zeugen die in der Praxis vorgenommenen Regelungen davon, dass die dingliche Bestellung der Grundschuld lediglich eine „Rechtsinhaberschaft auf Zeit“ mit sich bringt. Der Sicherungsnehmer erhält zwar die volle Berechtigung an der Grundschuld, wirtschaftlich betrachtet bleibt die Sicherungsgrundschuld aber dem Vermögen des Sicherungsgebers näher. Er trägt, solange ein entsprechender Sicherungszeck noch vorhanden ist, sämtliche mit der Grundschuld verbundene Lasten: zunächst solche, die aus der Bestellung resultieren, im Anschluss diejenigen, die mit der Werthaltigkeitsaufrechterhaltung einhergehen.

Insofern ist auch bei der Sicherungsgrundschuld eine Teilung der Zuordnung festzustellen: der Gläubiger erhält die Grundschuld zu eigenem Recht, wirtschaftlich ist sie aber dem Vermögen des Sicherungsnehmers zuzurechnen. Rechtliche und wirtschaftliche Zugehörigkeit der Sicherheit divergieren.[152] Im Stadium der Teilvalutierung zeigt sich dies deutlich daran, dass der Gläubiger Sicherheiten

---

149 Beispielhaft: Formular für die Bestellung einer Grundschuld mit weiter Sicherungszweckerklärung bei *Gaberdiel*, Kreditsicherung durch Grundschulden, Anhang 6; (10), (11).

150 MüKo/*Eickmann* § 1133 Rn. 9.

151 Üblich ist es bestehende Grundpfandrechte nach Erledigung des Sicherungszweckes erneut einzusetzen. Man spricht in diesem Zusammenhang von „Revalutierung.“ Grundlage bildet hierfür § 1180 BGB. Näher hierzu: *Westermann/Gursky/Eickmann*, Sachenrecht, § 114 Rn. 25.

152 So auch der BGH jüngst in BGH WM 2012, 1331, 1332.

behält, die er zur Absicherung eines nach wie vor bestehenden Ausfallrisikos nicht mehr vollumfänglich benötigt. Hinsichtlich dieses überschüssigen Teils kann der Sicherungsgeber die Freigabe verlangen.[153] Da dem Gläubiger das überschüssige Sicherungsvolumen nicht mehr zusteht, hält er es solange für den Sicherungsgeber, bis dieser von seinem Recht Gebrauch macht und die Teilfreigabe durchsetzt.

Damit sind die Grundstrukturen, die ein Handeln auf fremde Rechnung ermöglichen und letztlich die Qualifikation zur Verwaltungstreuhand kennzeichnen auch in der Grundschuldsicherung angelegt.

b) Das Bestehen eines schuldrechtlichen Herausgabeanspruches

Das Auseinanderfallen von Rechtsinhaberschaft und wirtschaftlicher Zugehörigkeit von treuhänderischen Mitteln ist konstitutiv für den Bestand einer Verwaltungstreuhand.[154] Die Folge daraus ist, dass der Treuhänder eigene Rechtspositionen und Legitimationen in wirtschaftlicher Hinsicht für einen anderen hält. Es ist daher nicht zu leugnen, dass in der Entstehungs- und Begründungsphase einer Verwaltungstreuhand ihre Beendigung und die darauf folgende Abwicklung schon angelegt sind. Die Rechtsgeschäfte zur Einräumung von Machtmitteln sind nicht endgültig vorgenommen, sondern nur um einen bestimmten Zweck zu erfüllen, nach dessen Erfüllung eine Rückübertragung der eingeräumten Mittel oder der Surrogate aus dem Geschäft, zu erfolgen hat.[155] Um dies auch auf rechtstechnischer Ebene zu verwirklichen, muss dem Treugeber ein schuldrechtlicher Herausgabeanspruch zustehen, der es ihm ermöglicht, die vorgenommen Güterzuordnung wieder in den ursprünglichen Zustand zurück zu versetzen.

Bei der Sicherungsgrundschuld ergibt sich aus dem Sicherungsvertrag zu Gunsten des Sicherungsgebers auch ohne ausdrückliche Vereinbarung ein Anspruch auf Rückübertragung der Grundschuld sowie der weiterhin gewährten Sicherheiten, wenn sich der Sicherungszweck endgültig erledigt hat.[156] Der Rückübertragungsanspruch entsteht bereits mit Abschluss des Sicherungsvertrages und ist lediglich

153 *Göbel*, Übersicherung und Freigabeklauseln in vorformulierten Kreditverträgen, S. 220; BGH NJW 1998, 671, 672.

154 *Bitter*, Rechtsträgerschaft für fremde Rechnung, S. 518.

155 So schon für die Inkassozession: *Coing*, Die Treuhand kraft privaten Rechtsgeschäfts, S. 59 f., wonach die Abtretung zur Einziehung nur mit der Abrede vorgenommen würde, dass nach Einziehung der Forderung das Erlangte umgehend herauszugeben sei.

156 Statt Vieler: BGH NJW 1996, 2092, 2093; *Clemente*, Recht der Sicherungsgrundschuld, Rn. 384; Erman/*Wenzel* § 1191 Rn. 61, MüKo/*Eickmann* § 1191 Rn. 12.

aufschiebend bedingt durch den endgültigen Sicherungszweckfortfall.[157] Dieser Anspruch besteht auch, wenn der Sicherungszweck teilweise endgültig weggefallen ist.[158] Dieser Anspruch auf teilweise Rückgewähr entspricht dabei dem Anspruch auf Teilfreigabe bei Vorliegen einer nachträglichen Übersicherung.[159]

Die Lage bei der Sicherungsgrundschuld nimmt daher immer weiter treuhänderische Gestalt an: bereits im Rahmen des Abschlusses des Sicherungsvertrages ist die Rückübertragung der Grundschuld angelegt. Der bereits bei Abschluss des Geschäfts entstandene Anspruch auf Rückgewähr wird unbedingt, wenn der Sicherungszweck endgültig in Wegfall gerät. Ist aufgrund der stetig erbrachten Zins- und Tilgungsleistungen des Sicherungsgebers das Sicherungsbedürfnis zurückgeführt worden, so kann aufgrund der eingetretenen, nachträglichen Übersicherung die Teilfreigabe des überschüssigen Sicherheitenvolumens verlangt werden. Damit ist das Bestehen eines schuldrechtlichen Herausgabeanspruches in Form des Rückgewähranspruches feststellbar.

Dieser Anspruch würde eine Qualifikation zur Verwaltungstreuhand erleichtern, sofern in diesem Stadium der Grundschuldsicherung eine Weisungsbindung des rückgewährverpflichteten Sicherungsnehmers feststellbar wäre. Jede Verwaltungstreuhand zeichnet sich gerade durch eine ausgeprägte Bindung des Treuhänders gegenüber den Weisungen des Treugebers aus.[160] Die Weisungsgebundenheit des Verwaltungstreuhänders hat dabei ihre Rechtsgrundlage im geschäftsbesorgungs- oder auftragsrechtlichen Innenverhältnis.[161]

Der Rückgewähranspruch des Sicherungsgebers kann bei der Sicherungsgrundschuld auf mehrere Arten erfüllt werden, wobei sämtliche Möglichkeiten

157 BGH WM 1996, 476, 479. Hiergegen: Staudinger/*Wolfsteiner* Vorbem. zu §§ 1191 ff. Rn. 114, der davon ausgeht, dass der Rückübertragungsanspruch schon vorher zur Entstehung gelangt, Fälligkeit aber erst mit endgültigem Sicherungszweckfortfall eintritt. So auch *Becker-Eberhard*, S. 589 f., 611.

158 BGH WM 1990, 423.

159 Hierzu näher bereits Oben: § 5 A II. 1) b) dd).

160 In BGHZ 155, 227, 233 wurde die Weisungsbindung als Charakteristikum herangezogen um eine Vermögenzuordnung iSv. § 47 InSo auf den Treugeber zu begründen. Auch *Bitter*, Rechtsträgerschaft für fremde Rechnung, S. 316, versteht die Weisungsbindung des Treuhänders als Kern eines jeden Treuhandverhältnisses.

161 *Bitter*, Rechtsträgerschaft für fremde Rechnung, S. 316; ähnlich auch Staudinger/*Martinek* Vorbem. zu §§ 662 ff. Rn. 40.

darauf abzielen, die Gläubigerstellung des Sicherungsnehmers zu beseitigen und die Grundschuld dem Sicherungsgeber zur freien Verfügung zu verschaffen.[162]

Die naheliegendste Möglichkeit der Grundschuldrückgewähr ist die Rückabtretung der Sicherungsgrundschuld an den Sicherungsgeber oder an einen von ihm benannten Dritten gemäß § 1192 I, § 1154 BGB.[163] Der sicherungsgebende Eigentümer erhält dann die Grundschuld an ihrem jeweiligen Rang mit ihrem Grundschuldkapitalbetrag, den nicht fälligen Grundschuldzinsen und etwaig vereinbarten dinglichen Nebenleistungen. Rückständige Zinsen erlöschen aufgrund der Einschränkung des § 1178 I BGB.[164] Diese Form der Rückgewähr nutzt daher hauptsächlich dem Sicherungsgeber, da er die Grundschuld rangwahrend erneut zur Verwendung bringen kann. Für den Fall, dass nachrangige Grundstückbelastungen bestehen, ist der Eigentümer als Inhaber einer Eigentümergrundschuld möglicherweise Löschungsansprüchen nach § 1179a BGB ausgesetzt. Diese Art der Rückgewähr ist daher nur sinnvoll, wenn keine nachrangigen Belastungen bestehen, oder die Grundschuld an einen Dritten abgetreten wird, da dann § 1179a BGB nicht greift.[165]

Als weitere Rückgewährart kommt ein Verzicht des Sicherungsgebers auf die Grundschuld nach § 1192 I, § 1168 I BGB in Betracht. Der Gläubiger gibt hierbei gegenüber dem Sicherungsgeber oder dem Grundbuchamt eine einseitige Willenserklärung ab, die inhaltlich die Preisgabe des Rechts mit sich bringt.[166] Mit Eintragung des Verzichts ins Grundbuch nach § 1168 II BGB geht die Grundschuld auf den Grundstückseigentümer über und wird zur Eigentümergrundschuld. Da die Verzichterklärung zwingend eine Rückgewähr an den jeweiligen Grundstückseigentümer bedeutet, kann sie nur bei Identität von Sicherungsgeber und Eigentümer zur Verwendung gelangen. Zum anderen besteht gerade bei Vorliegen mehrerer Grundstückbelastungen die Gefahr, dass nachrangige Gläubiger von ihrem Löschungsrecht nach § 1179a BGB Gebrauch machen und die Löschung der vorrangigen Eigentümergrundschuld betreiben. Der Erwerb der

---

162 So auch *Clemente*, Recht der Sicherungsgrundschuld, Rn. 392; Erman/*Wenzel* § 1191 Rn. 62. Frühere Auffassungen legten den Fokus ausschließlich auf die Wiederherstellung des „Status quo ante,“ vgl. hierzu *Komanns*, Das Grundpfandrecht als fiduciarische Sicherheit, S. 21; Dempewolf, NJW 1959, 556.

163 *Baur/Stürner*, Sachenrecht, § 45 Rn. 28, Staudinger/*Wolfsteiner* Vorbem. zu §§ 1191 ff. Rn. 153.

164 Näher hierzu: *Gaberdiel*, Kreditsicherung durch Grundschulden, Rn. 742.

165 BGH ZIP 1989, 359, 363.

166 *Jauernig* § 1168 Rn. 2.

Eigentümergrundschuld wäre für den Eigentümer daher nicht beständig.[167] Bei dieser Form der Rückgewähr läuft der Eigentümer Gefahr, sich rangverbessernden Ansprüchen nachrangiger Gläubiger auszusetzen und damit letztlich sowohl die Grundschuld, als auch die Rangstelle zu verlieren. Die praktische Bedeutung dieser Rückgewährart ist entsprechend gering.[168]

Schließlich kommt als letzte Art der Rückgewähr die Aufhebung der Grundschuld nach den §§ 1192, 1183, 875 BGB in Betracht.[169] Durch Abgabe einer einseitigen Aufgabeerklärung und Eintragung der Löschung im Grundbuch tritt Erfüllung der Rückgewährverpflichtung ein. Zur Löschung der Grundschuld im Grundbuch ist die Zustimmung des Eigentümers erforderlich und, falls der Rückgewähranspruch an einen Dritten abgetreten sein sollte, auch dessen Zustimmung.[170] Bestehen keine weiteren, nachrangigen Belastungen am Grundstück, so nutzt die Aufhebung der Grundschuld vor allem dem Eigentümer. Sein Grundstück wird von einer dinglichen Belastung frei. Dem Eigentümer als Sicherungsgeber wird damit der wirtschaftliche Wert der Grundschuld zurückgewährt,[171] so dass er in der Lage ist, für weitere Sicherungsfälle eine erstrangige Grundschuld an einem unbelasteten Grundstück anzubieten. Bestehen nachrangige Belastungen, so rücken diese durch die Aufhebung des vorrangigen Rechts nach dem Prinzip des gleitenden Ranges auf.[172] Durch die Rangverbesserung erhöhen sich ihre Chancen im Falle einer zwangsweisen Verwertung des Grundstücks, eine vollständige Befriedigung zu erlangen. Ihr Ausfallrisiko verringert sich dadurch, so dass letztendlich ihnen der Vorteil aus der Aufhebung der vorrangigen Grundschuld zu Gute kommt. Diese Form der Rückgewähr ist in der Praxis häufig anzutreffen.[173]

---

167 *Clemente*, Recht der Sicherungsgrundschuld, Rn. 400.

168 *Gaberdiel*, Kreditsicheurng druch Grundschulden, Rn. 746 weist darauf hin, dass diese Form der Rückgewähr nur Sinn macht, sofern mögliche Löschungsansprüche nachrangiger Grundpfandrechtsgläubiger beseitigt werden.

169 Synonym für die Aufhebung der Grundschuld wird stellenweise auch von Löschung gesprochen. Hierzu etwa *Gaberdiel*, Kreditsicherung durch Grundschulden, Rn. 747; auch Erman/*Wenzel* § 1191 Rn. 62.

170 Palandt/*Bassenge* § 875 Rn. 1.

171 *Gaberdiel*, Kreditsicherung durch Grundschulden, Rn. 747.

172 *Westermann*, BGB-Sachenrecht, § 15 I 2 Rn. 376.

173 Gleichwohl kommt auch diese Art der Rückgewähr nur in Frage, wenn Personenidentität zwischen Sicherungsgeber und Grundstückseigentümer besteht. Nur in diesem Fall kann durch Aufhebung die Rückgewährverpflichtung erfüllt werden. So auch BGH WM 1988, 1137.

Bei den drei aufgezeigten Erfüllungsmöglichkeiten zur Rückgewähr der Grundschuld stellt sich zwangsläufig die Frage des Verhältnisses der Erfüllungsformen zueinander. Ausgangspunkt ist dabei, dass die verschiedenen Arten der Rückgewähr grundsätzlich nebeneinander geschuldet werden, letztlich aber nur in einer Form vorgenommen werden können.[174] Damit liegt eine Wahlschuld nach § 262 BGB vor, so dass dem Sicherungsnehmer als Schuldner der Rückgewährverpflichtung die Wahl überlassen bleibt, in welcher Form er seiner Verpflichtung nachkommt.

Entgegen der gesetzlichen Regelungslage wird das Wahlrecht bezüglich der Erfüllung der Rückgewährverpflichtung bei der Sicherungsgrundschuld dem Sicherungsgeber zugestanden.[175] Eine besonders anschauliche Begründung hierfür lieferte der BGH mit der Entscheidung vom 06.07.1989.[176] Dem Sicherungsgeber müsse das Wahlrecht zugebilligt werden, um zu verhindern, dass durch eine Rückübertragung auf den Eigentümer oder mittels Verzicht auf die Grundschuld, Löschungsansprüche nachrangiger Grundpfandrechtsgläubiger ausgelöst würden wodurch dem Sicherungsgeber die Möglichkeit entzogen sei, seinen Anspruch auf Rückgewähr der Grundschuld und im Anschluss daran die Grundschuld selbst, wieder als Sicherungsmittel für weitere Kredite zu verwenden. Nachrangige Gläubiger hätten keine Möglichkeit zu verhindern, dass der Sicherungsgeber eine vorrangige Sicherheit erneut zum Einsatz bringt und damit verhindert, dass ihre Rechte im Rang aufrückten. Auch § 1179a BGB könne nach Ziel- und Zwecksetzung nicht verhindern, dass nicht- oder teilweise valutierende Grundschulden neue Forderungen absichern und damit der Sicherungsgeber den Rang seines Rechts wirtschaftlich voll ausnutzt.

Aus dem Vorgenannten lässt sich für die hier vorgenommenen Untersuchungen feststellen, dass eine Weisungsbindung des Sicherungsnehmers hinsichtlich der Erfüllung der Rückgewährverpflichtung feststellbar ist. Als „Verwalter" des nicht mehr benötigten Sicherheitenvolumens hat der Sicherungsnehmer die Aufgabe, Sorge dafür zu tragen, dass der Sicherungsgeber die Grundschuld in von ihm gewählter Form zurückerhält, wobei die Grundschuld bzw. Teile von ihr so zurück

---

174 Erman/*Wenzel* § 1191 Rn. 62, spricht von einer „alternativen Gläubigerberechtigung."

175 Einhellige Meinung, vgl.: *Reinicke/Tiedtke*, Kreditsicherung, Rn. 1213, *Clemente*, Recht der Sicherungsgrundschuld, Rn. 393, *Gaberdiel*, Kreditsicherung durch Grundschulden, Rn. 748, MüKo/*Eickmann* § 1191 Rn. 123, *Jauernig* § 1191 Rn. 15, Palandt/*Bassenge* § 1191 Rn. 26, Erman/*Wenzel* § 1191 Rn. 62, *Epp* in Schimansky/Bunte/Lwowski, Bankrechtshandbuch, § 94 Rn 412; BGH ZIP 2002, 932, 934; NJW-RR 1994, 847; WM 1989, 1412, 1415.

176 BGH WM 1989, 1412, 1415.

zu übertragen sind, dass der wirtschaftliche Wert an den Sicherungsgeber in der Form zurückfließt, wie er dem Sicherungsnehmer ursprünglich zugewandt wurde.[177] Verschlechtert der Sicherungsnehmer den Wert der Grundschuld teilweise oder in Gänze, so haftet er dem Sicherungsgeber auf Schadensersatz.[178] Damit ist die treuhänderische Bindung des Sicherungsnehmers als Verwalter wirtschaftlich fremder Güter festgestellt.

Zum anderen lässt sich aus der vorgenannten Entscheidung mit Betonung des wirtschaftlichen Aspektes, eine typische Treuhandsituation feststellen: trotz Rückgewährreife hinsichtlich der nicht mehr benötigten Teilbeträge, ist der Gläubiger weiterhin Inhaber der Grundschuld. Wirtschaftlich ist dieser Teil längst dem Vermögen des Sicherungsgebers zuzurechnen, da ihm die Möglichkeit zusteht, diesen Teil erneut zum Einsatz zu bringen und damit wirtschaftlichen Nutzen aus diesen Teilbeträgen an entsprechender Rangstelle zu ziehen. Indem der BGH dem Sicherungsgeber das Wahlrecht zubilligt und damit den Rückgewähranspruch als schuldrechtlichen Herausgabeanspruch in der Hand des Sicherungsgebers weiter aufwertet, soll die Gewähr dafür geleistet werden, dass der Sicherungsgeber seine lediglich auf Zeit überlassenen Rechte werthaltig zurück erhält und rangwahrend erneut zum Einsatz bringen kann. Der Rückgewähranspruch untermauert daher die typisch treuhänderische Zuordnungslage.[179]

Dabei kommt dem Rückgewähranspruch, als Vorstufe zu der materiellen Inhaberschaft an der Grundschuld, echter Vermögenswert zu. Es handelt sich um ein selbständiges Vermögensrecht des Sicherungsgebers, was sich insbesondere darin zeigt, dass Gläubiger des Sicherungsgebers auf den Rückgewähranspruch im Wege der Forderungspfändung nach §§ 857, 829 ZPO zugreifen können.[180]

Der Anspruch auf teilweise Rückgewähr bei entsprechender Zweckerledigung steht damit als schuldrechtlicher Herausgabeanspruch fest.

c) Die Beleuchtung der Gefahrtragung im Stadium der Teilvalutierung

Bitter stellte im Rahmen seiner Untersuchungen fest, dass eine Verwaltungstreuhand neben dem Bestand eines schuldrechtlichen Herausgabeanspruches zu

---

177 *Clemente*, Recht der Sicherungsgrundschuld, Rn. 389.

178 Eine Wertminderung ist denkbar, wenn der Gläubiger bei der Mithaft meherer Grundstücke, einzelne aus der Haftung entlassen werden. So auch *Gaberdiel,* Kreditsicherung durch Grundschulden, Rn. 780, mit weiteren Beispielen.

179 Vgl. hierzu bereits näher oben § 5 A II. 2) b) aa).

180 BGHZ 11, 43; BGHZ 108, 237, 242; BGH NJW-RR 1991, 1197; OLG Frankfurt JurBüro 1985, 790; *Dempewolf*, NJW 1959, 556.

Gunsten des Treugebers dadurch gekennzeichnet ist, dass er auch mit der Gefahrtragung belastet ist.[181]

Die Gefahrtragung ist ein genereller Terminus der Rechtssprache und lässt sich weiter in die Sachgefahr, die Leistungsgefahr und die Gegenleistungsgefahr unterteilen,[182] so dass vorab zu klären ist, welcher Teilausschnitt für die hiesigen Untersuchungen von Interesse ist. Wenn Bitter selbst im Rahmen seiner Untersuchungen dahingehend präzisiert, dass entscheidend sei, wer letztlich die Gefahr trage, dass der anvertraute Gegenstand „durch Zufall" untergeht,[183] wird ersichtlich, dass sich die Fragestellung um die Sachgefahr dreht.[184] Entscheidend kommt es damit für die weiteren Untersuchungen auf die Sachgefahrtragung des treugebenden Hintermannes an.

Bei der Übertragung dieses Gedankens auf die Grundschuld muss Klarheit darüber herrschen, dass der Begriff und die damit verbundene Denkweise des „zufälligen Untergangs" gegenständlich geprägt sind. Bei Sachen kann sich die Gefahr realisieren, dass diese durch einen, von keiner Partei zu vertretenden, zufälligen Untergang vollkommen, oder zumindest teilweise zerstört werden.[185] Bei der Grundschuld ist ein zufälliger Untergang schlechthin nicht denkbar. Als beschränkt dingliches Recht ist ihr Untergang nur nach den sachenrechtlichen Regelungen möglich.[186] Bedenkt man zudem, dass die Grundschuld im Grundbuch eingetragen wird und im Rahmen ihrer Löschung aus dem Grundbuch nach § 27 GBO die Zustimmung des Eigentümers erforderlich ist, wird deutlich, dass es einen zufälligen Untergang der Grundschuld schlechthin nicht geben kann.

---

181 *Bitter*, Rechtsträgerschaft für fremde Rechnung, S. 518.

182 So etwa *Fikentscher/Heinemann*, Schuldrecht, § 27 Rn. 666.

183 *Bitter*, Rechtsträgerschaft für fremde Rechnung, S. 298.

184 Bitter übernimmt damit die überwiegend anzutreffende Definition der Sachgefahr. Vgl. hierzu: *Fikentscher/Heinemann*, Schuldrecht, § 27 Rn. 666, nach denen es für die Gefahrtragung darauf ankommt, wer den Schaden aus einem zufälligen Untergang der Sache trägt. Ähnlich auch *Gitter*, Gebrauchsüberlassungsverträge, S. 319 am Beispiel des zufälligen Untergangs der Leasingsache. Nach *Hütter*, Gefahrvereitelung und Schadensersatz im Rückabwicklungsschuldverhältnis nach gesetzlichem Rücktrittsrecht, S. 27, äußert sich die Sachgefahr darin, dass derjenige der sie trägt, bei zufälligem Untergang oder Beschädigung keinen Ausgleich erhält.

185 Vgl. hierzu: *Brox/ Walker*, Allgemeines Schuldrecht, § 17 Rn. 8, anhand des bekannten Beispiels des geliehenen, oder in Verwahrung gegebenen Kunstwerkes, welches beim zur Herausgabe Verpflichteten durch einen Dritten gestohlen wird, oder durch einen Hausbrand aufgrund Blitzschlages vollkommen zerstört wird.

186 *Brehm/Berger*, Sachenrecht, § 18 Rn. 3.

Um den Gedanken der Gefahrtragung für die hiesigen Untersuchungen nutzbar zu machen, muss der dahinterstehende Kern freigelegt werden. Die Gefahrtragung nimmt dabei, unter Bezugnahme auf Risikobereiche der Beteiligten, eine Lastenverteilung dahingehend vor, dass die eine oder die andere Partei das Risiko des Unterganges der Sache trägt.[187] Löst man sich vom Terminus des „Unterganges" geht es im Kern im Rahmen der Regelung der Gefahrtragung darum, zu wessen Lasten es geht, wenn bei Bestehens eines Anspruches auf die Sache, diese nicht mehr körperlich erbracht werden kann und auch sonst keine Ersatzleistungen den Verlust kompensieren kann.

Dieser Ansatz lässt sich auf die Grundschuld übertragen: es müssten Konstellationen denkbar sein, bei denen der Sicherungsgeber das Risiko trägt, dass er die zur Sicherheit übertragenen, nicht mehr benötigten Grundschuldteile nicht mehr wiedererhält und auch sonst keine Ersatzleistung bekommt. Da die Grundschuld nicht zufällig untergehen kann, ist zunächst zu klären, worin die Gefahr für den Sicherungsgeber bestehen kann, dass er die nicht mehr benötigten Grundschuldteile vom Sicherungsnehmer nicht mehr zurückerhält.

Aufgrund der eingetretenen Übersicherungssituation steht dem Sicherungsgeber eine Freigabe in Form des Rückgewähranspruches zu.[188] Dieser ändert ohne Geltendmachung durch den Sicherungsgeber nichts daran, dass der Sicherungsnehmer weiterhin berechtigt ist, die Grundschuld auch hinsichtlich der nicht mehr benötigten Teile zu behalten.[189] In den Blickpunkt der weiteren Betrachtungen rückt damit der Rückgewähranspruch, der letztlich Sorge dafür tragen soll, dass der Sicherungsgeber die ihm gebührenden Teilbeträge zurückerhält.[190] Sein Fortbestand sichert damit dem Sicherungsgeber als Gläubiger die Rückgewähr der wirtschaftlich ihm zugehörigen Teilbeträge. Wie jeder andere Anspruch kann auch

187 *Westermann/Bydlinski/Weber*, BGB-Schuldrecht Allgemeiner Teil, § 3 Rn. 3/15 a f.

188 BGH WM 1990, 423; BGHZ 124, 380; Erman/*Wenzel* § 1191 Rn. 61; Staudinger/*Wolfsteiner* Vorbem. zu §§ 1191 ff., Rn. 74, *Rünger*, Der Rückgewähranspruch bei der teilvalutierten Sicherungsgrundschuld in der Zwangsversteigerung, S. 143.

189 Dies ist die Folge aus der rechtstechnischen Konstruktion des Freigabeanspruches, insofern ist die Grundschuld auch von den Vereinabrungen der Sicherungsabrede losgelöst. Ähnlich: *Clemente*, Recht der Sicherungsgrundschuld, Rn. 383.

190 Aufgrund dieser überragenden Bedeutung kann der Rückgewähranspruch durch Eintragung einer Vormerkung vor Gefährdungen aus unerlaubten Verfügungen des Sicherungsnehmers abgesichert werden. Näher hierzu: *Dempewolf*, Der Rückübertragungsanspruch bei Sicherungsgrundschulden, S. 20 ff; MüKo/*Eickmann* § 1191 Rn. 137; Palandt/*Bassenge* § 1191 Rn. 28.

der Rückgewähranspruch durch Unmöglichkeit nach § 275 I BGB untergehen.[191] Ein Untergang des Rückgewähranspruches ist denkbar, wenn der Sicherungsnehmer die Grundschuld an einen Dritten abtritt[192] oder der Sicherungsnehmer nach Eigentumswechsel am Grundstück, dem neuen Eigentümer eine Löschungsbewilligung hinsichtlich nicht mehr benötigter Teilbeträge erteilt, obwohl der Neueigentümer den Rückgewähranspruch nicht erworben hat.[193]

Als Zwischenergebnis lässt sich festhalten, dass auch bei der Grundschuld die Möglichkeit besteht, dass der Sicherungsgeber aufgrund des Untergangs des Rückgewähranspruches, die Grundschuld nicht mehr zurückerhält. Die zur Veranschaulichung des möglichen Untergangs des Rückgewähranspruches angeführten Konstellationen sind jedoch für die weiteren Betrachtungen wenig hilfreich, da die Ursachen des Unterganges keine zufälligen waren, sondern sich stets auf ein pflichtwidriges Verhalten des Sicherungsnehmers zurückführen ließen. Es müsste daher auch denkbar sein, dass der Rückgewähranspruch ohne ein Zutun der Beteiligten in Wegfall gerät und damit die Rückgewähr der Grundschuld an den Sicherungsgeber gefährdet wird.

Der Rückgewähranspruch ist letztlich nichts anderes, als eine schuldrechtliche Forderung des Sicherungsgebers gegen den Sicherungsnehmer.[194] Ein zufälliger Untergang einer Forderung ist denkbar, wenn der Schuldner in Insolvenz fällt und keine der Parteien dieses Ereignis zu vertreten hat.[195] Im Falle der Insolvenz des Schuldners wird die Forderung damit uneinbringlich und es realisiert sich zu Lasten des jeweiligen Gläubigers das typische Insolvenzrisiko.

Gerät der Sicherungsnehmer in unverschuldeter Weise in Insolvenz, so gibt die gesetzliche Regelung der InsO, dem Sicherungsgeber als Rückgewährberechtigtem auf den ersten Blick keine Mittel an die Hand, die nicht mehr benötigten

---

191 Etwa BGH NJW-RR 1988; 495, Staudinger/*Wolfsteiner* Vorbem. zu §§ 1191 ff. Rn. 164; *Clemente*, Recht der Sicherungsgrundschuld, Rn. 447a.

192 Ein derartiger Sachverhalt lag BGH NJW-RR 1987, 139 zu Grunde. Der BGH nahm für diesen Fall an, dass die Rückgewähr dem Sicherungsgeber unmöglich geworden war.

193 Sachverhalt aus BGH WM 1993, 887; Näheres hierzu, insbesondere zu den Folgeansprüchen des Sicherungsgebers bei *Köndgen* EWIR 1993, 973.

194 Dies folgt aus dem Sicherungsvertrag als Rechtsgrundlage für den Rückgewähranspruch. Vgl.: *Jacoby* in Derleder/Knops/Bamberger, Handbuch zum deutschen und europäischen Bankrecht, § 24 Rn. 86; *Schellhammer*, Sachenrecht nach Anspruchsgrundlagen, Kap. 12, Rn. 670.

195 So der Gedanke bei *Aengenheister*, Das Treuhandkonto-Ein Beitrag zur Dogmatik des Treuhandwesens, S. 84.

Grundschuldteile zurückzuerhalten. Theoretisch wäre es folglich denkbar, dass der Sicherungsgeber ohne jegliche Möglichkeit der Intervention oder eines Vollstreckungsschutzmechanismus, zusehen müsste, wie die gesamten Vermögensrechte des sicherungsnehmenden Insolvenzschuldners einer Verwertung zugeführt würden, obwohl sie bei wirtschaftlicher Betrachtung seinem Vermögen nicht mehr zugehörig sind. Dieser Umstand wäre damit ein besonders deutlicher Beweis für die Gefahrtragung des sicherungsgebenden Rückgewährberechtigten.

Bei genauerer Betrachtung lässt sich möglicherweise unter Rekurs auf § 47 S. 1 InsO ein für den Sicherungsgeber günstigeres Ergebnis erzielen. Danach kann auch aufgrund eines persönlichen Rechts geltend gemacht werden, dass ein Gegenstand nicht zur Insolvenzmasse gehört. Durch Geltendmachung des Aussonderungsrechts beim Insolvenzverwalter kann erreicht werden, dass der betroffene Gegenstand ausgesondert und damit der Insolvenzmasse entzogen wird. Der aussonderungsberechtigte Gläubiger ist deshalb kein Insolvenzgläubiger im Sinne des § 38 InsO und nimmt am weiteren Verfahren nicht mehr teil.[196]

Persönliche, zur Aussonderung berechtigende Rechte, sind schuldrechtliche Ansprüche, sofern sie auf die Herausgabe eines Gegenstandes gerichtet sind.[197] Die Aussonderungsberechtigung in Form des Aussonderungsanspruches stützt sich, entgegen mancherorts anzutreffenden Darstellungen, nicht auf § 47 S. 1 InsO, sondern setzt einen bereits bestehenden, schuldrechtlichen Anspruch auf anderer Grundlage voraus.[198] § 47 S. 1 InsO schafft insoweit keinen neuen Anspruch zu Gunsten des Anspruchsinhabers, sondern ermöglicht nur seine Durchsetzung abseits des Insolvenzverfahrens.[199] Deutlich zeigt sich dies anhand der Regelung des § 47 S. 2 InsO, wonach sich der Anspruch auf Aussonderung aus den Gesetzten außerhalb des Insolvenzverfahrens ergibt.

Ein schuldrechtlicher Herausgabeanspruch des Sicherungsgebers ist bereits in Form des Rückgewähranspruches letztrangiger, endgültig nicht mehr benötigter Grundschuldbeträge festgestellt worden, der seine Grundlage im schuldrechtlichen Innenverhältnis, dem Sicherungsvertrag hat. Aufgrund dieses Anspruches kann der Sicherungsgeber, im Falle der Insolvenz des Sicherungsnehmers, rückgewährreife Grundschuldteile über den Weg des § 47 S. 1 InsO aussondern.[200]

196 Kreft/*Lohmann* § 47 Rn. 4.

197 *Berger*, FS Kreft, S. 192.

198 MüKo InsO/*Ganter* § 47 Rn. 340

199 *Berger*, FS Kreft, S. 192.

200 Kreft/*Lohmann* § 47 Rn. 17; MüKo InsO/*Ganter* § 47 Rn. 341; MüKo BGB/ *Eickmann* § 1191 Rn. 155; Staudinger/*Wolfsteiner* Vorbem. zu §§ 1191 ff. Rn. 262.

Die praktische Abwicklung des Insolvenzfalles des Sicherungsnehmers im Stadium der Teilvalutierung der Sicherungsgrundschuld vollzieht sich dahingehend, dass sich der Sicherungsgeber um eine Umfinanzierung bemüht und die gesamten, noch offenen Forderungen des Sicherungsnehmers, durch Ablösezahlungen an den Insolvenzverwalter tilgt und im Anschluss daran dem neuen Finanzier die Grundschuld in Höhe des Ablösebetrages zur Sicherheit abtritt.[201] Damit wird nicht nur eine Aussonderung von Teilbeträgen, sondern die Aussonderung der Grundschuld in Gänze erreicht. Diese Aussonderungsmöglichkeit eröffnet dem Sicherungsgeber daher die Möglichkeit, den fälligen Rückgewähranspruch, selbst im Falle der Insolvenz des Sicherungsgebers, durchzusetzten und letztlich die Grundschuld wieder in Händen zu halten.

Dieses Ergebnis wäre einer Interpretation dahingehend offen, dass deshalb eine Gefahrtragung des Sicherungsgebers ausgeschlossen ist, weil tatsächlich kein Risiko festzustellbar ist, dass der Rückgewähranspruch in der Insolvenz untergeht und die Gefahr besteht, dass die Grundschuld trotz Zweckerledigung nicht mehr an den Sicherungsgeber zurückgewährt wird.

Maßgeblich gegen diese Interpretation spricht jedoch die Ausgestaltung des Rechtsbehelfs, wonach der Sicherungsgeber ein bestehendes Aussonderungsrecht gegenüber dem Insolvenzverwalter geltend machen muss.[202] Unterlässt er dies, läuft er nach wie vor Gefahr, den wirtschaftlich ihm zugehörigen Gegenstand zu verlieren. Für sämtliche Anspruchsvoraussetzungen des § 47 S. 1 InsO trägt der Sicherungsgeber zudem im Falle der streitigen Auseinandersetzung die Beweislast.[203] Das Aussonderungsrecht in der Insolvenz ist Ausdruck des Umstandes, dass die Istmasse des Verfahrens um solche Gegenstände zu bereinigen ist, die zwar rechtlich, aber nicht wirtschaftlich zum Vermögen des Insolvenzschuldners gehören.[204] Das Aussonderungsrecht ist daher ein Korrektivinstrumentarium um zu verhindern, dass die bloße Rechtsinhaberschaft zu einem insolvenzrechtlichen Verwertungserfolg führt, der in Widerspruch zur Vermögenszugehörigkeit im Verhältnis des insolventen Sicherungsnehmers zum Sicherungsgeber steht, welche

---

201 Der Sicherungsgeber kann dann die gesamte Grundschuld aussondern, auch wenn sich bezüglich des noch valutierten Teiles der Sicherungszweck erst nach Eröffnung des Insolvenzverfahrens durch Zahlungen an den Insolvenzverwalter erledigt hat. Hierzu näher Staudinger/*Wolfsteiner* Vorbem. zu §§ 1191 ff. Rn. 262, m.w.N.

202 Gottwald/*Gottwald*, Insolvenzrechtshandbuch § 40 Rn. 33.

203 MüKo InsO/*Ganter* § 47 Rn. 487; Kreft/ *Lohmann* § 47 Rn. 33.

204 BGH ZIP 1993, 213, 214, schon zur alten Rechtslage des § 43 KO, der mit dem heutigen § 47 InsO nahezu wortgleich ist.

beide, als Parteien des Sicherungsvertrages durch die Bestellung der Grundschuld lediglich zur Sicherheit, selbst herbeigeführt haben.

Vor diesem Hintergrund schafft ein insolvenzrechtliches Aussonderungsrecht des rückgewährberechtigten Sicherungsgebers keinen Widerspruch zur Gefahrtragung, sondern verhilft dazu, einen denkbaren wirtschaftlichen Verlust durch Verwertungshandlungen des Insolvenzverwalters für die Masse, zu verhindern. Auf diesem Weg setzt Vollstreckungsschutz in Form eines Aussonderungsrechts die Gefahrtragung des Sicherungsgebers voraus und will nur verhindern, dass sich diese unbillig zu Lasten des Sicherungsgebers realisiert. Gefahrtragung und Vollstreckungsschutz schließen sich daher nicht gegenseitig aus, sondern bedingen einander.[205]

Letztlich ist damit die Gefahrtragung des Sicherungsgebers im Stadium der Teilvalutierung festgestellt. Die Aussonderungsberechtigung behebt nicht die Gefahrtragung, sondern stellt sich nur als Instrumentarium dar, um die Realisierung der Gefahrtragung zu verhindern.

3) Ergebnis

Die stetigen Zins- und Tilgungsleistungen des Sicherungsgebers führen zur Entstehung einer nachträglichen Übersicherungssituation. Diese lässt einen Anspruch des Sicherungsgebers auf Teilfreigabe endgültig nicht mehr benötigter Grundschuldteilbeträge zur Entstehung gelangen. Zugleich tritt damit eine Zweckänderung hinsichtlich dieses nicht mehr benötigten Teiles ein, da sich die Sicherungsaufgabe teilweise, insoweit aber endgültig erledigt hat.

Da in der Praxis die Teilfreigabe kaum durchgesetzt wird, verbleibt der übersicherte Teil in den Händen des Sicherungsnehmers. Er hält und verwaltet diesen immer weiter anwachsenden Teil für den Sicherungsgeber. In diesem Stadium fallen Rechtsinhaberschaft und wirtschaftliche Vermögenszugehörigkeit hinsichtlich des übersicherten Teiles auseinander, so dass eine treuhänderische Zuordnungslage feststellbar ist. Die Korrektur dieser Situation kann der Sicherungsgeber durch die Geltendmachung seines schuldrechtlichen Herausgabeanspruches erreichen, bei dessen Erfüllung ihm gegenüber dem Sicherungsnehmer ein Weisungsrecht zusteht. Solange die Rückgewähr nicht erfüllt worden ist, trägt der Sicherungsgeber

205 Ähnlich auch *Bitter*, Rechtsträgerschaft für fremde Rechnung, S. 299, der unter Berufung auf Art. 160 I des Württembergischen Entwurfs zur Entstehungsgeschichte des Art. 368 II ADHG davon ausgeht, dass ein Vollstreckungsschutz des Kommittenten als „Spiegelbild der Gefahrtragung“ angelegt sei.

die Gefahr, dass der Rückgewähranspruch bei unverschuldeter Insolvenz des Sicherungsnehmers bei seiner Durchsetzung auf Hindernisse stößt, die letztlich die Gefahr begründen, dass der Sicherungsgeber die Grundschuldteile in gleichem Wert und Rang nicht mehr wiedererhält. Ein bestehendes Aussonderungsrecht des rückgewährberechtigten Sicherungsgebers beseitigt dabei nicht die Gefahrtragung, sondern verhindert nur die unbillige Realisierung.

Im Ergebnis führt die Entstehung einer nachträglichen Übersicherung dazu, dass hinsichtlich des übersicherten Teils eine Wandlung der ursprünglichen Sicherungstreuhand hin zu einer teilweisen Verwaltungstreuhand stattfindet. Grundlage dieser Wandlung ist der Sicherungsvertrag mit der enthaltenen Sicherungszweckerklärung. Durch die von ihr vorgenommene Verknüpfung des dinglichen Rechts mit dem Sicherungsbedürfnis des Sicherungsnehmers wird eine nachträgliche Übersicherung überhaupt erst möglich. Zugleich führt sie dazu, dass die Entstehung einer Übersicherung eine Zweckänderung der Grundschuldteile mit sich bringt, die zur Sicherung keine Verwendung mehr finden. Die „Zweckfreiheit" des übersicherten Teilbetrages hat daher ihre Grundlage im Sicherungsvertrag.

Über den nicht mehr benötigten Teil wird der Sicherungsnehmer zum Verwaltungstreuhänder und zugleich in die Lage versetzt, auf fremde Rechnung zu handeln. Da noch ein Sicherungsbedürfnis vorhanden ist, besteht hinsichtlich des Teils der Grundschuld, der noch zur Sicherheit gebraucht wird weiterhin eine Sicherungstreuhand. Im Stadium der Teilvalutierung kommt es daher regelmäßig zu einem Nebeneinander von Sicherungs- und Verwaltungstreuhand.

4) Veranschaulichung der Kombination von Sicherungs- und Verwaltungstreuhand

Die unter dem vorherigen Gliederungspunkt gefundenen Ergebnisse beruhen auf abstrakten Überlegungen und sind daher, vor allem in ihren praktischen Auswirkungen für die beteiligten Parteien, schwer vorstellbar. Zur Verdeutlichung des Bestehens zweier Treuhandformen an einer teilvalutierten Sicherungsgrundschuld, soll eine Konstellation behandelt werden, die in der Praxis häufiger anzutreffen ist und in ähnlicher Form bereits Gegenstand der höchstrichterlichen Rechtsprechung gewesen ist.[206]

206 Die Konstellation ist abgewandelt aus einem Sachverhalt, der einer Entscheidung des OLG Zweibrücken ZfIR 2003, 214 ff. zu Grunde lag. Im Rahmen der Revision hatte sich der BGH in NJW 2003, 2673 f. damit zu befassen.

a) Konstellation

Zwei Eheleute nahmen zur Finanzierung des Erwerbs ihres gemeinsamen Eigenheimes ein Darlehen in Höhe von 150.000 € auf und bestellten dem finanzierenden Kreditinstitut als Sicherheit eine erstrangige Grundschuld in Höhe der Darlehensvaluta nebst 5% Nebenleistungen an beiden Miteigentumsanteilen. Nach den Regelungen des Sicherungsvertrages sicherte die Grundschuld „Ansprüche aus dem Darlehensverhältnis vom….“.[207] Mittels notarieller Urkunde wurde die Grundschuld vollstreckbar gegen den jeweiligen Eigentümer des Grundstücks ausgestaltet und diese Modifikation entsprechend im Grundbuch eingetragen. Die Eheleute erbrachten im Laufe der Jahre ratierlich ihre Zins- und Tilgungsleistungen auf das zu Grunde liegende Annuitätendarlehen und führten so die Forderung der Bank auf rund 50.000 € zurück. Die Ehe der beiden Darlehensnehmer wurde geschieden und es konnte zwischen beiden keine einvernehmliche Lösung über die Auseinandersetzung des gemeinschaftlichen Grundbesitzes gefunden werden, so dass schließlich die Teilungsversteigerung betrieben werden musste.[208] Das Darlehen wurde, trotz Einleitung des Verfahrens durch beide Darlehensnehmer, weiterhin zurückgeführt.

Im laufenden Verfahren wurde die erstrangige Grundschuld in der Aufstellung des geringsten Gebotes berücksichtigt.[209] Im Versteigerungstermin wurde das Grundstück einem meistbietenden Dritten zugeschlagen, der dadurch das Eigentum erwarb,[210] allerdings weiterhin belastet mit der erstrangigen Grundschuld zu Gunsten der Bank.[211] In der Folgezeit wollte der Ersteher die noch an erstrangiger

207 Es wurde daher eine enge Zweckerklärung abgeschlossen.

208 Entgegen dem Wortlaut hat die Teilungsversteigerung mit einer zwangsweisen Verwertung des Grundstücks nichts zu tun, auch wenn die Regelung des Verfahrens in §§ 180 ff. ZVG erfolgt ist. Ziel- und Zweckrichtung ist die zwangsweise Durchsetzung eines schuldrechtlichen Aufhebungsanspruches, der jedem Miteigentümer zusteht. Aus diesem Grund wäre es zweckmäßiger, das Verfahren als „Aufhebungs- oder Auseinandersetzungsverfahren“ zu bezeichnen. So *Stöber*, ZVG § 180, Rn. 6.3.

209 Nach § 182 I ZVG sind im geringsten Gebot alle Rechte aufzunehmen, die dem betreibenden Aufhebungsberechtigten vorgehen. Da beide das Verfahren betrieben war die Grundschuld als dingliches Recht in Gänze zu berücksichtigten, ohne dass es auf die Frage der Teilvalutierung ankam. Nach § 52 I ZVG war sie durch den Ersteher zu übernehmen. Näher hierzu *Stöber*, ZVG §52 Rn. 2.

210 Der Zuschlag bewirkt einen öffentlich-rechtlichen Eigentumserwerb. Vgl.: BGHZ 112, 59; BGH NJW 2004, 2900.

211 Der Kaufpreis den der Ersteher zu zahlen hat setzt sich daher aus den übernommenen Rechten und dem Bargebot zusammen. Die bestehenbleibenden Rechte sind Teil des Kaufpreises. So auch BGHZ 155, 63–69.

Stelle bestehende Grundschuld ablösen. Die Bank verlangte zu diesem Zweck die Zahlung des Grundschuldkapitales und der Nebenleistungen. Der Ersteher kam dem nach und leistete Zahlungen in entsprechender Höhe an die Bank.[212]

b) Rechtliche Würdigung

Für die Frage der rechtlichen Beurteilung der vorskizzierten Konstellation ist zunächst von Bedeutung, welche Auswirkungen die Zahlung des neuen Eigentümers auf die Grundschuld hat. Im Nachgang werden die Folgeprobleme zu behandeln sein, die im Verhältnis der sicherungsnehmenden Bank zu den sicherungsgebenden Darlehensnehmern auftreten.

Die Auswirkungen der Zahlung des Eigentümers auf die Grundschuld sind im Gesetz nicht ausdrücklich geregelt. Im Ergebnis besteht Einigkeit, dass der Eigentümer die Grundschuld qua Gesetz erwirbt und sie sich zur Eigentümergrundschuld wandelt.[213] Während für dieses Ergebnis einerseits die entsprechende Anwendung der §§ 1142, 1143 BGB herangezogen wird,[214] wird andererseits die Begründung in § 1163 I S. 2 BGB[215] oder in §§ 1168, 1171 BGB, jeweils in entsprechender Anwendung gesehen.[216] Da Einigkeit bezüglich der Rechtsfolge besteht, kann der Begründungsansatz an dieser Stelle offen bleiben.

Indem der neue Eigentümer durch seine Zahlung die Grundschuld als Eigentümergrundschuld erwirbt, gerät sie bei der Bank als Sicherungsnehmer in Wegfall. Als Ersatz für den Wegfall erhält die Bank den Grundschuldkapitalbetrag nebst Nebenleistungen, den sie entsprechend dem Sicherungsvertrag als Ersatzsicherheit zu verwenden hat.[217] In der vorgenannten Fallkonstellation erhielt die Bank daher 150000 €, die auf das Grundschuldkapital entfielen und 7500 € für die

---

212 Nach § 1192 I, iVm. § 1142 I BGB ist der Eigentümer berechtigt Zahlungen auf die Grundschuld zu leisten, sofern sie ihm gegenüber fällig geworden ist, selbst wenn der Schuldner widerspricht. Näher hierzu Erman/*Wenzel* § 1142 Rn. 3. Die Fälligkeit kann der neue Eigentümer nach § 1193 I S. 1 BGB mittels Kündigung gegenüber dem Grundschuldgläubiger selbst herbeiführen.

213 *Bülow*, Redcht der Kreditsicherheiten, Rn. 203.

214 MüKo/*Eickmann* § 1191 Rn. 65, *Baur/Stürner*, Sachenrecht, § 44 VI Rn. 24; BGH NJW 1976, 2340; BGHZ 97, 280.

215 *Wilhelm,* Sachenrecht, Rn. 1164 f.; *Harry Westermann*, Interessenkollisionen und ihre richterliche Wertung bei den Sicherungsrechten an Fahrnis und Forderungen, § 115 II. 2. b., S. 576.

216 *Wolff/Raiser* § 156 Fn. 11, S. 646.

217 *Gaberdiel*, Kreditsicherung durch Grundschulden, Rn. 1138.

Ablösung der Nebenleistungen. Insgesamt vereinnahmte die Bank für den Wegfall des dinglichen Rechts einen geldwerten Ersatz in Höhe von insgesamt 157500 €.

Im Verhältnis zu den darlehensnehmenden Sicherungsgebern ist im Folgenden zu berücksichtigen, dass das Darlehen nur noch mit ca. 50000 € valutierte. Aufgrund der vereinbarten engen Sicherungszweckerklärung war es in der Zwischenzeit zu einer nachträglichen Übersicherungssituation gekommen, welche die Sicherungsgeber zur Teilfreigabe in Form der Rückgewähr letztrangiger Grundschuldteilbeträge berechtigte,[218] um das Sicherungsvolumen dem Sicherungsbedürfnis der Bank anzupassen. In der Ausgangsposition war die Bank daher übersichert, was sich als die Grundschuld auf den neuen Eigentümer überging dadurch zeigte, dass sie 157500 € erhielt, obwohl ihr im Verhältnis zu den Sicherungsgebern nur noch eine Sicherheit im Wert von 50000 € bei Geltendmachung der Rückgewähr zugestanden hätte.

Indem die Grundschuld durch die Zahlung auf den Ersteher als neuen Eigentümer übergegangen war, konnte die Bank ihrer Rückgewährverpflichtung gegenüber den Sicherungsgebern nicht mehr nachkommen.[219] Da der Ablösebetrag an die Stelle der Grundschuld getreten war und zugleich den sicherungsvertraglichen Regelungen unterworfen wurde, hatte sich auch der Rückgewähranspruch in Höhe des übersicherten Teiles am Erlös fortgesetzt, den die Bank vorm Ersteher beansprucht hatte.[220] Praktisch verrechnet die Bank den Erlös im Verhältnis zu den Sicherungsgebern mit der noch offenen Darlehensforderung in Höhe von 50000 €. Der Restbetrag in Höhe von 107500 € steht ihr nicht mehr zu, repräsentiert vielmehr den fortgesetzten Rückgewähranspruch der Sicherungsgeber. Dieser Übererlös steht den Sicherungsgebern zu und ist durch die Bank an diese auszukehren.[221]

Anhand des vorskizzierten Szenarios wird deutlich, dass zwei Formen einer Treuhand durch den Sicherungsvertrag im Stadium der Teilvalutierung begründet werden. Aufgrund der Sicherungszweckerklärung darf der Sicherungsnehmer nur solche Teile der Grundschuld zur Sicherheit verwenden, die zur Absicherung seines Bedürfnisses erforderlich sind. Den übersicherten, nicht zurückgewährten Teil hat er für die Sicherungsgeber zu halten und entsprechend zu verwalten. Wird nun die Grundschuld nach erfolgter Teilungsversteigerung abgelöst, erhält der

---

218 Hierzu bereits oben § 5 A. II. b) cc), S. 66 ff.; *Clemente*, Recht der Sicherungsgrundschuld, Rn. 422; *Gaberdiel*, Kreditsicherung durch Grundschulden, Rn. 724; BGHZ 108, 237, 244; BGHZ 106, 375, 378; BGH ZIP 2002, 407.

219 Die Rückgewähr dürfte hier nach § 275 I BGB unmöglich geworden sein.

220 BGH NJW-RR 1989, 173; Näher hierzu: *Schmitz*, WM 1991, 1061, 1066.

221 BGH NJW-RR 1989, 173; BGH NJW 1992, 1620; BGH NJW-RR 1996, 234.

Sicherungsnehmer als Gläubiger den vollen Grundschuldkapitalbetrag nebst Nebenleistungen.[222] Er ist verpflichtet den vollen Wert der Grundschuld nebst Nebenleistungen vom Ersteher in Empfang zu nehmen, darf aber im Verhältnis zu den Sicherungsgebern nur den Teil für sich beanspruchen, den er zur Erfüllung seiner Forderungen braucht. Den überschüssigen Teilbetrag hat er an die Sicherungsgeber als Ersatzleistung für den untergegangenen Rückgewähranspruch abzuführen.

Die sicherungsvertraglichen Regelungen führen dazu, dass eine Sicherungstreuhand in Höhe des Sicherungsbedürfnisses besteht und zugleich eine Verwaltungstreuhand am übersicherten Teil, für den der Sicherungsnehmer stellvertretend für die Sicherungsgeber den Übererlösbetrag in Anspruch nimmt und letztlich an sie auskehrt. Diesen Teil beansprucht er vom Ersteher daher für die Sicherungsgeber und handelt damit auf fremde Rechnung.[223] Das Stadium der Teilvalutierung, indem eine nachträgliche Übersicherungssituation eingetreten ist, zeichnet sich durch ein Nebeneinander von Sicherungs- und Verwaltungstreuhand aus.

C. Weiterentwicklung zur reinen Verwaltungstreuhand

I. Vollständiger Entfall des Sicherungszwecks

Im vorherigen Gliederungsabschnitt ist deutlich geworden, dass aufgrund der ratierlichen Rückführung der gesicherten Forderung, regelmäßig eine nachträgliche Übersicherungssituation entsteht. Die Grundlage hierfür liegt in dem Umstand, dass die Sicherungsgrundschuld wegen ihrer Abstraktheit von Veränderungen der gesicherten Forderung nicht berührt wird und zudem die sicherungsnehmenden

---

222 Im Verhältnis zum Ersteher als Drittem ist alleine das dingliche Recht maßgeblich. Will der Ersteher daher sein Grundstück dinglich entlasten muss er die Grundschuld in voller Höhe nebst vereinbarten Nebenleistungen ablösen. Er kann sich nicht darauf berufen, dass die Grundschuld im Verhältnis der Bank zu den Sicherungsgebern nur noch teilweise valutiert. Auf diese sicherungsvertraglichen Einschränkungen der Grundschuld kann sich der Ersteher nicht berufen. So auch BGH NJW 2003, 2673; hierzu: *Löhnig/Schärtl*, JuS 2004, S. 375 ff.

223 Besonders deutlich wird dies vor dem Hintergrund, dass die Auskehrung des Übererlöses einen Ausgleich dafür darstellt, dass die Sicherungsgeber ihr Eigentum in der Teilungsversteigerung verloren haben und hierfür nur einen Erlös erzielten, der um den vollen Wert des dinglichen Rechts gemindert war, da es im geringsten Gebot voll berücksichtigt wurde. So BGH NJW-RR 1989, 173 f.

Banken, die Teilrückgewähr wegen zusätzlichem Arbeitsaufwand und anfallender Kosten, nicht vornehmen.[224] In diesem Stadium der teilvalutierten Grundschuld bestehen daher zwei Treuhandformen nebeneinander: eine Sicherungstreuhand bezüglich des Grundschuldteiles, der noch zur Abdeckung eines vorhandenen Kreditausfallrisikos benötigt wird und eine Verwaltungstreuhand hinsichtlich des übersicherten, rückgewährreifen Teiles.

Dieses Nebeneinander von Sicherungs- und Verwaltungstreuhand bildet erneut nur eine Zwischenstufe in der Gesamtentwicklung. Es wird nachweisbar sein, dass letztlich die Sicherungstreuhand in Gänze eine Wandlung zur vollkommenen Verwaltungstreuhand vollziehen wird.

Um diese Weiterentwicklung deutlich werden zu lassen, muss erneut das Sicherungsbedürfnis des Gläubigers in den Mittelpunkt der Betrachtung gerückt werden. Es ist in diesem Zusammenhang bereits festgestellt worden, dass eine nachträgliche Übersicherung nur eintreten kann, sofern sich der Sicherungszweck, der das Sicherungsbedürfnis des Gläubigers widerspiegelt, teilweise, aber insofern endgültig, erledigt hat. Die Teilwandlung zur Verwaltungstreuhand hinsichtlich des nicht mehr benötigten übersicherten und damit rückgewährreifen Grundschuldkapitalteiles, wird durch die jeweils vereinbarte Sicherungszweckerklärung vorgegeben. Als Teil des Sicherungsvertrages verknüpft sie die abstrakte Sicherheit mit dem Sicherungsbedürfnis des Sicherungsnehmers und ist damit Grund und Ursprung der Zweckwandlung.

Vor diesem Hintergrund zeichnet sich daher ab, dass eine vollkommene Wandlung zur Verwaltungstreuhand nur denkbar ist, sofern sich der durch den Sicherungsvertrag vorgegebene Sicherungszweck, endgültig und vollkommen erledigt hat.

In der Kreditpraxis hat die festgestellte Teilwandlung zur Verwaltungstreuhand keinerlei Auswirkungen auf die weitere Entwicklung des Kreditarrangements.[225]

---

224 Nicht anders ist zu erklären, weshalb eine Teilrückgewähr in der Praxis selten vorgenommen wird.

225 Dem sicherungsgebenden Darlehensnehmer ist die Entwicklung regelmäßig nicht bekannt. In den seltensten Fällen besteht Kenntnis darüber, dass eine nachträgliche Übersicherung eingetreten ist, auf Grundlage deren Teilrückgewähr verlangt werden kann. Dies resultiert daraus, dass der Darlehensnehmer üblicherweise am Ende eines Jahres nur einen Jahreskontoauszug erhält, der die erbrachten Zins- und Tilgungsleistungen des vergangenen Jahres aufführt, sowie den Darlehensstand zum Ende des abgelaufenen Jahres ausweist. Die Frage, ob der sicherungsnehmende Darlehensgeber verpflichtet ist, auf den Eintritt einer nachträglichen Übersicherungssituation hinzuweisen, ist bislang nicht diskutiert worden.

Der sicherungsgebende Darlehensnehmer erbringt auch weiterhin Zins- und Tilgungsleistungen. Ob dieser Umstand dazu führt, dass letztlich ein vollständiger und endgültiger Sicherungszweckfortfall feststellbar ist, kann nur unter Bezugnahme auf die in der Praxis vorkommenden Formen der Sicherungszweckerklärung entschieden werden.

1) Die enge Sicherungszweckerklärung

Bei der engen Sicherungszweckerklärung geht es inhaltlich um die Absicherung von Ansprüchen aus einem konkreten Rechtsverhältnis.[226] Abgesichert werden die konkrete Darlehensforderung, die zusätzlich vereinbarten Zinsen und etwaig anfallende Darlehenskosten.[227] Sofern in den jeweiligen Vereinbarungen keine Präzisierung auf ein bestimmtes Kreditverhältnis vorgenommen wird, ist davon auszugehen, dass der Kredit abgesichert werden sollte, der Anlass und Grundlage der Grundschuldbestellung war.[228]

Es ist bereits im Zusammenhang mit der Entstehung einer nachträglichen Übersicherung darauf hingewiesen worden, dass die Rückführung des Sicherungsbedürfnisses des Gläubigers bei der engen Sicherungszweckerklärung zu einem teilweisen und endgültigen Sicherungszweckfortfall führt, was letztlich die Teilwandlung zur Verwaltungstreuhand mit sich bringt. Wird nun durch weitere Erbringung von Zins- und Tilgungsleistungen des Darlehensnehmers, die gesicherte Forderung mit ihren jeweiligen Nebenleistungen komplett zurückgeführt, gibt es schließlich auf Seiten des Sicherungsnehmers kein Sicherungsbedürfnis mehr. Die gesicherte Forderung erlischt nach § 362 I BGB durch Erfüllung. Die Folge daraus ist, dass der komplette Sicherungszweck in Wegfall gerät und die Rückgewähr der gesamten Grundschuld verlangt werden kann.[229]

Im Ergebnis führt daher die vollständige Tilgung der gesicherten Forderung bei vereinbarter enger Sicherungszweckerklärung, zu einem kompletten Entfall des Sicherungszwecks. Der Sicherungsgeber kann dann die komplette Rückgewähr der Grundschuld verlangen sowie der weiteren bestellten Sicherheiten, die

---

226 Vgl. hierzu Vorschlag des Ausschusses für Schuld- und Liegenschaftsrecht der Bundesnotarkammer für ein Grundschuldformular, Teil A II, 3 Variante 1 und 3, DNotZ 2002, 84, 86, 87).

227 Siehe hierzu bereits oben S. 71 f.

228 So auch BGH WM 1982, 290, 291.

229 So schon RGZ 143, 113; BGH NJW 1977, 247; BGH NJW 1982, 154; BGHZ 106, 375; BGH NJW-RR 1996, 234; *Bülow*, Kreditsicherung, Rn. 195; FA-BKR/*Clemente* Rn. 1052; *Gaberdiel,* Kreditsicherungs durch Grundschulden Rn. 729.

den Sicherungszweck der Grundschuld teilen und damit ebenfalls rückgewährreif werden.[230] Nach Erledigung des Sicherungszwecks dürfen die Sicherheiten vom Sicherungsnehmer nicht mehr zu Sicherungszwecken verwendet werden,[231] sie sind bis zur Geltendmachung des Rückgewähranspruches vom Sicherungsnehmer für den Sicherungsgeber zu halten.[232] Die Erledigung des Sicherungszwecks führt dazu, dass die Kombinationsphase von Sicherungs- und Verwaltungstreuhand in eine reine Verwaltungstreuhand übergeht. Der Sicherungsvertrag begründet in diesem Stadium das Innenverhältnis der Verwaltungstreuhand.

2) Die weite Sicherungszweckerklärung

Ist ein weiter Sicherungszweck vereinbart, so dient die Grundschuld der Absicherung sämtlicher gegenwärtigen, zukünftigen sowie bedingter Ansprüche der Bank mit ihren sämtlichen in- und ausländischen Geschäftsstellen aus der bankmäßigen Geschäftsverbindung gegen den sicherungsgebenden Darlehensgeber.[233] Bereits im Rahmen der Untersuchung zur nachträglichen Übersicherung ist festgestellt worden, dass bei diesem Haftungsumfang die Höhe der aktuellen Forderungen des Sicherungsnehmers gegen den Sicherungsgeber keine verlässliche Größe darstellt, um das Sicherungsbedürfnis festzustellen. Jederzeit können neue Verbindlichkeiten begründet werden, die ebenfalls in den Sicherungsumfang der Grundschuld miteinbezogen sind, so dass das Sicherungsbedürfnis ständig variieren kann. Vor diesem Hintergrund kann bei vereinbarter, weiter Sicherungszweckerklärung eine endgültige Zweckerledigung nicht eintreten.[234]

Denkbar ist lediglich, dass eine Konkretisierung der gesicherten Forderungen eintritt, indem die weite Sicherungszweckerklärung durch eine Partei des

230 In der Praxis ist davon auszugehen, dass bei Rückgewähr der Grundschuld auch die anderen Sicherheiten, wie die Übernahme der persönlichen Haftung und die Abtretung von Rückgewähransprüchen an vorrangigen Grundschulden, sofern solche bestehen, konkludent mitzurückgewährt werden. So BGHZ 104, 26.

231 So *Scharnbacher* in Derleder/Knops/Bamberger, Handbuch zum deutschen und europäischen Bankrecht, § 22 Rn. 3, für den Fall der Forderungszession.

232 Bei Rückgewährreife ist der Sicherungsgeber nicht einmal berechtigt ein Zurückbehaltungsrecht an den Sicherheiten geltend zu machen, wenn ihm aus einem anderen Rechtsverhältnis noch Forderungen gegen den Sicherungsgeber zustehen. So BGH WM 2000, 1443.

233 Vgl. das Formular einer Grundschuldbestellung mit weiter Sicherungszweckerklärung bei *Schimansky/Bunte/Lwowski*, Bankrechtshandbuch, Anhang 2 zu § 94 Nr. 2.

234 *Clemente*, Recht der Sicherungsgrundschuld Rn. 419; *Reischl* in jurisPK-BGB § 1191 Rn. 78.

Sicherungsvertrages mit Wirkung für die Zukunft gekündigt wird und sich das Sicherungsbedürfnis dann auf sämtliche, zu diesem Zeitpunkt bestehende Ansprüche des Sicherungsnehmers gegen den Sicherungsgeber, konkretisiert.[235] Gleiches gilt für den Fall, dass die laufende bankmäßige Geschäftsverbindung als Grundlage des Sicherungsbedürfnisses beendet wird. In diesen Fällen reduziert sich das Sicherungsbedürfnis des Sicherungsnehmers auf die noch offenen Forderungen zum Zeitpunkt des Beendigungsereignisses. Für diesen Fall gelten die vorgenannten Ausführungen bei der engen Zweckerklärung entsprechend: der Sicherungszweck erfährt seine vollständige Erledigung, wenn sämtliche gesicherte Forderungen durch erbrachte Zins- und Tilgungsleistungen seitens des Sicherungsgebers nach § 362 I BGB erlöschen. Auch dann wandelt sich der Sicherungsvertrag entsprechend der Entwicklung bei der engen Sicherungszweckerklärung vollständig in eine Verwaltungstreuhand um.

3) Ergebnis

Es lässt sich damit festhalten, dass bei der engen Sicherungszweckerklärung, als auch bei beendeter weiter Sicherungszweckerklärung im Hinblick auf die Erledigung des Sicherungszwecks, keine signifikanten Unterschiede feststellbar sind: das Sicherungsbedürfnis des Gläubigers konkretisiert sich auf die noch offenen Forderungen gegen den Sicherungsgeber. Nach Eintritt einer Übersicherungssituation führt die weitere Erbringung von Zins- und Tilgungsleistungen dazu, dass die gesicherten Forderungen zum Erlöschen gebracht werden. Dies bedingt den kompletten Entfall des Sicherungszwecks. Der immer geringer werdende Teil der Sicherungstreuhand wandelt sich durch die Rückführung der Forderung gänzlich zur Verwaltungstreuhand und es findet erneut eine Zweckänderung des sicherungsvertraglichen Treuhandverhältnisses statt. Nach Erledigung des Sicherungszwecks dient die nunmehr vollständig bestehende Verwaltungstreuhand dem Zweck die Gewähr dafür zu leisten, dass der Sicherungsgeber die Sicherheit in der Weise zurückerhält, wie er sie ursprünglich aus den Händen gegeben hat. Der Verwirklichung dieses Ziels dient dann der schuldrechtliche Rückgewähranspruch, der seine Grundlage in der sicherungsvertraglichen Verwaltungstreuhand hat.

---

235 Siehe hierzu bereits oben, S. 80; *Clemente*, Recht der Sicherungsgrundschuld Rn. 280.

II. Veranschaulichung und Bewährung der Verwaltungstreuhand

Die vorgenannten Ausführungen könnten den Eindruck vermitteln, die vollständige Wandlung zur Verwaltungstreuhand sei ebenfalls nur ein kurzes Durchgangsstadium, bis schließlich die Rückgewähr der Sicherungsgrundschuld vollzogen wird. Bei näherer Betrachtung der praktischen Handhabung wird deutlich, dass eine derart zügige Rückabwicklung des Sicherungsverhältnisses in der Regel die Ausnahme ist. In den meisten Fällen unterlassen die Sicherungsgeber bewusst die Rückforderung der Grundschuld. Sie lassen sie als nichtvalutierte Fremdgrundschuld zugunsten des ehemaligen Sicherungsnehmers im Grundbuch stehen.[236] Die mangelnde Akzessorietät der Sicherungsgrundschuld ermöglicht den Sicherungsgebern daher die „alte“ Grundschuld für die Besicherung neuer Finanzierungsvorhaben zum Einsatz zu bringen.[237] Zugleich binden die sicherungsnehmenden Banken auf diesem Wege potentielle Darlehensnehmer längerfristig an sich, da der Aufwand zum erneuten Einsatz der Grundschuld beim gleichen Institut am geringsten ist.

Diese Praxis führt dazu, dass die nicht mehr valutierte Grundschuld für längere Zeit, möglicherweise für mehrere Jahre, beim Sicherungsgeber verbleibt. In diesem Fall ist es Aufgabe des Sicherungsvertrages als rechtliches Grundgerüst der Verwaltungstreuhand, die Gewähr dafür zu leisten, dass die Grundschuld oder zumindest der in ihr verkörperte wirtschaftliche Wert, im Falle der Geltendmachung des Rückgewähranspruches, erfüllt werden kann. Die durch die vollständige Erledigung des Sicherungszwecks wirtschaftlich dem Vermögen des

236 Hierzu wird den Sicherungsgebern häufig geraten. Vgl. hierzu: *Lehmann*, Welt am Sonntag, Ausgabe v. 01.06.2008. Hintergrund ist, dass die Kosten für den Fall der Abtretung der Grundschuld an einen neuen Gläubiger, oder der erneute Einsatz beim gleichen Finanzier deutlich geringer sind als die Neueintragung einer Grundschuld. In diesem Sinne auch *Stadler*, Gestaltungsfreiheit und Verkehrsschutz durch Abstraktion, S. 609, die den erneuten kostengünstigen Einsatz der Grundschuld nach Rückführung des Kredits als besonderen Vorteil gegenüber der Hypothek hervorhebt. Näher zur Praxis des „Stehenlassens“ auch Staudinger/*Wolfsteine*r Vorbem. zu §§ 1191 ff. Rn. 150.

237 Vgl. *Westerhoff*, Sachenrecht III, Rn. 372. Der als Beispiel die fortlaufende Liquiditätssicherung eines Bauträgers anhand des Neueinsatzes einer stehengelassen Sicherungsgrundschuld darstellt.

Sicherungsgebers zugehörige Grundschuld, soll an diesen so zurückgelangen, wie er sie einst aus den Händen gegeben hatte.[238]

Zur Veranschaulichung, dass durch den Verbleib der Sicherungsgrundschuld beim Sicherungsnehmer nach Entfall des Sicherungszwecks ein Handeln auf fremde Rechnung vorliegt, soll eine Fallkonstellation aufgezeigt werden, die praktisch häufiger vorkommt.

1) Die Konstellation – Lastenbefreiung nach erfolgter Teilungsversteigerung

Die nachfolgende Konstellation ist dadurch gekennzeichnet, dass der neue, mit dem ursprünglichen Sicherungsgeber nicht identische Eigentümer, die auf seinem Eigentum lastende Grundschuld durch Zahlung an den Sicherungsnehmer zur Ablösung bringt. Der Sachverhalt entspricht einer Entscheidung des BGH aus dem Jahre 2003, der nachfolgender Sachverhalt zu Grunde lag.[239]

Die Eheleute E erhielten von der Bank B zum Erwerb eines Einfamilienhauses im Jahre 1990 ein Darlehen in Höhe von 200.000 €. Als Sicherheit wurde der Bank eine erstrangige Grundschuld am Hausgrundstück mit einem Kapitalbetrag in entsprechender Höhe bestellt. Im Sicherungsvertrag wurde eine enge Sicherungszweckvereinbarung abgeschlossen, nach der das Darlehen sämtliche Ansprüche der Bank aus dem Darlehensvertrag aus dem Jahr 1990 sicherte. Durch ratierliche Zins- und Tilgungsleistungen der Eheleute wurde das Darlehen schließlich vollumfänglich zurückgeführt. Die Eheleute machten von ihrem Rückgewähranspruch nach vollständigem Entfall des Sicherungszwecks keinen Gebrauch und beließen die Grundschuld bei der Bank B.

Im Folgenden ließen sich die Eheleute scheiden, konnten jedoch über die Auseinandersetzung des gemeinschaftlichen Grundeigentums keine einvernehmliche Lösung herbeiführen, so dass letztlich die Teilungsversteigerung zur Auseinandersetzung betrieben werden musste.[240] Im Versteigerungstermin wurde das Grundstück einem Erwerber E zugeschlagen. Die erstrangige Grundschuld

238 Ähnlich: *Gaberdiel*, Kreditsicherung durch Grundschulden, Rn. 780, der die unbeschadete Rückgewähr der Grundschuld als Hauptpflicht des Sicherungsnehmers ansieht.

239 Vgl.: BGH NJW 2003, 2673, in Teilen zur Verdeutlichung abgewandelt.

240 Grundlage des Teilungsversteigerungsverfahrens ist ein Aufhebungsanspruch. Bei Bruchteilsgemeinschaften hat jeder Teilhaber das Recht nach § 749 I BGB jederzeit die Auseinandersetzung der Gemeinschaft zu verlangen. Da das Grundstück im hälftigen Miteigentum der geschiedenen Eheleute stand, ergab sich für jeden Miteigentümer

zu Gunsten der Bank B fiel in das geringste Gebot und wurde vom Erwerber übernommen.

Im Anschluss führte er Verhandlungen mit der Bank über die Ablösung der Grundschuld. Die Bank wies daraufhin, dass sie nach wie vor berechtigt sei, in Höhe des vollen Kapitalbetrages der Grundschuld die Vollstreckung in das Grundstück zu betreiben. Der neue Eigentümer stellte die Grundschuld im Verhältnis zur Bank fällig und zahlte den gesamten Grundschuldkapitalbetrag an die Bank B.

2) Rechtliche Würdigung

Durch den Umstand, dass die damaligen Eheleute das Grundeigentum gemeinschaftlich mit der Sicherungsgrundschuld zu Gunsten der Bank B belasteten, hatte die Grundschuld Vorrang vor den Aufhebungsansprüchen der geschiedenen Eheleute an der Gemeinschaft.[241] Sie fiel gem. §§ 182, 44 ZVG in das geringste Gebot. Das Mindestgebot für die Interessenten setzte sich damit aus der bestehenbleibenden Sicherungsgrundschuld der Bank B und dem Bargebot zusammen.[242] Indem der Erwerber den Zuschlag auf sein Gebot erhielt, erwarb er das Grundstück kraft Hoheitsaktes zu Eigentum gem. § 180 I ZVG iVm. § 90 I ZVG,[243] gem. § 180 I iVm. § 52 I ZVG nach wie vor belastet mit der erstrangigen Grundschuld der Bank. Durch Zahlung des gesamten Grundschuldkapitalbetrages an die Bank wandelte sich die erstrangige Sicherungsgrundschuld in eine Eigentümergrundschuld.[244] Aufgrund dieser Wandlung war es der Bank nicht mehr möglich, den Anspruch der Eheleute auf Rückgewähr der Grundschuld bei Geltendmachung

---

ein Aufhebungsanspruch. Näher hierzu: *Hamme*, Die Teilungsversteigerung, Rn. 21, Rn. 13.

241 Für die gemeinschaftliche Belastung eines Grundstückes mit einem dinglichen Recht, steht dieses Recht stets im Rang vor sämtlichen Aufhebungsansprüchen der belastenden Miteigentümer. Vgl.: *Hamme*, Die Teilungsversteigerung, Rn. 37; *Stöber*, ZVG § 182 Rn. 2.

242 Das in § 49 ZVG geregelte Bargebot stellt einen Teil des Preises dar, den der Ersteigerer für den Erwerb des Grundstücks zu zahlen hat. Da im Versteigerungstermin nur das Bargebot bestimmt wird, muss jeder Steigerer die bestehenbleibenden Rechte dazu addieren. Das aktuelle Bargebot und die zu übernehmenden Rechte ergeben dann den Kaufpreis für das Grundstück. Näher hierzu: *Stöber*, ZVG § 49 Rn. 2.

243 Es handelt sich um eine Form des originären Eigentumserwerbs öffentlich-rechtlicher Art. So BGHZ 112, 59; BGH NJW 2004, 2900.

244 Über dieses Ergebnis besteht Einigkeit. Unklarheiten bestehen über die anzuwendenden Normen.

zu erfüllen.[245] An die Stelle der Grundschuld trat der gezahlte Kapitalablösebetrag. Diesen hatte die Bank entsprechend den Regelungen des Sicherungsvertrages zu verwenden.[246] Da ein Sicherungszweck aufgrund der vollständigen Tilgung der ursprünglich gesicherten Forderung nicht mehr vorhanden war,[247] beschränkte sich die Verpflichtung der Bank darauf den Ablösebetrag in Empfang zu nehmen und für die Sicherungsgeber zu halten und zu verwahren. Der untergegangene Rückgewähranspruch der Sicherungsgeber setzte sich an dem Erlös, den die Bank erhalten hatte, fort.[248] Im Ergebnis ist die Bank daher verpflichtet, den Betrag solange für die Sicherungsgeber aufzubewahren bis diese von ihrem Recht auf Rückgewähr Gebrauch machen. In diesem Fall muss der Ablösebetrag aufgrund vollständiger Erledigung des Sicherungszwecks an die Sicherungsgeber ausgekehrt werden.[249]

D. Die regelmäßige Beendigung der sicherungsvertraglichen Treuhand

Nachdem sich der Grundschuldsicherungsvertrag im Laufe der Entwicklung des Kreditarrangements durch die stetig erbrachten Zins- und Tilgungsleistungen von der umfassenden Sicherungstreuhand, zu einer Kombinationstreuhand aus sicherungs- und verwaltungstreuhänderischen Teilen, schließlich zu einer vollständigen Verwaltungstreuhand gewandelt hat, soll nachfolgend beleuchtet werden, wann das Treuhandverhältnis zwischen Sicherungsgeber und Sicherungsnehmer schließlich endet. Im Vorgriff auf die dazu vertretenen Auffassungen darf vorweg genommen werden, dass sich zwei Ansätze gegenüberstehen, von denen keiner eine widerspruchsfreie Lösung bietet. Es wird aufgezeigt werden können, dass sich Unstimmigkeiten sowohl aus dem Entfall des Sicherungszwecks und den damit verbundenen Folgen, als auch Bedenken aus dem allgemeinen Schuldrecht ergeben.

---

245 Die Verpflichtung die Grundschuld in Wert und Rangstelle zurück zu übertragen, wie sie ursprünglich eingeräumt wurde, dürfte hier wohl nach § 275 I BGB ausgeschlossen sein.

246 So auch *Gaberdiel*, Kreditsicherung durch Grundschulden, Rn. 1138.

247 Statt Vieler: *Wilhelm*, Sachenrecht Rn. 1741.

248 BGH WM 1988, 1834; auch *Schmitz* WM 1991, 1061, 1066.

249 So auch Staudinger/*Wolfsteiner* Vorbem. zu §§ 1191 ff. Rn. 100, 105.

I. Auffassungen der Literatur

Die Beendigung des Sicherungsvertrages wird in der einschlägigen Literatur nicht sonderlich ausführlich behandelt. Sofern eine inhaltliche Auseinandersetzung mit der Thematik erfolgt, wird ganz überwiegend davon ausgegangen, dass der Sicherungsvertrag endet, wenn sämtliche aktuell oder potentiell gesicherten Forderungen endgültig erloschen sind, sich der vereinbarte Sicherungszweck also endgültig erledigt hat.[250]

Namentlich Wolfsteiner vertritt einen anderen Ansatz und will zwei Formen der Beendigung des Sicherungsvertrages unterscheiden: regulär soll der Sicherungsvertrag seine Beendigung finden, sofern sämtliche aktuell und potentiell gesicherten Forderungen zum Erlöschen gebracht worden sind.[251] Allerdings soll in den praktisch häufig vorkommenden Fällen, in denen die Grundschuld beim sicherungsnehmenden Gläubiger stehenbleibt, um zu einem späteren Zeitpunkt erneut als Sicherheit zum Einsatz zu gelangen, der Sicherungsvertrag nicht durch Erledigung des ersten Sicherungszweckes beendet sein, sondern zwischen dem Sicherungsgeber und dem Sicherungsnehmer in jederzeit fristlos kündbarer Form fortbestehen. Erst eine Kündigung des Sicherungsgebers zu einem späteren Zeitpunkt soll dann die Beendigung des Sicherungsvertrages endgültig herbeiführen. Die Kündigung will Wolfsteiner im Verlangen des Sicherungsgebers auf Rückgewähr der Grundschuld erblicken. Dieses Rückgewährverlangen soll zugleich auch die Fälligkeit des schuldrechtlichen Rückgewähranspruches herbeiführen.[252]

II. Würdigung und Stellungnahme

Eine eingehende Erörterung der Beendigungsproblematik setzt zunächst voraus, dass Klarheit über die juristische Terminologie und die damit verbundenen Rechtsfolgen geschaffen wird. Geht es um die Beendigung eines Schuldverhältnisses, muss bedacht werden, dass sowohl der Begriff des Schuldverhältnisses, als auch der Terminus der Beendigung in mehrdeutiger Weise gebraucht werden. Zunächst ist daher herauszuarbeiten, welcher Begriff des Schuldverhältnisses den

250 Erman/*Wenzel* § 1191 Rn. 114; MüKo/*Eickmann* § 1191 Rn. 76; *Jacoky* in Handbuch zum deutschen und europäischen Bankrecht § 18 Rn. 86; *Gaberdiel*, Kreditisicherung durch Grundschulden Rn. 608.

251 Staudinger/*Wolfsteiner* Vorbem. zu §§ 1191 ff. Rn. 146.

252 Staudinger/*Wolfsteiner* Vorbem. zu §§ 1191 ff. Rn. 150.

nachfolgenden Untersuchungen zu Grunde zu legen ist, bevor eine nähere Beleuchtung des Beendigungsbegriffes erfolgt.

Der Terminus des Schuldverhältnisses ist genau genommen lediglich ein Oberbegriff, so dass eine Unterscheidung vorzunehmen ist, im Rahmen derer das Schuldverhältnis im engeren Sinne, von dem Schuldverhältnis im weiteren Sinne zu trennen ist.[253] Das Schuldverhältnis im engeren Sinne bezeichnet dabei einen einzelnen schuldrechtlichen Anspruch eines Gläubigers gegen seinen jeweiligen Schuldner.[254] Die Beendigungstatbestände hierfür sind in den §§ 362 ff. BGB geregelt.[255] Das Schuldverhältnis im weiteren Sinne stellt sich demgegenüber als komplexes Gesamtgebilde dar.[256] Es handelt sich um die gesamte, vertragliche Rahmenbeziehung zwischen dem Gläubiger und dem Schuldner, aus der einzelne Rechte und Pflichten der Parteien entspringen.[257]

Da in den nachfolgenden Erörterungen der Frage nachgegangen werden soll, wann eine Beendigung des Treuhandverhältnisses zwischen Sicherungsnehmer und Sicherungsgeber erreicht wird, spielt nur der Begriff des Schuldverhältnisses im weiteren Sinne eine Rolle.

Auch der Terminus der Beendigung des Schuldverhältnisses im weiteren Sinne ist mit einer Mehrdeutigkeit belegt, die die Erfassung der Gesamtthematik nicht unbedingt erleichtert. Beendigung kann bedeuten, dass die gesamte Vertragsbeziehung vollzogen worden ist und sich sämtliche gegenseitigen Ansprüche der Parteien aus der schuldrechtlichen Sonderverbindung erledigt haben.[258] Zugleich wird aber auch davon gesprochen, dass eine Beendigung eines Schuldverhältnisses lediglich dazu führt, dass ein Übergang in ein Abwicklungsverhältnis stattfinden soll, im Rahmen dessen sich gegenseitige Ansprüche in Abwicklungspflichten umwandeln und im Übrigen die Parteien zur gegenseitigen Rücksichtnahme verpflichtet

253 Das Gesetz selbst nimmt eine Unterscheidung nicht vor, sondern verwendet den Begriff mehrdeutig. Ähnlich auch *Gernhuber*, Das Schuldverhältnis § 2 I, S. 7.

254 MüKo/Kramer Einl. vor § 241 Rn. 13.

255 BGH NJW 1954, 231; BGH NJW 1986, 1677; *Schlechtriem/Schmidt-Kessel* Kap. 1 Rn. 3.

256 *Gernhuber*, Die Erfüllung und ihre Surrogate, § 1 I, S. 2. Hierfür wurden in der älteren Literatur besonders bildhafte Begriffe verwendet. Vgl. etwa: *Zepos*, AcP 155 (1956), 490, 494, der das Schuldverhältnis als „Gestalt“ bezeichnet; *Siber*, SchuldR, S. 1 spricht von einem „Organismus“.

257 Palandt/ *Grüneberg* Überbl. v. § 362 Rn. 5; auch *Fikentscher/Heinemann*, Schuldrecht § 6 Rn. 26; *Harke*, Allgemeines Schulrecht, § 2 Rn. 16.

258 Schlechtriem/*Schmidt-Kessel,* Schuldrecht Allgemeiner Teil, Kap. 6 Rn. 343.

sind.[259] Die Abwicklungspflichten sollen eine Vollbeendigung des Schuldverhältnisses ermöglichen. Hauptpflichten sollen in diesem Stadium nicht mehr zu erfüllen sein,[260] da es der Zweckrichtung nach nicht auf die Herbeiführung des mit dem Rechtsgeschäft ursprünglich bezweckten Erfolges ankommt, sondern lediglich die reibungslose Abwicklung ermöglichende Nebenpflichten bestehen.[261]

Nachfolgend werden die vertretenen Auffassungen zur Beendigung des Sicherungsvertrages, unter Berücksichtigung der beiden Deutungsvarianten des Beendigungsbegriffes und der damit verbundenen Rechtsfolgen, eingehender Untersuchung zugeführt. Anzumerken ist, dass keiner der vertretenen Ansätze offenlegt, welcher Beendigungsbegriff, ob Vollbeendigung oder lediglich Übergang in ein Abwicklungsverhältnis, zu Grunde gelegt wird. Die verschiedenen Deutungsweisen sind daher bei der Beleuchtung der vertretenen Ansätze zu berücksichtigen.

1) Zur Beendigung des Sicherungsvertrages durch Wegfall des Sicherungszwecks

Soll der vollständige und endgültige Wegfall des Sicherungszweckes die Beendigung des Sicherungsvertrages herbeiführen, ist offenkundig, dass damit zunächst nicht die Vollbeendigung des Vertragsverhältnisses gemeint sein kann. Vollbeendigung würde voraussetzen, dass sämtliche gegenseitigen Ansprüche der Parteien erfüllt worden sind.[262] Einig ist man sich aber darüber, dass der Wegfall des Sicherungszwecks zugleich den bereits mit Abschluss des Sicherungsvertrages entstandenen,[263] schuldrechtlichen Anspruch des Sicherungsgebers auf Rückgewähr der Grundschuld bedingungslos werden lässt.[264] Dieser Anspruch ist noch durch den

---

259 Staudinger/*Olzen* § 241 Rn. 376; MüKo/*Kramer* Einl. zu §§ 241 Rn. 99, Fn. 394; Schlechtriem/*Schmidt-Kessel,* Schuldrecht Allgemeiner Teil, Kap. 6 Rn. 343.

260 Staudinger/*Löwisch* (2001) Vorbem. zu §§ 275–283 aF Rn. 44; Staudinger/*Otto* (2009) § 280 Rn. B 15 f; MüKo/*Kramer* Einl. zu §§ 241 ff. Rn. 98 Fn. 382.

261 Staudinger/*Olzen* § 241 Rn. 376 führt als Beispiel einer Abwicklungspflicht ein nachvertragliches Konkurrenzverbot an.

262 Schlechtriem/*Schmidt-Kessel*, Schuldrecht Allgemeiner Teil, Kap. 6 Rn. 343; Palandt/*Grüneberg* Überbl. v § 362 Rn. 5.

263 BGH NJW 1985, 800.

264 Statt Vieler: BGH NJW 1977, 247; BGH NJW 1982, 928; Erman/*Wenzel* § 1191 Rn. 61; MüKo/*Eickmann* § 1191 Rn. 123; *Schmitz* WM 1991, 1061. Anders: Staudinger/*Wolfsteiner* Vorbem zu §§ 1191 ff. Rn. 114, der davon ausgeht, dass der Anspruch bis zum Wegfall des Sicherungszwecks lediglich nicht fällig ist.

Sicherungsnehmer zu erfüllen, so dass von einer Vollbeendigung nicht gesprochen werden kann.

Es bleibt daher nur die Möglichkeit, dass der Sicherungsvertrag durch seine Beendigung in ein Abwicklungsverhältnis übergeht.

Würde man diese Annahme teilen, ergäbe sich als Konsequenz, dass der Rückgewähranspruch des Sicherungsgebers seine Rechtsgrundlage im nachvertraglichen Abwicklungsstadium hat. Auf diese Weise käme man dazu, dass es sich bei dem Rückgewähranspruch um eine „affectatio post contractum finitum" handeln muss. Hiergegen lässt sich jedoch anführen, dass über die Rechtsgrundlage des Rückgewähranspruches mittlerweile Einigkeit besteht. Die Rechtsgrundlage des Rückgewähranspruches ist nicht in einem irgendwie gearteten Abwicklungsverhältnis zu sehen, sondern dem Sicherungsvertrag immanent und aufgrund seiner Treuhandqualifikation in ihm enthalten.[265]

Weiter gegen diese Annahme spricht, dass im Abwicklungsstadium eines Schuldverhältnisses regelmäßig nur noch Nebenpflichten durch die Parteien zu erfüllen sind. Uneinigkeit besteht zwar, ob der Sicherungsvertrag ein gegenseitiger Vertrag im Sinne der §§ 320 ff. BGB darstellt[266] oder ob es sich lediglich um ein zweiseitig verpflichtendes Verhältnis handelt.[267] Fakt ist aber, dass den Sicherungsnehmer hierbei Pflichten treffen, die er gegenüber dem Sicherungsgeber zu erfüllen hat. Die bedeutendsten Verpflichtungen sind die Beschränkungen des Sicherungsvertrages im Bezug auf die gestellten Sicherheiten einzuhalten und nach Erledigung des Sicherungszwecks die Sicherheit zurück zu gewähren.[268] Vor dem Hintergrund, dass die Bestellung einer Sicherungsgrundschuld zu Gunsten des jeweiligen Gläubigers stets nur „Rechtsinhaberschaft auf Zeit" darstellt, kann die Rückgewährverpflichtung des Sicherungsnehmers als echte Hauptpflicht angesehen werden.[269] Bejaht man nun den Übergang des Sicherungsvertrages zu einem

265 BGHZ 137, 212, 219; Staudinger/*Wolfsteiner* Vorbem. zu §§ 1191 ff. Rn. 122; *Lettl* WM 2002, 788, 796.

266 *Küchler*, Die Sicherungsgrundschuld, S. 25, 27; *Felgentraeger*, FS v. Gierke, S. 147; *Kowalski*, Die Grundschuld im modernen Grundbuchverkehr, S. 28.

267 *Clemente*, Recht der Sicherungsgrundschuld, Rn. 230; *Huber*, Die Sicherungsgrundschuld, S. 84; *Lopau* JuS 1976, 315, 317; *Seckelmann*, Die Grundschuld als Sicherungsmittel, S. 127, 132.

268 *Gaberdiel*, Kreditsicherung durch Grundschulden, Rn. 563; *Rünger*, Der Rückgewähranspruch bei der teilvalutierten Sicherungsgrundschuld in der Zwangsversteigerung, S. 77.

269 So auch *Pleyer*, FS Hübner, S. 662, der die Rückgewährverpflichtung des Grundschuldgläubigers ebenfalls als Hauptpflicht einstuft.

Abwicklungsverhältnis durch die Erledigung des Sicherungszwecks, hätte dies zur Folge, dass man die Hauptpflicht des Sicherungsnehmers, die Rückgewähr der Sicherheit, ins Abwicklungsstadium verschiebt. Dies erscheint problematisch, da Hauptpflichten regelmäßig im aktiven Vertragsstadium zu erfüllen sind.

Diese Verschiebung des Rückgewähranspruches in ein vom Sicherungsvertrag letztlich doch zu unterscheidendes Abwicklungsverhältnis, ist auch vor dem Hintergrund der Formularpraxis nicht stimmig. In der Praxis werden Regelungen über die Art und Weise der Rückgewähr durch den Sicherungsnehmer im Sicherungsvertrag selbst geregelt.[270] In Anbetracht der praktischen Handhabung, die sämtliche Regelungen in einem einheitlichen Sicherungsvertragsdokument niederlegt, würde man eine rein künstliche Unterscheidung vornehmen.

Daneben ist zu bedenken, dass die Erledigung des Sicherungszwecks rein tatsächlich keine Veränderung der Rechtslage herbeiführt. Die Grundschuld ist von Entwicklungen der Forderung unabhängig und bleibt auch nach Entfall des Sicherungszwecks in der Inhaberschaft des Sicherungsnehmers.[271] Um von einem Abwicklungsverhältnis sprechen zu können, müsste insofern auch ein Leistungsaustausch stattfinden. Tatsächlich ist die Grundschuld aber nicht alleine durch die Erledigung des Sicherungszwecks zurück zu gewähren, sondern erst, wenn der Sicherungsgeber die Rückgewähr geltend macht.[272] Es hat also noch ein Zwischenschritt, in Form der Geltendmachung des Rückgewähranspruches durch den Sicherungsgebers zu erfolgen, bevor tatsächlich eine Rückgewähr stattfindet. Daher scheint die Beendigung mit Entfall des Sicherungszwecks verfrüht zu sein. Bedenkt man zudem, dass nach Entfall des vereinbarten Sicherungszwecks die Grundschuld häufig bewusst beim Gläubiger verbleibt, um für die Sicherung späterer Kredite eingesetzt werden zu können, käme man zu der Erkenntnis, dass das Abwicklungsverhältnis sich unter Umständen über mehrere Jahre hinziehen kann.

270 Häufig wird der Rückgewähranspruch auf eine bestimmte Art eingeschränkt, Vgl. hierzu: *Epp* in Schimansky/Bunte Lwowski, Bankrechtshandbuch, § 94 Rn. 414. Derartige Einschränkungen der Rückgewähr waren bereits Gegenstand der höchstrichterlichen Rechtsprechung Vgl.: BGH WM 1990, 464. Schon *Serick*, Eigentumsvorbehalt und Sicherungsübereignung, S. 422, betonte, dass die Rückabwicklung selbst im Sicherungsvertrag geregelt ist.

271 Das ist die Folge aus der Abstraktheit der Grundschuld. Eine Akzessorietät zur Forderung besteht nicht. In diesem Sinne auch *Reischl* in jurisPK-BGB § 1191 Rn. 23.

272 Dies folgt aus der rechtstechnischen Konstruktion der Rückgewähr als Anspruch des Sicherungsgebers. Statt Vieler für den Anspruch zu Gunsten des Sicherungsgebers: BGHZ 137, 212, Staudinger/*Wolfsteiner* Vorbem. zu §§ 1191 ff. Rn. 74; *Schmitz* WM 1991, 1061, 1066; *Siol* WM 1996, 2217, 2223.

Diese lange Dauer ist schwerlich mit dem Verständnis eines Abwicklungsverhältnisses vereinbar. Zusätzlich kann angeführt werden, dass die Parteien davon ausgehen, dass die sicherungsvertraglichen Regelungen in vollem Umfang erhalten bleiben und zum Zwecke der späteren Revalutierung der Grundschuld lediglich eine neue Sicherungszweckerklärung vereinbart wird, was ebenfalls gegen die Annahme des Übergangs in ein Abwicklungsverhältnis spricht.

Weitere Bedenken lassen sich daraus herleiten, dass dem Sicherungsgeber Verteidigungsmöglichkeiten zuerkannt werden, für den Fall, dass der Sicherungsnehmer die Grundschuld zu Unrecht verwertet.[273] Durch die im Sicherungsvertrag enthaltene Sicherungszweckerklärung wird der Sicherungsnehmer verpflichtet, die Grundschuld nur für den, von den Parteien festgelegten Zweck zu verwenden.[274] Ist dieser Zweck durch Rückführung sämtlicher gesicherten Forderungen weggefallen, so würde eine Inanspruchnahme der Grundschuld gegen die sicherungsvertraglichen Regelungen verstoßen. Für diesen Fall der Erledigung des Sicherungszwecks steht dem Sicherungsgeber eine selbstständige Einrede zu, die er der Inanspruchnahme entgegenhalten kann.[275] Rechtsgrundlage für diese Einrede ist erneut der Sicherungsvertrag, mit der in ihm enthaltene Sicherungszweckerklärung die für die Zweckbindung der Grundschuld sorgt.[276]

Der Sicherungsvertrag selbst und nicht ein davon zu unterscheidendes Abwicklungsverhältnis bietet dem Sicherungsgeber entscheidende Rechtsschutzmöglichkeiten. Die Auffassung des Überganges in ein Abwicklungsverhältnis müsste sich daher den Folgefragen stellen, welche Auswirkungen der Übergang in ein Abwicklungsverhältnis auf diese Verteidigungsmöglichkeiten des Sicherungsgebers hat. Eine Befassung mit dieser Fragestellung hat bislang jedenfalls nicht stattgefunden. Die Beendigung in der Erledigung des Sicherungszwecks zu erblicken, schafft diesbezüglich ernstzunehmende Probleme und verkompliziert die Rechtslage nicht unerheblich.

---

273 Allgemein zu den Verteidigungsmöglichkeiten gegen die Grundschuld: *Wilhelm*, SachenR, Rn. 1767; zur geschichtlichen Entwicklung bei der Grundschuld: *Buchholz*, AcP 203 (2003), 768.

274 *Gaberdiel*, Kreditsicherung durch Grundschulden, Rn. 563.

275 *Lopau*, JuS 1976, 553, 557; Kurth, S. 52 f; Explizit für den Fall, dass die Forderung erloschen ist: *Brehm/Berger*, Sachenrecht, § 18 Rn. 29. Haas, S. 85, spricht hierbei von „Einreden des gestörten Sichernugszwecks“; *Fridgen*, WM 2008, 1864.

276 *Kurth*, Einreden gegen Grundpfandrechte beim Wechsel des Eigentümers, S. 51; Jacoby in Derleder/Knos/Bamberger, Handbuch zum deutschen und europäischen Bankrecht, § 24 Rn. 53, der diese Einrede aus dem Sicherungsvertrag als „typisch“ für die Grundschuld ansieht.

Die gewichtigsten Argumente, die Beendigung des Sicherungsvertrages nicht im Entfall des Sicherungszwecks zu sehen, wird von den Vertretern der Auffassung selbst ins Feld geführt: ausgehend von der Annahme, dass die Beendigung des Sicherungsvertrages durch den Entfall des Sicherungszwecks eintritt,[277] soll dies der Sicherung einer neuen Forderung durch die Grundschuld zu einem späteren Zeitpunkt nicht entgegenstehen. Es müsse lediglich darauf geachtet werden, dass die avisierte Revalutierung vom Sicherungsvertrag gedeckt sei. Wenn dies nicht der Fall ist, müsse er durch eine neue Vereinbarung zu ergänzt werden.[278] In ähnlicher Weise wird anderenorts betont, dass für die Einbeziehung einer neuen Forderung in den Deckungsbereich der Grundschuld, lediglich eine neue Sicherungsabrede getroffen werden müsse.[279]

Bei der Hinterfragung des Beendigungsverständnisses ist deutlich geworden, dass die Annahme der Beendigung durch Entfall des Sicherungszwecks nur vor dem Hintergrund des Überganges in ein Abwicklungsverhältnis überhaupt plausibel sein kann.[280] Die Beendigung würde dann dazu führen, dass ein Übergang in ein Abwicklungsstadium stattfindet. Hierbei wären lediglich die noch bestehenden, nicht erfüllten, gegenseitigen Ansprüche auszugleichen.[281] Typische Ansprüche aus dem aktiven Vertragsverhältnis könnten dann jedoch nicht mehr geltend gemacht werden.[282] Der einzige Erfolg, der mit dem Abwicklungsverhältnis angestrebt wird, ist die Erreichung der Vollbeendigung des Schuldverhältnisses. Jedweder Beendigungstatbestand und der damit einhergehende Übergang in ein Abwicklungsstadium bringt damit notwendig eine Konkretisierung der bestehenden Leistungspflichten zu Abwicklungspflichten mit sich,[283] die als Voraussetzungen für die Vollbeendigung des Schuldverhältnisses aufzufassen sind[284] und zugleich eine

277 MüKo/*Eickmann* § 1191 Rn. 76.

278 MüKo/*Eickmann* § 1191 Rn. 79.

279 Erman/*Wenzel* § 1191 Rn. 114, wobei es sich nicht um terminologische Verwechslungen handelt. Die thematische Befassung erfolgt unter dem Gliederungspunkt „Beendigung des Sicherungsvertrages“, so dass der Autor eine Unterscheidung von Sicherungsvertrag und der in ihm enthaltenen, nach eigener Terminologie bezeichneten „Sicherungsabrede“ vornimmt.

280 Vgl. hierzu bereits oben S. 117.

281 MüKo/*Kramer* Einl. zu §§ 241 ff. Rn. 99, FN. 394.

282 *Larenz*, SchuldR AT § 19 II, S 374.

283 So schon *Larenz*, Schuldrecht I, § 2 VI, für die Beendigungstatbestände des Zeitablauf und der Kündigung.

284 Staudinger/*Olzen* § 241 Rn. 376.

Zweckänderung mit sich bringen. Die Vollbeendigung wird schließlich mit der Erfüllung sämtlicher Abwicklungsansprüche erreicht.

Vor diesem Hintergrund ist daher zunächst klarzustellen, dass es sich bei der Einbeziehung einer neuen Forderung in den Deckungsbereich der Grundschuld nicht um eine bloße Formalität handelt. Dieser Eindruck entsteht allzu leicht, wenn davon ausgegangen wird, dass zu Revalutierungszwecken der Sicherungsvertrag lediglich zu „ergänzen sei."[285] Eine neue Sicherungszweckerklärung zwischen Sicherungsgeber und Sicherungsnehmer zu vereinbaren, um damit neue Forderungen absichern zu können, bedeutet aber nichts anderes, als den Kernbestandteil des Grundschuldsicherungsvertrages zu ändern.[286] Die Modifikation der Sicherungszweckerklärung stellt sich insofern als Inhaltsänderung des Sicherungsvertrages dar.[287] Der mit ihm von den Parteien bezweckte Erfolg, die Absicherung eines bestimmten Kreditausfallrisikos, wird durch die Parteien neu festgelegt und praktisch im Regelfall erweitert.[288]

Will man aber die Beendigung in dem Entfall des Sicherungszweckes erblicken, so führt dies dazu, dass der ursprünglich mit dem Sicherungsvertrag erfolgte Zweck, die Absicherung eines Kreditausfallrisikos, nicht mehr weiterverfolgt wird, sondern die Abwicklung der gegenseitigen noch offenen Ansprüche in den Mittelpunkt der Zweckrichtung rückt, um die Vollbeendigung erreichen zu können. Einzig folgerichtig wäre es dann, wenn nach Beendigung des Sicherungsvertrages durch Entfall des Sicherungszweckes angenommen würde, dass Inhaltsänderungen am ursprünglichen Vertragsverhältnis nicht mehr vorgenommen werden können, da der Sicherungsvertrag nicht mehr besteht,[289] denn eine „Reaktivierung" des Schuldverhältnisses nach erfolgter Beendigung ist schlichtweg unmöglich.[290] Die Konsequenz daraus wiederum wäre, dass zur Absicherung neuer Forderungen

---

285 So etwa MüKo/*Eickmann* § 1191 Rn. 79.

286 Ähnlich auch *Bülow*, Recht der Kreditsicherheiten, Rn. 1147; der davon spricht, dass es sich bei der Sicherungszweckerklärung, die er mit der Terminologie „Sicherungsabrede" versieht, um das prägende Element des Sicherungsvertrages handele.

287 *Gaberdiel*, Kreditsicherung durch Grundschulden, Rn. 701.

288 Derartige Inhaltsänderungen des Sicherungsvertrages werden häufig erforderlich, um das Kreditausfallrisiko neu eingegangener Verbindlichkeiten durch die bereits bestehende Grundschuld absichern zu können.

289 So auch BGHZ 139, 123, 129, wonach nach erfolgter, wirksamer Kündigung eines Mietverhältnisses nur der Neuabschluss in Betracht kommt, wenn die Parteien das ursprüngliche Vertragsverhältnis weiterverfolgen wollen.

290 So schon *Regelsberger* Pandekten I, § 121, S. 446; *Leonhard*, Lehrbuch des Allgemeinen Schuldrechts S. 637; *v. Thur*, Allgemeiner Teil II 1, S. 28 ff. und II 2, S. 90 ff.

im Rahmen der Grundschuldrevalutierung, ein neuer Sicherungsvertrag zwischen den Parteien abgeschlossen werden müsste.[291] Diesen Weg haben die Vertreter der vorgenannten Auffassung jedoch nicht beschritten.

Es konnte aufgezeigt werden, dass sich gegen die Annahme der Beendigung des Sicherungsvertrages mit dem Entfall des Sicherungszwecks, sowohl praktische, als auch dogmatische Erwägungen anführen lassen. Namentlich die Außerachtlassung von Folgefragen für die Verteidigungsmöglichkeiten des Sicherungsgebers, als auch die Verlagerung von Hauptpflichten in das Abwicklungsverhältnis, sind mit dem Verständnis der Beendigung eines Schuldverhältnisses schwerlich vereinbar. Schließlich die Annahme, dass nach Beendigung weitere Ergänzungen am ursprünglichen Vertragsverhältnis möglich seien, widersprechen dogmatischen Grundsätzen.

Die Erledigung des Sicherungszwecks führt daher keine Beendigung der sicherungsvertraglichen Treuhand herbei. Es wird weder eine Vollbeendigung, noch ein Übergang in ein Abwicklungsverhältnis erreicht. Der Entfall des Sicherungszwecks berührt den Fortbestand des Treuhandverhältnisses im Ergebnis nicht.

2) Zum Fortbestand des Sicherungsvertrages in jederzeit kündbarer Form in den Fällen der stehengelassenen Grundschuld

Für diese Auffassung spricht zunächst der Umstand, dass sie sich überhaupt mit den Gegebenheiten der Bankpraxis nach Erledigung des Sicherungszwecks auseinandersetzt.[292] Es wird erkannt, dass in den Fällen des Stehenlassens der Grundschuld eine automatische Beendigung des Sicherungsvertrages alleine durch den Entfall des Sicherungszwecks nicht eintreten kann, da die Parteien die Grundschuld gerade beim jeweiligen Gläubiger belassen, um sie und die weiterbestehenden sicherungsvertraglichen Regelungen lediglich zu ergänzen.[293] Der erneute Einsatz der Grundschuld zu Sicherungszwecken wird auf diesem Weg mit minimalstem

291 Einzig konsequent in diesem Zusammenhang: *Gaberdiel*, Kreditsicherung durch Grundschulden, Rn. 761, der klarstellt, dass es eines neuen Sicherungsvertragsabschlusses bedarf, wenn andere als die ursprüngliche Forderung gesichert werden sollen und sich der erste Sicherungszweck mittlerweile erledigt hat.

292 Staudinger/*Wolfsteiner* Vorbem. zu §§ 1191 ff. Rn. 150 weist selbst auf das häufig praktizierte „Stehenlassen“ der Grundschuld nach Erledigung des Sicherungszwecks hin.

293 Die Vereinbarung eines neuen Sicherungszwecks stellt zwar eine Inhaltsänderung des Sicherungsvertrages dar, ist aber im Übrigen formlos möglich. Näher hierzu: *Reischl* in juris pk-BGB § 1191 Rn. 67; *Gaberdiel*, Kreditsicherung durch Grundschulden,

Aufwand und ohne zusätzliche Kosten erreicht.[294] Zugleich verhindert sie dogmatische Widersprüche, da aufgrund des Fortbestandes des Vertragsverhältnisses, jederzeit Änderungen durch die Parteien vorgenommen werden können. Alleine schon aus diesem Umstand, bietet diese Lösung einen weitaus interessengerechteren Ansatz und erleichtert den Parteien die Revalutierung.

Zugleich schafft der Fortbestand des Sicherungsvertrages, trotz Entfall des Sicherungszwecks, den schuldrechtlichen Rahmen, den die sachenrechtlichen Regelungen zur Grundschuld vorgeben. Der maßgebliche Unterschied zur Hypothek liegt in der Abstraktheit der Grundschuld zur gesicherten Forderung.[295] Die damit einhergehende einfache Auswechslungsmöglichkeit der gesicherten Forderung bildet den Grund dafür, dass die Grundschuld so weite Verbreitung gefunden hat und die Hypothek, insbesondere aufgrund der strengen Anforderungen des § 1180 BGB, nahezu vollständig aus der Kreditsicherungspraxis verdrängt wurde.[296] Durch den Fortbestand des Sicherungsvertrages wird letztlich die Flexibilität der Grundschuld betont.

Im Übrigen muss bei einem Fortbestand des Sicherungsvertrages nicht darüber nachgedacht werden, welche Folgen mit der automatischen Beendigung des Sicherungsvertrages durch den Entfall des Sicherungszwecks für die Verteidigungsmöglichkeiten des Sicherungsgebers verbunden sind. Der Einrede, dass die Geltendmachung der Grundschuld aufgrund der Erledigung des Sicherungszwecks zu Unrecht erfolgt,[297] würde insoweit nicht die Rechtgrundlage in Form des Sicherungsvertrages entzogen werden. Auch im Hinblick auf diesen wichtigen Schutzmechanismus wird durch den Fortbestand eine folgenorientierte Lösung geboten.

Rn. 593; *Epp* in Schimansky/Bunte/Lwowski, Bankrechtshandbuch, § 94 Rn. 305; ebenso BGHZ 105, 154.

294 Vgl.: *Stadler*, Gestaltungsfreiheit und Verkehrsschutz durch Abstraktion, S. 609, die gerade die Kosteneffizienz eines derartigen Vorgehens betont.

295 Vgl. statt Vieler: *Wilhelm*, Sachenrecht, Rn. 1733; *Wieling*, Sachenrecht § 33 IV, *Schellhammer*, Sachenrecht nach Anspruchsgrundlagen, Rn. 595.

296 So auch *Westerhoff*, Sachenrecht III, 4 B I Rn. 349.

297 *Lopau*, JuS 1976, 553, 557; *Kurth*, Einreden gegen Grundpfandrechte beim Wechsel des Grundstückseigentümers, S. 52 f; Explizit für den Fall, dass die Forderung erloschen ist: *Brehm/Berger*, Sachenrecht, § 18 Rn. 29. *Haas*, Materiellrechtliche Einreden gegen die Sicherungsgrundschuld und ihre Drittwirkung bei rechtsgeschäftlichem Grundschuldübergang, S. 85, spricht hierbei von „Einreden des gestörten Sicherungszwecks“; *Fridgen*, WM 2008, 1864.

Trotz allem lassen sich auch gegen diesen Ansatz einige gewichtige Argumente anführen, die Anlass geben werden, einen anderen Lösungsweg zur Beendigungsfrage einzuschlagen.

Geht man von der Annahme aus, dass die Rückgewähr der Sicherheiten auf Seiten des Sicherungsnehmers als Hauptpflicht anzusehen ist,[298] die ihre Grundlage im Sicherungsvertrag hat, so kommt es auch nach dieser Auffassung zu einer Verschiebung der Rückgewähr in ein Stadium, welches vom aktiven Sicherungsvertrag aufgrund des eingetretenen Beendigungsereignisses, zu unterscheiden ist. Schließlich soll das Verlangen nach Rückgewähr der Grundschuld zugleich die Kündigungserklärung darstellen, die zur Beendigung des Sicherungsvertrages führt.[299] Wird in diesem Zusammenhang weiter betont, dass die Kündigung durch den Sicherungsgeber erst die Fälligkeit des Rückgewähranspruches auslöst,[300] so ergeben sich die bereits bekannten Bedenken bezüglich seiner Rechtsgrundlage. Da der Rückgewähranspruch vertraglicher Natur ist,[301] bliebe nur die Möglichkeit, den beendeten Sicherungsvertrag in Form eines Abwicklungsverhältnisses als Rechtsgrundlage anzusehen, was dann zwangsläufig dazu führen würde, dass es sich bei dem Grundschuldrückgewähranspruch um einen nachvertraglichen Anspruch handelt. Dies erscheint jedoch in Anbetracht der Tatsache, dass die Rückgewähr der Sicherheit bei jedem Sicherungsgeschäft eine bedeutende Stellung einnimmt, nicht stimmig zu sein.

Der Fortbestand des Sicherungsvertrages, trotz Entfall des Sicherungszwecks in jederzeit kündbarer Form, bringt zwar den Vorteil mit sich, dass der Sicherungsvertrag zu Revalutierungszwecken insgesamt aufrecht erhalten bleibt und nur durch die Vereinbarung einer neuen Sicherungszweckvereinbarung an die neue Sicherungslage anzupassen ist, gleichwohl verkompliziert sich die Lage in rechtlicher Hinsicht dadurch, dass in den praktisch bedeutsamen Fällen des Stehenlassens der Grundschuld,[302] es stets einer Kündigung durch den Sicherungsgeber

---

298 *Heermann*, Geld und Geldgeschäfte, § 30 II Rn. 27; spricht allgemein im Zusammenhang mit der Rückgewähr von Sicherheiten von „Vertragspflichten" des Sicherungsnehmers.

299 Staudinger/*Wolfsteiner* Vorbem. zu §§ 1191 Rn. 150.

300 Staudinger/*Wolfsteiner* Vorbem. zu §§ 1191 Rn. 150.

301 *Solmecke*, Die Haftung für den Rückgewähranspruch bei der Sicherungsgrundschuld, S. 3 m.w. N.; auch *Reischl* in juris pk-BGB § 1191 Rn. 76 mit dem Hinweis, dass sich die §§ 812 ff. BGB als Grundlage des Rückgewähranspruches nur in Frage kommen, sofern der Sicherungsvertrag unwirksam ist.

302 Staudinger/*Wolfsteiner* Vor. §§ 1191 ff. Rn. 150, weist selbst auf die Häufigkeit dieses Vorgehens in der Praxis hin.

bedarf, um den Sicherungsvertrag einer Beendigung zuzuführen. Die rechtliche Folgefrage ist dann, in welchem Verhältnis das Verlangen auf Rückgewähr und die Kündigung des Sicherungsvertrages stehen sollen. Wenn davon die Rede ist, dass die Kündigungserklärung darin zu sehen sein soll, dass der Anspruch auf Rückgewähr der Grundschuld geltend gemacht wird,[303] so zeigt dies schon eine gewisse Unschärfe, die das rechtliche Verhältnis des Rückgewähranspruches zur Kündigung in Frage zu stellen droht.

Das Verlangen auf Rückgewähr der Grundschuld ist die Geltendmachung des vertraglichen Rückgewähranspruches. Der Einzelanspruch, der gleichzusetzen ist mit dem Begriff des Schuldverhältnisses im engeren Sinne,[304] ergibt sich aus der schuldrechtlichen Rahmenbeziehung der Parteien zueinander,[305] im hier zu entscheidendem Fall aus dem Sicherungsvertrag. Im Kern geht es damit um die Herbeiführung eines konkreten Erfolges, der Rückgewähr der Sicherheit an den Sicherungsgeber, bei Aufrechterhaltung der schuldrechtlichen Rahmenbeziehung.

Demgegenüber ist die Kündigung ein Gestaltungsrecht,[306] was durch einseitig empfangsbedürftige Willenserklärung ausgeübt wird.[307] Bei der Kündigung geht es nicht um die Herbeiführung eines Einzelerfolges, sondern um die einseitige Beendigung des zwischen den Parteien bestehenden schuldrechtlichen Rahmenverhältnisses. Während sich also der Anspruch im Rahmen des Schuldverhältnisses im weiteren Sinne bewegt, ist die Kündigung als Gestaltungsrecht darauf gerichtet, diese Rahmenbeziehung zu beenden. Anspruch und Kündigung bewegen sich damit dogmatisch betrachtet auf völlig unterschiedlichen Ebenen.[308]

Wenn nun davon die Rede ist, dass die Geltendmachung des Rückgewähranspruches zugleich als Kündigungserklärung aufzufassen sein soll, so ist dies in dogmatischer Hinsicht nicht haltbar. Eine irgendwie geartete „Doppeldeutigkeit“ ist nicht vorhanden und verleitet dazu, bestehende Unterschiede zwischen Anspruch und einseitigem Gestaltungsrecht zu verwischen. Wenn der Anspruch damit nicht

303 Staudinger/*Wolfsteiner* a.a.O.

304 BGH NJW 1954, 231; 1986, 1677.

305 *Larenz*, SchuldR I § 2 V (1987) weist daraufhin, dass letztlich der Einzelanspruch als Rechtsfolge des Bestandes eines Schuldverhältnisses im weiteren Sinne verstanden werden kann. Schapp, S. 10, sieht zwischen dem Schuldverhältnis im weiteren Sinne und dem daruas folgenden Einzelanspruch ein „Fundierungsverhältnis.“

306 Palandt/*Ellenberger* Überbl. v. § 104 Rn. 17; *Boeken*, BGB-Allgemeiner Teil, Rn. 154.

307 *Musielak*, Grundkurs BGB § 4 Rn. 248.

308 Anschaulich: Halfmeier, Popularklagen im Privatrecht, S. 262, „ein Gestaltungsrecht ist kein Anspruch.“

als Kündigungserklärung aufgefasst werden kann, so bleibt fraglich, worin eine Kündigung durch den Sicherungsgeber zu erblicken sein soll. Die von Wolfsteiner vorgeschlagene Lösung ist damit nur haltbar, wenn man neben dem Verlangen auf Rückgewähr der Grundschuld eine konkludente Kündigungserklärung annimmt,[309] die neben die Geltendmachung des Rückgewähranspruches tritt. Es lässt sich nicht von der Hand weisen, dass eine derartige Konstruktion die Rechtsfrage um die Beendigung des Sicherungsvertrages ungemein verkompliziert. Selbst bei planmäßigem Verlauf des Sicherungsverhältnisses bedarf es stets einer Kündigung durch den Sicherungsgeber, um den Sicherungsvertrag zu beenden. Da in der Praxis eine separate Kündigung neben dem Verlangen auf Rückgewähr der Grundschuld nicht feststellbar ist, ist man letztlich gehalten eine Kündigung zu fingieren.

Dieser Ansatz muss sich daher dem Vorwurf aussetzen, die Rechtslage eher zu verkomplizieren, als einen probaten Lösungsansatz zu bieten. Vor diesem Hintergrund kann auch sie nicht beanspruchen, die Rechtsfrage abschließend geklärt zu haben.

3) Eigene Auffassung

Auch bei der Frage der Beendigung erfordert eine methodische Aufarbeitung die genaue Feststellung des Untersuchungsgegenstandes. Die besonderen Charakteristika des Sicherungsvertrages müssen hierbei entsprechend berücksichtigt werden, um daraus, unter Rekurs auf allgemeine schuldrechtliche Lehren, eine stimmige Lösung entwickeln zu können.

Ausgangspunkt der Untersuchung ist dabei die Feststellung, dass der Sicherungsvertrag die Grundlage für sämtliche Rechte und Pflichten der Parteien des Sicherungsgeschäftes bildet.[310] So ergibt sich beispielhaft aus der im Sicherungsvertrag enthaltenen Sicherheitenbestellungsverpflichtung zu Gunsten des Sicherungsnehmers das Recht, die Bestellung einer Sicherheit zu verlangen und im Rahmen des Sicherungszwecks auch zu behalten.[311] Für den Sicherungsgeber ist

309 Für die Annahme des Tatbestandes einer Willenserklärung ist es ausreichend, wenn das jeweilige Verhalten der Partei auf eine bestimmte Rechtsfolge schließen lässt. Näher hierzu etwa *Bork*, BGB AT, Rn. 571.

310 Statt Vieler: *Gaberdiel*, Kreditsicherung durch Grundschulden, Rn. 563 ff., insbesondere Rn. 564; *Clemente*, Recht der Sicherungsgrundschuld, § 3 Rn. 226.

311 *Bülow*, NJW 1997, S. 642; Becker-Eberhard S. 80 ff.; ähnlich auch *Gaberdiel*, Kreditsicherung durch Grundschulden, Rn. 566, der von einem „zu unterscheidenden Rechtsverhältnis" spricht. Häufig wird zwischen der Sicherheitenbestellungsverpflichtung und dem Sicherungsvertrag keine Differenzierung vorgenommen. Vgl.:

der Sicherungsvertrag Grundlage von Einreden, die er einer ungerechtfertigten Inanspruchnahme der Grundschuld entgegengehalten kann, sofern der Gläubiger durch die Verwertungshandlung den Sicherungszweck missachtet.[312] Schließlich bildet der Sicherungsvertrag die Anspruchsgrundlage für den Rückgewähranspruch des Sicherungsgebers nach Wegfall des Sicherungszwecks.[313]

Vor diesem Hintergrund zeichnet sich ab, dass der von den Parteien verfolgte Zweck des Sicherungsvertrages nicht in der Herbeiführung eines punktuellen Erfolges zu sehen ist, sondern seine Hauptaufgabe darin liegt, einen Rechtsrahmen für die unter Umständen Jahre andauernde Geschäftsverbindung darzustellen.[314] Der Sinn des Sicherungsvertrages liegt darin, Regelungen für sämtliche Situationen des Kreditsicherungsverhältnisses bereit zu halten. Dem Sicherungsvertrag der Grundschuld kommt daher maßgeblich Kreationsfunktion im Hinblick auf das Verhältnis zwischen Sicherungsgeber und Sicherungsnehmer zu.

Dies lässt sich unter Berufung auf die Regelungen der Praxis verifizieren, wonach insbesondere die Formulare der Banken, den Sicherungsvertrag der Grundschuld als umfassendes Regelungsinstrumentarium ausgestaltet haben. Er liefert bei planmäßigem Verlauf des Sicherungsverhältnisses hautsächlich Antworten auf die Fragen nach dem Sicherungsgeber, dem Sicherungszweck für die Grundschuld und der weiter bestehenden Sicherheiten und schließlich die Art und Weise der Sicherheitenrückgewähr.[315] Als Nebenregelungen werden Verrechnungsabreden für eingehende Zahlungen, Besichtigungsrechte, Erhaltungs- und Versicherungspflichten bezüglich des Pfandobjektes festgeschrieben.[316] Für den Fall, dass Störungen im Kreditvertragsverhältnis auftreten, werden

---

BGH NJW-RR 1996, 234; *Jacoby* in Derleder/Knops/Bamberger, Handbuch zum deutschen und europäischen Bankrecht/Jacoby § 24 Rn. 4; MüKo/*Eickmann* § 1191 Rn. 14; Staudinger/*Wolfsteiner* Vorbem. zu §§ 1191 ff. Rn. 38; Erman/ *Wenzel* § 1191 Rn. 5.

312 *Lopau*, JuS 1976, 553, 557; Kurth, S. 52 f; *Fridgen*, WM 2008, 1864.

313 BGHZ 137, 212, 219; Staudinger/*Wolfsteine*r Vorbem. zu §§ 1191 ff. Rn. 122; *Lettl* WM 2002, 788, 796; *Bülow*, Recht der Kreditsicherheiten, Rn. 69.

314 *Bülow*, Recht der Kreditsicherheiten, Rn. 59 weist in diesem Zusammenhang darauf hin, dass Zweck nicht die Bestellung der Sicherheit sei, sondern die Sicherung der Forderung. Auch hieraus lässt sich eine zeitliche Dimension ableiten.

315 Vgl.: Sicherungsvertragsformular bei *Gaberdiel,* Kreditsicherung durch Grundschulden, Anhang 10.

316 Vgl.: Formular bei *Clemente*, Das Recht der Sicherungsgrundschuld, S. 255 ff.

Verwertungsvoraussetzungen und zulässige Verwertungsarten festgeschrieben sowie Erlösanrechnungen vereinbart.[317]

Mit dieser Gesamtheit an Regelungen, die von der Bestellung der Sicherheit, über Belassung der Sicherheit beim Sicherungsnehmer unter Einhaltung des Sicherungszwecks sowie gleichzeitiger Unterhaltung des Pfandgegenstandes durch den Sicherungsnehmer, bis schließlich zur Rückgewähr oder Verwertung der Grundschuld reichen, zuzüglich sämtlich aufgeführter Nebenregelungen, darf der Sicherungsvertrag zu Recht als „konstante Rahmenbeziehung" bezeichnet werden.[318] Da der Sicherungsvertrag die Grundlage für sämtliche gegenseitigen Rechte und Pflichten der Parteien ist, lässt er sich als Schuldverhältnis im weiteren Sinne charakterisieren.[319] Einzelne Verpflichtungen, die der Sicherungsvertrag den Parteien auferlegt, sind nicht lediglich durch einmalige Vornahme abgehandelt, sondern dadurch gekennzeichnet, dass sie über die gesamte Dauer des Rechtsverhältnisses erbracht werden müssen. So trägt beispielsweise die Unterhaltungs- und Versicherungspflicht des Sicherungsgebers zum Werterhalt der Sicherheit nur dann effektiv bei, wenn sie über die gesamte Zeit erbracht wird. Umgekehrt muss der Sicherungsgeber die ihm auferlegten Beschränkungen im Hinblick auf die Sicherheit ebenfalls einhalten und Gewähr dafür leisten, dass die Sicherheit bei planmäßigem Verlauf des Kreditverhältnisses in der Form wieder an den Sicherungsgeber zurückgelangt, wie er es nach endgültiger Erledigung des Sicherungszwecks verlangt.[320] Die Durchführung des Sicherungsvertrages ist dadurch gekennzeichnet, dass kontinuierlich Rechte und Pflichten bestehen, die den Parteien zustehen und durch sie zu erfüllen sind.[321]

317 FA-BKR/*Clemente* Kapitel 5 Rn. 1078 ff., insbesondere Rn. 1078, 1082, 1084.

318 *Herholz* AcP 130 (1929), 257 ff. verwendete diesen Terminus zur Charakterisierung eines Schuldverhältnisses.

319 So die Definition des Schuldverhältnisses im weiteren Sinne auch bei *Fikentscher/Heinemann,* Schuldrecht, § 5 II Rn. 25; *Joussen*, SchuldR I, Rn. 28; *Schlechtriem/Schmidt-Kessel*, SchuldR AT, § 1 Rn. 3; *Hadding*, FS Konzen, S. 196. Vgl. Zur Entwicklung des Begriffes des Schuldverhältnisses im weiteren Sinne insbesondere *Gernhuber*, Das Schuldverhältnis § 2 I S. 8 ff.

320 *Epp* in Schimansky/Bunte/Lwowski, Bankrechtshandbuch, § 94 Rn. 404; *Gaberdiel*, Kreditsicherung durch Grundschulden, Rn. 748. Die Rückgewähr an einen Nichtberechtigten löst Schadensersatzansprüche zu Gunsten des Sicherungsgebers aus. Hierzu näher: BGH NJW-RR 1988, 1146; BGH NJW 1989, 1732; OLGR Saarbrücken 2005, 627, 628.

321 *Otten* in Derleder/Knops/Bamberger, Handbuch zum deutschen und europäischen Bankrecht, § 13 Rn. 66 betont, dass die Dauerleistung des Sicherungsgebers durch den Sicherungszweck der Grundschuld bestimmt werde. Gemeint ist, dass die Belassung

Insofern handelt es sich bei dem Sicherungsvertrag um ein Dauerschuldverhältnis.[322]

Dieser Annahme steht auch nicht entgegen, dass der Sicherungsnehmer die Achtung des Sicherungszwecks dadurch erbringt, dass er die ihm eingeräumten Rechtspositionen und Legitimationen schlicht nicht nutzt und somit nicht aktiv wird. Insofern ist es als ausreichend anzusehen, dass eine Partei ein dauerhaftes Verhalten an den Tag legt, welches über einen längeren Zeitraum feststellbar ist.[323]

Die durch die Parteien zu erbringenden Leitungen lassen sich dabei noch genauer präzisieren: einerseits bestehen Pflichten, die während der gesamten Vertragslaufzeit zu erbringen sind. Namentlich die Belassung der Sicherheiten bei dem Sicherungsnehmer, die Einhaltung der sicherungsvertraglichen Begrenzungen in Bezug auf die eingeräumten Machtpositionen und Legitimationen, die Unterhaltung und Versicherung des Pfandobjekts. Andererseits entstehen Verpflichtungen erst im Laufe der Zeit in Abhängigkeit zu den Entwicklungen des Kreditvertragsverhältnisses. An dieser Stelle kann die Verwaltung der überschießenden Sicherheiten angeführt werden, sobald durch die Rückführung des gesicherten Kredites eine Übersicherungssituation eingetreten ist und die Sicherheiten mangels Freigabeverlangen beim Sicherungsnehmer verbleiben. Schließlich entstehen punktuell zu erfüllende Verpflichtungen, etwa die Verpflichtung zur teilweisen Rückgewähr rangletzter Grundschuldkapitalbeträge nach eingetretener Übersicherung und Geltendmachung des Freigabeanspruches durch den Sicherungsgeber und die Gesamtrückgewähr der Grundschuld nach endgültigem Entfall des Sicherungszwecks und Geltendmachung des Rückgewährverlangens. Gleiches gilt für das Verwertungsrecht des Sicherungsnehmers, welches voraussetzt, dass der Verwertungsfall eingetreten ist.[324] Dieser tritt regelmäßig ein, wenn das Kreditvertragsverhältnis notleidend geworden ist, weil fällige Forderungen nicht rechtzeitig erfüllt worden sind.[325] Insofern handelt es sich auch bei dem Verwertungsfall und den damit zu

---

der Grundschuld beim Sicherungsnehmer als dauerhafte Leistung aufgefasst werden kann.

322 So schon *Huber*, Die Sicherungsgrundschuld, S. 81; auch *Otten* in Derleder/Knops/Bamberger, Handbuch zum deutschen und europäischen Bankrecht/Otten § 17 Rn. 66; BGH NJW 2003, 61 f.

323 *Larenz*, SchuldR I, § 2 VI, S. 29 f.; *Nicklisch* JZ 1984, 761.

324 Häufig wird auch von „Pfandreife" gesprochen. So etwa: *Schellhammer*, Sachenrecht nach Anspruchsgrundlagen, Kap. 12 Rn. 597; auch *Bülow*, Recht der Kreditsicherheiten, Rn. 402.

325 Ähnlich *Jacoby* in Derleder/Knops/Bamberger, Handbuch zum deutschen und europäischen Bankrecht, § 24 Rn. 59. Wann Verwertungsreife eintritt ist im Einzelfall der

Gunsten des Sicherungsnehmers entstehenden Rechte um solche, die von einem punktuellen Ereignis abhängig sind.

Die beispielhafte Aufzählung macht deutlich, dass der Zeitfaktor bei der Entstehung der einzelnen Verpflichtungen, neben der Entwicklung des gesicherten Kreditvertragsverhältnisses, eine wesentliche Rolle spielt. Die zeitliche Dimension übernimmt auch hier für die Charakterisierung eines Schuldverhältnisses eine „begriffskonstitutive Funktion."[326]

Die bisherige Untersuchung hat dazu geführt, dass der Sicherungsvertrag der Grundschuld als Dauerschuldverhältnis zwischen den Parteien charakterisiert werden kann. Durch diese Präzisierung des Untersuchungsgegenstandes kann nun im zweiten Schritt der Fokus auf die Beendigung des Verhältnisses gelegt werden.

Wenn im Zusammenhang mit der Beendigung des Sicherungsvertrages auf die Charakteristik des Dauerschuldverhältnisses hingewiesen wird, so finden sich stellenweise Ausführungen dazu, dass die Beendigung durch Kündigung herbeigeführt wird.[327] Aufgrund dessen wird der Eindruck erweckt, es handele sich hierbei um die einzig mögliche Beendigungsform, die für den Sicherungsvertrag in Frage kommt. Tatsächlich würde aber eine derartige Annahme allgemeinen schuldrechtlichen Prinzipien zuwider laufen und einmal mehr unter Beweis stellen, dass eine vertiefte wissenschaftliche Auseinandersetzung nicht umhinkommt, allgemeine schuldrechtliche Prinzipien für die vorliegende Fragestellung zu reaktivieren, die mit der Erfüllung eine weitere Beendigungsform zu bieten hat.

Wenn in § 362 I BGB von der Erfüllung des Schuldverhältnisses die Rede ist, so ist damit zunächst das Schuldverhältnis im engeren Sinne, präziser ausgedrückt, der jeweilige Einzelanspruch gemeint.[328] Nichts desto trotz besteht auch

---

jeweiligen sicherungsvertraglichen Ausgestaltung zu entnehmen. Beispielhaft insofern das Formular bei *Gaberdiel*, Kreditsicherung durch Grundschulden, Anhang 6 (16), S. 564.

326 So *Oetker*, Das Dauerschuldverhältnis und seine Beendigung, § 9 S. 135. Ähnlich auch *Larenz*, Schuldrecht I, § 2 VI, S. 29; *Medicus*, Schuldrecht I, Rn. 11; die ebenfalls davon ausgehen, dass der Faktor „Zeit" für den Gesamtumfang der Leistungen eine wesentliche Bedeutung hat.

327 Etwa *Otten* in Derleder/Knops/Bamberger, Handbuch zum deutschen und europäischen Bankrecht, § 23 Rn. 66 mit dem Hinweis, dass durch die Annahme des Dauerschuldverhältnisses „Kündigungsstrukturen" feststellbar seien. Ähnlich auch Staudinger/*Wolfsteiner* Vorbem. zu §§ 1191 ff. Rn. 150, der explizit auf die Beendigung durch Kündigung in den Fällen des Stehenlassens der Grundschuld hinweist.

328 BGH NJW 1954, 231; NJW 1986, 1677; BGHZ 97, 197 ff.; *Fikentscher/Heinemann*, SchuldR, § 38 II Rn. 311; *Gernhuber*, Die Erfüllung und ihre Surrogate, § 1, 3.

die Möglichkeit, dass ein Schuldverhältnis im weiteren Sinne seine Beendigung durch Erfüllung erfährt.[329] Die Erfüllung des Schuldverhältnisses im weiteren Sinne wird allerdings nicht auf die gleiche Weise vollzogen, wie es bei der Erfüllung des Einzelanspruches von statten geht. Während letzterer stets durch die Bewirkung der geschuldeten Leistung im beiderseitigen Einverständnis der Parteien über den Tilgungscharakter seine Erfüllung findet,[330] erlischt das Schuldverhältnis im weiteren Sinne nicht durch die Erbringung einer vertraglich geschuldeten Einzelleistung,[331] sondern durch die Erfüllung aller aus dem Vertragsverhältnis resultierenden Ansprüche.[332] Die in § 362 I BGB getroffene Regelung der Einzelleistung hat damit stets indirekte Auswirkungen auf die gesamte vertragliche Rahmenbeziehung.[333]

Um die Frage der Beendigung des Sicherungsvertrages durch Erfüllung näher beleuchten zu können, ist zu klären, ob auch Dauerschuldverhältnisse den vorgenannten Regelungen unterworfen werden können. Dies wurde gerade in der älteren Literatur unter Hinweis auf den charakteristischen und prägenden Faktor „Zeit“ in Abrede gestellt und angenommen, dass lediglich durch Zeitablauf oder Kündigung, eine Beendigung erreicht werden könne.[334] Hintergrund war, dass das Verhältnis der dauerhaft zu erbringenden Einzelleistung zu den damit verbundenen Auswirkungen für das Gesamtvertragsverhältnis dogmatisch nicht vollständig durchdrungen war.[335] Trotzdem mittlerweile eine trennscharfe Unterscheidung zwischen dem Schicksal der singulären Leistungspflichten und den damit verbundenen Entwicklungen für das gesamte Dauerschuldverhältnis vorgenommen werden kann,[336] wird stellenweise immer noch darauf hingewiesen,

---

329 *Fikentscher/Heinemann*, SchuldR, § 38 II, Rn. 311; Palandt/*Grüneberg* Überbl. vor § 362 Rn. 2, der von „mittelbaren Auswirkungen“ der §§ 362 ff. BGB auf das Schuldverhältnis im weiteren Sinne spricht. Ähnlich auch *Kerwer* in jurisPK-BGB § 362 Rn. 9.

330 *Fikentscher/Heinemann*, Schuldrecht, § 38 II, Rn. 312.

331 MüKo/*Fetzer* Vor § 362 Rn. 8;

332 Palandt/*Grüneberg* Überbl. v. § 362 Rn. 5; *Fikentscher/Heinemann*, Schuldrecht, § 38 II Rn. 311; *Gernhuber*, Die Erfüllung und ihre Surrogate § 1, 3b.

333 *Kerwer* in jurisPK-BGB § 362 Rn. 9.

334 *v. Gierke*; JherJb. Bd. 64 (1914), 355, 359; auch *Gansauge*, Das Dauerschuldverhältnis, S. 45 ff.; *Gschnitzer* JherJB. 76 (1926), 323.

335 *Wiese*, FS Nipperdey Bd. I, S. 846 vertrat die Position, dass einer dauerhaft zu erbringende Leistung solange keine Erfüllungswirkung beizumesen ist, bis die Vertragslaufzeit abgelaufen ist.

336 Vgl. hierzu näher *Oetker*, Das Dauerschuldverhältnis und seine Beendigung, S. 326 f.

dass ein Dauerschuldverhältnis nicht durch Erfüllung erlöschen kann.[337] Allerdings wird auch von den Vertretern dieser Auffassung anerkannt, dass das Dauerschuldverhältnis seine Beendigung erfährt, wenn alle aus ihm resultierenden Einzelansprüche erfüllt worden sind.[338] Die Beendigung soll dann nicht in Form der Erfüllung eintreten, sondern durch Zweckerreichung.[339]

Bei genauerer Betrachtung ist man sich daher einig, dass durch die Erfüllung sämtlicher gegenseitiger Einzelansprüche, die aus der Vertragsbeziehung resultieren, eine Beendigung des Dauerschuldverhältnisses erreicht wird. Ob man nun in diesem Zusammenhang von Erfüllung oder von Zweckerreichung spricht, ist vor diesem Hintergrund lediglich eine rein terminologische Unterscheidung, denn auch die Erfüllung weist insofern einen Zweckerreichungscharakter auf, da die mit ihr verbundenen Rechtsfolgen nur eintreten, wenn das Leistungsinteresse des Gläubigers befriedigt wird.[340] Die terminologische Frage soll an dieser Stelle nicht weiter vertieft werden und kann daher offenbleiben. Echte Unterschiede sind mit ihr nicht verbunden.

Insofern ist davon auszugehen, dass auch ein Dauerschuldverhältnis durch die Erfüllung sämtlicher, aus ihm resultierenden Einzelansprüche beendet werden kann und somit eine Gesamterfüllung denkbar ist.[341] Die Gesamterfüllung lässt sich dabei als Prozess begreifen, bei dem die Summe der gegenseitig bestehenden Ansprüche stückweise zurückgeführt wird, bis schließlich nur noch ein letzter Anspruch übrig bleibt.

Diese Erkenntnisse sind nun auf den Sicherungsvertrag zu übertragen, so dass eine Beendigung nur möglich ist, wenn sämtliche Ansprüche erfüllt worden sind. Bereits mit dieser Feststellung zeigt sich, dass der vollständige und endgültige Entfall des Sicherungszweckes nicht als Beendigungsereignis aufgefasst werden

---

337 *Oetker*, a.a.O., S. 323, ebenso *Beuthien*, Zweckerreichung und Zweckstörung im Schuldverhältnis, S. 267.

338 Exemplarisch insoweit *Beuthien*, Zweckerreichung und Zwekckstörung im Schuldverhältnis, S. 268.

339 So schon *Wiese*, FS Nipperdey, Bd. I, S. 839; auch *Gernhuber*, Die Erfüllung und ihre Surrogate, § 1, 3, S. 3, mit dem Hinweis darauf, dass das Schuldverhältnis im weiteren Sinne durch die Erledigung der Einzelpflichten „gegenstandslos“ wird. Ähnlich auch aus der neueren Literatur: *Boemke/Ulrici*, BGB AT, § 17 Rn. 27, die davon ausgehen, dass das Dauerschuldverhältnis beendet wird, sofern sich alle „Berechtigungen“ und „Belastungen“ erledigt haben.

340 Palandt/*Grüneberg* Überbl. v. § 362 Rn. 3; *Kerwer* in jurisPK-BGB § 362 Rn. 1; der in diesem Zusammenhang von einer Zielverwirklichung spricht.

341 Staudinger/*Olzen* § 241 Rn. 375; BGHZ 10, 397.

kann. Er lässt den Rückgewähranspruch des Sicherungsgebers hinsichtlich der Grundschuld und der weiter gestellten Sicherheiten erst bedingungslos werden,[342] so dass nach Anspruchsgeltendmachung eine Erfüllung entsprechend der Weisung des Sicherungsgebers durch den Sicherungsnehmer zu erfolgen hat. In diesem Zusammenhang lässt sich dem Entfall des Sicherungszweckes eine vollkommen neue Bedeutung beimessen: der Sicherungszweckfortfall markiert nicht den Endpunkt der Gesamtentwicklung des Sicherungsvertrages,[343] sondern stellt sich als rechts- und anspruchskonkretisierendes Ereignis im aktiven Stadium des Vertragsverhältnisses dar.

Ist der Sicherungszweck daher entfallen, konkretisiert sich die Lage dahingehend, dass eine vollständige Verwaltungstreuhand zur Entstehung gelangt, die solange fortbesteht, bis die Rückgewähr vollzogen worden ist. Dieser Ansatz darf für sich beanspruchen auch im Einklang mit den Regelungen der Formularpraxis zu stehen, wonach die Rückgewähr stets in das Sicherungsvertragsformular aufgenommen wird.[344]

Die für abstrakte Sicherungsgeschäfte charakteristische Verpflichtung des Sicherungsnehmers zur Rückgewähr der ihm gewährten Sicherheiten, ist vor diesem Hintergrund eine wesentliche Hauptleistungspflicht und damit Teil des Leistungsaustauschs im aktiven Vertragsstadium. Die Rückgewähr gibt dem Sicherungsvertrag insofern ein entscheidendes Gepräge.[345]

Die Beendigung daher erst mit der Erfüllung des Rückgewähranspruches, dem insoweit „letzten“ Einzelanspruch eintreten zu lassen, weist gegenüber den bisherigen Ansätzen entscheidende Vorteile auf: durch den Fortbestand des Sicherungsvertrages in Form einer Verwaltungstreuhand trotz Entfall des Sicherungszweckes, bleibt sowohl die Rechtsgrundlage für den Rückgewähranspruch,

---

342 Zu denken ist hier an die Übernahme der persönlichen Haftung und die Abtretung von Rückgewähransprüchen hinsichtlich aller vor- und gleichrangigen Grundschulden, sofern solche am jeweiligen Grundstück bestehen.

343 Dies wird von den Vertretern der Auffassung, die eine Beendigung des Sicherungsvertrages mit Entfall des Sicherungszweckes annehmen vorausgesetzt, sonst würde es widersprüchlich erscheinen den Entfall des Sicherungszwecks als Beendigungstatbestand regelmäßig am Ende der Darstellung des Sicherungsvertrages anzuführen. Vgl. hierzu die Darstellung bei *Jacoby* in Derleder/Knops/Bamberger, Handbuch zum deutschen und europäischen Bankrecht, § 24 Rn. 86, insbesondere die Überschrift.

344 Vgl. Formular eines Sicherungsvertrages bei *Gaberdiel*, Kreditsicherung durch Grundschulden, Anhang 6, (19), (20).

345 BGHZ 137, 212, 219 sieht in der Verpflichtung zu Rückgewähr den „Ausdruck des Treuhandcharakters“ verkörpert.

als auch der Ursprung für die Verteidigungsmöglichkeiten des Sicherungsgebers erhalten. Auch die Interessen der Parteien werden hinreichend berücksichtigt, da entweder die Grundschuld beim Sicherungsnehmer stehen bleibt, um in Revalutierungsfällen durch formlose Vereinbarung einer neuen Sicherungszweckvereinbarung, Sicherungszwecken erneut zugeführt werden zu können[346] oder durch Geltendmachung der Rückgewähr, schließlich an den Sicherungsgeber zurück zu gelangen. Unabhängig davon, welche Vorgehensweise die Parteien im konkreten Fall einschlagen, bleibt der Sicherungsvertrag als Rahmenverhältnis aufrechterhalten und ermöglicht den Parteien hinreichend Flexibilität.[347]

Schließlich bedarf es angesichts einer derartigen Lösung auch keiner Kündigung des Sicherungsvertrages, wie es stellenweise für die Fälle des Stehenlassens der Grundschuld für erforderlich gehalten wird.[348] Nach den obigen Untersuchungen ist es unerheblich, ob ein beabsichtigtes Verbleiben beim Sicherungsnehmer angestrebt wird oder ob eine Rückgewähr in naher Zukunft zu erfolgen hat, da die Beendigung des Sicherungsvertrages in beiden Fällen erst durch die Erfüllung des Rückgewähranspruches eintritt. Eine Kündigung des Sicherungsvertrages bei planmäßigem, störungsfreiem Verlauf des Sicherungsverhältnisses ist damit obsolet.[349]

III. Ergebnis

Es lässt sich damit festhalten, dass der Sicherungsvertrag nicht durch den Wegfall des Sicherungszwecks in Form eines Automatismus beendet wird, sondern solange fortbesteht, bis der Rückgewähranspruch nach Geltendmachung durch den Sicherungsgeber, erfüllt worden ist. Dieser Lösungsansatz berücksichtigt sowohl die dogmatische Entwicklung des Rückgewähranspruches, als auch die Anerkennung

346 Die Vereinbarung einer neuen Sicherungszweckerklärung ist als Inhaltsänderung des Sicherungsvertrages formfrei möglich. Vgl.: BGH NJW-RR 2008, 780; *Bülow*, Recht der Kreditsicherheiten, Rn. 168.

347 Erst mit einer derartigen Lösung kann mit *Gaberdiel*, Kreditsicherung durch Grundschulden, Rn. 564 davon ausgegangen werden, dass der Sicherungsvertrag der Grundschuld sämtliche Rechte und Pflichten der Parteien in Bezug auf die Grundschuld und die sich im Verlauf des Vertrages ergebenden Fragestellungen abschließend regelt.

348 Staudinger/*Wolfsteiner* Vorbem. zu §§ 1191 ff. Rn. 150.

349 Ob der Sicherungsvertrag einer Beendigung mittels Kündigung in anderen Fallgestaltungen zugänglich ist, insbesondere bei aufkommenden Störungen, oder in Drittsicherungsfällen, ist eine andere Fragestellung und nicht Gegenstand der hiesigen Aufarbeitung.

von sicherungsvertraglichen Verteidigungsmöglichkeiten des Sicherungsgebers gegen eine ungerechtfertigte Inanspruchnahme aus der Grundschuld oder der persönlichen Haftungsübernahme. Zudem darf der Ansatz in Anspruch nehmen, den Interessen der Parteien in möglichst großem Umfang gerecht zu werden und betont letztendlich, dass der Sicherungsvertrag der Grundschuld in seiner Eigenschaft als wandlungsfähiges Treuhandverhältnis Kreationsfunktion für das gesamte Sicherungsverhältnis übernimmt.

E. Gesamtergebnis

Mit den vorstehenden Ausführungen enden die Untersuchungen zur Zweckrichtungsänderung des Sicherungsvertrages der Grundschuld. Unter Berücksichtigung der neusten Entwicklungen im Bereich der Treuhanddogmatik konnte zunächst der Nachweis erbracht werden, dass es sich bei dem Sicherungsvertrag um ein echtes Treuhandverhältnis handelt, bei welchem der Sicherungsnehmer in die Lage versetzt wird mittels Rechtspositionen und Legitimationen auf einen fremden Interessenbereich Einfluss zu nehmen. Die Regelung des gesamten Rechtsverhältnisses übernimmt dabei der Sicherungsvertrag. Ihm kommt Kreationsfunktion hinsichtlich der gesamten Parteibeziehung zu.

Stellt sich der Sicherungsvertrag zum Zeitpunkt seiner Begründung als umfassende Sicherungstreuhand dar, wandelt er sich nach dem planmäßigen Eintritt einer Übersicherungsfunktion und dem damit einhergehenden teilweisen und endgültigen Entfall des Sicherungszweck, zu einem Treuhandverhältnis, in dem sowohl sicherungs- als auch verwaltungstreuhänderische Züge feststellbar sind. Schließlich führt der vollständige und endgültige Entfall des Sicherungszwecks dazu, dass eine reine Verwaltungstreuhand zur Entstehung gelangt, die solange fortbesteht, bis sie durch Erfüllung des Rückgewähranspruches hinsichtlich der Grundschuld und möglicher weiterer eingeräumter Sicherheiten, schließlich vollständig endet.

Hinsichtlich der Zweckrichtung kann schon an dieser Stelle davon gesprochen werden, dass es sich bei dem Sicherungsvertrag der Grundschuld um ein wandlungsfähiges Rechtsverhältnis handelt.

§ 6 Die subjektive Umkehr der Interessen der Parteien des Grundschuldsicherungsvertrages

Im ersten Teil der Arbeit wurde die Wandlung der Zweckrichtung des Sicherungsvertrages bei planmäßigem Verlauf des Kreditsicherungsverhältnisses anhand objektiver Gesichtspunkte dargestellt. Im nun folgenden Teil wird sich die Darstellung an den Interessen der Parteien orientieren und insoweit eine subjektiv eingefärbte Betrachtung des Rechtsverhältnisses vornehmen. Hierbei soll aufgezeigt werden, dass auch die Interessenrichtung des Sicherungsvertrages eine Wandlung erfährt, die mit derjenigen der Zweckrichtung vergleichbar ist.

Im ersten Schritt werden zunächst die festzustellenden Interessen im jeweiligen Stadium des Sicherungsvertrages näher beleuchtet. Im Ausgangsstadium, der Sicherungstreuhand, werden dabei neben eigennützige Motive des Sicherungsnehmers, als auch solche des Sicherungsgebers feststellbar sein, die zugleich einen Bezug zu den Interessen der Allgemeinheit an einem funktionierenden und krisenbeständigen Wirtschafts- und Bankensystem aufweisen. Nachdem ein planmäßiger Übergang zur Kombinationstreuhand aus sicherungs- und verwaltungstreuhänderischen Teilen stattgefunden hat, werden die Interessen des Sicherungsgebers immer stärker in den Vordergrund treten und das Regelungsprogramm des gesamten Vertragsverhältnisses maßgeblich beeinflussen. Nach dem Entfall des Sicherungszwecks und der damit einhergehenden vollständigen Wandlung zur Verwaltungstreuhand, werden schließlich alleine die Interessen des Sicherungsgebers überwiegen.

Im zweiten Schritt wird nachweisbar sein, dass der Grundschuldsicherungsvertrag in jeder Phase seiner Entwicklung durch eine Interessenwahrung und –Wahrnehmung durch den Sicherungsnehmer gekennzeichnet ist und der Trauhandcharakter des Sicherungsvertrages erkennbar wird.

Im Rahmen dieser Darstellung können nicht alle relevanten treuhänderischen Verpflichtungen des Grundschuldgläubigers und sämtliche Rechtsfragen, die mit der Qualifikation des Sicherungsvertrages als Treuhandverhältnis einhergehen, zur Sprache gebracht werden. Die nachfolgende Untersuchung wird sich daher darauf beschränken, einzelne Konstellationen und Problemstellungen vertieft zu behandeln, die in jüngerer Zeit sowohl Bankpraxis, als auch die Rechtsprechung beschäftigt haben.

A. Die Allgemeine Bedeutung von Parteiinteressen

Die Interessenlage der Beteiligten wurde schon früh als Anknüpfungspunkt gewählt, um Vertragsverhältnisse zu systematisieren.[1] Diese Einteilung hat sich bis heute gehalten.[2] Systematisierung bedeutet an dieser Stelle zunächst nur, dass die Interessenstruktur als Ordnungsbegriff Verwendung findet, ohne dass damit Rechtsfolgen verbunden wären. Man könnte in sofern den Eindruck gewinnen, dass der bei einem Vertragsverhältnis festzustellenden Interessenlage lediglich Beschreibungsfunktion zukommt.

Gleichwohl ist die Bedeutung von Parteiinteressen wesentlich tiefgreifender und erschöpft sich nicht alleine in der vorgenannten Funktion. Das gesamte bürgerliche Recht ist seiner Entstehungsgeschichte nach maßgeblich durch den verfassungsrechtlich abgesicherten Grundgedanken der Vertragsfreiheit, der Privatautonomie,[3] geprägt.[4] Danach ist jedem Individuum die Möglichkeit gegeben, seine Rechtsverhältnisse nach freier Willensentscheidung im Rahmen der geltenden Rechtsordnung frei gestalten zu können.[5] Dem Einzelnen wird auf diesem Weg die Fähigkeit verliehen, den eigenen Vorstellungen und Bedürfnissen durch private Rechtsgestaltung Ausdruck zu verleihen und zum Durchbruch zu verhelfen.[6] Vor diesem Hintergrund ist jedwede Art von vertraglicher Vereinbarung nichts anderes, als ein „funktionales Mittel“ zur Durchsetzung der eigenen Interessen.[7] Die Interessen der Beteiligten dienen daher als Anreiz zur Eingehung und Ausgestaltung schuldrechtlicher Sonderbeziehungen und erweisen sich auf diese Weise als Ausdruck der Individualität der Vertragsparteien.

---

1 Erstmals *Rumpf*, AcP 119 (1921); S. 53 ff. nahm eine derartige Unterteilung vor.

2 Vgl. statt Vieler: MüKo/*Ulmer* Vor § 705 Rn. 104 ff.; *Oetker*, Das Dauerschuldverhältnis, S. 233 ff.; *Weller*, Vertragstreue, S. 197.

3 Die beiden Begriffe finden synonym Verwendung, Unterschiede sind damit nicht verbunden. Vgl.: *Busche*, Privatautonomie und Kontrahierungszwang, S. 13, insbes. Fn. 2.

4 Für die Bedeutung der Privatautonomie bei der Entstehungsgeschichte des BGB vgl.: Staudinger Eckpfeiler/*Honsell* S. 7; ders. Staudinger/*Honsell* Einl. zum BGB Rn. 34. Zur verfassungsrechtlichen Absicherung: BVErfGE 74, 129, 151 f.

5 Vgl: BVerfGE 72, 155, 170; 81, 242, 254.

6 Ähnlich auch *Adomeit*, Gestaltungsrechte, Rechtsgeschäfte, Ansprüche, S. 21, der von „Ermächtigungen des Einzelnen zum Einwirken auf Rechtslagen“ spricht.

7 *Busche*, Privatautonomie und kontrahierungszwang, S. 63 f.; *Cziupka*, Dispositives Vertragsrecht, S. 299, spricht davon, dass ein Vertrag „Produkt“ eines gemeinsamen Willens der Parteien sein kann.

Daneben darf nicht verkannt werden, dass die Parteiinteressen zugleich bei lückenhafter vertraglicher Regelung und aufkommenden Konfliktlagen herangezogen werden müssen, um eine tragbare Lösung für alle Beteiligten finden zu können.[8] Der Rekurs auf die Parteiinteressen leistet daher einen unverzichtbaren Beitrag zur Rechtsfindung und Problemlösung, gerade im Rahmen gesetzlich nicht näher geregelter Vertragsverhältnisse.

Es lässt sich daher festhalten, dass den Parteiinteressen sowohl Motivations- und Kreationsfunktion in der Begründungsphase eines jeden Vertragsverhältnisses, als auch Ausgleichs- und Bewertungsfunktion im aktiven Vertragsstadium zur Rechtsfindung und Lösung von Konfliktlagen zukommt. Vor diesem Hintergrund kommt eine, auch an Rechtsfolgen orientierte Darstellung nicht umhin, sich den Parteiinteressen bei der umfassenden Beleuchtung eines Vertragsverhältnisses näher zuzuwenden.

B. Die Interessenlage in der Grundschuldsicherungstreuhand

I. Die herkömmliche Auffassung

Die eingehende Befassung mit der Thematik der Sicherungsgeschäfte, bei der der Fokus insbesondere auf der Interessenlage der Beteiligten gelegt wird, fördert nach recht kurzer Zeit zu Tage, dass die bisherigen Untersuchungen scheinbar von einer besonders einseitigen Perspektive vorgenommen werden. An früherer Stelle der hiesigen Darstellung konnte aufgezeigt werden, dass überwiegend von Seiten des Sicherungsnehmers argumentiert wird und sich letztlich die Auffassung durchsetzt, jedwedes Sicherungsgeschäft diene in aller Regel dazu, vorhandene Risiken auf Seiten des Sicherungsnehmers einzudämmen, dem alleine zu diesem Zweck die Sicherheit gestellt werde.[9] Entsprechend den allgemeinen Entwicklungen in der Dogmatik der Sicherungsrechte, werden die gefundenen Erkenntnisse auf den Sicherungsvertrag der Grundschuld übertragen.[10] Diese Herangehensweise hat sich auch in der literarischen Darstellung niedergeschlagen, wo häufiger zu

8 *Stoffels*, Gesetzlich nicht geregelte Schuldverhältnisse, S. 6.

9 Bereits hierzu oben: § 3 C I 2).

10 Vgl.: die Darstellung zu den Einordnungsversuchen des Sicherungsvertrages der Grundschuld, oben § 2 B.; D.

lesen ist, dass im bestehenden Sicherungsverhältnis einzig und alleine die Interessen des Sicherungsnehmers ausschlaggebend seien.[11]

Die eingeschlagene Blickrichtung hat einerseits dazu geführt, eine ganze Rechtsfigur, die Sicherungstreuhand, mit dem Attribut der „Eigennützigkeit" zu versehen und die einseitige Interessenbetrachtung damit auch begrifflich zu zementieren.[12] Diese Entwicklung darf für sich in Anspruch nehmen, eine gewisse Besonderheit darzustellen, wurde doch auf diesem Weg der Begriff des Eigennutzes paradigmatisch für die Charakterisierung eines gesamten Rechtsverhältnisses. Man darf jedoch davon ausgehen, dass mit dieser Entwicklung nicht die weitere Untersuchung zum Stillstand gebracht werden sollte, sondern sowohl die Wahl der Perspektive, als auch die der Begrifflichkeit lediglich dazu herangezogen wurden, die abstrakte, bisweilen schwer zu durchdringenden Materie, mit einer gewissen Anschaulichkeit auszustatten.[13]

Zu beklagen ist allerdings, dass gerade in Bezug auf die Interessenrichtungen, die Untersuchungen nicht in dem Umfang vorangetrieben worden sind, wie es hätte erfolgen können. Durch die stetige Tradierung der einseitigen Sichtweise ist der wissenschaftliche Fortschritt ins Stocken geraten, was zur Folge hatte, dass eine Hinterfragung und ein damit verbundener Perspektivwechsel, kaum stattgefunden hat.[14] Die eingeschlagene Linie wurde fortgeführt, was letztlich dazu führte, dass einige Vertreter eine strikte Trennung von Sicherungsgeschäften

---

11 Vgl.: *Bülow*, Recht der Kreditsicherheiten, Rn. 1, der im Einleitungsteil betont, dass Verlangen nach Kreditsicherung nichts anderes als „Ausdruck von Misstrauen" des Sicherungsnehmers sei. Auch Staudinger Eckpfeiler/ *Kessal-Wulf*, die ebenfalls in ihrer Darstellung das Sicherungsbedürfnis des Kreditgebers betont.

12 Eigennutz und Sicherung werden im Treuhandrecht synonym verwendet. Statt vieler: *Gernhuber*, JuS 1988, S. 357; Staudinger/*Martinek* Vorbem. zu §§ 662 ff Rn. 42 f.

13 Oben bereits § 3 B.III.

14 Einzig *Gerhnhuber*, JuS 1998, S. 357 weist darauf hin, dass die Sicherungstreuhand auch dem Sicherungsnehmer Nutzen bringen kann. Ähnlich auch *Henssler*, AcP 196 (1996) S. 43, der zu im Zusammenhang mit der Kategorisierung der Treuhand zu bedenken gibt, dass sich Eigen- und Fremdnützigkeit nicht notwendig ausschließen müssen. Schließlich *Becker*, Die fiducie von Québec und der trust, S. 80, der davon ausgeht, dass ein jedes Sicherungsgeschäft sämtlichen Beteiligten nutzt. Dieser Umstand bewog schon Westermann dazu, von gleichgerichteten Interessen der Beteiligten eines Sicherungsgeschäftes auszugehen, die in einen Interessengegensatz umschlägt, wenn der Verwertungsfall eintritt. Näher hierzu: *Westermann*, Interessenkollisionen und ihre richterliche Wertung bei den Sicherungsrechten an Fahrnis und Forderungen, S. 9.

und Treuhandverhältnissen forderten,[15] ohne aber eine umfassende Betrachtung der Interessenlage der Beteiligten an einem Sicherungsgeschäft vorzunehmen, geschweige denn die Besonderheiten der Grundschuldsicherung in ihre Betrachtungen miteinzubeziehen. Dies zeigt sich insbesondere, wenn auch in neueren Darstellungen, in denen eine strikte Trennung der beiden Rechtsverhältnisse vorgenommen wird, davon die Rede ist, dass sich die an einem Sicherungsgeschäft beteiligten Parteien gleichsam als „Antagonisten" gegenüberstünden und damit eine Interessenlage feststellbar wäre, die mit dem Wesen der Treuhand nicht vereinbar sei.[16] Die Unsicherheiten, die mit der Interessenlage eines Sicherungsgeschäftes einhergehen, setzen sich auf der Rechtsfolgenebene fort. Wenn Ausführungen über Umfang und Reichweite treuhänderischer Verpflichtungen des Sicherungsnehmers folgen, liest man selbst bei den Befürwortern der Sicherungstreuhand häufig lediglich, dass sich der Treuhänder vor der Verwertung des Sicherungsgutes stets an die Grenzen der schuldrechtlichen Sicherungsvereinbarung zu halten habe.[17]

Dieser Ansatz ist, vor dem Hintergrund eines Treuhandverständnisses, welches die Fremdinteressenwahrnehmung als Kerngedanke eines jeden Treuhandverhältnisses ansieht, zugegebenermaßen nicht sonderlich ergiebig. Insofern ist es zu begrüßen, dass zum Teil darauf hingewiesen wird, dass den Sicherungsnehmer eine echte Rechtspflicht treffe, die Interessen des Sicherungsnehmers wahrzunehmen.[18] Hiermit wird zumindest auf allgemeiner Ebene, das treuhänderische Element des Sicherungsgeschäftes betont und das Bestehen treuhänderischer Verpflichtungen im Sinne echter Rechtspflichten präzisiert.

Gleichwohl ist es gerade bei dem Sicherungsvertrag als schuldrechtliche Grundlage der Grundschuldsicherungstreuhand, bislang kaum gelungen, diesen bedeutenden Aspekt mit konkreten treuhänderischen Verpflichtungen des sicherungsnehmenden Grundschuldgläubigers zu veranschaulichen. Auch in diesem Zusammenhang wird selbst von Befürwortern der Sicherungstreuhand lediglich darauf verwiesen, dass der Eingang des Sicherungsgeschäftes lediglich zur Absicherung des Sicherungsnehmers vorgenommen werde, wobei dieser stets

---

15 So etwa Staudinger/*Wiegand* §§ 929 ff. Rn. 9.

16 Vgl.: *Löhnig*, Treuhand, S. 123, der diesen Umstand erneut zum Anlass nimmt die Sicherungsgeschäfte von den Treuhandverhältnissen zu separieren.

17 So schon *Walter*, Unmittelbarkeitsprinzip, S. 46 f.

18 Staudinger/*Martinek* Vorbem zu §§ 662 ff. Rn. 44.

Schutzpflichten gegenüber dem Sicherungsgeber zu erfüllen habe.[19] Offen bleibt allerdings zu oft, worin diese Verpflichtungen gegenüber dem Sicherungsgeber zu erblicken sein sollen. Legt man, wie bei den hiesigen Untersuchungen ein Treuhandverständnis zu Grunde, welches durch eine Fremdinteressenwahrnehmung in Form einer Interessensubordination geprägt ist,[20] so wird deutlich, dass alleine der Verweis auf gesteigerte Schutz- und Treuepflichten in diesem Zusammenhang als unzureichend bezeichnet werden muss.

Mit diesen Aufarbeitungen ist die Grundstruktur der nachfolgenden Untersuchung vorgegeben, die unter Rückgriff auf die verschiedenen Perspektiven des Grundschuldsicherungsgeschäftes versuchen wird, die dogmatische Annahme des ersten Teiles der Arbeit, im Grundschuldsicherungsvertrag ein besonderes Treuhandverhältnis zu erblicken, durch praxisrelevante Fallgestaltungen, bei denen die treuhänderischen Verpflichtungen des Sicherungsnehmers in den Vordergrund gestellt werden, mit Leben zu füllen.

II. Eigene Auffassung

1) Gläubigerinteressen bei der Kreditsicherung durch Grundschulden

Wenn Kredite vergeben werden besteht das Risiko, dass Zins- und Tilgungsleistungen durch den Darlehensnehmer nicht mehr erbracht werden können und dem Darlehensgeber Ausfälle drohen. Diese Gefahr wird als Kreditausfallrisiko bezeichnet.[21] Nehmen die Banken nun Sicherheiten entgegen, die Gewähr dafür leisten sollen, dass trotz Zahlungsunwilligkeit oder Zahlungsunfähigkeit die Forderungen des Darlehensgebers ausgeglichen werden können, so wird letztlich Vorsorge für ein zukünftiges, unsicheres Ereignis betrieben.[22] Die institutionellen

---

19 In diesem restriktiven Sinne etwa: MüKo/*Eickmann* § 1191 Rn. 14; ähnlich auch Staudinger/*Wolfsteiner* Vor §§ 1191 ff. Rn. 27.

20 Zum Verständnis der Rechtsfigur des Subordinationsverhältnisses näher Staudinger/*Martinek* Vorbem zu §§ 662 ff. Rn. 19 ff., insbesondere Rn. 26.

21 Vgl.: *Spremann/Gantenbein*, Kapitalmärkte, S. 150; ähnlich auch *Claussen/Erne*, Bank- und Börsenrecht, § 8 Rn. 128 ff.

22 *Gröhl* in Ahnert/Engel/Rohleder, Handbuch Firmenkreditgeschäft, S. 158. Dies wird auch bei näherer Betrachtung der Sicherungszweckvereinbarungen einer Grundschuld deutlich, wonach die Grundschuld „zur Sicherheit für alle Forderungen (Hauptsumme, Zinsen und Kosten, sowie etwaige gesetzliche Ansprüche) aus Darlehen-Nr.… gesichert werden.“ So das Formular einer begrenzten Sicherungszweckerklärung bei *Gaberdiel*, Kreditsicherung durch Grundschulden, Anhang 7 Rn. 3.

Geldverleiher, namentlich die Banken, sichern sich auf diesem Weg gegen Verluste ab, die ihnen aus dem Ausbleiben der Rückzahlung der Darlehensvaluta entstehen können. Andererseits werden auch Gefahren im Zusammenhang mit den zu erbringenden Zinsleistungen des Darlehensnehmers eingeschränkt. Sicherheiten sollen auch die über die Laufzeit des Darlehensverhältnisses zu erbringenden Zinsen, die das Entgelt für die Überlassung des Kapitals auf Zeit darstellen,[23] absichern.[24] Banken erwirtschaften mit den Zinszahlungen ihrer Darlehensnehmer Gewinne, so dass deren Absicherung Gewähr für die eigene Ertragslage bietet.[25]

Der Vorteil, der mit der Einräumung einer dinglichen Sicherheit verbunden ist, realisiert sich für den Darlehensgeber am augenscheinlichsten, wenn der Verwertungsfall eintritt. Ist ihm eine Grundschuld bestellt worden, so steht ein Haftungsgegenstand zur Verfügung, auf den der Gläubiger im Wege der Vollstreckung „exklusiv" zugreifen kann. Ist der Verwertungsfall zugleich mit einer Insolvenz des jeweiligen Schuldners verbunden, steht dem Grundschuldgläubiger ein Recht auf abgesonderte Befriedigung nach § 49 InsO zu,[26] womit trotz des laufenden Insolvenzverfahrens, die Zwangsversteigerung in das jeweils haftende Grundstück betrieben werden kann. Der Insolvenzverwalter ist zwar gem. § 165 InsO in der Lage auch Gegenstände, an denen Absonderungsrechte bestehen einer Verwertung zuzuführen, muss dann aber bei der Erlösverteilung gem. § 170 I S. 2 InsO nach vorheriger Entnahme der jeweiligen Feststellungs- und Verwertungskosten, den Erlös an den Gläubiger auskehren. Die Absonderungsberechtigung des Grundpfandrechtsgläubigers lässt diesen im Ergebnis zwar am Insolvenzverfahren teilhaben, allerdings in privilegierter Form, so dass statt quotaler Befriedigung, die Absonderung und

23 Der Zinsbegriff wird vom Gesetz nicht näher definiert, so schon RGZ 168, 285. Auf diesem Weg hat sich der Begriff der, in der Finanzmathematik gebräuchlich ist, durchgesetzt. Vgl.: *Dobbener*, Analysis, 2.3 S. 77. Diese Definition ist in der Rechtswissenschaft übernommen worden. Vgl.: BGH NJW 1979, 541, 806; NJW-RR 1992, 592; Palandt/*Heinrichs* § 246 Rn. 2; *Canaris*, NJW 1978, 1891, 1892.

24 So auch *Rohleder* in Ahnert/Engel/Rohleder, Handbuch Firmenkreditgeschäft, S. 391.

25 Der Darlehenszinssatz setzt sich aus Geldeinstandskosten und der Bankmarge zusammen. Diese besteht aus den Kosten, die dem Institut im Zusammenhang mit dem Kredit entstehen und einem Gewinnzuschlag. Näher hierzu *Gröhl* in Ahnert/Engel/Rohleder, Handbuch Firmenkreditgeschäft, S. 159.

26 *Jacoby* in Derleder/Knops/Bamberger, Handbuch zum deutschen und europäischen Bankrecht, § 24 Rn. 84; Palandt/*Bassenge* § 1191 Rn. 43.

Verwertung außerhalb des laufenden Verfahrens zu Gunsten des jeweiligen Gläubigers stattfindet.[27]

Idealerweise hat der darlehensausreichende Gläubiger die eingeholten Sicherheit ökonomisch ausreichend dimensioniert, so dass in jedem Stadium des Darlehensverhältnisses eine Befriedigung sichergestellt und ein Ausfallrisiko kaum zu befürchten ist.[28] Insbesondere erstrangigen Grundpfandrechten kommt dabei besonders hohe Risikoabsorptionsfunktion zu.[29]

Um diese Sicherungswirkungen der Grundschuldsicherung voll zur Geltung kommen zu lassen, sind ökonomische Bewertungen des haftenden Grundstücks unerlässlich. In der Praxis muss deshalb vor einer Entscheidung über die Kreditvergabe grundsätzlich ein Beleihungswertverfahren durchgeführt werden,[30] um die Wertgrenze festzulegen, die Auskunft darüber erteilt, bis zu welchem Umfang Kredite risikoarm durch ein Grundpfandrecht am Sicherungsobjekt abgesichert werden können.[31] Bei der konkreten Ermittlung ergeben sich Anforderungen aus § 16 II S. 1 PfandbriefG, wonach nur die dauernden Eigenschaften des Grundstückes, sowie die mit ihm erzielbaren Erträge bei der Berechnung berücksichtigt werden dürfen.[32] Spekulative Aspekte dürfen gem. § 16 II S. 2 PfandbriefG keine Berücksichtigung finden, um die Transparenz der Wertermittlung nicht zu gefährden. Der ermittelte Beleihungswert darf den Verkehrswert des Grundstückes gem. § 16 II S. 3 PfandbriefG nicht überschreiten. Weitere Einzelheiten und Anforderungen an das Bewertungsverfahren sind in der Verordnung zur Ermittlung von Beleihungswerten nach § 16 I und II des Pfandbriefgesetzes (BelWertV) niedergelegt.[33] Dieser Grundsatz der umfangreichen und strengen Wertermittlung

27 *Bamberger* in Knops/Bamberger/Maier-Rainer, Recht der Sanierungsfinanzierung § 16 Rn. 243.

28 Duttle, Ökonomische Analyse dinglicher Sicherheiten im Insolvenzverfahren, 2.2.1., S. 85.

29 Ähnlich auch *Adams*, Ökonomische Analyse der Sicherungsrechte, S. 121.

30 Gem. § 16 I PfandbriefG ist diese Wertermittlung durch einen Gutachter durchzuführen, der mit der Kreditvergabeentscheidung nicht befasst ist. Auf diesem Weg soll eine unabhängige, sachliche Wertermittlung gewährleistet werden.

31 *Kofner*, Wohnungsmarkt und Wohnungswirtschaft, 5.3.1.3, S. 80, spricht davon, dass die Beleihungswertermittlung den Finanzierungsrahmen vorgibt.

32 *Gröhl* in Ahnert/Engelt/Rohleder, Handbuch Firmenkreditgeschäft, S. 178.

33 Beleihungswertermittlungsverordnung-BelWertV vom 12. Mai 2006 (BGBL. I S. 1175), geändert durch Art. 1 der Verordnung vom 16. September 2009 (BGBL. I S. 3041).

wird für das Massengeschäft der Kleinkreditvergabe bis zum Höchstbetrag von 400000 € zu privaten Nutzzwecken in einzelnen Punkten erleichtert.[34]

Der auf diese Weise ermittelte Beleihungswert darf nur bis zu einer gewissen Grenze (Beleihungsgrenze) im Rahmen der Besicherung ausgereizt werden, wenn das kreditvergebende Institut sich nicht seine eigene Refinanzierungsmöglichkeit durch die Ausgabe von Pfandbriefen abschneiden will.[35] Für die Sicherung von Krediten durch Grundschulden liegt die Beleihungsgrenze nach § 18 I iVm. § 14 PfandbriefG bei 60 % des Grundstücksbeleihungswertes.[36] Die vorgehend erläuterten Beleihungswertermittlungsgrundlagen gelten über den Anwendungsbereich des PfandbriefG hinaus und werden im gesamten Kreditgeschäft angewandt.[37]

Auf Seiten des Kreditgebers sind mit der Hereinnahme von Sicherheiten daher Aspekte der Risikovorsorge, mit solchen der Sicherung der eigenen Ertragslage verbunden. Insofern haben Banken ein reges Interesse daran, Sicherheiten für ihre Forderungen zu erhalten und für den Verwertungsfall hieraus Nutzen zu ziehen. Das Verlangen nach dinglichen Sicherheiten entspricht daher dem Usus von Banken und anderen institutionellen Darlehensgebern.[38]

2) Bedeutung der Grundschuldsicherung für das globale Finanz- und Wirtschaftssystem

Es hat sich gezeigt, dass Kredite häufig nur vergeben werden können, wenn entsprechende Sicherheiten angeboten werden können, die in der Lage sind, vorhandene Risiken des jeweiligen Geschäfts abzufedern. Bedenkt man die enorme Bedeutung der Kreditfinanzierung für das Wirtschaftssystem, unabhängig davon, ob es sich um private Darlehensnehmer oder Unternehmen handelt, so kann die

34 Erleichterungen ergeben sich aus § 24 I BelWertV. Näher hierzu: *Koppmann*, Gedeckte Schuldverschreibungen und Deutschland und Großbritannien, § 9 S. 183.

35 *Hutner* in Balensiefen/Bönker/Geiger/Schaller, Rechtshandbuch für die Immobilienpraxis, 8.2, S. 259.

36 In der Praxis wird diese Grenze zu meist von besonders vorsichtig agierenden Instituten unterschritten, die nur bis zu 50 % des Beleihungswertes als Darlehen ausreichen. Näher hierzu: *Gröhl* in Ahnert/Engel/Rohleder, Handbuch Firmenkreditgeschäft, S. 178.

37 *Pitschke/Holter* in Schulte, Immobilienökonomie, 5.4.2.1, S. 572.

38 *Kritikos/Bolle*, FS Timmermann, S. 134, insbesondere Fn. 4, mit dem Hinweis darauf, dass lediglich in Entwicklungsländern Blankokredite gewährt würden, deren Absicherung durch entsprechend hohe Zinssätze und Androhung von Gewalt erfolge.

Kreditsicherung und die Grundschuldsicherung, wegen ihres besonderes hohen Risikoabsorptionseffekts im Besonderen, als unverzichtbares Element der Kapitalwirtschaft angesehen werden.[39]

a) Wirtschaftliche Grundlagen der Bankenwirtschaft als Motor der Kreditvergabe

Gleichwohl ist ein weiterer, wesentlich entscheidender Gesichtspunkt zu beachten, der gerade im Zusammenhang mit der jüngsten weltweiten Finanzkrise, beginnend ab dem Jahr 2008, ungemein an Bedeutung gewonnen hat.

Die größten Kreditgeber sind zweifelsohne die Banken, die durch ihr Kreditvergabeverhalten in der Lage sind, die gesamtwirtschaftliche Konjunkturlage zu beeinflussen.[40] In aller erster Linie arbeiten Banken dabei mit fremdem Kapital, etwa bestehend aus Kundeneinlagen und Refinanzierungsmitteln, die am Kapitalmarkt aufgenommen werden.[41] Sie müssen daher ihren Gläubigern Gewähr dafür leisten, im Falle der Fälligkeit, die überlassenen Mittel zurückzahlen zu können.[42] Das Vertrauen der Wirtschaft und der Bevölkerung in die Funktion und Stabilität des Bankensystems ist ein essenzieller Faktor einer jeden Volkswirtschaft.[43] Um daher die Stabilität des gesamten Finanzsystems nicht zu gefährden, müssen Banken aufsichtsrechtliche Vorgaben beachten, deren Einhaltung von staatlicher Seite, in Deutschland durch die Bundesbank und vor allem die Bundesanstalt für Finanzdienstleistungsaufsicht (BaFin), überwacht werden. Die Bankenaufsicht verfolgt dabei in erster Linie das Ziel, im Interesse der gesamtwirtschaftlichen Entwicklung das Vertrauen der Bankengläubiger zu stärken und die Zahlungsfähigkeit der

---

39 *Brinkmann*, Kreditsicherheiten an beweglichen Sachen und Forderungen, S. 73, weist im Rahmen seiner Untersuchungen zu beweglichen Kreditsicherheiten und Forderungen daraufhin, dass insolvenzfeste Sicherheiten unverzichtbar für das Wirtschaftswachstum seien.

40 *Neuberger*, Kreditvergabe durch Banken, S. 2, mit dem Hinweis, dass schon Keynes auf diesen Umstand hingewiesen habe.

41 Vgl.: *Pitschke/Holter* in Schulte, Immobilienökonomie Bd. IV, 5.4.2.2, S. 572.

42 Ähnlich *Fischer* in Schimansky/Bunte/Lwowski, Bankrechtshandbuch, § 125 Rn. 17, der auf die besondere „Vertrauensempfindlichkeit" der Anleger und Sparer bei Bankenkrisen hinweist.

43 So auch *Pannen*, in der 29. Sitzung des Finanzausschusses des Deutschen Bundestages zu BT-Drucks. 17/3024, zu entnehmen aus dem Wortprotokoll der öffentlichen Sitzung v. 06.10.2010, S. 37, der in diesem Zusammenhang davon spricht, dass bei einem Vertrauensverlust der Anleger und Sparer es zu dem gefürchteten „Run auf die Schalter" kommen kann.

Kreditinstitute überwachen und zugleich die ordnungsgemäße Durchführung von Bankgeschäften zu kontrollieren.[44]

b) Bedeutung des Bankeneigenkapitals vor dem Hintergrund der aktuellen Finanzkrise

Nachfolgend soll zunächst die Bedeutung des Bankeneigenkapitals, insbesondere vor dem Hintergrund der aktuellen Finanzkrise, näher beleuchtet werden. Daran anschließend wird der Zusammenhang zwischen Bankeneigenkapital und der Grundschuldsicherung in den Fokus der Betrachtungen gestellt. Es wird nachweisbar sein, dass die Kreditsicherung mittels Grundschulden einen Beitrag zur Stabilisierung des Banken- und Finanzsystems zu leisten im Stande ist und darüber hinaus die Wirtschaftskraft der Institute stärken kann, so dass damit positive Effekte für die gesamte Finanzwirtschaft verbunden sind.

Trotz des Vorhandenseins einer Bankaufsicht soll nicht der Eindruck entstehen, Risikosteuerung und Vorsorge sei ausschließlich fremdbestimmt. In aller erster Linie müssen auch Banken im laufenden Geschäftsbetrieb Risikovorsorge betreiben, um ihre Wirtschaftskraft aufrechtzuerhalten und die Einlagen der Gläubiger nicht zu gefährden. Spätestens seit dem 15. September 2008, als Lehman Brothers, eine amerikanische Investmentbank mit über 158-jähriger Geschichte, Konkurs anmelden musste und in Folge dessen die Stabilität des weltweiten Finanzsystems ins Wanken geriet, was ein Szenario in Gang gesetzt, welches für Politiker und selbst für Finanzexperten kaum denkbar war,[45] dürfte offensichtlich sein, dass alleine die Bemühungen der Banken nach Risikovorsorge nicht ausreichend waren. Seitdem besteht jedenfalls Einigkeit darüber, dass durch die Insolvenz eines einzelnen Instituts nicht nur Gefahren für Gläubiger und Spareinleger der jeweiligen Bank drohen, sondern das gesamte globale Finanzsystem zusammenbrechen kann. Im konkreten Fall soll der Zusammenbruch der damals viertgrößten amerikanischen Investmentbank Lehman Brothers, weltweite Verluste in Höhe von 15 Billionen Dollar verursacht haben.[46] Vor diesem Hintergrund hat daher die Wirtschaftskraft von Banken und Finanzinstituten einen besonders hohen Stellenwert.

Die Wirtschaftskraft und Krisenfestigkeit eines jeden Unternehmens steht dabei in untrennbarem Zusammenhang mit seiner Kapitalausstattung. Das Vermögen

---

44 *Fischer* in Schimansky/Bunte/Lwowski/Fischer, Bankrechtshandbuch, § 125 Rn. 19.

45 So *Häcker* in Dillerup/Haberlandt/Vogler, Heilbronner Beiträge zur Unternehmensführung, S. 88.

46 So eine Hochrechnung von Spiegel-Online. Abrufbar am 19.06.2012 unter: http://www.spiegel.de/thema/insolvenz_lehman_brothers_2008.

des Unternehmens, das sogenannte Eigenkapital, wird gebraucht, um Risiken aus dem Geschäftsbetrieb abzufedern, die sonst auf die Fremdgeldgeber durchgereicht werden müssten.[47] Im Kern übernimmt das Eigenkapital damit eine „Pufferfunktion", um ein ungerechtfertigtes direktes Durchschlagen von Risiken, die einzig und allein aus dem operativen Geschäft des Unternehmens resultieren, auf die Einlagen der Fremdgeldgeber zu verhindern.[48]

Gerade amerikanische Investmentbanken waren aber in den Jahren vor der Krise systematisch dazu übergegangen das von ihnen vorgehaltene Eigenkapital immer weiter zu reduzieren, um auch mit diesem Geld arbeiten zu können und im Sinne des damals noch unangefochtenen Grundökonomieprinzips des „Shareholder Value" stetig steigende Eigenkapitalrenditen von bis zu 25% zu erreichen.[49] Dieses Vorgehen sicherte den Investmentbanken in krisenfernen Zeiten astronomische Gewinne, beschleunigte aber in der Finanzkrise die Gefährdung ihrer Existenz. Sobald die Märkte spürbar nachgaben, die einzelnen Institute sich mit Verlusten konfrontiert sahen, die es auszugleichen galt, fehlte der entsprechende Ausgleichsfaktor in Form des Bankeneigenkapitals.[50] Zusätzlich waren insbesondere amerikanische Banken dazu übergegangen, immer risikoreichere Immobilienkredite zu vergeben, bei denen massive Ausfallrisiken in Kauf genommen worden waren. Diese drohten aber die Bilanzen massiv zu beeinträchtigen, da erwartete Verluste ausgewiesen werden mussten.

Um dies zu verhindern, begann man die risikoreichen und ausfallträchtigen Kreditarrangements auf Zweckgesellschaften zu übertragen, die die Forderungen aus den Kreditarrangements in Wertpapieren verbrieften und mit ihnen Handel trieben, womit letztlich das Ausfallrisiko auf den Kapitalmarkt verlagert werden

---

47 *Drukarczyk*, Finanzierung, S. 264.

48 Ähnlich auch *Wolke*, Risikomanagement, 3.1., S. 81, der unter Verwendung diese Begriffes darauf hinweist, dass Risikovorsorge im Unternehmen durch Erhöhung des Eigenkapitals betrieben werden kann.

49 Als „Maß aller Dinge" galt insoweit bis vor der Finanzkrise bei amerikanischen Investmentbanken eine Eigenkapitalrendite von 25 %. So etwas die Financial Times Deutschland, vom 02.04.2012, abrufbar unter: http://www.ftd.de/finanzen/investmentfonds/:investmentbanking-vorwaerts-immer-rueckwaerts-nimmer/70017614.html. Auch in Deutschland wurde diese Rendite als anstrebenswert erachtet, etwa durch die „25 %-Grenze" der Deutschen Bank." Näher hierzu: Horn/ von Schrottenberg, Ganzheitliche Finanzplanung, S. 50.

50 *Sinn* in „Glücksrittertum der Moderne", Artikel aus der Sueddeutschen Zeitung vom 16.12.2008, abrufbar unter: http://www.sueddeutsche.de/wirtschaft/ifo-chef-sinn-zur-finanzkrise-gluecksrittertum-der-moderne-1.384255.

sollte.[51] Während für die Banken Mindestanforderungen für die Eigenkapitalausstattung zu beachten waren, konnten über diese Zweckgesellschaften immer risikoreichere Geschäfte getätigt werden, ohne Eigenkapitalvorschriften beachten zu müssen. Mit dieser Taktik schaffte es die amerikanische Bankenwirtschaft ihre ungenügende Eigenkapitalausstattung zu verschleiern, obwohl immer risikoreicheren Kreditvergaben durch immer geringere Eigenkapitalmittel unterlegt und damit abgesichert waren.[52] Letztlich schlug diese Verschleierungstaktik ab dem Jahr 2007 jedoch wieder auf die auslagernden Banken zurück, da die in Wertpapieren verbrieften Forderungen auf dem Kapitalmarkt nicht mehr nachgefragt wurden[53] und somit die beabsichtigte Risikoverlagerung auf den Kapitalmarkt nicht mehr funktionierte. Kam es nun zu Ausfällen bei den verbrieften Forderungen, musste zunächst die Zweckgesellschaft hierfür aufkommen. Da diese von ihren Banken nicht mit Eigenkapital ausgestattet worden waren, sondern stattdessen lediglich über Finanzierungszusagen der ausgliedernden Banken verfügten, mussten letztlich doch die Banken die Verluste der Zweckgesellschaften ausgleichen.[54] Aufgrund der beschriebenen Effekte verkehrte sich die Ausgliederungstechnik also in ihr Gegenteil, belastete über die gegebenen Finanzierungszusagen die Bilanzen der Banken und brachte sie aufgrund mangelnder Eigenkapitalausstattung in massive Schwierigkeiten. Die knappen Eigenkapitalbestände einiger Investmentbanken waren durch die aufkommenden Verluste schnell aufgezehrt, so dass Notenbanken einspringen mussten oder Bankenübernahmen stattfanden, um drohende Insolvenzen abzuwenden und die Intensität der Krise nicht noch weiter zu verschärfen.[55]

Dieser Aspekt der Finanzkrise zeigt eindrücklich, dass zum Erhalt eines stabilen Finanzsystems eine ausreichende Eigenkapitalausstattung der Banken von

---

51 Ähnlich: *Yamik*, Die Rolle der Verbriefung in der aktuellen Finanzkrise, S. 2.

52 *Michler/Smeets*, Fie Finanzkrise, S. 10, mit dem Hinweis darauf, dass auch in Deutschland die Verbriefungsstrategie um sich gegriffen habe. So soll etwa die Landesbank Sachsen eine derartige Zweckgesellschaft unterhalten, die in Wertpapieren verbriefte Forderungen im Wert von ca. 18,11 Milliarden USD verwaltet. Auch die Landesbank Baden. Württemberg soll in den Bilanzen ihrer Zweckgesellschaft Papiere im Wert von 8,45 Milliarden USD ausweisen.

53 *Michler/Smeets*, Die Finanzkrise, S. 10.

54 *Müller/Smeets*, Die Fianzkrise, S. 10.

55 *Lang*, Neue Theorie des Managements, S. 63 führt an, dass etwa die amerikanische Notenbank, die „Bank of America“ die Investmentbank Merill Lynch aufkaufte und bedeutende Bankhäuser wie Bear Stearns und Washington Mutual von JP Morgan Chase übernommen wurden.

Nöten ist, um in Zeiten wirtschaftlicher Unsicherheit Rücklagen vorzuhalten, die im Fall der Fälle zum Ausgleich von Verlusten herangezogen werden können. Auf diesem Wege ist es vermeidbar, dass die Krise eines einzelnen Instituts über Umwege letztlich doch Auswirkungen auf die gesamtwirtschaftliche Entwicklung hat.

c) Funktion und Bedeutung einer staatenübergreifenden Bankenaufsicht

Die aktuelle Krise beweist einmal mehr, dass zur dauerhaften Stabilisierung und Aufrechterhaltung des Finanzsystems staatliche Regelungen erforderlich sind.[56] Alleine auf die Selbstregulierung der Bankenwirtschaft zu setzten, ist ein risikoreiches Unterfangen, welches ersichtlich nicht funktioniert hat und letztlich die gesamtwirtschaftliche Entwicklung gefährdet hat.[57]

Die grundlegende Befassung mit dieser Thematik setzt zunächst voraus, dass man sich vor Augen führt, dass Finanzmärkte anderen Regelungen folgen, als Märkte, auf denen mit Gütern gehandelt wird. Finanzströme brauchen in Zeiten multimedialer Vernetzung keine Infrastrukturen im herkömmlichen Sinne mehr, um einen blühenden Wirtschaftssektor zu kreieren. Vielmehr sind es heute die juristischen Rahmenbedingungen, die maßgeblichen Einfluss auf die Entscheidung nehmen, an welchen Standorten sich Finanzmetropolen entwickeln und nach welchen Regeln Handel getrieben und letztlich gewirtschaftet wird.[58] Die Finanzwirtschaft hat sich im Laufe der Zeit auf diese Rahmenbedingungen eingestellt und gelernt, globale Vernetzungen zur eignen Vorteilsnahme auszunutzen. Hieraus resultiert wiederum das Erfordernis, staatenübergreifender Regulierungsbemühungen, um die gewünschten Effekte überhaupt erzielen zu können. Eine koordinierte interstaatliche Zusammenarbeit ist daher notwendige Voraussetzung, um schließlich auch bestehende, divergierende Interessen im Sinne der Gesamtwirtschaft, in Einklang zu bringen und annähernd einheitliche Ziele für die Bankenregulierung

---

56 Ähnlich *Blaurock*, Regelbildung und Grnezne des Rechts, S. 227, mit dem Hinweis, dass die Verantwortung des Staates für „präventive Krisenresistentere Regelungen" aus Anstrengungen zur Bewältigung der letzten Finanzkrise resultiere.

57 Der Ifo-Chef Sinn bezeichnete die Vorgehensweise der amerikanischen Banken immer risikoreichere Geschäfte zu tätigen, ohne diese mit den erforderlichen Eigenkapitalmitteln zu unterlegen als „Glücksrittertum des Kasino-Kapitalismus." Näher hierzu *Sinn* im Interview mit der Sueddeutschen Zeitung, abrufbar unter: http://www.sueddeutsche.de/wirtschaft/ifo-chef-sinn-das-kasino-wird-geschlossen-1.442923.

58 *Blaurock*, Regelbildung und Grenzen des Rechts, S. 229 verweist etwa darauf, dass mit geringem Regelungsaufwand „Finanzoasen" geschaffen werden könnten.

zu erreichen.[59] Einigkeit besteht darüber, dass angesichts der aktuellen Krise, eine dauerhafte Erhöhung der Eigenkapitalquoten der Banken unumgänglich ist.[60]

Das Hauptgremium zur Entwicklung und Koordinierung interstaatlicher bankenaufsichtsrechtlicher Maßnahmen ist der Basler Ausschuss für Bankenaufsicht, angesiedelt bei der Bank für Internationalen Zahlungsausgleich (BIZ), der 1974 von den Zentralbanken und Aufsichtsbehörden der G-10 Staaten ins Leben gerufen wurde und bei dem mittlerweile die 27 bedeutendsten Industrienationen vertreten sind.[61] Zielsetzung ist dabei die Entwicklung und Erarbeitung von Empfehlungen zur Vereinheitlichung der Bankenaufsichtsstandards, insbesondere zu den Eigenmittelanforderungen der Banken.[62] Den Empfehlungen kommt dabei zwar keine direkte rechtliche Verbindlichkeit für die Beteiligten zu, dennoch haben sie aufgrund der Repräsentanz der bedeutendsten Industrienationen Leitbildcharakter für das weltweite Bankenaufsichtswesen und haben über die europäische Richtliniengesetzgebung Eingang in das deutsche Recht gefunden.[63]

d) *Aufsichtsrechtliche Anforderungen an die Eigenmittelausstattung in Deutschland*

Die bedeutendste Norm für die Eigenkapitalausstattung von deutschen Instituten, Institutsgruppen und Finanzholdinggruppen ist § 10 I S. 1 KWG, wonach die vorgenannten Adressaten im Interesse der Erfüllung ihrer Verpflichtungen gegenüber ihren Gläubigern, insbesondere im Interesse der ihnen anvertrauten Vermögenswerte, angemessene Eigenmittel (Solvabilität) vorhalten müssen.[64] Wann diese Eigenmittelausstattung als „angemessen" im Sinne des Gesetzes angesehen

---

59 Ähnlich auch *Becker*, ZG 2009, 125, 127 ff., der gerade auf vorhandene Interessengegensätze bei der interstaatlichen Zusammenarbeit hinweist.

60 Näher hierzu: *Schäfer*, ZHR 175 (2011), 319, 320 f.

61 Die Historie und Zusammensetzung des Basler Ausschusses für Bankenaufsicht ist abrufbar unter: http://www.bis.org/bcbs/history.htm.

62 Die einzelnen Empfehlungen sind bekannt geworden unter den Namen „Basel I" von 1988, „Basel II" von 2001 und schließlich „Basel III" aus 2010.

63 Basel II wurde aufgrund der neu gefassten Bankenrichtlinie 2006/48/EG und der Kapitaladäquanzrichtlinie 2006/49/EG durch Änderungen am KWG, der Solvabilitätsverordnung (SolvV) und der Mindestanforderungen an das Risikomanagement (MaRisk), in deutsches Recht umgesetzt. Näher zu den erforderlichen Änderungen am KWG: *Mielk*, WM 2007, S. 52–57; sowie derselbe WM 2007, 621–627.

64 Das KWG richtet sich insbesondere an „Kreditinstute." Nach der Begriffsbestimmung des § 1 I S.1 KWG sind dies Unternehmen, die Bankgeschäfte gewerbsmäßig, oder in einem Umfang betreiben, der einen in kaufmännischer Weise eingerichteten Geschäftsbetrieb erfordert. Ob eine bankrechtliche Erlaubnis besteht, ist für die

werden kann, ist nicht § 10 I KWG zu entnehmen, sondern ergibt sich aufgrund der nach § 10 I S. 9 KWG erlassenen Solvabilitätsverordnung (SolvV).[65] Die Eigenmittel sind im Zusammenspiel von § 2 II und VI SolvV vereinfacht ausgedrückt dann als angemessen anzusehen, wenn täglich zum Geschäftsabschluss, die Eigenkapitalanforderungen für Adressrisiken, operationelle und Marktrisiken erfüllt sind.[66]

Mit den vorgenannten Adressrisiken werden Ausfallrisiken aus eingegangenen Geschäften, insbesondere aus Kreditarrangements bezeichnet.[67] Über den Begriff der operationellen Risiken werden Verlustgefahren zusammengefasst, die sich aus der reinen Geschäftstätigkeit der Bank ergeben, etwa aus der Positionierung auf neuen Märkten, der Produktentwicklung und der Abwicklung des Bankenkerngeschäftes.[68] Marktrisiken bezeichnen schließlich die Risiken, die aus dem Kapitalmarkt resultieren, etwa Aktienkursrisiken, Zinsänderungsrisiken und Währungsrisiken.[69]

Aus den vorgenannten Normen ergibt sich, dass Institute zur Absicherung der vorgenannten Risiken eine Kernkapitalquote, deren Definition sich § 10 IIa KWG entnehmen lässt, von 4% aufweisen müssen. Zusätzlich muss eine Eigenkapitalquote nach § 10 I KWG von mindestens 8 % der, entsprechend der SolvV gewichteten Risikopositionen aus Adressrisiken, operationellen Risiken und Marktrisiken, vorhanden sein.[70]

Die vorgenannte Regelung ist von sich heraus nicht verständlich, sondern bedarf eingehender Erläuterung, unter Einbeziehung der Zielsetzung und den dahinterstehenden Grundprinzipien. Mit dem vorgenannten Regelungsinstrumentarium soll gewährleistet werden, dass eine ausreichende Haftungsmasse von den Instituten vorgehalten wird, um bei einem drohenden Insolvenzfall die Finanzmarktstabilität

Anwendung unerheblich. Näher hierzu: *Schwennicke* in Auerbach/Schwennicke KWG § 1 Rn. 1.

65 Verordnung über die angemessene Eigenmittelausstattung von Instituten, Institutsgruppen und Finanzholding-Gruppen, Solvabilitätsverordnung (SolvV) v. 14.12.2006 (BGBL. I S. 2926) in der Fassung v. 31.12.2009.

66 *Glos/Sester*, BKR 2008, 316.

67 Vgl.: *Gotteswind*, Risikomanagement der Banken, 2.1.3, S. 27, mit graphischer Veranschaulichung.

68 *Hull*, Risikomanagement, 18.1, S. 439, mit dem Hinweis darauf, dass die Definition im Enzelnen umstritten ist.

69 Näher hierzu: *Fähnrich/Manns*, Konzeptionsentwicklung im Treasurymanagement für Banken, 2.9.4, S. 22.

70 *Auerbach/Fischer*, in Schwennicke/Auerbach, KWG § 10 Rn. 1.

nicht zu gefährden.[71] Grundgedanke ist dabei nicht die Vorgabe einer konkret vorzuhaltenden Haftungssumme, sondern Eigenmittel in einer Größenordnung vorzuhalten, die in entsprechender Relation zu den eingegangenen Risiken aus dem operativen Geschäft steht. Zu diesem Zweck muss eine entsprechende Risikogewichtung der Geschäftstätigkeit erfolgen, um eine Relation zu den vorhandenen Eigenmitteln überhaupt herstellen zu können.

Rechnerisch erfolgt dies dadurch, dass jedes getätigte Geschäft einer Bewertung unterzogen und mit einem entsprechenden Risikofaktor versehen wird, der die Ausfallrisiken ausweist. Das Gesamtrisiko aus den Einzelgeschäften wird gem. § 8 I SolvV addiert und ins Verhältnis zu den vorgehaltenen Eigenmitteln gesetzt.[72] Im Sinne der Zielsetzung der Regelung gelingt es somit, eine risikoadäquate Eigenmittelunterlegung zu erreichen und die Eigenmittelausstattung spiegelbildlich zu den eingegangenen Risiken auszugestalten.

Es darf nicht außer Acht gelassen werden, dass Anforderungen an vorzuhaltende Eigenmittelbestände die Geschäftsaktivität der Institute maßgeblich einschränken können[73] und damit Auswirkungen auf die Wettbewerbsfähigkeit verbunden sind. Wenn Eigenmittel auf diese Weise gebunden werden,steht ein geringes Aktiva-Volumen zur Verfügung, mit dem gewirtschaftet werden kann.[74] Bedenkt man nun, dass insbesondere Eigenkapital für Banken verhältnismäßig teuer ist, da auf es regelmäßig höhere Ausschüttungen vorgenommen werden müssen, als auf Einlagenkapital und zusätzlich auch steuerliche Nachteile damit verbunden sein können,[75] dürfte klar sein, dass sich die Regelungen in einem Spannungsfeld zwischen staatlicher Risikovorsorge und Wettbewerbs- und Funktionsfähigkeit der deutschen Bankenwirtschaft bewegt.

e) *Auswirkungen der Grundschuldsicherung auf die Eigenmittelunterlegungspflicht der Institute*

Banken und andere Institute sind gehalten jedes einzelne, von ihnen getätigte Kreditgeschäft einer Risikoermittlung und -Gewichtung zu unterziehen. Die

---

71 Näher zum Telos: *Langenbucher*, in Lwowski/Fischer/Langenbucher, Das Recht der Kreditsicherung § 8 Rn. 17, mit dem Hinweis, dass der Schutz von Bankengläubigern nur nachrangig bezweckt sei.

72 So *Schäfer*, ZHR 175 (2011), S. 321.

73 So auch *Langenbucher* in Lwowski/Fischer/Langenbucher, Das Recht der Kreditisicherung, § 8 Rn. 8.

74 *Fischer* in Schimansky/Bunte/Lwowski, Bankrechtshandbuch, § 129 Rn. 4 weist darauf hin, dass auf diese Weise eigenkapitalschwache Institute Nachteile erleiden könnten, da sie Nachfragen nach Großkrediten nicht mehr erfüllen dürften.

75 Zu den steuerlichen Folgen: *Schäfer*, ZHR 175 (2011) S. 321.

Grundlage hierfür findet sich in § 9 I Nr. 1, § 10 Nr. 1 SolvV iVm.§ 19 I S. 1, S. 3 Nr. 4 KWG, wonach jeder Kredit eines Instituts an einen Kunden qua legem ein Adressausfallrisiko darstellt. Dadurch soll gewährleistet werden, dass die Eigenmittelausstattung in Relation zu den eingegangenen Risiken angemessen, also „risikoadäquat" ist.[76]

An dieser Stelle treten nun die Bezüge zu den Kreditsicherheiten zu Tage, die bekanntlich dazu dienen, bestehende Ausfallrisiken zu minimieren. Im Zusammenhang mit der Risikogewichtung der Einzelgeschäfte, kommt ihnen besondere Bedeutung zu. Sicherheiten können bei den einzelnen Risikopositionen als Abzugsposten risikomindernd in Anrechnung gebracht werden.[77] Sofern vorhandene Sicherheiten bestimmte, im Einzelnen noch näher darzustellende Anforderungen erfüllen, können sie den Umfang vorzuhaltender Eigenkapitalmittel maßgeblich verringern.[78] Bei Krediten, die mit Sicherheiten unterlegt sind, bestehen wesentlich geringere Risiken, so dass nach dem Grundsatz der „Risikoadäquanz" diese Geschäfte folglich auch mit geringeren Eigenmitteln unterlegt werden müssen.[79]

Um risikomindernd in Anrechnung gebracht werden zu können, müssen Sicherheiten die Anforderungen nach § 154 I S. 2 SolvV erfüllen, wonach nur bei rechtlicher Wirksamkeit und Durchsetzbarkeit ein berücksichtigungsfähiges Sicherungsinstrumentarium vorliegt. Für die hier in Rede stehende Absicherung durch Grundschulden liegt eine Anrechnungsfähigkeit vor, sofern die Grundschuld rechtlich wirksam zur Entstehung gelangt ist und rangwahrend durchgesetzt werden kann.[80] Das ist insbesondere gegeben, wenn sich der Schuldner, bzw. der Eigentümer in Drittsicherungsfällen, in der notariellen Grundschuldbestellungsurkunde bei der Bestellung der Grundschuld zu Gunsten des Sicherungsnehmers, der sofortigen Zwangsvollstreckung in dinglicher Hinsicht unterworfen hat.[81] Vor diesem Hintergrund sind sofort vollstreckbare Grundschulden generell immer anrechnungsfähig und erlangen auf diese Weise besondere Bedeutung.

---

76 Ähnlich: *Schäfer* ZHR 175 (2011) S. 321.

77 *Langenbucher* in Schimansky/Bunte/Lwowski, Das Recht der Kreditsicherung, § 8 Rn. 14.

78 Vgl.: *Glos/Sester*, BKR 2008, S. 316; ebenso *Langenbucher* in Schimansky/Bunte/Lwowski, Das Recht der Kreditsicherung § 8 Rn. 14.

79 In diesem Sinn auch: *Mencke*, Das Schiff als Kreditsicherheit, 5.1, S. 50 unter besonderer Hervorhebung der daraus resultierenden Vorteile zu Gunsten der Institute.

80 So auch das Protokoll des Fachgremiums Sicherungstechniken vom 13.12.2006, S. 2; auch *Achtelik* in Boos/Fischer/Schulte-Mattler, KWG, § 154 SolvV Rn. 3.

81 So auch *Glos/Sester* BKR 2008, 319.

Wie diese Anrechnung von Grundschulden bei der Eigenmittelunterlegungspflicht der Banken und Institute von statten geht, kann an dieser Stelle nicht mathematisch nachgewiesen werden.[82] Die nachfolgende Darstellung begnügt sich damit, vereinfacht die Grundprinzipien der Risikogewichtung und die Auswirkungen der Grundschuldsicherung darzustellen.

So regide die Anforderungen an die Eigenmittelausstattung nach dem KWG und der es präzisierenden SolvV auf den ersten Blick erscheinen mögen, besteht für die Institute bei der rechnerischen Risikoermittlung zumindest eine Wahlmöglichkeit hinsichtlich der Berechnungsmethode. Nach § 8 I SolvV obliegt ihnen die Wahl, ob sie die Ermittlung des Gesamtanrechnungsbetrages für Kreditausfallrisiken aus eingegangenen Geschäften über den Kreditrisikostandardansatz (KSA) der §§ 24 ff. SolvV errechnen, oder auf einen, auf internen Ratings basierenden Ansatz (IRBA) nach §§ 55 ff. SolvV, zurückgreifen.[83]

aa) Risikogewichtung nach dem Kreditrisikostandardansatz (KSA)

Diese Methode wird vor allem von kleinen und mittelständischen Instituten zur Ermittlung von Adressausfallrisiken herangezogen.[84] Wieviel Eigenkapital ein Institut für die von ihm eingegangenen Kreditgeschäfte zur Unterlegung vorhalten muss, richtet sich nach dem Gesamtanrechnungsbetrag für Adressausfallrisiken, der sich nach § 8 I S. 1 SolvV aus der Summe der Risikopositionen aus den Einzelgeschäften zusammensetzt.[85] Dabei lässt sich schon an dieser Stelle bemerken, dass die Eigenkapitalunterlegungspflicht umso höher ist, je risikoträchtiger die Einzelgeschäfte sind. Anhand einer im Einzelnen äußerst komplexen Berechnung wird jedes Kreditgeschäft individuell gewichtet. Die Gesamtsumme der Einzelgeschäfte ergibt dann den Gesamtanrechnungsbetrag für Adressausfallrisiken.

Im Einzelnen erfolgt die Risikobemessung des Einzelgeschäftes in mehreren Schritten: zunächst ist die, aus einem konkreten Geschäft resultierende Adressenausfallrisikoposition, nach § 24 S. 1 SolvV einer KSA-Forderungsklasse

---

82 Hierzu darf auf die einschlägige betriebswirtschaftliche Literatur verwiesen werden. Anschaulich insofern sind die Berechnungen bei *Hölscher/Karrenbauer*, Risiko Manager 2008, S. 8–18.

83 Vgl.: *Fischer* in Schimansky/Bunte/Lwowski/Fischer § 129 Rn. 62. Ähnlich auch *Glos/Sester* BKR 2008, S. 316 f., mit dem Hinweis, dass die Ermittlung des Gesamtanrechnungsbetrages auf Grundlage des IRBA-Ansatzes nur vorgenommen werden darf, sofern das von ihm entwickelte IRBA-Rechenmodell durch Experten der BaFin zugelassen wurde.

84 Vgl.: *Eilenberger*, Bankrbetriebwirtschaftslehre, 4.4.2.3., S. 91.

85 *Fischer* in Schimansky/Bunte/Lwowski, Bankrechtshandbuch, § 129 Rn. 64.

zuzuordnen.[86] Im Anschluss hieran hat die Bestimmung des Risikogewichtes zu erfolgen. Hierzu wird den einzelnen Forderungsklassen in den §§ 26–40 SolvV eine Risikogewichtung zugewiesen, die als Bemessungsgrundlage dient.[87] Bei der Risikogewichtung hat der Gesetzgeber auf historische Erfahrungswerte zurückgegriffen.[88] Diese Risikogewichtung durch die Einteilung in eine Forderungsklasse beeinflusst maßgeblich das rechnerische Endergebnis. In Einzelfällen kann zur Risikogewichtung alternativ zu den in der SolvV geregelten Gewichtungen, auf externe Bonitätsbeurteilungen von Ratingagenturen zurückgegriffen werden, sofern der jeweilige Geschäftspartner des Kreditvertrages über eine Beurteilung verfügt und die Ratingagentur entsprechend den §§ 41 ff. SolvV von der BaFin anerkannt ist.[89] Im Anschluss an die Einteilung in eine bestimmte Forderungsklasse wird der KSA-Positionswert anhand der Vorgaben der §§ 48–51 SolvV bestimmt.[90] Schließlich fließen die vorgenannten Parameter des Einzelgeschäftes in den Gesamtanrechnungsbetrag für Adressausfallrisiken ein.[91]

Zusammengefasst kann durch Einteilung in eine Forderungsklasse und vorhandenem externen Rating auf diese Weise die Risikogewichtung nach einem festen Schema abgelesen werden.[92]

Im KS-Ansatz werden Grundpfandrechte in der Weise berücksichtigt, dass dem besicherten Kreditgeschäft eine andere Risikogewichtung beigemessen wird.[93] Konkret bedeutet dies, dass ein grundschuldgesichertes Darlehen einer anderen Forderungsklasse zugeordnet wird.[94]

Im KS-Ansatz lässt sich dies einfach veranschaulichen: würde eine Bank ein Darlehen iHv. 250.000 € an eine Privatperson vergeben, so wäre dieses Geschäft in die Forderungsklasse des § 25 I Nr. 9 SolvV als Mengengeschäft einzuordnen.

---

86 *Glos/Sester* BKR 2008, S. 317.

87 *Langenbucher* in Schimansky/Bunte/Lwowski, Recht der Kreditsicherung, § 8 Rn. 10. In der Regel erfolgt die Angabe der Risikogewichtung in Prozent.

88 *Fischer* in Schimansky/Bunte/Lwowski, § 129 Rn. 62.

89 Eine Übersicht zu den zugelassenen Rating-Agenturen hält die BaFin online unter: http://ww2.bafin.de/auslegung_solvv/T016N001F001.htm bereit.

90 *Glos/Sester* BKR 2008, S. 317, mit entsprechender Darstellung und Veranschaulichung der durchzuführenden Rechenoperation.

91 *Langenbucher* in Schimansky/Bunte/Lwowski, Recht der Kreditsicherung § 8 Rn. 10, mit dem Hinweis darauf, dass sich der Gesamtanrechnungsbetrag aus der Summe der einzelnen KSA Risikopositionen zusammensetzt.

92 *Cluse/Göttgens* in Büschgen/Everling, Handbuch Rating, S. 67, 71.

93 *Langenbucher* in Schimansky/Bunte/Lwowski, Das Recht der Kreditsicherung Rn. 41.

94 *Hölscher/Karrenbauer*, RisikoManager 2008, S. 9.

Als Folge daraus ergäbe sich für dieses Geschäft eine KSA-Risikogewichtung von 75 %, was entsprechend bei der Berechnung des risikogewichteten Positionswertes zu berücksichtigen wäre. Besteht im konkreten Beispiel zu Gunsten der finanzierenden Bank eine Grundschuldsicherung, so führt dies dazu, dass das Kreditgeschäft nach § 25 I Nr. 10 SolvV der Forderungsklasse „durch Immobilien besicherte Position" zugeordnet werden kann. Nach § 35 I Nr. 1 SolvV beträgt das KSA-Risikogewicht der Kreditforderung nur noch 35 %, wenn vereinfacht ausgedrückt, eine vollständige Absicherung der ausgereichten Forderung durch das Grundpfandrecht an einer Wohnimmobilie vorliegt, die entweder gegenwärtig oder zukünftig vom Eigentümer selbst bewohnt wird, oder zu Wohnzwecken vermietet wird.[95] Bestehen die Grundschulden nicht an privat genutzten Eigenheimen, sondern an Gewerbeimmobilien in Deutschland oder dem europäischen Wirtschaftsraum, so beträgt das Risikogewicht nach § 35 I Nr. 2 SolvV 50 %.[96]

Bestehende Grundschulden zu Gunsten des kreditgebenden Institutes verhelfen dem einzelnen Kreditgeschäft daher im KS-Ansatz zu einer anderen Forderungsklasse, die mit einem geringeren Risikogewichtung versehen ist. Auf diese Weise ist das besicherte Kreditgeschäft auch rechnerisch mit geringeren Risikogewichten verbunden, was sich in der Summe bei dem Gesamtanrechnungsbetrag von Adressausfallrisiken bemerkbar macht.

bb) Risikogewichtung nach dem auf internen Ratings basierenden Ansatz (IRBA)

Diese Berechnungsmethode darf von den Instituten überhaupt nur dann herangezogen werden, wenn ihr jeweiliges IRBA-Berechnungsverfahren nach § 56 I Nr.1 SolvV eine Zulassung durch die BaFin erhalten hat. Vereinfacht ausgedrückt erfolgt die Ermittlung der Risikogewichtung der einzelnen Risikoposition aus einem Kreditgeschäft und damit letztlich die Bestimmung des gesamten Adressenausfallrisikos nicht anhand aufsichtsrechtlich vorgegebener

95 *Hölscher/Karrenbauer*, RisikoManager 2008, S. 9 f., mit dem Hinweis, dass die geringere Risikogewichtung nur gilt, sofern der Wert der Immobilie nicht von der Bonität des Schuldners abhängt, die grundpfandrechtliche Beleihung den Grundsätzen des KWG entspricht, sämtliche Forderungen durch das Grundpfandrecht abgesichert sind und die Zahlungsfähigkeit des Schuldners im Übrigen nicht von der wirtschaftlichen Entwicklung der verpfändeten Immobilie abhängt.

96 Vgl.: *Langenbucher* in Schimansky/Bunte/Lwowski, Das Recht der Kreditsicherung § 8 Rn. 59.

Risikogewichtungen, sondern aufgrund von institutseigenen Ratingverfahren.[97] Die Bestimmungsgrößen zur Risikoermittlung werden dabei von den Instituten selbst gewählt, womit sich diese Berechnungsmethode als die flexiblere und eigenkapitalschonendere Variante gegenüber dem KSA erweist.[98] Innerhalb des IRBA ist der IRB-Basisansatz vom Fortgeschrittenen IRB-Ansatz zu unterscheiden. Während bei dem erstgenannten Verfahren nur die Ausfallwahrscheinlichkeit bankintern zu ermitteln ist,[99] müssen bei dem fortgeschrittenen Ansatz die Ausfallwahrscheinlichkeit, die erwartete, ausstehende Forderung bei Ausfall des Kreditvertragspartners sowie die Ausfallquote unter Berücksichtigung der Restlaufzeit des Kredits durch die Institute selbst ermittelt werden.[100] Die konkrete Berechnung des Gesamtanrechnungsbetrages für Adressausfallrisiken erfolgt im Wesentlichen nach dem gleichen Prinzip wie im KSA, nur mit dem Unterschied, dass das jeweilige Institut im Rahmen der Berechnung auf selbst ermittelte Parameter zurückgreifen muss.[101]

Auch bei diesem Risikobemessungsansatz können Grundschulden als Kreditsicherheiten entsprechend den obigen Ausführungen risikomindern eingesetzt werden. Anders als im KSA, bei dem die grundpfandrechtliche Besicherung eines Kredits dazu führt, dass die Forderung in eine andere Risikoklasse einzuordnen ist, führen bestehende Grundschulden zu Gunsten des Instituts, zu einer Anrechnung.[102] Konkret erfolgt die Berücksichtigung dadurch, dass eine geringere Verlustquote gem. § 94 II SolvV in Ansatz gebracht werden kann.[103]

Auch auf diesem Weg wird letztlich erreicht, dass einer grundschuldgesicherten Forderung ein geringeres Risiko beizumessen ist, womit sich das Adressenausfallrisiko erneut rechnerisch minimieren lässt.

---

97 *Fischer* in Schimansky/Bunte/Lwowski, Bankrechtshandbuch, § 129 Rn. 68.

98 Vgl.: *Eilenberger*, Bankbetriebswirtschaftslehre, 4.4.2.4.1, S. 96.

99 *Fischer* in Schimansky/Bunte/Lwowski, § 129 Rn. 68.

100 *Eilenberger*, Bankbetriebswirtschaftslehre, 4.4.2.4.1, S. 96 ff.; mit Definitionen der einzelnen Begriffe in betriebswirtschaftlichem Kontext.

101 Für die konkrete mathematische Berechnung nach dem IRBA darf auf die Rechnung bei *Langenbucher* in Schimansky/Bunte/Lwowski, Das Recht der Kreditsicherung, § 8 Rn. 12 f. und bei *Hölscher/Karrenbauer*, RisikoManager 2008, S. 14 ff. verweisen werden.

102 *Langenbucher* in Schimansky/Bunte/Lwowski, Das Recht der Kreditsicherung § 8 Rn. 63.

103 *Hölscher/Karrenbauer*, Risikomanager 2008, S. 15.

cc) Folgerungen

Es hat sich gezeigt, dass sich sowohl im KS-Ansatz, als auch bei der IRBA-Methode, bestehende Grundschulden zu Gunsten des kreditvergebenden Instituts risikomindernd auf das Adressenausfallrisiko auswirken und damit letztlich den Gesamtanrechnungsbetrag beeinflussen. Auf diese Weise bestehen bei der Einzelforderung geringere Risiken, so dass die verhältnismäßig teure Unterlegung mit Eigenmitteln so gering wie möglich gehalten werden kann. Vor diesem Hintergrund ist es verständlich, dass den Instituten daran gelegen ist, zunächst für ihre Forderungen eine Sicherheit zu erhalten und diese so „aufsichtstauglich" wie möglich nach den Regelungen der SolvV zu gestalten,[104] um dadurch den beschriebenen Risikominimierungseffekt vollends ausreizen zu können. Die Grundschuldsicherung bewirkt damit, dass wesentlich weniger Eigenmittel für eine ausgereichte Forderung vorgehalten werden muss, als es etwa der Fall wäre, wenn der Kredit „blanko" vergeben worden wäre.[105]

Auf den ersten Blick scheint daher die Absicherung eines Kredites mittel einer Grundschuld und die in Erfüllung dessen erfolgende Begründung einer Sicherungstreuhand, erneut einzig zu Gunsten des Sicherungsnehmers auszufallen. Durch die nachgewiesenen Anrechnungseffekte können teure Eigenmittel des Instituts auf andere Weise als zur Absicherung verwendet werden, da die vorhandenen Sicherheiten als „Sicherungspuffer" für den Fall notleidenden Kreditgeschäften zur Verfügung stehen. Die Verwertung der Sicherheiten sorgt im Krisenfall dafür, die Ausfälle zu minimieren und letztlich schwer vorhersehbare Verluste zu verhindern.

Gleichwohl müssen die Auswirkungen auf die gesamte Finanzwirtschaft in die vorliegende Untersuchung miteinfließen. Es ist bereits zur Sprache gekommen, dass die Eigenmittelunterlegungsverpflichtung des Bankenaufsichtsrechts Auswirkungen auf den gesamten Finanzmarkt hat, da den Instituten die Mittel, die sie zur Risikoabsicherung vorhalten müssen, im Tagesgeschäft fehlen. Auf diese Weise wird augenscheinlich, dass jedwede Anforderungen an die

---

104 Vgl.: *Langenbucher* in Schimansky/Bunte/Lwowski, Das Recht der Kreditsicherung § 8 Rn 1.

105 Bei „Blankokrediten" bestehen zu Gunsten des kreditgebenden Instituts keinerlei Sicherheiten. Sie kommen heute nur noch entsprechend selten vor. So auch: *Kronenburg* in Derleder/Knops/Bamberger, Handbuch zum deutschen und europäischen Bankrecht, § 17 Rn. 45, mit dem Hinweis, dass beispielsweise Bausparkassen bei „Kleinstdarlehen" (Bauspardarlehen bis 10.000 € und sonstigen Darlehen bis 5.000 €) nach § 7 IV Nr. 2 BspKG auf eine Besicherung gänzlich verzichten können.

Eigenmittelunterlegung der Institute zugleich deren Geschäftsvolumen massiv begrenzen kann.[106] Bestehende Sicherheiten und insbesondere die Grundschuld, leisten durch die, mit ihnen verbundenen Anrechnungseffekte, einen Beitrag diese Begrenzung des Geschäftsvolumens eines Instituts teilweise wieder zu lockern. Somit stehen wieder mehr freie Eigenmittel beim jeweiligen Institut zur Verfügung, die im operativen Geschäft Verwendung finden können. Aufgrund dessen besteht die Möglichkeit auf Seiten der Institute mehr Kredite zu vergeben und Investitionen zu tätigen, was letztlich der gesamten Finanzwirtschaft nutzt.

Bezieht man nun in die Überlegung mit ein, dass die Institute durch die Kreditvergabe, insbesondere an Unternehmen, einen wichtigen Beitrag zur Entwicklung der gesamten Volkswirtschaft leisten,[107] wird deutlich, dass die Absicherung von Krediten mittels Grundschulden auch Nutzen für die gesamtwirtschaftliche Entwicklung hat.

Bereits zum jetzigen Zeitpunkt steht fest, dass die Eingehung einer Grundschuldsicherungstreuhand sowohl Nutzen für das finanzierende Institut, als auch positive Effekte für die gesamte Volkswirtschaft mit sich bringt.

3) Schuldnerinteressen bei der Grundschuldsicherung

Die vorgehenden Betrachtungen haben zu Tage gefördert, dass Banken und Kreditinstitute zunächst verpflichtet sind jedes einzelne, von ihnen getätigte Kreditarrangement entsprechend den damit verbundenen Risiken mit ausreichend Eigenkapital zu unterlegen. Da Eigenkapitalmittel für Banken sehr teuer sind und zudem die zur Verfügung stehenden Mittel für den operativen Geschäftsbetrieb verknappen, werden im Tagesgeschäfts daher regelmäßig nur noch dann großvolumige Kredite vergeben, wenn der darlehensnehmende Schuldner in der Lage ist, eine Sicherheit zu bestellen.[108]

a) Auswirkungen auf die Kreditvergabeentscheidung

Vor diesem Hintergrund sichert gerade der Abschluss des Sicherungsvertrages, in Erfüllung dessen dem Darlehensgeber eine Grundschuld bestellt wird, dem

106 Vgl.: *Fischer* in Schimansky/Bunte/Lwowski, Bankrechtshandbuch, § 129 Rn. 4, der zugleich darauf hinweist, dass damit eine staatliche Steuerungsfunktion einhergehen kann.

107 Vgl.: *Schäfers* in Schulte, Immobilienökonomie, 2.4.1, S. 90.

108 *Gröhl* in Ahnert/Engel/Rohleder, Handbuch Firmenkreditgeschäft, S. 158; mit der Bemerkung, dass ungesicherte Darlehen im langfristigen Kreditgeschäft „unüblich" sind.

Darlehensnehmer eine positive Kreditentscheidung. Die Möglichkeit zur Stellung einer Sicherungsgrundschuld als Sicherheit entscheidet letztlich darüber, ob das Kreditverhältnis überhaupt zu Stande kommt.[109] Die mit der Bestellung einer Sicherungsgrundschuld verbundenen besonderen Risikoabsorptionseffekte geben damit den Ausschlag, dem potentiellen Darlehensnehmer einen Kredit einzuräumen. Das Sicherungsgeschäft ist alleine schon aus diesem Grund auch mit Vorteilen für den Sicherungsgeber verbunden.

Daraus lässt sich bereits zum jetzigen Zeitpunkt ableiten, dass mit dem Abschluss des Sicherungsgeschäftes positive Auswirkungen sowohl für den Sicherungsnehmer, als auch für den Sicherungsgeber verbunden sind. Werden makroökonomische Gesichtspunkte berücksichtigt, so profitiert die gesamte Volkswirtschaft von abgeschlossenen Sicherungsgeschäften.[110]

b) Beeinflussung der Kreditkonditionengestaltung

Die Möglichkeit zur Stellung einer werthaltigen Sicherungsgrundschuld wirkt sich nicht nur positiv auf die Kreditvergabeentscheidung des potentiellen Darlehensgebers aus, sondern beeinflusst zudem auch die Gestaltung der Konditionen, zu denen der Kredit im konkreten Fall vergeben werden kann.

Üblicherweise muss der Darlehensnehmer für die zeitweise Überlassung des Kapitals eine Gegenleistung in Form von Zinsen erbringen.[111] Diese Gegenleistung wird jedoch nicht willkürlich im Einzelfall durch den Kreditgeber festgesetzt, sondern basiert im Kern auf den Kosten, die dem Darlehensgeber aus der Vergabe des Kredites entstehen und einer innerbetrieblichen Marge.[112] Die Kosten,

---

109 *Zantow/Dienauer*, Finanzwirtschaft des Unternehmens: Die Grundlagen des modernen Finanzmanagements, 3.1.3.3., S. 154, weisen allgemein darauf hin, dass auch ein Schuldner mit geringer Bonität noch relativ gute Chancen auf eine positive Kreditentscheidung hat, wenn er in der Lage ist ausfallrisikomindernde Sicherheiten zu bestellen. In diesem Sinne auch schon *Gernhuber*, JuS 1988, S. 357.

110 Grundvoraussetzung ist stets, dass die Sicherheiten nach anerkannten Bewertungsmethoden berücksichtigt wurden. Anderenfalls können die beschriebenen Risikominderungseffekte, vor allem die Kreditausfallrisikominimierung der Sicherungsgrundschuld, tatsächlich nicht zum Tragen kommen.

111 Wirtschaftlich ist der Kreditzins damit der Preis, der für das Darlehen zu bezahlen ist. Die Rechtsprechung sieht im Zins ebenfalls eine gewinn- und umsatzunabhängige Vergütung für die zeitweise Überlassung des Kapitals, deren Bemessung üblicherweise von der Laufzeit abhängen soll. Vgl.: BGH NJW 1979, 541, 806; BGH NJW-RR 1992, 592.

112 In diesem Sinn für die Kreditkonditionengestaltung: *Camphausen/Vollmer/Jandt/Levin/Eichler*, Grundlage der Betriebswirtschaftslehre, 3.3, S. 315.

die mit der Vergabe des Kredites verbunden sind, setzten sich aus Geldeinstandskosten, den Bearbeitungs- und Betriebskosten des Darlehensgebers, sowie den Risikokosten aus dem konkreten Darlehensgeschäft und den Eigenkapitalkosten zusammen.[113]

Die den Banken und Kreditinstituten zur Verfügung stehenden Geldmittel, die sich aus Eigenkapital und Einlagen der sparenden Kunden zusammensetzen, reichen bei weitem nicht aus, um die Kreditnachfrage am Kapitalmarkt annähernd befriedigen zu können. Die Institute müssen daher, um ihren operativen Geschäftsbetrieb über die vorhandenen Mittel ausweiten zu können, um damit ihrer Stellung als Finanzintermediär gerecht zu werden, selbst Geldmittel am Geldmarkt aufnehmen. Diese Refinanzierung erfolgt nicht selten durch Kreditgeschäfte, die einerseits mit der Zentralbank, andererseits aber auch mit anderen Banken und Instituten im Interbankenverkehr abgeschlossen werden. Banken und Institute müssen für die ihnen zur Verfügung gestellten Kredite ebenfalls Gegenleistungen in Form von Zinszahlungen erbringen. Diese Zinsaufwendungen der Refinanzierungsmechanismen bilden die Geldeinstandskosten und werden in den Kreditzinssatz im Verhältnis zum Darlehensnehmer eingepreist.[114]

Dazu treten die Bearbeitungs- und Betriebskosten, die in ihrer Höhe letztlich davon abhängig sind, wie effizient und kostenoptimiert das konkrete Institut seinen Geschäftsbetrieb ausgestaltet hat.[115] Im Hinblick auf die übrigen Parameter haben diese Kostenpositionen die geringsten Auswirkungen auf die Gesamthöhe des Kreditzinssatzes.

---

113 Vgl.: *Dolzanski*, in Kürble/Reichling, Fusionen von Banken und Versicherungen, S. 70.

114 So auch *Gröhl* in Ahnert/Engel/Rohleder, Handbuch Firmenkreditgeschäft, S. 159, mit dem ergänzenden Hinweis, dass sich die Höhe der Geldeinstandskosten bei kurzfristigen Darlehen nach den Referenzzinssätzen des LIBOR (London Interbank Offered Rate) und des EURIBOR (European Interbank Offered Rate) richten. Bei längerfristigen Kreditgeschäften soll die Verzinsung von Staatsschuldverschreibungen des jeweiligen Landes als Orientierungspunkt dienen. Teilweise findet sich der Hinweis, dass die Refinanzierungskosten bei größeren Instituten nur eine untergeordnete Rolle spielen würden, so etwa: *Knops* in Derleder/Knops/Bamberger, Handbuch zum deutschen und europäischen Bankrecht § 11 Rn. 3. Dieser Aussage kann allgemein nicht zugestimmt werden. Zwar mögen die Refinanzierungskosten in Zeiten geringer Leitzinsen tatsächlich niedrig sein. Die Lage kann sich aber entsprechend der konjunkturellen Entwicklung stark verändern, so dass auch im Interbankenverkehr wieder höhere Refinanzierungszinsforderungen zu bedienen sind. Die getroffene Annahme kann daher keine allgemeine Gültigkeit beanspruchen.

115 So auch *Gröhl* in Ahnert/Engel/Rohleder, Handbuch Firmenkreditgeschäft, S. 159.

Demgegenüber sind die Risikokosten ein wesentlicher, preistreibender Faktor. Es leuchtet ohne weiteres ein, dass für ein Kreditgeschäft, mit dem erhöhte Ausfallrisiken verbunden sind, höhere Zinsen zu zahlen sind.[116] Wird das Kreditgeschäft mit einer erstrangigen Sicherungsgrundschuld vollumfänglich abgesichert, so besteht bei Einhaltung der Grundsätze eines ordnungsgemäßen Beleihungswertermittlungsverfahrens, nahezu kein Kreditausfallrisiko mehr.[117] Der Kreditgeber geht bei der Ausreichung eines Darlehens, das mit einer werthaltigen Sicherungsgrundschuld abgesichert ist, folglich ein wesentlich geringeres Risiko ein. Dementsprechend ist es ihm möglich, geringe Risikokosten für die Bildung des Gesamtkreditzinssatzes anzusetzen. Dieser Vorgang wird sich erheblich zu Gunsten des sicherungsgebenden Darlehensnehmers auswirken.

Schließlich beeinflussen die Eigenkapitalkosten in erheblichem Maße die Bildung des letztlich vom Kreditnehmer zu zahlenden Zinssatzes. In den Eigenkapitalkosten spiegeln sich sowohl die Renditeforderung der Geldgeber der Bank bzw. des Instituts, als auch Rücklagen für unerwartete Risiken, wie auch aufsichtsrechtliche Vorschriften an vorzuhaltendes Eigenkapital wider.[118] Bezüglich der Renditeerwartung des Instituts hat der Darlehensnehmer keinerlei Einflussmöglichkeit. Hierbei handelt es sich im Kern um den Gewinnanspruch des Kreditgebers und damit um einen zentralen Bereich der jeweiligen Geschäftspolitik. Gleiches gilt für die in den Risikokosten eingepreisten, unerwarteten Verlustrisiken. Die Institute betreiben aktiv Rücklagenbildung in dem unerwartete Risiken aus dem gesamten Geschäftsbetrieb rechnerisch auf das einzelne Kreditgeschäft umgelegt werden.[119]

Einer anderen Beurteilung hingegen sind die aufsichtsrechtlichen Vorgaben bezüglich des Bankeneigenkapitals zu beurteilen. Der einzelne Darlehensnehmer ist nicht in der Lage, die bestehenden Regeln zu beeinflussen, kann aber durch die

---

116 Vgl.: *Knops* in Derleder/Knops/Bamberger, Handbuch zum deutschen und europäischen Bankrecht, § 11 Rn. 3.

117 *Knops* in Derleder/Knops/Bamberger, Handbuch zum deutschen und europäischen Bankrecht, § 11 Rn. 3, fasst prägnant zusammen, dass das Ausfallrisiko in einem derartigen Fall „praktisch bei Null" läge. *Tetzlaff*, DZWIR 2003, 453, 454 will deshalb den realisierbaren Wert von erstrangigen Grundschulden mit dem Nominalbetrag ansetzen, wenn ein ordnungsgemäßes Beleihungsverfahren durchgeführt worden ist.

118 Vgl.: *Gröhl* in Ahnert/Engel/Rohleder, Handbuch Firmenkreditgeschäft, S. 160.

119 Auf diesem Weg legen Banken und Kreditinstitute allgemeine Marktrisiken, Adressausfallrisiken und operationelle Risiken auf das Einzelgeschäft um. Allgemein zur Vertiefung der bestehenden Risiken (Elements of Risk), insbesondere im globalen Finanzsystem vgl.: *Choudhry*, An Introduction to Value-At-Risk, S. 3.

Stellung einer werthaltigen Grundschuld auch hier kostenmindern tätig werden. Es ist bereits an anderer Stelle festgestellt worden, dass Banken und Kreditinstitute aufgrund der Vorschriften des KWG und der es näher konkretisierenden SolvV verpflichtet sind, eine Mindestausstattung an Eigenkapital vorzuhalten.[120] Bereits an vorheriger Stelle hat die Untersuchung zu Tage gefördert, dass die Kreditsicherung mittels werthaltiger Grundschulden in der Lage ist, positive Effekte auf die Eigenkapitalunterlegungsverpflichtung der Banken und Kreditinstitute auszuüben.[121]

Nimmt das darlehensgebende Institut die gesetzlich vorgeschriebene Risikogewichtung nach dem KS-Ansatz vor, so führt die Grundschuldsicherung zu der Einordnung des Kreditgeschäfts in die Risikoklasse „durch Immobilien besicherte Position", die nur mit einem Risikofaktor von 35 % in die Risikogewichtung einfließt, statt einem Faktor von 75 %, der für ein Mengengeschäft, was ohne Grundschuldabsicherung vorläge, anzusetzen wäre. Darf das Institut die Risikoberechnung und – Gewichtung nach dem IRBA vornehmen, so können werthaltige Grundschulden risikomindernd in Anrechnung gebracht werden und führen zu einer geringeren Verlustquote. Unabhängig von der gewählten Berechnungsmethode bestehen für Kreditgeschäfte, die mit werthaltigen Sicherungsgrundschulden abgesichert sind, wesentlich geringere Adressausfallrisiken. Dies führt dazu, dass die Geschäfte mit weniger Eigenkapitalmitteln zu unterlegen sind. Auf diese Weise kann der Einsatz teuren Eigenkapitals auf ein Minimum reduziert werden, ohne die Stabilität des Finanzsystems insgesamt zu gefährden.

Ist das einzelne Darlehensgeschäft durch eine werthaltige Grundschuld abgesichert, bestehen geringere Adressausfallrisiken, so dass wesentlich weniger Eigenkapitalmittel zur Unterlegung vorgehalten werden müssen. Dieses risikoärmere Geschäft wird für Banken und Kreditinstitute damit in der konkreten Ausführung deutlich kostengünstiger. Dieser Umstand schlägt sich dann in geringeren Eigenkapitalkosten im Rahmen der Gesamtzinsbildung für das Darlehen nieder. Auf diesem Weg bewirkt die Bestellung der Sicherungsgrundschuld eine weitere

---

120 Eigenmittel und die gesamten, eingegangenen Risiken aus dem operativen Geschäftsbetrieb müssen rechnerisch in Relation zueinander gesetzt werden. Daraus ergibt sich die Gesamtkapitalquote. Zur Berechnung näher: *Langenbucher*, in Schimanksky/Bunte/Lwowski, Das Recht der Kreditsicherung, § 8 Rn. 4. Die Gesamtkapitalquote muss nach täglich zum Geschäftsabschluss 8 % betragen. So auch: *Auerbach/Fischer*, in Schwennicke/Auerbach, KWG, § 10 Rn. 1.

121 Vgl.: Oben § 5 B. II. 2) b) ee).

Kostenreduktion und damit einen günstigeren Darlehenszins zu Gunsten des sicherungsgebenden Schuldners.

Zusammenfassend hat der Abschluss des Sicherungsvertrages und die in Erfüllung dessen vorgenommene Bestellung einer werthaltigen Sicherungsgrundschuld, Auswirkungen auf das wirtschaftlich in Verbindung stehende Darlehensgeschäft auf zwei verschiedenen Ebenen: im Rahmen der vorgeschalteten Kreditvergabeentscheidung gibt die Sicherungsgrundschuld den Ausschlag für eine positive Vergabeentscheidung. Im Rahmen der sich anschließenden Kreditkonditionengestaltung sind geringere Kreditzinsen durch den Darlehensnehmer zu entrichten, da die dem Darlehensgeber entstehenden Kreditkosten, insbesondere durch geringere Risiko- und Eigenkapitalkosten, niedrig gehalten werden können. Mit der Grundschuldsicherung sind damit Vorteile für den darlehensnehmenden Sicherungsgeber verbunden.

c) *Abschluss des Sicherungsvertrages als Möglichkeit zur Herbeiführung einer Haftungsbeschränkung*

Der Abschluss des Sicherungsvertrages begründet zu Gunsten des jeweiligen Gläubigers das Recht, die Sicherheit bei Eintritt des Verwertungsfalles für sich in Anspruch zu nehmen. Die in jedem Sicherungsvertrag als „konstituierendes Element" enthaltene Sicherungszweckerklärung bestimmt, zur Abgeltung welcher Forderungen auf die Sicherheit zugegriffen werden darf.[122] Daneben ist im Sicherungsvertrag geregelt, unter welchen Voraussetzungen vom Eintritt des Verwertungsfalls auszugehen ist und der Gläubiger in Folge dessen zu Verwertungsmaßnahmen berechtigt ist.[123]

Bei Eintritt des Verwertungsfalles wird der Gläubiger nach § 1193 I BGB das Grundschuldkapital mit der vorgeschriebenen sechs-monatigen Frist kündigen

---

122 Vgl.: Zum Begriff: *Otten*, in Handbuch zum deutschen und europäischen Bankrecht § 23 Rn. 33.

123 Der Eintritt des Verwertungsfalles ist in den Sicherungsvertragsformularen der Praxis nicht einheitlich geregelt. Üblicherweise findet sich eine Formulierung derart, dass Verwertungshandlungen erfolgen dürfen, „wenn der Kreditnehmer mit der Erfüllung der fälligen Forderungen aus dem Darlehensverhältnis in Verzug ist, seine Zahlungen erkennbar eingestellt hat, oder wenn ein Insolvenzverfahren über sein Vermögen eröffnet worden ist." Vgl.: Beispiel eines Sicherungsvertrages des deutschen Sparkassenverlages zur Sicherung der gesamten Geschäftsverbindung durch eine Sicherungsgrundschuld, abgedruckt bei *Gaberdiel*, Kreditsicherung durch Grundschulden, Anhang 6, dort (16).

und die Grundschuld samt Nebenrechten vollumfänglich realisieren,[124] da er aufgrund der Ausfertigung der Sicherungsgrundschuld in vollstreckbarerer Form bereits über einen dinglichen Titel im Sinne des § 794 I Nr. 5 ZPO verfügt, der als Grundlage eines Zwangsvollstreckungsverfahren fungieren kann. War die Sicherheit zum Bestellungszeitpunkt ausreichend werthaltig und hat sich dieser Umstand im Laufe der Zeit bis zum Eintritt des Verwertungsfalles nicht signifikant verschlechtert, so erlangt der Gläubiger einen ausreichenden Erlös aus der Sicherungsgrundschuld, um seine offenen Forderungen gegen den sicherungsgebenden Kreditnehmer zurückzuführen.

Durch dieses Szenario der zwangsweisen Verwertung der Sicherungsgrundschuld, die überwiegend im Zwangsversteigerungsverfahren erfolgt,[125] verliert der schuldende Sicherungsgeber das Eigentum an seinem Grundstück.[126] War das beliehene Grundstück ausreichend werthaltig, so reichen die Vollstreckungsmaßnahmen des Gläubigers hinsichtlich der Verwertung des Haftungsgegenstandes aber auch aus, um den Schuldsaldo zurückzuführen. Obwohl der darlehensnehmende Sicherungsgeber grundsätzlich mit seinem gesamten persönlichen Vermögen für die Verbindlichkeiten aus dem Darlehensgeschäft haftet, gelingt es mit der Bestellung einer werthaltigen Sicherungsgrundschuld im Verwertungsfall, den „Verlust" faktisch auf das Grundeigentum zu beschränken, auf welchem die Sicherungsgrundschuld lastete.

---

124 Die Kündigungsfrist des § 1193 I BGB ist für Sicherungsgrundschulden nach § 1193 II S. 2 BGB nicht dispositiv. Diese Neuregelung wurde aufgrund des Gesetzes zur Begrenzung der mit Finanzinvestitionen verbundenen Risiken (Risikobegrenzungsgesetz) vom 12.08.2008 (BGBL. I S. 1666) mit Wirkung zum 19.08.2008 neu eingeführt und weicht zum Schutze der Grundstückseigentümer von der alten Regelung des § 1193 II BGB ab, wonach abweichende Fristenregelungen zulässig waren. Es war nach alter Rechtslage üblich das Grundschuldkapital sofort fällig zustellen. Vgl. Hierzu näher: Regierungsentwurf vom 26.06.2008 zum Risikobegrenzungsgesetz, BT-Drucks. 16/9821, S. 17.

125 In der Praxis soll die Realisierung des dinglichen Anspruches aus § 1147 BGB überwiegend im Wege der Durchführung des Zwangsversteigerungsverfahrens erfolgen. So auch: *Hutner* in Balensiefen/Bönker/Geiger/Schaller, Rechtshandbuch für die Immobilienpraxis, 8.6.1.11, S. 316.

126 Durch den Zuschlag im Zwangsversteigerungsverfahren erwirbt der Ersteher nach § 90 I ZVG das Eigentum am Grundstück und sämtlicher Gegenstände, die von der Beschlagnahme erfasst waren. Es handelt sich aufgrund des Zuschlages um einen öffentlich-rechtlichen Eigentumserwerb. Vgl.: BGH NJW 1990, 2744; NJW 2004, 2009.

Durch die Bestellung einer Sicherungsgrundschuld, die im Falle der Verwertung ausreichend dimensioniert ist, um sämtliche gesicherte Forderungen zurückführen zu können, ist es dem sicherungsgebenden Darlehensnehmer daher möglich, eine faktische Haftungsbeschränkung auf das beliehene Grundstück zu erreichen, was letztlich zu einer Risikoeingrenzung führt.

Hieran vermag auch der Umstand, dass die Sicherungsgrundschuld in der Bankpraxis als Kombinationssicherheit Verwendung findet, die mit der Abtretung von Rückgewähransprüchen an vor- oder gleichrangigen Grundschulden und der Übernahme der persönlichen Haftung verbunden wird, nichts zu ändern.[127] Die mit der Grundschuldbestellung überwiegend formularmäßig vorgenommene Abtretung von Rückgewähransprüchen an vor- und gleichrangigen Grundschulden kommt überhaupt nur dann in Betracht, wenn vorrangige Belastungen am haftenden Grundstück bestehen und damit im konkreten Fall eine nachrangige Grundschuldsicherung vorgenommen werden soll. Mit der in der Praxis häufig anzutreffenden Abtretungskonstruktion soll ein Ausgleich dafür geschaffen werden, dass Sicherungsgrundschulden aufgrund ihrer rechtlichen Unabhängigkeit von den gesicherten Forderungen, nach Tilgung derselben nicht automatisch an den Eigentümer zurückfallen.[128] Anders als bei der Hypothek, bei der die Erfüllung der gesicherten Forderung nach §§ 1163 I, 1177 BGB einen Übergang auf den Eigentümer und eine Wandlung zur Eigentümergrundschuld zur Folge hat,[129] was zu Gunsten nachrangiger Grundpfandrechtsgläubiger einen Löschungsanspruch nach § 1179a BGB zur Entstehung gelangen lässt, muss dieses Ergebnis bei der Sicherungsgrundschuld erst herbeigeführt werden. Dem nachrangigen Grundpfandrechtsgläubiger, dem im Rang eine Grundschuld vorgeht, leidet aufgrund dessen an einem geringeren Schutzniveau, als es bei einer vorrangigen Hypothek der Fall wäre.[130] Die

127 Zur Verwendung der Sicherungsgrundschuld im Zusammenhang mit anderen Instituten vgl.: § 4 B. II. 2) und 3); auch *Krephold/Fischbeck*, Bankrecht, 4.2.3.2, S. 189; zur Kombination von Grundschuldkapital, Zinsen und Nebenleistungen mit der persönlichen Haftungsübernahme; zum Ganzen auch: *Hutner* in Balensiefen/Bönker/Geiger/Schaller, Rechtshandbuch für die Immobilienpraxis, 8.6.1.10, S. 315.

128 Vgl.: *Jacoby* in Derleder/Knops/Bamberger, Handbuch zum deutschen und europäischen Bankrecht, § 24 Rn. 45.

129 Näher zu den Auswirkungen von Zahlungen auf die Hypothek vgl.: *Wilhelm*, Sachenrecht, Rn. 1480.

130 Ohne die Abtretung von Rückgewähransprüchen hinsichtlich vor-oder gleichrangiger Rechte hätte der nachrangige Gläubiger gegen den vorrangigen Gläubiger keinen Anspruch darauf, dass ein Rückgewähranspruch entsteht, der an den Eigentümer vollzogen. So auch: FA-BKR/*Clemente*, Kap. 5, Rn. 970. Der nachrangige Gläubiger

formularmäßige Abtretung von Rückgewähransprüchen wird damit letztlich zum Zwecke der Rangverbesserung des nachrangigen Grundpfandrechtsgläubigers vorgenommen.[131] Auf diese Weise bemüht sich der nachrangige Grundpfandrechtsgläubiger seine eigene Absicherung möglichst werthaltig auszugestalten, in dem er sich Rückgewähransprüche hinsichtlich vor- und gleichrangiger Grundpfandrechte abtreten lässt, um so Ausfallrisiken entgegenzutreten.[132] Mittelbar kommt dies wiederum dem Sicherungsgeber selbst zu Gute, da eine Sicherheit mit möglichst geringem Ausfallrisiko dazu führt, dass im Verwertungsfall die Erlöse aus der Sicherheit die zu erfüllenden Forderungen vollumfänglich zurückführen. Vor diesem Hintergrund bewirkt die zusätzlich vorgenommene Abtretung von Rückgewähransprüchen, dass die festgestellte faktische Haftungsbeschränkung, auch in Fällen nachrangiger Absicherungssituationen, aufrechterhalten werden kann.

Letztlich bleibt noch zu hinterfragen, ob von einer Möglichkeit der Haftungsbeschränkung auf das beliehene Grundstück auch dann noch gesprochen werden kann, wenn die persönlich Haftungsübernahme in Form eines abstrakten Schuldanerkenntnisses im Rahmen der Grundschuldbestellung erklärt worden ist.[133] Bedenkt man, dass es sich dem Grundsatz nach hierbei um eine zusätzliche Personalsicherheit handelt, die gerade dazu dienen soll, das gesamte Vermögen des Schuldners einem sofortigen Vollstreckungszugriff zugänglich zu machen,[134]

---

könnte somit die Rechtslage, die ihm aufgrund von § 1179a BGB Rangverbesserungsmaßnahmen an die Hand geben würde, von Rechts wegen nicht selbst herbeiführen.

131 Theoretische wäre es auch möglich die Abtretung von Rückgewähransprüchen kumulativ neben dem eigenen Recht auszunutzen und damit den Haftungsumfang auszuweiten. Jedoch sind formularmäßig vorgenommene Abtretungen regelmäßig dahingehend auszulegen, dass der nachrangige Gläubiger zwar den Vorrang ausnutzen darf, Befriedigung nicht aber über die Höhe seines nachrangigen Rechts verlangen kann. Vgl.: BGHZ 110, 108, 112 ff.; *Clemente*, ZfIR 1997, 127, 132.

132 Es sei an dieser Stelle nochmals darauf hingewiesen, dass eine erstrangige Grundschuld an einem werthaltigen Grundstück ein äußerst geringes Ausfallrisiko hat. So auch Ganter in Schimansky/Bunte/Lwowski, Bankrechtshandbuch, § 90 Rn. 53. Aus diesem Grund soll der realisierbare Wert eines erstrangigen Grundpfandrechtes mit seinem Nominalbetrag gleichgesetzt werden, wenn er im Rahmen eines ordnungsgemäßen Beleihungswertverfahrens ermittelt worden ist. In diesem Sinne: *Tetzlaff*, DZWIR 2003,453, 454.

133 Jedenfalls bei Personenidentität von Darlehensnehmer und Sicherungsgeber entspricht dieses Vorgehen der Bankpraxis. Vgl.: Formular zur Bestellung einer Sicherungsgrundschuld mit Übernahme der persönlichen Haftung in vollstreckbarer Form bei *Gaberdiel*, Kreditsicherung durch Grundschulden, Anhang 1, (9).

134 So auch *Epp* in Schimansky/Bunte/Lwowski, Bankrechtshandbuch § 94 Rn. 238.

scheint alleine diese Ausgangslage der Annahme einer Haftungsbeschränkung diametral entgegenzustehen. Um nicht aufgrund oberflächlicher Betrachtungen allzu früh die Idee der Haftungsbeschränkung aufzugeben, ist eine vertiefte Auseinandersetzung lohnenswert, um letztlich Klarheit darüber zu erhalten, ob die Übernahme der persönlichen Haftung die Möglichkeit zur Herbeiführung einer Haftungsbeschränkung durch die Stellung einer werthaltigen Sicherungsgrundschuld verhindert.

Die Übernahme der persönlichen Haftung erfolgt im Rahmen der Bestellung der Grundschuld in der Weise, dass der darlehensnehmende Sicherungsgeber formularmäßig hinsichtlich der Zahlung eines Geldbetrages, der dem Grundschuldkapital nebst vereinbarten Zinsen und Nebenleistungen entspricht, ein Schuldanerkenntnis oder ein entsprechendes Schuldversprechen abgibt.[135] Durch die gewählte Formulierung, wonach die persönliche Haftung für einen „Geldbetrag, der dem Grundschuldkapital nebst Zinsen und Nebenleistungen entspricht" übernommen wird, soll sprachlich verdeutlicht werden, dass die Haftungsübernahme von dem Schicksal der Grundschuld vollkommen unabhängig ist. Die Entstehung, der Fortbestand und letztlich der Untergang der Sicherungsgrundschuld sind für die Übernahme und das weitere Schicksal der persönlichen Haftungsübernahme unerheblich.[136] Neben der Unabhängigkeit der persönlichen Haftungsübernahme von der Sicherungsgrundschuld, besteht auch eine Unabhängigkeit zur gesicherten Forderung.[137] Die Verknüpfung zum Sicherungsbedürfnis erfolgt über die sicherungsvertragliche Sicherungszweckbestimmung.[138]

---

135 Vgl.: Das Formular zur Bestellung einer Sicherungsgrundschuld bei *Gaberdiel*, Kreditsicherung durch Grundschulden, Anhang 1, (9). Eine ähnliche Formulierung sah schon der Vorschlag des Ausschusses für Schuld- und Liegenschaftsrecht der Bundesnotarkammer für ein Grundschuldformular in Teil A II, 2, DNotZ 2002, 84, 86, vor. Ob im Einzelfall ein Schuldanerkenntnis, oder ein entsprechendes Schuldversprechen vorliegt, hat keine unterschiedlichen Auswirkungen. Vertiefend zum Ganzen: *Clemente*, ZfIR 2004, 497, 500.

136 Der BGH hatte bereits in WM 1986, 1032, 1033 die Vollstreckung aus einer persönlichen Haftungsübernahme gebilligt, nach dem die Sicherungsgrundschuld im Zwangsversteigerungsverfahren untergegangen war, der Gläubiger aber nur Teilbefriedigung erlangt hatte. In ähnlicher Weise zur rechtlichen Abstraktheit der beiden Institute auch BGH WM 1990, 1927; ähnlich OLG Köln ZIP 1999, 355.

137 Aus diesem Grund wird zur Sicherungsgrundschuld eine abstrakte Personalsicherheit kombiniert und keine Bürgschaft. In diesem Sinne: BGHZ 114, 9, 12.

138 Vgl. Oben § 4 B. II. 2) und § 4 B IV., auch: *Jacoby* in Derleder/Knops/Bamberger, Handbuch zum deutschen und europäischen Bankrecht, § 24 Rn. 41.

Auf diesem Weg steht die persönliche Haftungsübernahme vollkommen losgelöst neben dem dinglichen Anspruch aus der Sicherungsgrundschuld.

Vor diesem Hintergrund drängt sich die Anschlussfrage, in welchem wirtschaftlichen Verhältnis die dingliche Forderung aus der Grundschuld und diejenige aus der persönlichen Haftungsübernahme stehen, unmittelbar auf. Entweder bestehen die dingliche Forderung und das abstrakte Schuldanerkenntnis nebeneinander und können jeweils unabhängig voneinander geltend gemacht werden oder aber es besteht zwischen beiden Sicherungsmitteln ein Rangverhältnis, so dass sie sich lediglich gegenseitig verstärken. Konkret hätte die erste Annahme zur Folge, dass der Gläubiger sowohl aus der Grundschuld, als auch aus dem abstrakten Schuldverhältnis gegen den Schuldner vorgehen könnte. Bei einem derartigen Szenario würde sich der Haftungsumfang der beiden Sicherungsinstrumente addieren, mit der Folge, dass der Gläubiger letztlich eine Absicherung in Höhe des doppelten Grundschuldkapitalbetrages zuzüglich Zinsen und etwaig vereinbarter Nebenleistungen erhalten würde.[139]

Die zweite Alternative würde bedeuten, dass der Gläubiger nur dann auf die persönliche Haftungsübernahme zugreifen kann, wenn die Realisierung des dinglichen Anspruches aus der Sicherungsgrundschuld nicht ausreicht, um alle gesicherten Forderungen zurückführen zu können. In diesem Fall stünden beide Sicherheiten in einem Rangverhältnis, so dass die persönliche Haftungsübernahme lediglich zur Verstärkung der dinglichen Forderung dient und damit potentielle Restausfallrisiken abfedert.

Die entsprechenden Vereinbarungen der Formularpraxis enthalten hierzu keine eindeutige Regelung, so dass letztlich eine Klärung des Verhältnisses der beiden Sicherheiten nur durch Auslegung unter Rekurs auf die Parteiinteressen erfolgen kann.[140]

Durch die Stellung von Sicherheiten soll ein vorhandenes Kreditausfallrisiko, welches aus dem gesicherten Darlehensverhältnis resultiert, abgesichert werden.[141] Dementsprechend wird die Sicherungsgrundschuld hinsichtlich ihres Kapitalbetrages ausreichen dimensioniert, um diesen Zweck erfüllen zu können. Regelmäßig entspricht dabei der Grundschuldkapitalbetrag demjenigen des

---

139 So auch *Epp* in Schimansky/Bunte/Lwowski, Bankrechtshandbuch, § 94 Rn. 242 für den Fall der Vereinbarung additiver Sicherheiten.

140 So auch *Marburger*, Grundschuldbestellung und Übernahme der persönlichen Haftung, S. 43.

141 Vgl.: Oben, § 5 A. I 2); ebenso: *Gröhl* in Ahnert/Engel/Rohleder, Handbuch Firmenkreditgeschäft, S. 158; *Westermann/Gursky/Eickmann*, SachenR, § 113 Rn. 4.

Darlehensnominalbetrages.[142] Die Parteien gehen demnach davon aus, dass die Stellung der Sicherungsgrundschuld ausreichend ist, um die angestrebte Sicherungswirkung zu erzielen. Ohne gesonderte Vereinbarung ist davon auszugehen, dass die zusätzlich übernommene persönliche Haftung nicht zu einer Verdoppelung des Sicherheitenvolumens führen soll, sondern der gesicherte Gläubiger letztlich nur einmal einen Geldbetrag aus der Grundschuld oder der persönlichen Haftungsübernahme erhalten soll.[143] Die Sicherungsgrundschuld und das abstrakte Schuldanerkenntnis des Sicherungsgebers stehen daher in einem Verhältnis von Haupt- und Nebensicherheit zueinander. Dem Parteiwillen entsprechend ist daher eine Auslegung vorzunehmen, wonach der Gläubiger nur dann auf die persönliche Haftungsübernahme zurückgreifen darf, wenn der Erlös aus der zwangsweisen Verwertung der Sicherungsgrundschuld im konkreten Einzelfall nicht ausreichend war, um sämtliche offenen Forderungen zu tilgen.[144] Beispielhaft lässt sich der Fall anführen, dass der die Vollstreckung aus der Sicherungsgrundschuld betreibende Gläubiger in der Zwangsversteigerung teilweise ausgefallen ist und im Anschluss hieran, das abstrakte Schuldanerkenntnis zur Grundlage weiterer Vollstreckungshandlungen macht, um auf das sonstige Vermögen des Schuldners zuzugreifen.

Die formularmäßig erklärte persönliche Haftungsübernahme des Sicherungsgebers hat im Ergebnis keinen additiven Charakter, sondern dient ohne gesonderte individualvertragliche Vereinbarung ausschließlich dazu, die vorhandene Sicherungsgrundschuld zu verstärken.[145]

---

142 Es bestünde auch die Möglichkeit den Grundschuldkapitalbetrag höher als das tatsächlich bestehende Kreditausfallrisiko auszugestalten. Im Hinblick auf eine mögliche Übersicherung wird hiervon nur Gebrauch gemacht, wenn zum Zeitpunkt der Grundschuldbestellung absehbar ist, dass weiterer Sicherungsbedarf in Kürze eintreten wird. Zum Ganzen Näher: *Gaberdiel*, Kreditsicherung durch Grundschulden, Rn. 277; auch *Epp* in Schimansky/Bunte/Lwowski, Bankrechtshandbuch, § 94 Rn. 197.

143 Vgl.: *Krephold/Fischbeck*, Bankrecht, 4.2.3.2.1, S. 189; BGH WM 1988, 109 anmerkend hierzu und mit einer Rechtsprechungszusammenfassung: *Rainer*, WM 1988, 1663.

144 So auch: BGH WM 1986, 1032, 1033; BGH WM 1990, 1927.

145 Vgl.: Erman/*Wenzel* § 1191 Rn. 110; *Krephold/Fischbeck*, Bankrecht, 4.2.3.2.1, S. 189; *Gaberdiel*, Kreditsicherung durch Grundschulden, Rn. 297; *Epp* in Schimansky/Bunte/Lwowski, Bankrechtshandbuch, § 94 Rn. 243 weist darauf hin, dass dieser Umstand auch Niederschlag in der Formularpraxis gefunden habe und verweist auf das Muster eines Grundschuldbestellungsformulars, abgedruckt im Anhang 2 zu § 94 Nr. 3, wo der Klarstellung halber angeführt werde, dass lediglich die Abtretung von Rückgewähransprüchen haftungserweiternde Wirkung haben soll.

Indem die persönliche Haftungsübernahme nur zum Tragen kommt, wenn die Sicherungsgrundschuld als Hauptsicherheit ihren Zweck nicht vollumfänglich herbeiführen konnte, bleibt nach wie vor die Möglichkeit, zu Gunsten des Sicherungsgebers durch die Stellung einer werthaltigen Grundschuld, die im Verwertungsfall ausreichende Erlöse zur Tilgung der offenen Forderungen zu leisten im Stande ist, eine faktische Haftungsbeschränkung auf das belastete Grundstück vorzunehmen. Trotz der Abgabe eines abstrakten Schuldanerkenntnisses, welches das gesamte Vermögen des Schuldners dem Vollstreckungszugriff des Gläubigers zugänglich macht, kann der Sicherungsgeber auf diese Weise verhindern, dass der Gläubiger im Verwertungsfall auf sein gesamtes persönliches Vermögen zur Rückführung der offenen Forderungen zugreift.

Im Ergebnis kann der Sicherungsgeber durch den Abschluss des Sicherungsvertrages in Erfüllung dessen dem darlehensgebenden Gläubiger eine werthaltige, ausfallsichere Sicherungsgrundschuld bestellt wird, letztlich eine faktische Haftungsbeschränkung vornehmen. Im Verwertungsfall besteht dann lediglich die Gefahr, dass er das Eigentum am haftenden Grundstück verliert, im Übrigen sein weiteres Vermögen zur Tilgung noch offener Forderungen jedoch nicht in Anspruch nehmen muss.

4) Ergebnis

a) Zusammenfassung

Der Abschluss des Sicherungsvertrages, in Erfüllung dessen eine werthaltige Sicherungsgrundschuld bestellt wird, hilft dem darlehensgebenden Gläubiger, bestehende Kreditausfallrisiken aus dem Darlehensgeschäft zu minimieren. Die Hereinnahme einer Sicherungsgrundschuld bedeutet vor diesem Hintergrund Risikovorsorge und Absicherung der eigenen Ertragslage gleichermaßen. Durch die Zurverfügungstellung einer Sicherungsgrundschuld auf einem guten Rang, steht ein werthaltiges Haftungsobjekt zur Verfügung, das selbst im Fall der Insolvenz des Sicherungsgebers, dem jeweiligen Gläubiger ausreichende Befriedigungsmöglichkeiten bietet. Auf diese Wiese erhält der Sicherungsnehmer eine privilegierte Stellung im Verhältnis zu anderen Gläubigern des Sicherungsgebers.

Zugleich kann die Sicherungsgrundschuld eigenkapitalschonend zur Absicherung von Adressausfallrisiken von Banken und Kreditinstituten eingesetzt werden. Anstelle liquider Eigenmittel dienen Grundschulden als Eigenkapitalersatz, um den bankenaufsichtsrechtlichen Anforderungen an die Eigenmittelunterlegungspflicht gerecht zu werden. Auf diese Weise können wertvolle Eigenmittel der institutionellen Gläubiger wieder im operativen Geschäftsbetrieb eingesetzt werden.

Dies erhöht die Geldumlaufmenge, womit die Nachfrage nach Krediten am Kapitalmarkt einfacher und kostengünstiger befriedigt werden kann. Hiervon profitiert letztlich der gesamte Kapitalmarkt. Zuletzt darf nicht aus den Augen verloren werden, dass durch die effektive Erfüllung der Eigenkapitalunterlegungspflicht unter Zuhilfenahme von Sicherungsgrundschulden, die Krisenanfälligkeit einzelner Banken und Institute effektiv gemindert werden kann. Von diesen Stabilisierungseffekten profitiert letztlich das gesamte globale Finanzsystem.

Schließlich dient der Abschluss des Grundschuldsicherungsvertrages auch zur Durchsetzung der Interessen des sicherungsgebenden Schuldners. Mit dem Abschluss des Sicherungsvertrages und der sich daran anschließenden Grundschuldbestellung, sichert sich der potentielle Schuldner nicht selten eine positive Kreditvergabeentscheidung. Der Sicherungsgeber verschafft sich damit finanziellen Bewegungsspielraum, da er eine Kreditierung erhält, die ohne Bestellung einer Sicherheit nicht hätte gewährt werden können. Indem die werthaltige Absicherung des Kredites auf Seiten des Gläubigers zu einer geringeren Kostenbelastung für das einzelne Darlehen führt, wirkt sich die Grundschuldbestellung positiv auf die Kreditkonditionengestaltung aus. Auf diesem Wege kann der Sicherungsgeber Kredit zu einem geringeren Zinssatz erhalten und spart damit bares Geld. Indem die bestellte Sicherungsgrundschuld im Idealfall zu jedem Zeitpunkt ausreicht, um sämtliche offenen Forderungen des Gläubigers im Verwertungsfall zurückführen zu können, ermöglicht der Abschluss des Sicherungsvertrages dem Sicherungsgeber eine faktische Haftungsbeschränkung auf das belastete Grundstück herbeizuführen.

Als Ergebnis der Untersuchung zur Interessenlage lässt sich festhalten, dass die Begründung einer Grundschuldsicherungstreuhand der Verwirklichung der Interessen sämtlicher Beteiligter dient. Hiermit sind zugleich positive Effekte für das gesamte Finanzwirtschaftssystem verbunden.

b) Folgerungen

Unter Berücksichtigung der Interessen sämtlicher am Abschluss des Grundschuldsicherungsvertrags beteiligten Rechtssubjekte, lässt sich damit feststellen, dass der Sicherungsvertrages keineswegs nur ein eigennütziges Geschäft zu Gunsten des Sicherungsnehmers darstellt.[146] Die Absicherung des wirtschaftlich

146 So aber die überwiegende Auffassung für die Fälle der Sicherungstreuhand. Vgl. Statt Vieler: *Vieweg/Werner*, Sachenrecht § 12 I Rn. 4; *Wolf*, Sachenrecht, § 3 Rn. 53; *Medicus/Petersen*, Bürgerliches Recht, § 21 Rn. 488; Staudinger Eckpfeiler/*Kessal-Wulf*, S. 418.

in Zusammenhang stehenden Darlehensverhältnisses wird durch beide Parteien angestrebt: der Gläubiger erwirbt aufgrund der vertraglichen Vereinbarungen im Sicherungsvertrag einen Anspruch darauf, dass ihm die Sicherungsgrundschuld als Sicherheit gestellt wird.[147] Der Sicherungsgeber erbringt die Bestellung der Grundschuld und weiterer, vereinbarter Sicherheiten, als erfüllungstaugliche Leistung auf diesen Anspruch.[148]

Die Erzielung einer effektiven Absicherung steht damit im Mittelpunkt des Interesses beider Parteien und ist damit gemeinsamer Vertragszweck.

Die Bündelung der Interessen von Sicherungsgeber und Sicherungsnehmer in einem gemeinsamen Vertragszweck bedeutet zugleich, dass eine diametrale Interessenlage, wie sie gegen die Zuordnung eines Sicherungsgeschäftes zu den Treuhandfällen angeführt wird, im Kern nicht vorhanden ist. [149] Die Parteien haben insofern einen gemeinsamen vertraglichen „Grundkonsens" mit dem Abschluss des Sicherungsvertrages festgelegt, dessen Verwirklichung sie allerdings in gänzlich verschiedener Weise umsetzen.

Der Sicherungsgeber leistet und überträgt aus seinem Vermögen Rechtspositionen,[150] um im beiderseitigen Interessen eine werthaltige Sicherheit gewährleisten zu können. Zugleich ermöglicht er durch die Einräumung umfangreicher Legitimationen im Verwertungsfall einen effektiven Zugriff auf die Sicherheiten.[151]

Der Sicherungsgeber hingegen ist gehalten, die Sicherheit pfleglich zu behandeln, um den im Verlauf der Zeit entstehenden (teilweisen) Rückgewähranspruch bei Entfall des Sicherungszwecks, jederzeit erfüllen zu können.[152] Die Verpflichtungen des Sicherungsnehmers erschöpfen sich dabei jedoch nicht alleine in der Einhaltung der sicherungsvertraglichen Grenzen, sondern von ihm werden verwaltende Verhaltensweisen, insbesondere nach Eintritt einer Übersicherungssituation verlangt, um die Sicherheit in vollem Umfang wieder an den Berechtigten

---

147 Vgl.: Palandt/*Bassenge* § 1191 Rn. 15; Staudinger/ *Wolfsteiner* Vorbem. zu §§ 1191 ff. Rn. 38; Müko/*Eickmann* § 1191 Rn. 14. Dieser Anspruch folgt aus einer Sicherheitenbestellungsverpflichtung, die von dem rechtlichen Behaltensgrund der Grundschuld zu unterscheiden ist. Ebenso: *Becker-Eberhard*, Die causa für die Bestellung von Sicherheiten, S. 80 ff. *Buchholz*, ZIP 1987, 891, 895.

148 So schon *Huber*, Die Sicherungsgrundschuld, S. 90, 91, der von einer Leistung „solvendi causa" spricht.

149 Zur Gegenansicht insbesondere: *Löhnig*, Treuhand, S. 122, 123.

150 Vgl. Hierzu bereits oben: § 4 B. III. 2) a).

151 Zu den Legitimationen im Einzelnen: § 4 B. III. 2) b).

152 Vgl.: *Gaberdiel*, Kreditsicherung durch Grundschulden, Rn. 723.

zurückgewähren zu können.[153] Bezieht man in die Überlegungen mit ein, dass die Rückführung der Ansprüche aus dem gesicherten Kreditverhältnis durch den darlehensnehmenden Sicherungsgeber der Regelfall, der Eintritt des Verwertungsfalles daher eher die Ausnahme ist, stehen dem Sicherungsnehmer im Verhältnis zum Sicherungsgeber außer dem Recht zum Behaltendürfen der Sicherheit,[154] keine eigenen Rechte an den Sicherheiten zu, wenn die Forderungen aus dem gesicherten Kreditverhältnis ordnungsgemäß bedient werden.[155]

Im Verhältnis zum Sicherungsgeber bleiben die Rechtspositionen und Legitimationen, obwohl sie auf den Gläubiger übertragen wurden, letztlich fremde Vermögenswerte.

Im Innenverhältnis zwischen Sicherungsgeber und Sicherungsnehmer ist dies die Konsequenz aus der im Sicherungsvertrag enthaltenen Sicherungszweckerklärung, die mit ihrer Finalität letztlich das Halten „zu treuen Händen" bis zum Eintritt des Verwertungsfalles begründet.

Selbst in diesem Fall darf der Sicherungsnehmer die Sicherheit nur in einem Umfang in Anspruch nehmen, der den gesicherten offenen Forderungen entspricht. Sofern ein Übererlös vorhanden ist, muss er an den Sicherungsgeber ausgekehrt werden.[156]

Daraus folgt, dass die durch den gemeinsamen Sicherungszweck festgelegte Zweckbestimmung vom Sicherungsnehmer selbst dann einzuhalten ist, wenn sein eigenes Verwertungs- und Befriedigungsinteresse in den Mittelpunkt der Aktivität rückt.

Die im Sicherungsvertrag enthaltene Sicherungszweckbestimmung, stellt vor diesem Hintergrund nichts anderes dar, als die Manifestation zentraler Anliegen

153 Kann der Sicherungsnehmer die Rückgewährverpflichtung nicht erfüllen, so schuldet er Schadensersatz, bzw. ist einem Berechtigten bei vertragswidriger Verfügung ersatzpflichtig. Vgl.: BGH WM 2007, 1711, 1712 zum bereicherungsrechtlichen Ausgleich nach § 816 BGB zwischen Grundschuldgläubiger und nicht bedachtem Rückgewährberechtigten bei Vorhandensein mehreren Rückgewährberechtigten.

154 Palandt/*Bassenge* § 1191 Rn. 15; Staudinger/*Wolfsteiner*, Vorbem. zu §§ 1191 ff. Rn. 38; Müko/*Eickmann* § 1191 Rn. 14.

155 Greift der Gläubiger in diesem Fall auf die Sicherheit im Rahmen von Verwertungshandlungen zu, kann der Sicherungsgeber sich der Vollstreckung mit der Einrede des Nichtvorliegenden Sicherungsfalles, die ihren Ursprung im Sicherungsvertrag hat, zur Wehr setzten und die Vollstreckung für unzulässig erklären lassen. Näher hierzu: *Buchholz*, AcP 203 (2003), S. 786, 815. Auch *Clemente*, Recht der Sicherungsgrundschuld, Rn. 613.

156 BGH WM 2002, 337, 339; *Clemente*, Recht der Sicherungsgrundschuld, Rn. 450.

der Parteien des Sicherungsvertrages. Die Einhaltung der Zweckbestimmung ist insbesondere für den Sicherungsnehmer daher immer auch mit einer Fremdinteressenwahrung verbunden.[157] Dieses Tätigwerden im Sinne eines Anderen stellt für den Sicherungsnehmer eine echte Rechtspflicht dar,[158] die im Falle ihrer Missachtung Schadensersatzansprüche zu Gunsten des Sicherungsgebers mit sich bringen kann.[159]

Zugleich darf aber nicht aus den Augen verloren werden, dass neben den Interessen des Sicherungsgebers auch denjenigen des Sicherungsnehmers in der Grundschuldsicherungstreuhand entsprechend zur Geltung verholfen werden muss. Wie die Beleuchtung der Interessenlage zu Tage förderte, sind für beide Parteien Vorteile mit dem Eingang des Sicherungsgeschäftes verbunden, die sie durch den Abschluss des Sicherungsvertrages entsprechend zu verfolgen versuchen. Es muss dem Sicherungsnehmer daher möglich sein, auch eigenen Interessen im Rahmen des bestehenden Vertragsverhältnisses verwirklichen zu können. Daraus folgt, dass der Sicherungsnehmer in der Grundschuldsicherungstreuhand die Interessen des Sicherungsnehmers zu jedem Zeitpunkt zu wahren hat, sofern nicht seine eigenen schutzwürdigen Sicherungsinteressen der jeweiligen Verhaltensweise entgegenstehen.[160] Die im Sicherungsvertrag enthaltene Sicherungszweckerklärung limitiert daher, auch aus Sicht des Sicherungsnehmers, Verpflichtung und Umfang fremdnütziger Verhaltensweisen.

Obwohl die Parteien den Sicherungsvertragsabschluss herbeiführen, um im Kern mit der Absicherung eines Kreditverhältnisses ein gemeinsames Ziel zu

---

157 In diesem Sinne auch: Müko/*Eickmann* § 1191 Rn. 14, der davon spricht, dass die Fremdinteressenwahrung aus der „besonderen Natur des Sicherungsvertrages" entspringt. *Clemente*, Recht der Sicherungsgrundschuld, Rn. 235, folgert, dass der Sicherungsgeber aufgrund des Treuhandcharakters des Sicherungsvertrages jederzeit die Belange des Sicherungsnehmers zu wahren habe. So auch BGH NJW 2012, 1142, 1143; BGH WM 2012, 301, 303; BGH NJW 2000, 352, 353; BGH NJW 1997, 2672, 2673. Allgemein für die Fälle der Sicherungstreuhand schon: *Walter*, Unmittelbarkeitsprinzip, S 46 f.

158 So allgemein für die Treuhand: Staudinger/*Martinek*, Vorbem. zu §§ 662 ff. BGB, Rn. 44.

159 Denkbar ist insbesondere ein Anspruch auf positiver Vertragsverletzung nach § 280 I BGB, wenn der Sicherungsgeber schuldhaft seine ihm obliegende Verpflichtung zur Wahrung der Interessen des Sicherungsgebers missachtet und Letzterem hieraus ein Schaden erwächst. So prüfte insbesondere der BGH in NJW 2012, 1142, 1143; einen derartigen Anspruch.

160 BGH NJW 1997, 2672, 2673; BGH NJW 2000, 352, 353; BGH WM 2012, 301, 302; BGH NJW 2012, 1142, 1143.

verfolgen, dass jedem auf seine Weise Nutzen und Vorteile bringt, sind vor diesem Hintergrund Interessenkollisionen nicht zu vermeiden.

Dem Sicherungsvertrag als dem schuldrechtlichen Innenverhältnis der Treuhand kommt daher die Aufgabe zu, in praxisrelevanten Interessenkonflikten und neu aufkommenden Problemlagen im Einzelfall bestehende, widerstreitende Interessen in Ausgleich zu bringen.[161] Vor diesem Hintergrund erklärt sich der in der Praxis festzustellende, erhöhte Regelungsbedarf des Sicherungsvertrages.[162]

Zusammenfassend ist der sicherungsnehmende Grundschuldgläubiger zum Zeitpunkt des Abschlusses des Sicherungsvertrages und der sich daran anschließenden Invollzugsetzung des Treuhandverhältnisses stets gehalten, die Interessen des Sicherungsgebers zu beachten und gegebenenfalls in seinem Interesse tätig zu werden. Diese Verpflichtung besteht jedoch nicht uneingeschränkt, sondern ist dadurch eingeschränkt, dass die dem Sicherungsnehmer im Einzelfall abverlangte Verhaltensweise seinen eigenen schutzwürdigen Sicherungsinteressen nicht entgegensteht. Es ist Kernaufgabe des Sicherungsvertrages, die sich hieraus ergebenden unvermeidbaren Interessenkollisionen in Ausgleich zu bringen.

III. Veranschaulichung des Ausgleichs zwischen Eigennutz und Fremdinteressenbelangwahrung in der Grundschuldsicherungstreuhand

Dem Sicherungsvertrag obliegt es daher in jedem Stadium der Grundschuldsicherung, die nicht selten auch gegenläufigen Interessen der Parteien in Ausgleich zu bringen. Anhand praxisrelevanter, aktueller Problemlagen, die insbesondere auch aus den Neuregelungen des Gesetzes zur Begrenzung der mit Finanzinvestitionen verbundenen Risiken (Risikobegrenzungsgesetz) entstanden sind,[163] soll diese Ausgleichsfunktion in den Mittelpunkt der folgenden Betrachtungen gestellt werden.

---

161 So schon allgemein für das schuldrechtliche Innenverhältnis einer Treuhand bei der nicht ausschließlich gleichgerichtete Interessen vorzufinden sind: Coing, Die Treuhand kraft privaten Rechtsgeschäfts, S. 93.

162 Zur Veranschaulichung darf auf die entsprechenden Formulare verwiesen werden: Etwa abgedruckt bei Gaberdiel, Kreditsicherung durch Grundschulden, Anhang (6) ff.; oder bei Schimansky/Bunte/Lwowski, Bankrechtshandbuch, Anhang (2) zu § 94 Nr. 2.

163 Risikobegrenzungsgesetz v. 12.08.2008 (BGBl. I, 2008, 1666).

1) Die Kündigung des Grundschuldkapitals – Neuregelung des § 1193 BGB

Auch schon vor dem Risikobegrenzungsgesetz setzte die Vollstreckung aus der Grundschuld voraus, dass das Grundschuldkapital im Wege der Kündigung durch den Gläubiger nach § 1193 I BGB fällig gestellt werden musste. Die gesetzliche Kündigungsfrist belief sich nach § 1193 I S. 3 BGB auch nach der alten Fassung auf sechs Monate.[164] Nach § 1193 II BGB waren abweichende Bestimmungen jedoch uneingeschränkt zulässig. Von dieser Möglichkeit machte die Praxis in unterschiedlicher Weise Gebrauch. Überwiegend war in den Grundschuldbestellungsformularen der Banken und Sparkassen eine Regelung enthalten, wonach das Grundschuldkapital „sofort zur Zahlung fällig“ war, so dass in diesen Fällen eine Kündigung entbehrlich war.[165] Es fanden sich in den Grundschuldbestellungsformularen der Praxis aber auch Klauseln, die ein Recht des Sicherungsnehmers zur sofortigen Kündigung der Grundschuld begründeten.[166] Die formularmäßige Verkürzung der Kündigungsfrist bis hin zu ihrem praktischen Ausschluss entsprach bis zur Neuregelung dem Regelfall. Wirksamkeitsbedenken wurden hiergegen nicht vorgebracht.[167]

Mit Art. 6 Nr. 8 des Risikobegrenzungsgesetzes hat der Gesetzgeber § 1193 II S. 2 BGB neu eingeführt, wonach nunmehr abweichende Bestimmungen zu der in § 1193 I BGB enthaltenen Regelung unzulässig sind, wenn die „Grundschuld der Sicherung einer Geldforderung“ dient. Gem. Art. 229 §18 Abs. 3 EGBGB gilt diese Regelung für alle Sicherungsgrundschulden, die nach dem 19.08.2008 bestellt wurden. Das Risikobegrenzungsgesetz hat die Rechtslage daher maßgeblich beeinflusst und das bislang bestehende Regel-Ausnahme-Verhältnis ins Gegenteil verkehrt.[168] Die Fälligkeit des

---

164 Vgl.: § 1193 BGB in der Fassung vom 02.01.2002 gültig bis zum Inkraftreten des Risikobegrenzungsgesetzes und der damit verbundenen Änderungen am 18.08.2008.

165 Vgl.: *Gaberdiel*, Kreditsicherung durch Grundschulden, 7. Auflage (2008), Anhang 1, Rn. (6); mit ähnlicher Formulierung auch das Muster für ein Grundschuldbestellungsformular des Ausschusses für Schuld- und Liegenschaftsrecht der Bundesnotarkammer, DNotZ 2002, 84, 85 unter II 1.

166 Vgl.: Bericht des Finanzausschusses, BT-Drucks. 16/9821, 17 zu Art. 6 Nr. 8.

167 Insbesondere AGB-rechtliche-Bedenken wurden nicht erhoben. Näher hierzu: *von Westphalen*, ZIP 1984, 1, 10, noch zur Rechtslage nach dem AGBG; auch OLG Hamm, DNotZ 1993, 244.

168 In diesem Sinne auch *Schmid/Voss*, DNotZ 2008, 740, 745, mit dem Hinweis, dass der gesetzliche Regelfall nun auch dem praktischen Regelfall entspräche.

Grundschuldkapitals setzt daher zwingend eine Kündigung mit sechs monatiger Frist voraus.[169]

Aus der Neuregelung wird einheitlich gefolgert, dass ein Kündigungsgrund zur wirksamen Kündigung des Grundschuldkapitals, jedenfalls in dinglicher Hinsicht, nicht erforderlich ist.[170] Zur Begründung wird überwiegend angeführt, dass ein derartiges Erfordernis im Gesetzeswortlaut des § 1193 I BGB keine Stütze fände.[171] Stellenweise wird flankierend hierzu ausgeführt, dass es sich aufgrund der in § 1193 I S. 3 BGB enthaltenen Fristenregelung, die die Fälligkeit des Grundschuldkapitals an einen Zeitablauf knüpft, bei § 1193 I S. 1 BGB nur um eine ordentliche Kündigung handeln könne, für die das Gesetz niemals ergänzend das Vorliegen eines Kündigungsgrundes verlange.[172]

Trotz dieser augenscheinlichen Einstimmigkeit ist im Einzelnen vieles umstritten. Die Meinungsverschiedenheiten drehen sich seit Inkrafttreten der Änderung um die Fragestellung, ob der Gläubiger zu jedem Zeitpunkt berechtigt ist, die Kündigung des Grundschuldkapitals zu erklären oder ob weitere Voraussetzungen zu beachten sind. Im Wesentlichen haben sich hierzu in der Literatur vier Meinungsblöcke manifestiert, die hinsichtlich des Zeitpunktes, zu dem eine Kündigung erfolgen darf, stark variieren.

a) Jederzeitige Berechtigung zur Grundschuldkündigung

In der literarischen Auseinandersetzung findet sich die Auffassung, dass das Grundschuldkapital im Wege der Kündigung jederzeit fällig gestellt werden könne.[173] Diese besonders gläubigerfreundliche Sichtweise beruft sich zur Begründung darauf, dass das Gesetz keine weitere Regelung bezüglich eines Kündigungszeitpunktes enthalte. Alleine aus dem Umstand, dass zeitgleich mit der Neuregelung des § 1193 BGB auch eine Novellierung der §§ 498, 503 BGB

---

169 Vgl.: *Epp* in Schimansky/Bunte/Lwowski, Bankrechtshandbuch, § 94 Rn. 205a. So auch LG Frankfurt IPRspr 2009, Nr. 256; 675, 676.

170 Vgl.: *Epp* in Schimansky/Bunte/Lwowski, Bankrechtshandbuch, § 94 Rn. 205b; *Bachner*, DNotZ 2008, 644, 647; *Langenbucher*, NJW 2008, 3169, 3172; *Schmid/Voss*, DNotZ 2008, 740, 746; *Hinrichs/Jaeger* ZfIR 2008, 745, 750; *Volmer*, MittBayNot, 2009, 1, 5; *Wellenhofer*, JZ 2009, 1077, 1084; *Derleder*, ZIP 2009, 2221, 2225.

171 Statt Vieler: *Schmid/Voss*, DNotZ 2008, 740, 746; *Hinrichs/Jaeger* ZfIR 2008, 745, 750; *Derleder*, ZIP 2009, 2221, 2225.

172 *Langenbucher*, NJW 2008, 3169, 3172.

173 Vgl.: *Langenbucher*, NJW 2008, 3169, 3172; *Bachner*, DNotZ 2008, 644, 647; in diesem Sinne auch *Epp* in Schimansky/Bunte/Lwowski, Bankrechtshandbuch, § 94 Rn. 205b.

stattgefunden habe, die ebenfalls zu Gunsten des darlehensnehmenden grundpfandrechtlich gesicherten Schuldners eine längere Kündigungsfrist als nach alter Rechtslage vorsehe,[174] könne nicht gefolgert werden, dass der Gesetzgeber einen Gleichlauf der Kündigungsfrist des gesicherten Darlehens mit der Frist zur Fälligstellung des Grundschuldkapitals intendiert habe.[175] Das Bestreben die Kündigung des Grundschuldkapitals an weitere, ungeschriebene Voraussetzungen zu knüpfen, verstoße gegen die Abstraktheit der Grundschuld.[176] Dementsprechend sei für den Grundschuldgläubiger de lege lata eine jederzeitige Kündigungsmöglichkeit vorhanden. Eine Einschränkung zu lasten des Grundschuldgläubigers sei nur denkbar, wenn die Rechtsprechung, die letztlich die Rechtspraxis maßgeblich beeinflusse, weitere Voraussetzungen an die wirksame Fälligstellung des Grundschuldkapitals knüpfe, in dem sie etwa im Wege einer ergänzenden Vertragsauslegung des Sicherungsvertrages oder aus § 242 BGB eine Unzulässigkeit der jederzeitigen Kündigung herleite.[177]

b) Ausschluss der Kündigung bei Vertragsschluss und Eintragung der Grundschuld

In Anlehnung an die erstgenannte Auffassung wird weiterhin vorgebracht, dass der stellenweise vorzufindende Versuch, die Kündigung der Grundschuld an die Kündigung des gesicherten Darlehens oder gar die Fälligkeit des Anspruches zu knüpfen, nur mit einer grundsätzlichen systematischen Umstrukturierung der Grundschuld einhergehen könne, die ausschließlich mit einer Intervention des Gesetzgebers zu legitimieren sei. Da diese nicht erfolgt sei, liege es nahe, den kreditgebenden Banken die Kündigung so bald als möglich zuzugestehen, damit ihnen im Konfliktfall die Grundstückssicherheit tatsächlich zur Verfügung stünde.[178]

---

174 Kündigungsregelungen waren für Immobiliardarlehen bislang in § 498 BGB a.F. geregelt. Durch das Gesetz zur Umsetzung der Verbraucherkreditrichtlinie v. 19.07.2009 (BGBL I 2009, 2355) wurde § 498 III BGB durch § 503 III BGB ersetzt. Inhaltliche Änderungen waren hiermit jedoch nicht verbunden. Näher zur Gesetzeslage im Verbraucherdarlehensrecht nach dem Risikobegrenzungsgesetz: *Clemente*, ZfIR 2008, 589 ff., insbesondere 594, zu den Anforderungen an eine Gesamtfälligstellung von Immobiliardarlehen.

175 So insbesondere *Langenbucher*, NJW 2008, 3169, 3172; auch *Derleder*, ZIP 2009, 2221, 2225. Zur Gegenansicht, dass mit der Einführung der Neuregelungen ein einheitliches Schutzniveau angestrebt werden sollte: *Schalast*, BB 2008, 2190, 2192.

176 *Bachner*, DNotZ 2008, 644, 647.

177 Vgl.: *Bachner*, DnotZ 2008, 644, 647.

178 So *Derleder*, ZIP 2009, 2221, 2225.

Eine Kündigung des Grundschuldkapitals bereits zum Zeitpunkt des Vertragsschlusses verbiete sich jedoch, da der Gesetzgeber im Rahmen der Neuregelung klar zum Ausdruck gebracht habe, dass eine sofortige Kündigung ausgeschlossen sein soll.[179] Zudem würde sich ein derartiges Vorgehen bereits vor Vertragsdurchführung dem Vorwurf des „venire contra factum proprium“ aussetzen, da die Grundschuld zum Zeitpunkt des Abschlusses des Sicherungsvertrages regelmäßig noch nicht einmal wirksam bestellt sei. Auch zum Zeitpunkt der Eintragung könne eine Kündigung nicht vorgenommen werden, da auch dann der Vorwurf des widersprüchlichen Verhaltens im Raum stünde und zu diesem Zeitpunkt dinglicher Bestellungsakt und Kündigung unvereinbar wären[180] Abgesehen von dem Zeitpunkt des Vertragsschlusses und der Eintragung der Sicherungsgrundschuld, sei eine Kündigung hingegen jederzeit möglich. Der Sicherungsvertrag bestimme zwar, dass auf die Sicherheit erst zugegriffen werden dürfe, sofern der Verwertungsfall eingetreten sei. Die Kündigung des Grundschuldkapitals als vollstreckungsvorbereitende Maßnahme sei hiervon jedoch nicht erfasst, so dass eine Fälligstellung bereits vor Fälligkeit der gesicherten Forderung rechtlich nicht zu beanstanden wäre.[181]

c) Zulässigkeit erst bei Vorliegen von Krisenanzeichen

Nach einer weiteren Auffassung soll die Kündigung des Grundschuldkapitals erst dann möglich sein, wenn erste Anzeichen einer Krise, etwa Zahlungsschwierigkeiten hinsichtlich des gesicherten Darlehensverhältnisses oder eine negative Vermögensentwicklung des Schuldners, feststellbar seien.[182] Zur Begründung berufen sich die Vertreter dieser Auffassung darauf, dass es dem Gesetzgeber im Rahmen des Risikobegrenzungsgesetzes mit der zwingenden Fristenregelung innerhalb des § 1193 BGB darauf angekommen sei, „Handlungsdruck“ vom Kreditschuldner zu nehmen und mit der Kündigung eine gewisse „Warnschussfunktion“ einzuführen.[183] Auf diesem Wege solle dem Schuldner die Möglichkeit eröffnet werden, Maßnahmen zur Abwehr oder Vermeidung von Vollstreckungshandlungen

---

179 Vgl.: *Derleder*, ZIP 2009, 2221, 2225 unter Berufung auf BT-Drucks. 16/9821, S. 17.

180 *Derleder*, ZIP 2009, 2221, 2225.

181 *Derleder*, ZIP 2009, 2221, 2226; ebenso *Schmid/Voss*, DNotZ 2008, 740, 751; *Epp* in Schimansky/Bunte/Lwowski, Bankrechtshandbuch, § 94 Rn. 205b.

182 Vgl.: *Hinrichs/Jaeger*, ZfIR 2008, 745, 750; *Schmid/Voss*, DNotZ 2008, 740, 749; *Wellenhofer*, JZ 2009, 1077, 1084.

183 So *Hinrichs/Jaeger*, ZfIR 2008, 745, 750 mit Hinweis auf den Bericht des Finanzausschusses zu dem Gesetzesentwurf der Bundesregierung – Drucks.16/7438. 16/7718 – vom 26.06.2008, S. 23 zu Art. 6 Nr. 8.

zu ergreifen, wenn der Gläubiger durch den Ausspruch einer Kündigung die Notwendigkeit der zukünftigen Sicherheitenverwertung in Aussicht gestellt habe.[184]

Das Erfordernis erster Krisenanzeichen zur Grundschuldkündigung ergebe sich im Übrigen aus einer interessengerechten Auslegung des Sicherungsvertrages, dem ein „objektives Bedürfnis" zur Fälligstellung der Grundschuld zu entnehmen sei.[185] Dies sei nur vorhanden, wenn auf Seiten des Gläubigers tatsächlich Grund zum Anlass bestünde, das dingliche Recht in naher Zukunft einer Verwertung zuführen zu müssen.[186] Bei der Auslegung des Sicherungsvertrages im Hinblick auf etwaige weitere Kündigungsvoraussetzungen, sei neben dem Schutzinteresse des Schuldners auch das Verwertungsinteresse des Gläubigers zu berücksichtigen.[187] Würde man dem Gläubiger die Kündigungsmöglichkeit hinsichtlich der Grundschuld erst zugestehen, wenn die Voraussetzungen einer Darlehenskündigung vorliegen, oder gar erst wenn die gesicherte Forderung fällig ist, so würde man die Interessen des Sicherungsnehmers in unzumutbarer Weise verkürzen.[188] Bei einer derart verzögerten Fälligkeit würden dem jeweiligen Gläubiger gerade in der Konkurrenzsituation mit anderen Grundpfandrechtsgläubigern, die noch in den Genuss der Altregelung kämen, besondere Nachteile im Zwangsverwaltungsverfahren und im Insolvenzfall des Schuldners drohen.[189] Würde man die Fälligkeit des gesicherten Kreditverhältnisses als Kündigungszeitpunkt verlangen, so müsste der Gläubiger unter Umständen sechs Monate lang tatenlos zusehen, wie schuldnerseits Maßnahmen ergriffen würden, um ein zukünftiges Zwangsversteigerungsverfahren zu torpedieren.[190]

Die Vertreter dieser Auffassung sind sich im Ergebnis einig, dass die Kündigung des Grundschuldkapital daher erst zulässig ist, wenn Krisenanzeichen wie Zahlungsschwierigkeiten oder eine Verschlechterung der Vermögenslage des

---

184 Vgl.: *Schmid/Voss*, DNotZ 2008, 740, 749.

185 *Wellenhofer*, JZ 2009, 1077, 1084 unter Verweis auf *Dörrie*, ZBB 2008, 292, 302.

186 *Wellenhofer*, JZ 2009, 1077, 1084; *Schmid/Voss*, DNotZ 2008, 740, 749.

187 Vgl.: *Schmid/Voss*, DNotZ 2008, 740, 749 mit dem Hinweis, dass dies auch dem Willen des Gesetzgebers in den Materialien zu den Beratungen des Finanzausschusses zu BT-Drucks. 16/9821, auf S. 23 zu entnehmen sei.

188 *Wellenhofer*, JZ 2009, 1077, 1084.

189 Nach *Schmid/Voss*, DNotZ 2008, 740, 749; könne der Gläubiger aufgrund der verlängerten Frist erst 6 Monate später im Rahmen der Zwangsverwaltung auf Mieten aus dem Grundstück zugreifen. Weiter bestünde die Gefahr, dass bei Insolvenz des Schuldners nach Einleitung des Verfahrens, die Beschlagnahme des Grundstück als anfechtbare Rechtshandlung aufgefasst werden könnte.

190 So *Schmid/Voss*, DNotZ 2008, 740, 749.

Schuldners feststellbar sind. Unklar bleibt allerdings, welche Folgen mit einer verfrühten Kündigung verbunden sein sollen. Während einerseits eine Unwirksamkeit nach § 242 BGB erwogen wird,[191] wollen andere darin lediglich einen einredebegründenden Umstand sehen, den der Schuldner im Wege der Vollstreckungsgegenklage erfolgreich geltend machen könnte.[192]

d) Fälligkeit der gesicherten Forderung als Kündigungsvoraussetzung

Schließlich wird vertreten, dass die Kündigung der Grundschuld erst dann zulässig sein kann, wenn die gesicherte Forderung fällig ist.[193] Dieses Ergebnis wird damit gerechtfertigt, dass der Gesetzgeber mit der Einführung des § 1193 II S. 2 BGB nicht nur eine Schutzfunktion für den darlehensnehmenden Schuldner bezweckt habe, sondern zugleich Finanzinvestoren als neue Grundschuldgläubiger von einer schnellen Liquidation erworbener Kreditarrangements abschrecken wollte.[194] § 1193 II S. 2 BGB komme vor diesem Hintergrund ein eigenständiger Regelungsgehalt zu, dem nur Rechnung getragen werden könne, wenn die Kündigungsfrist der Grundschuld, unabhängig von etwaigen Darlehenskündigungsfristen eingehalten werden müsste.[195] Würde man dementsprechend eine Kündigung schon vor Fälligkeit der gesicherten Forderung befürworten, so könnten bereits gekündigte Grundschulden im Rahmen eines Kreditverkaufs an einen neuen Gläubiger gelangen, der unmittelbar auf die Sicherheit zugreift. Auf diesem Wege würde das Regelungsziel, Neugläubiger vor einer schnellen Liquidation abzuschrecken, nicht erreicht werden.[196]

In rechtlicher Hinsicht lasse sich dieses Ergebnis aus einer Interessenabwägung im Rahmen der Auslegung des Sicherungsvertrages herleiten, der zwischen den Beteiligten ein Treuhandverhältnis zur Entstehung gelangen lasse und den Gläubiger verpflichte, die Interessen des Sicherungsgebers hinreichend zu berücksichtigen.[197] § 1193 II S. 2 BGB verschaffe dem Gläubiger eine dingliche Rechtsmacht, die er im Außenverhältnis jederzeit und ohne Kündigungsgrund realisieren könne. Jedoch sei diese Befugnis aufgrund des Sicherungsvertrages

191 Vgl.: *Hinrichs/Jaeger*, ZfIR 2008, 745, 750.

192 Vgl.: *Volmer*, MittbayNot 2009, 1, 6.

193 Vgl. *Maetschke*, AcP 211 (2011), 287, 290.

194 So *Maetschke*, AcP 211, 287, 300 unter Berufung auf den Bericht des Finanzausschusses zu BT-Drucks. 16/9821, S. 10.

195 Vgl.: *Maetschke*, AcP 211, 287, 301.

196 So *Maetschke*, AcP 211, 287, 302, auch 307.

197 *Maetschke*, AcP 211, 287, 313, unter Verweis auf *Clemente*, Recht der Sicherungsgrundschuld, Rn. 306 f., 315, 592 f.

eingeschränkt und die Interessen des Sicherungsgebers könnten nur hinreichend berücksichtigt werden, wenn die Kündigung des Grundschuldkapitals erst mit Fälligkeit der gesicherten Forderung zulässig wäre.[198] Im Umkehrschluss stelle sich eine frühzeitige Kündigung des Grundschuldkapitals als „Treuhandmissbrauch" dar, den der Schuldner im Wege der Einrede der Vollstreckung entgegenhalten könne. Auf dinglicher Ebene bliebe die Kündigung zwar wirksam, solange jedoch keine ordnungsgemäße neue Kündigung herbeigeführt worden sei, bestünde die entstandene Einrede fort.[199]

e) Stellungnahme

aa) Strikte Trennung zwischen schuld- und sachenrechtlicher Ebene

Obwohl die Grundschuld als dingliches Recht nach Einführung der Legaldefinition des § 1192 Ia BGB „der Sicherung eines Anspruchs dient", handelt es sich nach wie vor um eine abstrakte Sicherheit.[200] Daraus folgt, dass die Entwicklungen der gesicherten Forderungen grundsätzlich keinerlei Auswirkungen auf die Sicherungsgrundschuld haben. Wenn nunmehr nach der Neuregelung Immobiliardarlehen gem. § 503 III BGB nur noch nach den dortigen Voraussetzungen gekündigt werden können, lassen sich hieraus für die Zulässigkeit der Kündigung des Grundschuldkapitals, aufgrund der Abstraktheit des dinglichen Sicherungsrechts, keinerlei Schlüsse ziehen.[201] Eine gegenteilige Annahme würde die Grundkonstruktion der Sicherungsgrundschuld als nichtakzessorische Sicherheit in Frage stellen und wäre überhaupt nur durch eine gesetzgeberische Intervention möglich.[202] Eine derartige legislative Maßnahme ist auch durch die Neuregelungen jedoch unbestritten nicht herbeigeführt worden und war zu keinem Zeitpunkt intendiert. Den Gesetzgebungsmaterialien ist lediglich zu entnehmen, dass mit der Novellierung der Kündigungsvoraussetzungen für Immobiliardarlehen Rechtssicherheit darüber geschaffen werden sollte, wann ein Kreditverhältnis als „notleidend" anzusehen ist und dem Kreditgeber eine Kündigungsmöglichkeit zuzugestehen ist.[203] An keiner Stelle ist aber davon die Rede, dass diese Frist im

198 So *Maetschke*, AcP 211 (2011), 287, 314.

199 Vgl.: *Maetschke*, AcP 211 (2011), 287, 314.

200 Palandt/*Bassenge* § 1191 Rn. 13; *Epp* in Schimansky/Bunte/Lwowski, Bankrechtshandbuch, § 94 Rn. 21; Erman/*Wenzel* § 1191 Rn. 1; *Reischl* in jurisPK-BGB § 1191 Rn. 4.

201 So auch *Hinrichs/Jaeger*, ZfIR 2008, 745, 750; *Volmer*, MittbayNot 2009, 1, 5.

202 Vgl.: *Derleder*, ZIP 2009, S. 2221, 2225.

203 Näher hierzu: Bericht des Finanzausschusses zu BT-Drucks. 16/9821, S. 10.

Zusammenhang mit der Kündigungsfrist der Grundschuld zu sehen sein soll.[204] Daraus folgt, dass die Bestimmung des zulässigen Kündigungszeitpunktes für das Grundschuldkapital unabhängig von den Vorschriften zur Darlehenskündigung zu bestimmen ist.

Bei der Sicherungsgrundschuld sind neben der sachenrechtliche Ebene, stets die Regelungen des Sicherungsvertrages zu beachten. Es ist daher ein Trugschluss, alleine aus dem Umstand, dass § 1193 BGB keine Regelung zu einem Kündigungszeitpunkt enthält, zu folgern, dass eine Kündigung jederzeit zulässig ist.[205] Die Fehlerhaftigkeit dieser Annahme lässt sich am deutlichsten an der Verwertungsbefugnis des Grundschuldgläubigers illustrieren. Alleine nach den einschlägigen sachenrechtlichen Normen der §§ 1192, 1147 BGB kann der Gläubiger den ihm zustehenden Anspruch auf Duldung der Zwangsvollstreckung jederzeit gegen den Eigentümer des Grundstücks durchsetzten.[206] Aufgrund der sicherungsvertraglichen Vereinbarungen ist jedoch ein derartiges Vorgehen nur zulässig, wenn der Verwertungsfall eingetreten ist.[207] Missachtet der Gläubiger die Einschränkungen des Sicherungsvertrages, führt dies zur Entstehung einer Einrede zu Gunsten des Sicherungsgebers aus dem Sicherungsvertrag, die im Wege der

---

204 Die Erläuterung der Einführung einer zwingenden Kündigungsfrist für das Grundschuldkapital erfolgt in dem Bericht des Finanzausschusses zu BT-Drucks. 16/9821 auf S. 10, erst in der linken Spalte im letzten Absatz, wohingegen die Neuerungen im Darlehensrecht auf S. 10, linke Spalte in den oberen Absätzen erläutert wird. Die räumliche Stellung im Beratungsprotokoll bekräftigt den Schluss, dass hier kein Zusammenhang hergestellt werden sollte.

205 So aber: *Langenbucher*, NJW 2008, 3169, 3172; *Bachner*, DNotZ 2008, 644, 647; *Epp* in Schimansky/Bunte/Lwowski, Bankrechtshandbuch, § 94 Rn. 205b.

206 Da die zwingende Einhaltung der Kündigungsfrist des § 1193 II S. 2 BGB nur für das Grundschuldkapital Geltung beansprucht, nicht aber für die Zinsen und sonstige Nebenleistungen, steht dem Gläubiger auch nach der neuen Rechtslage eine unmittelbare Zugriffsmöglichkeit zur Verfügung. Der Gläubiger kann daher die Anordnung des Zwangsversteigerungsverfahrens aus den titulierten Zinsen und etwaigen Nebenleistungen beantragen und nach Ablauf der Kündigungsfrist hinsichtlich des Grundschuldkapitals den Verfahrensbeitritt erklären. Näher hierzu: *Hinrichs/Jaeger*, ZfIR 2008, 745, 751.

207 Statt Vieler: Staudinger/*Wolfsteiner* Vorbem. zu §§ 1191 ff. Rn. 103; Palandt/*Bassenge* § 1191 Rn. 31; *Epp* in Schimansky/Bunte/Lwowski, Bankrechtshandbuch § 94 Rn. 364.

Vollstreckungsgegenklage geltend gemacht werden kann.[208] Es liegt daher am Sicherungsgeber dem Vorgehen des Gläubigers im Klagewege Einhalt zu gebieten.

Daraus folgt aber, dass die Verwertung solange zulässig ist, bis der Sicherungsgeber seine Einrede tatsächlich erhebt und damit das Vollstreckungshindernis zur Entstehung gelangen lässt.[209] Ob der Gläubiger daher von den ihm zustehenden dinglichen Rechtspositionen oder Legitimationen Gebrauch machen darf, ist alleine Regelungsgegenstand des Sicherungsvertrages als dem schuldrechtlichen Innenverhältnis.[210] Das Risiko der sicherungsvertragswidrigen Verwendung der Grundschuld trägt der Eigentümer als Sicherungsgeber.[211] Die dingliche Befugnis wird hiervon jedoch nicht berührt.[212]

bb) Lösungsfindung im Wege der ergänzenden Vertragsauslegung

Diese Erkenntnisse sind entsprechend auf die Frage des Kündigungszeitpunktes der Grundschuld zu übertragen, so dass in dinglicher Hinsicht keine Voraussetzungen an eine wirksame Kündigung zu stellen sind und eine solche dementsprechend jederzeit vom Gläubiger erklärt werden kann.[213] Es obliegt daher dem Sicherungsvertrag, zu welchem Zeitpunkt eine Grundschuldkapitalkündigung zulässig ist.[214] Problematisch ist insofern, dass die entsprechenden Formulare der Praxis zur aufgeworfenen Fragestellung keine Regelung enthalten.[215] Da das Vertragsverhältnis planwidrig lückenhaft ist, dispositives Gesetzesrecht nicht besteht und im Übrigen ohne eine entsprechende Regelung im konkreten Fall eine interessengerechte Lösung nicht möglich ist, muss im Wege ergänzender Vertragsauslegung

---

208 Vgl.: MüKo/*Eickmann* § 1191 Rn. 11; *Jacoby* in Derleder/Knops/Bamberger, Handbuch zum deutschen und europäischen Bankrecht, § 24 Rn. 53, der in diesem Zusammenhang von der „typischen Einrede" der Sicherungsgrundschuld spricht.

209 Der Sicherungsgeber trägt im Falle der Vollstreckungsgegenklage die Beweislast für das Bestehen einer Einrede. Vgl.: BGH NJW-RR 1991, 759. Diese Beweislast erstreckt sich auf die Entstehung und den Fortbestand der Einrede gegen die Vollstreckungsmaßnahme des Gläubigers.

210 Vgl.: Oben § 5 I 1); *Jacoby* in Derleder/Knops/Bamberger, Handbuch zum deutschen und europäischen Bankrecht, § 24 Rn. 1; auch *Ganter* in Schimansky/Bunte/Lwowski, Bankrechtshandbuch § 90 Rn. 30.

211 Vgl.: BGH WM 1972, 853, 854.

212 So schon die Feststellung in RGZ 95, 244, 246 zur Frage der Verfügungsbefugnis im Verhältnis zu Dritten für die Abtretung einer Forderung zur Sicherheit.

213 Vgl.: *Schmid/Voss*, DNotZ 2008, 740, 746; *Maetschke*, AcP 211 (2011) 287, 312.

214 Ebenso: *Schmid/Voss*, DNotZ 2008, 740, 747.

215 Vgl.: Das Formular bei *Schimansky/Bunte/Lwowski*, Bankrechtshandbuch, Anh. 2 zu § 94.

des Sicherungsvertrages, ein gangbarer Weg gefunden werden.[216] Ziel ist es eine „Vertragsgerechtigkeit" zu erzielen, die den mit dem Geschäft bezweckten Erfolg, aber auch die Interessen der Parteien an der einzelnen Regelung hinreichend berücksichtigt.[217]

In einem ersten Schritt ist daher neuerlich die Charakteristik des Grundschuldsicherungsvertrages Ausgangspunkt der Untersuchung, bevor in einem zweiten Schritt die erforderliche Interessenabwägung stattfindet.

Der Sicherungsvertrag begründet zwischen den Parteien, wie die bisherige Untersuchung zu Tage gefördert hat, ein besonderes Treuhandverhältnis. Gemeinsamer Vertragszweck ist die effektive Absicherung eines Kreditverhältnisses, was durch die Sicherungszweckerklärung manifestiert wird.[218] Zugleich ist der Sicherungsnehmer verpflichtet interessenwahrend für den Sicherungsgeber tätig zu werden, solange nicht eigene, schutzwürdige Sicherungsinteressen einem fremdnützigen Tätigwerden entgegenstehen.[219] Von den eingeräumten Rechtspositionen und Legitimationen darf vor dem Hintergrund der sicherungsvertraglichen Zweckwahrung daher nur unter Berücksichtigung der Interessen des Sicherungsgebers Gebrauch gemacht werden.[220] Zugleich dürfen die Sicherungsinteressen des Grundschuldgläubigers nicht ungebührlich verkürzt werden.

cc) Umfassende Interessenabwägung für den zulässigen Kündigungszeitpunkt

Die beiden erstgenannten Auffassungen, die eine jederzeitige, bzw. eine Kündigung lediglich außerhalb des Zeitpunktes des Vertragsschlusses und der Grundschuldeintragung für möglich halten, betonen besonders stark die Interessen des Gläubigers. Es wäre ihm möglich die Grundschuld „auf Vorrat" fällig zu stellen, um im Verwertungsfall unmittelbar auf die Sicherheit zugreifen zu können. Allerdings ist zu bedenken, dass der Gläubiger durch die ausgesprochene Kündigung das Bestreben aus der Grundschuld vorgehen zu wollen, in anderem Maße zum

---

216 Zu den Voraussetzungen nach denen eine ergänzende Vertragsauslegung stattfinden darf: *Bork*, Allgemeiner Teil des Bürgerlichen Gesetzbuches, § 14 Rn. 532; *Boemke/Ulrici*, BGB Allgemeiner Teil, § 8 Rn. 27 ff.; auch BGHZ 127, 138, 142.

217 Näher zur „Vertragsgerechtigkeit" als Ziel der ergänzenden Vertragsauslegung: *Larenz*, Methodenlehre der Rechtswissenschaft, Band 6, S. 300.

218 Vgl.: Oben § 5 B II. 2) d) bb).

219 *Clemente*, Recht der Sicherungsgrundschuld, Rn. 235; BGH NJW 1997, 2672, 2673; BGH NJW 2000, 352, 353; BGH WM 2012, 301, 302; BGH NJW 2012, 1142, 1143.

220 Ähnlich insoweit: BGH NJW 2010, 2041, 2045 mit der Begründung, dass der Sicherungsnehmer nach außen mehr Rechtsmacht erhalte, als er im Innenverhältnis nach dem Sicherungsvertrag ausüben dürfe.

Ausdruck bringt, als es nach bisheriger Rechtslage der Fall war.[221] Die Kündigung ist nach der Gesetzesänderung als echte Vollstreckungsvorbereitungshandlung aufzufassen.[222] Für eine derart einschneidende Maßnahme muss aus Sicht des Sicherungsgebers ein „objektives Bedürfnis“ erforderlich sein.[223] Dies folgt aus der treuhänderischen Bindung des Sicherungsnehmers, die durch die Sicherungszweckerklärung herbeigeführt wird und die ein Zugreifen, auch in Form von Vorbereitungsmaßnahmen, nur gestattet, wenn die Erreichung des Vertragszweckes ansonsten gefährdet würde.[224] Ein solches Bedürfnis kann der Sicherungsnehmer regelmäßig nur dann vorweisen, wenn tatsächliche Gegebenheiten auf den möglichen Eintritt des Verwertungsfalles hinweisen.[225] Dieses Argument erlangt zu Gunsten des Sicherungsgebers weiter an Gewicht, wenn bedacht wird, dass die wenigsten Sicherungsgrundschulden tatsächlich einer Verwertung zugeführt werden müssen, die Kreditarrangements von den Schuldnern vielmehr im Regelfall ordnungsgemäß bedient werden.[226]

Zu Gunsten des Sicherungsgebers ist weiterhin die gesetzgeberische Intention zu berücksichtigen, mit der Neuregelung des § 1193 BGB dem Schuldner eine Chance zu Verhandlungs- und Umfinanzierungsbemühungen zu schaffen und eine drohende Zwangsvollstreckung abwenden zu können.[227] Diese Möglichkeit kann ihr Ziel nur erreichen, wenn Sanierungsbemühungen tatsächlich erforderlich sind. Ohne ein nachvollziehbares Bedürfnis zur Kündigung wird das Regelungsziel verfehlt. Die jederzeitige Kündigungsmöglichkeit würde vielmehr die Rechtslage wieder herbeiführen, die der Gesetzgeber bewusst beseitigen wollte. Eine jederzeitige Grundschuldkündigung, bzw. eine solche außerhalb des Zeitpunktes des Vertragsschlusses und des Eintragungszeitpunktes, betont einseitig die Interessen des Sicherungsnehmers unter Missachtung der schutzwürdigen Interessen des Sicherungsgebers, wie sie der gesetzgeberischen Intention zu entnehmen sind.

---

221 So auch *Vollmer*, MittBayNot 2009, 1, 5, mit dem Hinweis, die Kündigung könne in diesem Zusammenhang als „Willensbekundung“ des Gläubigers verstanden werden.

222 Dies entspricht auch der Ansicht des Gesetzgebers. Schließlich wurde § 1193 BGB nur geändert um dem Schuldner Zeit einzuräumen um „eine drohende Vollstreckung abzuwenden.“ So der Bericht des Finanzausschusses zu BT-Drucks. 16/9821, S. 10.

223 So auch *Wellenhofer*, JZ 2009, 1077, 1084.

224 Vgl.: Oben § 5 B. II. 2) d) bb).

225 *Schmid/Voss*, DNotZ 2008, 740, 750; *Hinrichs/Jaeger* ZfIR 2008, 745, 750.

226 In diesem Sinne auch *Hinrichs/Jaeger*, ZfIR 2008, 745, 751.

227 Bericht des Finanzausschusses zu BT-Drucks. 16/9821, S. 10.

Die beiden erstgenannten Auffassungen sind daher abzulehnen, da auf ihrer Grundlage ein Interessenausgleich, der die Parteien dem Ziel einer „Vertragsgerechtigkeit“ näher bringt, nicht erreicht werden kann.[228]

Diejenige Ansicht, die die Kündigung des Grundschuldkapitals erst bei Fälligkeit der gesicherten Forderung annehmen will, kann für sich in Anspruch nehmen dem Schuldner eine umfassende Schutzfrist zu gewähren. Bedacht werden muss, dass es allerdings insgesamt eines erheblich größeren Zeitablaufs bedürfte, bis tatsächlich Verwertungsmaßnahmen ergriffen werden könnten, als es auf den ersten Anschein erscheinen mag. Zunächst müssten nämlich die Kündigungsvoraussetzungen des § 503 III BGB im Hinblick auf das gesicherte Darlehen erfüllt sein. Dies dürfte bei derzeitiger Kreditzinslage frühestens nach fünf bis sechs Monaten der Fall sein.[229] Erst dann dürfte die Grundschuld mit einer Frist von sechs Monaten gekündigt werden. Auf diesem Weg würde man letztendlich zu einer Fristenkumulation gelangen. Der Sicherungsgeber muss trotz Fälligkeit der gesicherten Forderung weitere sechs Monate zuwarten, bis er die Sicherheit in Anspruch nehmen darf. Nach den üblichen Formularvereinbarungen der Praxis wäre zwar mit dem Eintritt der Fälligkeit der gesicherten Forderungen der Verwertungsfall eingetreten, trotzdem dürfte dann die Sicherheit nicht realisiert werden.[230] Ob vor diesem Hintergrund noch von einer effektiven Absicherung die Rede sein kann, die schließlich im Interesse beider Parteien zum gemeinsamen Vertragszweck erhoben worden ist,[231] erscheint höchst fraglich.

Zudem würde der Sicherungsgeber durch die Fristenkumulation in wirtschaftlicher Hinsicht massiv belastet werden. In seinem Kreditportfolio befänden sich notleidende Kreditarrangements, für die nicht selten erhöhte Eigenkapitalunterlegungsverpflichtungen greifen würden.[232] Banken und Kreditinstitute wären mit zusätzlichen Kosten konfrontiert, denen sie nicht mit einer zügigen Verwertung und anschließenden Forderungsrückführung mittels erzielter Erlöse begegnen könnten. Sie wären vielmehr gezwungen, die notleidenden Kredite zu halten und innerhalb der Kündigungsfrist sehenden Auges Verluste in Kauf zu nehmen, die bei der Ausgangskalkulation zu den Kreditkonditionen bei Begründung des

---

228 Zum Ziel der Vertragsgerechtigkeit im Rahmen der ergänzenden Vertragsauslegung näher: *Larenz*, Methodenlehre der Rechtswissenschaft, Band 6, S. 300.

229 Vgl.: Bericht des Finanzausschusses zu BT-Drucks. 16/9821, S. 10.

230 Üblicherweise sind Banken und Kreditinstitute berechtigt die Sicherheit zu verwerten, wenn „ihre gesicherten Forderungen fällig sind.“ Vgl.: das Sicherungsvertragsformular bei *Gaberdiel*, Kreditsicherung durch Grundschulden, Anh. 6 (16).

231 Näher hierzu bereits Oben § 5 B II. 2) d) bb).

232 Ebenso *Langenbucher*, NJW 2008, 3169.

Sicherungsverhältnisses nicht ansatzweise vorhersehbar waren. Im Übrigen wäre nicht auszuschließen, dass andere Gläubiger des Kreditschuldners schneller die Verwertung des Grundstückes betreiben könnten, was zwar die Berechtigung am Grundstück nicht berühren würde, tatsächlich aber die Verwertung der Grundschuld weiter in die Länge ziehen würde, was wiederum erhebliche Kosten mit sich bringen könnte.[233]

Schließlich darf nicht übersehen werden, dass Banken und Kreditinstitute zur Anpassung ihrer Kreditportfolien oftmals darauf angewiesen sind, notleidende Kredite zu veräußern, insbesondere um den erhöhten Eigenmittelvorgaben für risikoreichere Geschäfte zu entgehen und damit ihr eigenes Rating zu verbessern.[234] Investoren sind aber nur bereit die Kredite zu erwerben, wenn sich die Sicherheiten in Kürze realisieren lassen und das eingesetzte Kapital entsprechend zügig wieder zur Verfügung steht. Sollten Grundschulden nach der vorgeschlagenen Auslegung tatsächlich immer erst nach Ablauf der Kündigungsfrist von sechs Monaten verwertbar sein, so bestünde die Gefahr, dass der Kreditverkauf als wichtiges Refinanzierungsmittel seine Attraktivität verliert. Die negativen Folgen würden sich auf dem gesamten Kapitalmarkt bemerkbar machen und höchstwahrscheinlich zukünftige Kreditvergaben nicht unerheblich verteuern.

Der Gesetzgeber hat die möglichen wirtschaftlichen Auswirkungen der Neuregelung auf die Finanzwirtschaft erkannt und im Rahmen des Gesetzgebungsverfahrens klar zum Ausdruck gebracht, dass die Novellierung vorgenommen würde, „ohne dadurch die notwendige Refinanzierungsmöglichkeit des Forderungsverkaufs unterbinden zu wollen."[235] Der Versuch die Fälligkeit der gesicherten Forderung als zulässigen Kündigungszeitpunkt des Grundschuldkapitals etablieren zu wollen, steht gerade im Gegensatz zu dem erklärten Ziel des Gesetzgebers. Auch der Einwand, dass mit einer anderen Auslegung Finanzinvestoren in der Lage wären, direkt gegen den Schuldner vorzugehen, wenn eine Kündigung der Grundschuld bereits vor Fälligkeit der gesicherten Forderung zulässig wäre, was der Gesetzgeber bewusst verhindern wollte,[236] verfängt nicht. Der Gesetzgeber wollte lediglich verhindern, dass Finanzinvestoren ordnungsgemäß bediente Kredite

---

233 Vgl.: *Schmid/Voss* DNotZ 2008, 740, 750, die ebenfalls mit anderen Begründungen Nachteile für den Gläubiger, der die Neuregelung des § 1193 BGB einhalten muss, in der Konkurrenzsituation mit anderen Gläubigern sehen.

234 So auch *Langenbucher*, NJW 2008, 3169; allgemein zur Bedeutung des Kreditverkaufs für die Portfoliogestaltung der Banken: Rudolph/Hofmann/Schaber/Schäfer, Kreditrisikotransfer, 2.2.2, S. 21.

235 Vgl.: Bericht des Finanzausschusses zu BT-Drucks. 16/9821, S. 9.

236 So insbesondere eines der Hauptargumente von *Maetschke*, AcP 211 (2011) S. 287, 301.

erwerben und aus den bestehenden Sicherheiten grundlos gegen die jeweiligen Schuldner vorgehen.[237] Anhaltspunkte dafür, dass Finanzinvestoren generell gehindert werden sollten Kredite aufzukaufen und die Sicherheiten zu realisieren, sind jedoch nicht zu finden. Die Grundschuldkündigung lässt sich daher nicht als „Abtretungsschutzinstrumentarium" umfunktionieren. Eine andere Sichtweise würde die Interessen des Sicherungsnehmers zu stark einschränken und die Verkehrsfähigkeit des Sicherungsmittels über Gebühr einschränken.

Eine Kündigung der Grundschuld muss daher schon früher möglich sein, damit sie bei Fälligkeit der gesicherten Forderungen zur Verfügung steht und ihrer Funktion als effektiver Sicherheit gerecht werden kann. Da die Interessen des Sicherungsgebers aber eine Kündigung ohne nachvollziehbares Bedürfnis verbieten, darf die Grundschuld gekündigt werden, wenn Anzeichen vorhanden sind, die den Eintritt des Verwertungsfalles wahrscheinlich werden lassen. Das ist der Fall, wenn Krisenanzeichen vorhanden sind, der Schuldner in Zahlungsverzug gerät oder sich unkooperativ verhält.[238] Die Grundschuldkündigung kann zu diesem Zeitpunkt die vom Gesetzgeber gewünschte Wirkung, dem Schuldner eine Chance zu Sanierungs- und Umfinanzierungsbemühungen zu verleihen, vollends erfüllen. Bevor die Forderungen fällig sind erhält der Schuldner durch die Kündigung des Grundschuldkapitals eine „Vorwarnung", die letztlich gerade dazu dienen soll eine drohende Zwangsvollstreckung abzuwenden.[239] Zugleich werden die Interessen des Sicherungsnehmers, insbesondere Refinanzierungsmöglichkeiten nicht eingeschränkt.

dd) Ergebnis

Im Wege der ergänzenden Vertragsauslegung des Sicherungsvertrages ist daher die Kündigung des Grundschuldkapitals erst bei Vorliegen erster Krisenanzeichen zulässig. Dieses Ergebnis berücksichtigt die Interessen beider Parteien hinreichend und steht im Einklang mit den Bestrebungen des Gesetzgebers im Rahmen

---

237 Vgl.: Bericht des Finanzausschusses zu BT-Drucks. 16/9821, S. 9, in denen der Verkauf nicht notleidender Privatkundenkredite besonders hervorgehoben wird und zugleich betont wird, dass „in einigen Fällen in einer Art und Weise mit Kreditnehmern umgegangen worden sei, die eine gesetzliche Klarstellung und sogar eine Rechtsänderung notwendig machen", ohne dabei besonderen Bezug auf notleidende Kredite zu nehmen.

238 So auch *Hinrichs/Jaeger*, ZfIR 2008, 745, 750; *Schmid/Voss*, DNotZ 2008, 740, 749; *Wellenhofer*, JZ 2009, 1077, 1084.

239 Dieser Umstand war das Regelungsziel des Gesetzgebers. Vgl.: Bericht des Finanzausschusses zu BT-Drucks. 16/9821, S. 10.

der Gesetzesnovelle. Eine verfrüht ausgesprochene Kündigung ist demnach als einseitiger Verstoß des Sicherungsvertrages anzusehen.[240] Sie bleibt zwar in dinglicher Hinsicht wirksam, kann aber vom Sicherungsgeber als Einrede aus dem Sicherungsvertrag im Wege der Vollstreckungsgegenklage geltend gemacht werden.

2) Der Sicherheitentausch

a) Hintergrund und Problemstellung

Umfangreiche Darlehen werden im Privatkundenbereich der Banken und Kreditinstitute überwiegend zur Finanzierung von Eigenheimen und Wohnungseigentum vergeben.[241] Bei der Ausgestaltung des Darlehens steht dem Sicherungsgeber entweder die Möglichkeit offen einen Kredit mit einem variablen Zinssatz zu wählen oder aber eine Finanzierung mit Festzinsvereinbarung in Anspruch zu nehmen. Bei der Wahl der variablen Verzinsung bemisst sich die vom Darlehensnehmer zu zahlende Gegenleistung für die zeitweise Überlassung des Kapitals regelmäßig am sogenannten „Drei- bis Sechs-Monats-Euribor," einem Referenzzinssatz, der von der Europäischen Zentralbank veröffentlicht wird und die Konditionen abbildet, zu denen im Innerbankenverkehr Darlehen für drei bzw. sechs Monate vergeben werden, zuzüglich eines Bankenaufschlages des jeweiligen Institutes.[242] Aufgrund der Kopplung an den Kapitalmarkt kann sich diese Verzinsungsvariante lohnen, wenn ein fallendes Zinsniveau auf dem Markt erwartet wird. Zugleich bietet diese Verzinsung eine erhöhte Flexibilität, da nach § 498 III BGB ein Kredit mit veränderlichem Zinssatz jederzeit unter Einhaltung einer Kündigungsfrist von drei Monaten gekündigt werden kann.

Die Kopplung der zu zahlenden Gegenleistung an den Markt, kann aber bei einer steigenden Kreditnachfrage zu einer nicht vorhersehbaren erheblichen Verteuerung der Finanzierung führen und den Kreditnehmer damit an den Rand seiner Leistungsfähigkeit treiben.[243] Angesichts dieses unberechenbaren

240 In diesem Sinne auch: *Volmer*, MittBayNot 2009, 1, 6; *Maetschke*, AcP 211 (2011), 287, 316.

241 In diesem Sinne auch: *Gröhl*, in Ahnert/Engel/Rohleder, Handbuch Firmenkreditgeschäft, S. 178.

242 Vgl.: *Schulze/Stein*, Baufinanzierung, 5.1.2, S. 120. Die Abkürzung „Euribor" steht dabei für „Euro interbank offered rate." Näher hierzu: *Pfeifer*, Praktische Finanzmathematik, 10.2, S. 302.

243 So auch *Gräfe*, Flexibilisierung des Kreditvertrages, S. 2.

Risikos vereinbart die überwiegende Zahl der Kreditnehmer eine Festzinsbindung.[244]

Diese erhöhte Planungssicherheit geht allerdings mit einer eingeschränkten Möglichkeit zur ordentlichen Kündigung nach § 489 I BGB einher. Gleichwohl können berufliche oder private Veränderungen des Darlehensnehmers im Laufe der Finanzierung die Veräußerung der Immobilie und zugleich eine Lösung vom Vertragsverhältnis erforderlich werden lassen.[245] Diesen Umständen trägt § 490 II BGB Rechnung, so dass sich der Darlehensnehmer im Wege der außerordentlichen Kündigung von einem grundschuldbesicherten Darlehen mit Zinsfestschreibung lösen kann, wenn er ein berechtigtes Interesse an einer anderweitigen Verwertung des Sicherungsobjektes hat. Allerdings muss der Darlehnsnehmer für seine wirtschaftlich wiedergewonnene Handlungsfreiheit nach § 490 II S. 3 BGB eine Vorfälligkeitsentschädigung an den Kreditgeber zahlen. Mit diesem Entgelt soll dem Darlehensgeber der Schaden ersetzt werden, der ihm aus der vorzeitigen Rückführung des Darlehens entsteht.[246] Die Vorfälligkeitsentschädigung ist letztlich nichts anderes als ein kodifizierter Interessenausgleich.[247]

Eine vorzeitige Lösung von einem Immobiliardarlehen ist daher aus Sicht des Darlehensnehmers regelmäßig nur unter erheblichem, finanziellem Aufwand zu erreichen.

244 Diese kann auch kürzer sein, als die Laufzeit des Darlehens. In der Praxis ist es üblich Zinsfestschreibungen auf fünf, zehn oder stellenweise auf fünfzehn Jahre vorzunehmen. Vgl.: *Rennert*, Praxisleitfaden Immobilienanschaffung und Immobilienfinanzierung, 7.4.2.1, S. 134.

245 So auch *Knops* in Derleder/Knops/Bamberger, Handbuch zum deutschen und europäischen Bankrecht, § 14 Rn. 4.

246 Dem Darlehensgeber ist insbesondere der Nettozinsgewinn zu ersetzten. Dieser berechnet sich nach der Grundsatzentscheidung BGHZ 136, 161–172 vereinfacht ausgedrückt, aus der Differenz des vereinbarten Darlehenszins abzüglich der Refinanzierungskosten gekürzt um die entfallenen Risikokosten aus der vorzeitigen Rückführung und ersparter Verwaltungskosten auf Seiten des Darlehensnehmers. Zur genauen, extrem komplexen Berechnung stehen den Kreditgebern zwei gleichwertige Berechnungsansätze in Form des „Aktiv-Aktiv-Vergleichs“, und des „Aktiv-Passiv-Vergleich“ zur Verfügung. Näher zu den einzelnen Berechnungsmethoden: *Rohleder*, in Ahnert/Engel/Rohleder, Handbuch Firmenkreditgeschäft, S. 964 ff.

247 Hierbei stehen sich das Interesse der Bank an der Fortführung des Vertrages im Sinne des „pacta sunt servanda“ und der wirtschaftlichen Handlungsfreiheit des Kreditnehmers gegenüber. Der gesetzliche Ausgleich erfolgt durch die Möglichkeit einer vorzeitigen Vertragsbeendigung gegen Zahlung einer Entschädigung. Vgl.: BGHZ 136, 161=NJW 1997, 2875.

Verständlich sind daher die Bestrebungen der Darlehensnehmer, möglichst die darlehensvertragliche Bindung aufrecht zu erhalten, um keine Vorfälligkeitsentschädigung entrichten zu müssen.

Häufig lässt sich in der Praxis feststellen, dass die Veräußerung des ursprünglichen Haftungsobjektes mit einem Neuerwerb einhergeht. Es ließe sich daran denken, dass aus privaten Gründen, etwa eines Arbeitsplatzwechsels, die Verlagerung des Lebensmittelpunktes erforderlich wird und am Zielort ein neues Eigenheim erworben wird. Hierzu würde regelmäßig erneut eine Finanzierung erforderlich. Es würde sich daher anbieten, die ursprüngliche Finanzierung des Erstobjektes aufrecht zu erhalten und lediglich auf das neue Objekt zu übertragen. Auf diese Weise würde bei Aufrechterhaltung der Vertragsbeziehung, lediglich das Sicherungsobjekt in der Form ausgetauscht werden, dass statt einer Sicherungsgrundschuld auf dem Erstobjekt, nunmehr ein Grundpfandrecht auf dem zu erwerbenden Grundstück dem Gläubiger zur Verfügung steht.[248] Durch eine derartige Vorgehensweise würde sich der Darlehensnehmer die teure Vorfälligkeitsentschädigung sparen. Zugleich könnte ein Zinsvorteil längerfristig ausgenutzt werden, wenn das Darlehen zu günstigen Konditionen abgeschlossen wurde und eine entsprechende Zinsfestschreibung stattgefunden hat, sich mittlerweile der Marktpreis für eine entsprechende Finanzierung aber verteuert hat.[249]

Nicht zu unterschätzen dürfte auch der Umstand sein, dass der Kreditnehmer im Laufe der Zeit persönliches Vertrauen zum Kreditgeber aufgebaut hat und die Aufrechterhaltung der „Hausbankfinanzierung" nicht selten auch wirtschaftliche Bedeutung hat.[250]

Für den Kreditgeber, in seiner Rolle als Sicherungsnehmer, wäre der Austausch des Haftungsgegenstandes allerdings mit erheblichem Aufwand und Kosten verbunden. Ähnlich wie bei Abschluss des ursprünglichen Sicherungsgeschäfts

248 *Ganter*, in Schimansky/Bunte/Lwowski, Bankrechtshandbuch § 90 Rn. 251, weist darauf hin, dass der Austausch von Sicherheiten in der Praxis häufig vorkommt.

249 In diesem Sinne auch *Lenz*, Fortführung der Immobilienfinanzierung bei Veräußerung der Immobilie, abrufbar unter: http://www.uni-leipzig.de/bankinstitut/dokumente/2001-11-13-01.pdf; S. 14.

250 Die institutionellen Kreditgeber gewähren häufig Sonderkonditionen, wenn sie mit dem Kreditnehmer schon längere Zeit in geschäftlichem Kontakt stehen. Der unter Umständen über Jahrzehnte andauernde Geschäftskontakt und der damit verbundene Informationsaustausch stellt sich als eine Kreditgeschäftsorganisationsform dar, die Vorsorge gegen Marktversagen und unvorhersehbaren Risiken zun leisten im Stande ist. In diesem Sinn auch: *Handke*, Die Hausbankbeziehung, 1.2, S. 3, mit Einzelheiten zu der wissenschaftlichen Untersuchung der Hausbankbeziehung, bei 1.3, S. 5 ff.

müsste ein Beleihungswertermittlungsverfahren durchgeführt werden, um Aufschluss darüber zu erhalten, ob das potentielle Haftungsobjekt eine langfristige, verlässliche Absicherung bietet und den bankenaufsichtsrechtlichen Regelungen genügt.[251] Für die Löschung der Grundschuld auf dem alten Pfandobjekt, der Bestellung und Neueintragung der Sicherungsgrundschuld auf dem neu zu erwerbenden Objekt fielen ebenfalls Kosten an. Vor diesem Hintergrund zeichnet sich ab, dass die Banken und Kreditinstitute einem Sicherheitentausch eher verhalten gegenüberstehen. Die vorzeitige Beendigung des Vertragsverhältnisses unter der Geltendmachung einer Vorfälligkeitsentschädigung ist daher die klare Präferenz der Banken und Kreditinstitute.

Angesichts der festgestellten diametralen Interessenrichtungen entpuppt sich die Konstellation des Sicherheitentauschs als echter Interessenkonflikt im Rahmen der Grundschuldsicherungstreuhand. Die Kernfrage ist daher, ob der Kreditschuldner gegen den sicherungsnehmenden Kreditgeber einen durchsetzbaren Anspruch auf Durchführung eines Grundschuldtausches hat. Da Regelungen zur Frage des Sicherheitentauschs weder in der Darlehensverträgen, noch in den Sicherungsverträgen der Praxis enthalten sind,[252] muss auf die Lösungsansätze von Rechtsprechung und Literatur für die nachfolgende Untersuchung zurückgegriffen werden.

b) Handhabung in der Rechtsprechung

Trotz der hohen wirtschaftlichen Relevanz der Thematik für den Kreditnehmer, im Hinblick auf die mögliche Umgehung der Zahlung einer Vorfälligkeitsentschädigung und den nicht zu unterschätzenden Aufwand auf Seiten des Kreditgebers, hatte sich die Rechtsprechung bislang erst im Rahmen zweier Entscheidungen mit der Frage des Grundschuldtausches zu befassen.

---

251 Näher hierzu: *Gröhl* in Ahnert/Engel/Rohleder, Handbuch Firmenkreditgeschäft, S. 178. Vgl. auch: *Krüger/Büttner*, WM 2005, 673, 679, mit dem Hinweis, dass zu Beleihungswertermittlung nicht selten die Hinzuziehung eines externen Sachverständigen erforderlich würde, was mit erheblichen Kosten verbunden sein dürfte.

252 So schon *Lenz*, Fortführung de Immobilienfinanzierung bei Veräußerung der finanzierten Immobilie, S. 15. Vgl. auch für die fehlende Regelung in den Sicherungsverträgen: Muster eines Grundschuldsicherungsvertrages für eine Grundschuld mit Abtretung der Rückgewähransprüche, bei *Epp* in Schimansky/Bunte/Lwowski, Bankrechtshandbuch, Anh. 2 zu § 94.

aa) Die Grundlagenentscheidung – BGH Urteil v. 03.02.2004; XI ZR 398/02 –

Der BGH musste sich bislang erst einmal mit der Konstellation des Grundschuldtausches auseinandersetzen.[253] Der Entscheidung aus dem Jahre 2004 lag folgender Sachverhalt zu Grunde.

Der Kläger hatte im Jahr 1997 mit der beklagen Bank einen Darlehensvertrag über 130.000 DM zum Erwerb eines 197 m2 großen Hausgrundstückes abgeschlossen. Zugleich vereinbarten die Parteien eine zehnjährige Zinsfestschreibung. Als Sicherheit wurde der Bank eine erstrangige Grundschuld am Erwerbsobjekt in Höhe des Darlehnsnennbetrages bestellt. Im Jahre 2001 fragte der Kläger bei der Beklagten an, unter welchen Bedingungen die Ablösung des Darlehens im Rahmen der Veräußerung des Sicherungsobjektes stattfinden könne oder ob sich die Beklagte mit einer Grundschuldumschreibung bei Fortbestand des Kreditverhältnisses einverstanden erkläre. Die Beklagte ließ daraufhin mitteilen, dass eine Ablösung des Darlehens nur unter Zahlung einer entsprechenden Vorfälligkeitsentschädigung erfolgen könne. Ob ein Sicherheitentausch möglich sei, könne nur beurteilt werden, sofern die einschlägigen Unterlagen des Erwerbsobjektes durch den Kläger zugänglich gemacht würden. Daraufhin übersandte der Kläger der Beklagten ein Verkehrswertgutachten über das zu erwerbende, 506 m2 große Hausgrundstück, dessen Verkehrswert ausweislich des Gutachtens zum geplanten Erwerbszeitpunkt 800.000 DM betrug. Zugleich ließ der Kläger die Beklagte wissen, dass er ihr die Eintragung einer erstrangigen Grundschuld am Erwerbsobjekt garantiere. Die Beklagte teilte dem Kläger daraufhin unter konkreter Bezifferung der Vorfälligkeitsentschädigung mit, dass nur eine Ablösung des Darlehens möglich sei, ein Grundschuldaustausch bei Fortführung der Finanzierung aus geschäftspolitischen Erwägungen jedoch nicht in Betracht käme.

Der Kläger löste das Darlehen ab und zahlte die verlangte Vorfälligkeitsentschädigung nebst einem Bearbeitungsentgelt von 500 DM unter Vorbehalt und ohne Anerkennung einer Rechtspflicht. Mit der angestrebten Klage verlangte der Kläger die gezahlte Vorfälligkeitsentschädigung im wesentlichen mit der Begründung zurück, die Beklagte sei aufgrund von Treu und Glauben verpflichtet gewesen, einem Sicherheitentausch unter Beibehaltung der vertraglichen Bindung durchzuführen.

Der BGH hob die Entscheidung der Vorinstanz, die zu Gunsten der finanzierenden Bank ausgefallen war auf und verwies zur endgültigen Entscheidung

253 BGHZ 158, 11–19=WM 2004, 131–133=NJW 2004, 1730–1732=BB 2004, 1019–1021=BKR 2004, 189–191=ZIP 2004, 801–804.

an die Vorinstanz zurück.[254] In der Sache selbst vertrat der BGH die Auffassung, dass die Beklagte um die vereinnahmte Vorfälligkeitsentschädigung nach § 812 I S. 1, 1. Fall BGB ungerechtfertigt bereichert sei.

Zur Begründung führten die Richter, zunächst unter Verweis auf die Grundlagenentscheidung vom 01.07.1997 an, dass bei einem Darlehen mit Zinsfestschreibung eine Verpflichtung des Kreditgebers zur vorzeitigen Ablösung des Darlehens unter Zahlung einer Vorfälligkeitsentschädigung bestünde, wenn der Darlehensnehmer ein Interesse an einer anderweitigen Verwertung des Sicherungsobjekts habe, was insbesondere in den Fällen der Grundstücksveräußerung zu bejahen sei.[255]

Die in der Entscheidung vom 01.07.1997 aufgestellten Regeln zur Durchbrechung des Grundsatzes der Vertragstreue in den Fällen der Grundstücksveräußerung, ließen sich ohne Weiteres entsprechend auf weniger einschneidende Modifizierungen des Vertragsinhaltes, wie den Austausch des belasteten Haftungsobjektes bei unverändertem Fortbestand des Darlehensvertrages, übertragen.[256] Der kreditgebenden Bank sei es daher ohne weiteres zuzumuten, in einen Austausch der Sicherheiten einzuwilligen, wenn den berechtigten Interessen des Sicherungsgebers schon auf diese Weise unter Fortführung des Darlehensvertrages im Übrigen, Genüge getan werden könne und schutzwürdige Eigeninteressen der kreditgebenden Bank nicht feststellbar wären.

Schutzwürdige Belange der Bank seien dann nicht berührt, wenn die Ersatzgrundschuld das Kreditrisiko genauso gut absichert wie die ursprüngliche Sicherheit, der Darlehensnehmer sämtliche mit dem Austausch der Sicherheiten verbundenen Kosten zu tragen im Stande sei und der Kreditgeber überdies nicht befürchten müsse, bei der Verwaltung oder Verwertung der Ersatzsicherheit Nachteile zu erleiden.[257]

Diese Voraussetzungen seien im konkreten Fall erfüllt gewesen. Die Beklagte hätte einem Sicherheitentausch zustimmen müssen. Da sie sich einem derartigen

---

254 Der BGH hielt die Sache nicht für entscheidungsreif, da die vorinstanzliche Entscheidungen Feststellungen zu einzelnen Tatsachen nicht getroffen habe. Vgl.: BGH BB 2004, 2019, 2020.

255 So schon BGHZ 136, 161, 165 f.=BB 1997, 1963=WM 1997, 1799. Diese Rechtsprechungsgrundsätze haben im Rahmen der Schuldrechtmodernisierung durch § 490 II BGB Eingang in das Gesetz gefunden. Vgl.: BT-Drucks. 14/6040, S. 254; BT-Drucks. 14/7052, S. 200. Näher hierzu auch: *Schwintowski* in jurisPK-BGB § 490 Rn. 1.

256 BGH BB 2004, 1019, 1020.

257 BGH BB 2004, 1019, 1020.

Vorgehen versperrt habe, sei sie um die vereinnahmte Vorfälligkeitsentschädigung zu Unrecht bereichert.

Die vorgenannte Entscheidung zeigt, dass der BGH einen Anspruch des kreditnehmenden Schuldners auf Durchführung eines Sicherheitentauschs im Grundsatz anerkennt. In dem die Richter auf die Entscheidung vom 01.07.1997 rekurrieren, bringen sie zum Ausdruck, dass der Sicherheitentausch, wie auch die vorzeitige Ablösung des Darlehens unter Zahlung einer Vorfälligkeitsentschädigung, als Durchbrechung des Darlehensvertrages in Form eine Modifikation seines Inhalts zu werten ist.[258] Die Zuerkennung eines derartigen Anspruches ist für den BGH das Ergebnis einer umfassenden Interessenabwägung, im Rahmen derer einerseits die wirtschaftliche Handlungsfreiheit des Kreditnehmers sowie andererseits das Interesse des Kreditgebers an der Aufrechterhaltung des „Status quo," zu berücksichtigen sind. Wenn darauf verwiesen wird, dass der Leistungsumfang des Vertragsverhältnisses im Übrigen nicht angetastet werden soll,[259] ist die Verpflichtung zur Mitwirkung an einem derartigen Vorgehen aus Sicht des BGH als Nebenpflicht im Rahmen des bestehenden Darlehensvertragsverhältnisses einzuordnen, die beide Vertragsparteien nach den Grundätzen von Treu und Glauben zur gegenseitigen Rücksichtnahme verpflichtet.

Der BGH etabliert auf diese Weise § 242 BGB als Anspruchsgrundlage für einen Sicherheitentausch,[260] mit dem zugleich eine inhaltliche Modifikation des weiterbestehenden Darlehensvertragsverhältnisses verbunden ist.

bb) Die Bestätigung – OLG Stuttgart Urteil vom 25.07.2007; 9 U 21/07 –

Im Jahre 2007 hatte sich das OLG Stuttgart ebenfalls mit der Frage des Sicherheitentauschs zu befassen.[261] In dem der Entscheidung zu Grunde liegenden Sachverhalt hatte die Klägerin im Jahre 2002 bei der beklagten Bank einen Kredit zur Finanzierung einer Immobilie aufgenommen. Die Parteien vereinbarten eine Zinsfestschreibung bis zum Jahr 2012. Als Sicherheit wurden Grundschulden zu

---

258 BGH BB 1997, 1963, 1964.

259 BGH BB 2004, 1019, 1020; BGH BB 1997, 1963, 1964.

260 Dies wird aus den beiden Entscheidungen des BGH gefolgert. Vgl.: *Gräfe*, Flexibilisierung des Kreditvertrages, S. 71 f.; *Oetker/Maultzsch*, Vertragliche Schuldverhältnisse, § 3 Rn. 45, dort FN. 89; in diesem Sinne auch *Medicus* EWiR 2004, 733, 734; *Knops* in Bamberger/Knops/Maier-Reimer, Recht der Sanierungsfinanzierung, § 11 B Rn. 4. So auch *Rösler/Lang*, BKR 2004, 189, 192, die sich der Frage zu wenden, ob aufgrund der Entscheidung des BGH v. 03.02.2004, über § 242 BGB auch eine Ersatzkreditnehmerstellung erzwungen werden kann.

261 OLG Stuttgart, BKR 2007, 506–508.

Gunsten der Beklagten am Erwerbsobjekt bestellt. Im Folgenden wollte die Klägerin die belastete Immobilie verkaufen und ein neues Objekt erwerben, welches zu Gunsten der Beklagten entsprechend mit Grundpfandrechten belastet werden sollte, zugleich aber die Finanzierung im Übrigen aufrechterhalten. Die Beklagte erklärte sich mit einem derartigen Vorgehen einverstanden und nahm einen Austausch der Grundpfandrechtsbelastungen vor. Auch das neu erworbene Objekt wollte die Klägerin im Jahre 2005 veräußern. Zu diesem Zweck fragte die Klägerin bei der Beklagten an, ob ein neuerlicher Sicherheitentausch in gleicher Weise vorgenommen werden könnte. Die Klägerin verlangte von der Beklagten die Löschung bestehenden Grundpfandrechte am Veräußerungsobjekt, bot ihr zugleich aber eine neue Grundschuldsicherung an einer Eigentumswohnung an, die die Klägerin geplant hatte zu erwerben. Um die Beklagte in der Zwischenzeit nicht um ihre Sicherheiten zu bringen, stellte die Klägerin die Bildung und Verpfändung eines von ihr aus dem Veräußerungserlös zu bildenden Festgeldkontos in Aussicht. Die Beklagte lehnte den Vorschlag der Klägerin ab und verlangte die Ablösung der Finanzierung und Zahlung einer Vorfälligkeitsentschädigung. Die Klägerin tilgte das Darlehen und zahlte die verlangte Vorfälligkeitsentschädigung ohne Anerkennung einer Rechtspflicht und dem Vorbehalt einer späteren Rückforderung.

Im Klagewege verlangte die Klägerin die Rückzahlung der, von der Beklagten vereinnahmten Vorfälligkeitsentschädigung, im Wesentlichen mit der Begründung, dass diese einen Sicherheitentausch hätte mangels entgegenstehender schutzwürdiger Eigeninteressen vornehmen müssen.

Das Gericht wies die Klage ab. Die Beklagte habe sich zu Recht einem Sicherheitentausch widersetzt. Im Rahmen der Entscheidungsbegründung wiesen die Richter zunächst daraufhin, dass ein Anspruch auf Sicherheitentausch im Rahmen eines besicherten Kredits nur dann in Frage kommt, wenn dies der Bank mangels schutzwürdiger Eigeninteressen zumutbar sei.[262] Hiervon könne nur ausgegangen werden, wenn das als Ersatz angebotene Grundpfandrecht vorhandene Risiken genauso gut abdecke, der Kreditnehmer bereit und im Stande sei, sämtliche Kosten des Sicherheitentauschs zu tragen und sonstige Nachteile für die Bank im Zusammenhang mit der Verwaltung und Verwertung der Sicherheit nicht zu befürchten seien.[263]

Diese Voraussetzungen sah das OLG im konkreten Fall nicht als gegeben an. Im Rahmen der vorzunehmenden Interessenabwägung sei zu berücksichtigen, dass von Seiten der Klägerin lediglich die Verpfändung eines Festgeldkontos in

262 OLG Stuttgart, BKR 2007, 507.
263 OLG Stuttgart, BKR 2007, 507.

Aussicht gestellt worden sei, womit von dem Angebot einer gleichwertigen Sicherheit nicht ausgegangen werden konnte. Die vorgeschlagene Vertragsänderung hätte mangels Fortbestand einer dauerhaften dinglichen Sicherheit, das Bestehen eines Realkreditvertrages mit der Folge beseitigt, dass die Klägerin in die Lage versetzt worden wäre, lediglich unter Einhaltung einer Kündigungsfrist von drei Monaten den Darlehensvertrag zu beenden, ohne der Beklagten eine Vorfälligkeitsentschädigung zu schulden.[264]

Dementsprechend sei der Beklagten der Austausch der Sicherheiten unzumutbar gewesen.

Ohne die Entscheidung des BGH vom 03.02.2004 direkt in Bezug zu nehmen, geht auch das OLG Stuttgart davon aus, dass der Austausch bestehender Kreditsicherheiten als Änderung des Darlehensvertrages aufzufassen ist. Eine derartige Änderung soll nur möglich sein, wenn berechtigte Interessen des Sicherungsnehmers nicht entgegenstehen. Damit lässt auch diese Entscheidung erkennen, dass der Anspruch auf die Durchführung eines Sicherheitentauschs seine Grundlage in den vertraglichen Nebenpflichten nach § 242 BGB findet, der die Parteien zur gegenseitigen Rücksichtnahme verpflichtet.

cc) Zusammenfassung

In der Rechtsprechung hat sich ein Anspruch des Kreditnehmers auf Austausch der Grundschuldsicherung etabliert. Abgeleitet wird dieser Anspruch, der nach dieser Ansicht mit einer inhaltlichen Modifikation des Darlehensvertrages verbunden ist, aus den Grundsätzen von Treu und Glauben nach § 242 BGB. Schutzwürdige Belange des Kreditgebers stehen einem Sicherheitentausch dann nicht entgegen, wenn ein gleichwertiges Ersatzgrundpfandrecht angeboten wird, der Kreditnehmer bereit und im Stande ist, sämtliche mit dem Austausch verbundenen Kosten zu tragen und sonstige Nachteile bei der Verwaltung und Verwertung der Sicherheit für den Kreditgeber nicht feststellbar sind.

c) Das Meinungsbild im literarischen Diskurs

Obwohl dem Grundschuldtausch in der Bankpraxis weitreichende Bedeutung zukommt, hat sich die Literatur mit der Thematik kaum auseinandergesetzt.[265] Überwiegend beschränkt sich die Erörterung des Grundschuldtausches damit, die vom

264 OLG Stuttgart, BKR 2007, 507.

265 Zur wirtschaftlichen Bedeutung nochmals mit weiteren Einzelheiten: *Grönwoldt*, DB 2004, 979, zu den wirtschaftlichen Auswirkungen auf das aufsichtsrechtlich vorzuhaltende Bankeneigenkapital. Vgl. auch: *Knops*, in Knops/Bamberger/Maier-Reimer,

BGH mit Urteil vom 03.02.2004 aufgestellten Voraussetzungen wiederzugeben.[266] Diese scheinbare Einigkeit darf nicht darüber hinwegtäuschen, dass im Einzelnen Vieles im Unklaren geblieben ist. Zum einen hat sich bei der Herleitung und insbesondere der Begründung eines Anspruches auf Durchführung eines Grundschuldaustausches kein konsolidierter Meinungsstand herausgebildet. Weiterhin ist nicht abschließend geklärt, welches Rechtsverhältnis im Rahmen der Kreditsicherung durch den Austausch der Grundschuld eine Änderung erfährt.

aa) Der Austausch des Sicherungsobjekts als darlehensvertragliche Inhaltsänderung

Überwiegend findet sich in Anlehnung an die Rechtsprechung des BGH der Hinweis, dass der Sicherungsnehmer dem Wunsch des Kreditnehmers nach einem Austausch des Sicherungsobjekts nachzukommen habe, wenn eine geeignete Ersatzsicherheit angeboten wird, die die vorhandenen Risiken des Geschäfts ebenso gut abdeckt wie die ursprüngliche Sicherheit, der Kreditnehmer sämtliche Kosten im Zusammenhang mit dem Austausch des Grundpfandrechts übernimmt und andere Hindernisse zu Lasten des Kreditgebers bei der Verwaltung oder Verwertung der Sicherheit nicht zu befürchten sind.[267] Der zumutbare Austausch der Sicherheit stelle eine Obliegenheit des Kreditgebers dar, die ihren Ursprung in § 242 BGB fände und von der Kodifizierung des § 490 II BGB unberührt geblieben sei.[268] Der Austausch der Grundschuld sei demnach als inhaltliche Modifizierung des Darlehensvertrages anzusehen, die dem Kreditnehmer als Alternative zu einer Kündigung gegen Zahlung einer Vorfälligkeitsentschädigung zur Verfügung stünde.[269]

Recht der Sanierungsfinanzierung, § 11 B, Rn. 2, der im Grundschuldtausch eine Möglichkeit zur Erhöhung von Liquidität sieht.

266 Vgl.: Staudinger/*Mülbert*, § 490 Rn. 114; MüKo/*Berger*, § 490 Rn. 45; *Epp* in Schimansky/Bunte/Lwowski, Bankrechtshandbuch, § 94 Rn. 386. *Gräfe*, Flexibilisierung des Kreditvertrages, S. 72 ff.

267 So insbesondere: Staudinger/ *Mülbert*, § 490 Rn. 113 f.; MüKo/*Berger*, § 490 Rn. 45; *Epp* in Schimansky/Bunte/Lwowski, Bankrechtshandbuch, § 94 Rn. 386.

268 Staudinger/*Mülbert*, § 490 Rn. 113.

269 Vgl.: *Medicus* EWiR 2004, 733, 734, spricht diesbezüglich von „einem zusätzlichen Weg;" auch *Grönwoldt,* DB 2004, 979 mit dem praktischen Hinweis, dass ein Sicherheitentausch nur in Frage kommt, wenn der Kreditnehmer im Kreditvertrag keinen Verzicht erklärt hat.

bb) Der Grundschuldtausch als Inhaltsänderung des Sicherungsvertrages

Die Gegenmeinung ist sich im Ergebnis einig, dass durch den Grundschuldtausch lediglich eine Anpassung der Verpflichtung des Sicherungsgebers zur Stellung einer konkreten Sicherheit erforderlich wird.[270] Die Sicherheitenbestellungsverpflichtung soll hingegen nicht Gegenstand des Darlehensvertrages sein, sondern im Sicherungsvertrag enthalten sein, so dass der Austausch der Sicherheit nur im Wege einer Vertragsanpassung des Sicherungsvertrages vollzogen werden könne.[271]

Uneinigkeit herrscht allerdings hinsichtlich der Begründung dieses Ergebnisses. Einerseits wird angeführt, dass das Recht auf Sicherheitentausch seine Grundlage in § 313 BGB fände und ein gesetzliches Vorbild in § 1218 BGB bereits kodifiziert worden sei. § 1218 BGB stelle klar, dass der Sicherungsgeber bei drohenden Verlusten durch Verderb oder Wertminderung der Pfandsache im Rahmen einer späteren Verwertung, den Austausch der Sicherheit verlangen könne.[272] In dieser Regelung sei ein Grundgedanke enthalten, der auch einer analogen Anwendung außerhalb des Mobiliarpfandrechts zugänglich sei, nachdem der Sicherungsgeber den Austausch des Beleihungsobjekts verlangen könne, sofern hierfür ein vergleichbar berechtigtes Interesse vorhanden sei.[273]

Andererseits wird betont, dass das Recht des Sicherungsgebers zum Austausch der Grundschuld im Rahmen einer bestehenden Vertragsbeziehung, seine Grundlage im Gebot der gegenseitigen Rücksichtnahme von Treu und Glauben fände.[274] Um nicht die grundgesetzlich garantierte Eigentumsfreiheit des Sicherungsgebers einzuschränken, sei der Sicherungsnehmer verpflichtet, den Austausch der Sicherheiten vorzunehmen, wenn ihm anstelle des ursprünglichen Haftungsobjektes ein äquivalentes Substitut angeboten würde. Die Dispositionsfreiheit des Sicherungsgebers habe im BGB hinsichtlich der Immobiliarsicherheiten durch § 1136 BGB eine besondere Ausprägung erfahren, die auch durch

---

270 So *Bülow,* LMK 2004, 129; in diesem Sinne auch *Knops*, in Knops/Bamberger/Maier-Reimer, Recht der Sanierungsfinanzierung, § 11 B Rn. 4.

271 Vgl.: *Bülow*, LMK 2004, 129; *Knops* in Knops/Bamberger/Maier-Reimer, Recht der Sanierungsfinanzierung, § 11 B Rn. 4.

272 So *Bülow*, LMK 2004, 129.

273 Vgl.: *Bülow*, LMK 2004, 129. Unter Verweis auf Soergel/Habersack, BGB, § 1218 Rn. 4, hinsichtlich der Analogiefähigkeit des § 1218 BGB.

274 *Knops,* in Knops/Bamberger/Maier-Reimer, Recht der Sanierungsfinanzierung, § 11 B Rn. 4.

die, zwischen den Parteien herbeigeführte sicherungsvertragliche Bindung, nicht eingeschränkt werden dürfe.[275]

d) Stellungnahme

Bevor sich die Untersuchung der Anspruchsgrundlage und den Voraussetzungen zuwendet, bei deren Vorliegen ein Sicherheitentausch vorgenommen werden muss, ist zu beleuchten, auf welcher Ebene des Kreditsicherungsverhältnisses eine Inhaltsänderung erforderlich wird.

aa) Sicherheitentausch als Änderung der Sicherheitenbestellungsverpflichtung

Ausgangspunkt der Überlegung ist, dass durch den angestrebten Grundschuldaustausch eine Änderung der Verpflichtung des Sicherungsgebers zur Stellung einer Sicherungsgrundschuld an einem bestimmten Grundstück erforderlich wird. Bei der Begründung des Kreditsicherungsverhältnisses übernimmt der Darlehensnehmer regelmäßig die Verpflichtung gegenüber dem Kreditgeber für vorhandene Risiken, die im Zusammenhang mit dem Geschäftsabschluss stehen, eine Sicherungsgrundschuld an einem bestimmten Grundstück zu stellen.[276] Diese Sicherheitenbestellungsverpflichtung ist jedoch nicht Gegenstand des Darlehensvertrages, sondern fester Bestandteil des Sicherungsvertrags.[277] Dem steht auch

---

275 *Knops*, in Knops/Bamberger/Maier-Reimer, Recht der Sanierungsfinanzierung, § 11 B Rn. 4.

276 Die Besicherungspflicht bedarf stets einer gesonderten Vereinbarung zwischen den Parteien und folgt insbesondere nicht als „minus" aus der Rückerstattungspflicht des Darlehens. Vgl.: *Ganter*, Schimansky/Bunte/Lwowski, Bankrechtshandbuch, § 90 Rn. 172; auch BGH NJW 2000, 957.

277 Vgl.: Staudinger/*Wolfsteiner*, Vorbem. zu §§ 1191 ff. Rn. 38; Müko/*Eickmann*, § 1191 Rn. 14; *Reischl* in jurisPK-BGB § 1191 Rn. 45; *Jacoby* in Handbuch zum deutschen und europäischen Bankrecht, § 24 Rn. 4; *Brünink*, in Lwowski/Fischer/Langenbucher, Recht der Kreditsicherung, § 3 Rn. 1; Anders hingegen *Neuhoff/Richrath* NJW 1996, 2894 ff., die davon ausgehen, dass die Sicherheitenbestellungsverpflichtung als „Doppelcausa" ihren Platz auch im Darlehensvertragsverhältnis habe. Hiergegen zu Recht: *Bülow*, NJW 1997, 641, 642; auch *Becker-Eberhard*, FS Huber, S. 121, 136 ff. Diese Auffassung lässt sich mit den Formularverträgen der Bankpraxis untermauern: Vgl. das Muster des Deutschen Sparkassenverlages für einen Immobiliardarlehensvertrag mit (anfänglich) gebundenem Sollzinssatz, abgedruckt bei *Josten*, Kreditvertragsrecht, S. 158–164, indem unter Punkt 4 „Sicherheiten" nachfolgender Passus enthalten ist: „Das Darlehen kann erst in Anspruch genommen werden, wenn alle Voraussetzungen dafür erfüllt sind, dass die vereinbarten Sicherheiten der Sparkasse zur Verfügung stehen und hierrüber eine Bestätigung vorliegt. Der Sparkasse wurden/

nicht entgegen, dass die Bankpraxis die Auszahlung der Darlehensvaluta regelmäßig von der Stellung von Sicherheiten abhängig macht, da es sich hierbei nur um eine „Auszahlungsmodalität" handelt, mit der keinerlei Auswirkungen auf die rechtliche Verortung der Sicherheitenstellungsverpflichtung verbunden sind.[278] Mit diesem Inhalt bildet der Sicherungsvertrag letztlich den Rechtsgrund für die Bestellung der Sicherungsgrundschuld.[279] Aus diesen Überlegungen folgt, dass der Sicherheitentausch Vertragsänderungen alleine auf der Ebene des Sicherungsvertrages erforderlich werden lässt und den Darlehensvertrag in seinem weiteren Bestand nicht berührt.[280]

bb) Der Sicherungsvertrag als Anspruchsgrundlage

Dementsprechend muss auch die sich anschließende Frage, auf welche Grundlage ein derartiger Anspruch gestützt werden kann, alleine aus den sicherungsvertraglichen Regelungen heraus entwickelt werden. Da in den Sicherungsverträgen der Formularpraxis eine Klausel hinsichtlich des Sicherheitentausches nicht enthalten ist, muss eine Lösung erneut im Wege der ergänzenden Vertragsauslegung unter Berücksichtigung der Interessen der Beteiligten gefunden werden.[281]

Charakteristisch für den Sicherungsvertrag ist, dass er zwischen den Parteien ein Treuhandverhältnis zur Entstehung gelangen lässt, wodurch der Sicherungsnehmer zum fremdnützigen Tätigwerden im Sinne des Sicherungsgebers verpflichtet wird, solange nicht eigene schutzwürdige Belange entgegenstehen.[282] Die Durchführung eines Sicherheitenaustausches, welcher zweifelsohne ausschließlich dem Sicherungsgeber zu Gute kommt und ihm letztlich die vorzeitige Ablösung des

---

werden –in gesonderten Verträgen, die die Einzelheiten regeln (Hervorhebung durch den Verfasser)– folgende Sicherheiten bestellt."

278 In diesem Sinn auch: *Josten,* Kreditvertragsrecht, § 4 Rn. 135.

279 Vgl. wie vor, auch Palandt/*Bassenge* § 1191 Rn. 15; *Wilhelm*, Sachenrecht, Rn. 1732; *Westermann/Gursky/Eickmann*, Sachenrecht, § 113 Rn. 5.

280 Vgl.: *Bülow*, LMK 2004, 129; *Knops* in Knops/Bamberger/Maier-Reimer, Recht der Sanierungsfinanzierung, § 11 B Rn. 4.

281 Unklar ist, ob aufgrund der Richtlinie über Finanzsicherheiten (2002/47 EG, Abl. 2002 L 168/43) von den Mitgliedsstaaten der Europäischen Union verlangt werden kann entsprechende Sicherheitenaustauschmöglichkeiten (auch bezeichnet als „right of substitution") zu schaffen. Näher hierzu: *Knops*, in Knops/Bamberger/Maier-Reimer, § 11 B Rn. 4 mwN.

282 Vgl.: *Clemente*, Recht der Sicherungsgrundschuld, Rn. 235; BGH NJW 1997, 2672, 2673; BGH NJW 2000, 352, 353; BGH WM 2012, 301, 302; BGH NJW 2012, 1142, 1143.

Darlehens unter Zahlung einer Vorfälligkeitsentschädigung erspart, ist ein typischer Anwendungsfall des Tätigwerdens des Grundschuldtreuhänders in „nicht ausschließlich eigenem Interesse."[283] Der Anspruch zu Gunsten des Sicherungsgebers kann daher nur aus dem Sicherungsvertrag, als schuldrechtlichem Innenverhältnis der Grundschuldsicherungstreuhand folgen, so dass es eines Rückgriffs auf die allgemeinen Grundsätze der Leistungserbringung im Rahmen von Treu und Glauben nach § 242 BGB nicht mehr bedarf.

Der Anspruch auf Durchführung eines Grundschuldtausches hat seine Grundlage daher im Sicherungsvertrag.

cc) Herleitung der Voraussetzungen im Wege der Interessenabwägung

Hinsichtlich der Voraussetzungen ist stets zu beachten, dass der Sicherungsnehmer in seiner Stellung als Treuhänder, bei einem Tätigwerden im Sinne des Treugebers, niemals Nachteile erleiden darf.[284] Auf Seiten des Sicherungsnehmers ist daher zu berücksichtigen, dass die Absicherung von eingegangenen Kreditrisiken im Vordergrund steht und der Grundschuldsicherung maßgebliche Bedeutung für die Erfüllung der aufsichtsrechtlichen Eigenkapitalvorschriften zukommt.[285] Diese Möglichkeiten müssen auch nach Vollzug eines Grundschuldtausches gegeben sein. Demgegenüber ist auf Seiten des Sicherungsgebers die wirtschaftliche Bewegungsfreiheit hinsichtlich seines Grundeigentums zu berücksichtigen. Die Konstellation des Sicherheitentauschs erfordert daher eine Abwägung zwischen Sicherungsinteresse einerseits und wirtschaftlicher Handlungsfreiheit andererseits.

Das BGB misst dabei dem Eigentum und der daraus resultierenden wirtschaftlichen Handlungsfreiheit einen hohen Stellenwert bei.[286] Stellenweise wird

---

283 Dies wird als allgemeines Kriterium im Treuhandrecht angesehen. Vgl.: *Fikentscher*, Schuldrecht, Rn. 924; so auch schon RGZ 127, 344; BGHZ 11, 37; BGHZ 17, 140; BGHZ 19, 67, 69; BGH NJW 1987, 2071.

284 Dieser Grundgedanke ist den Regelungen des Auftragsrechts, insbesondere dem Aufwendungsersatzanspruch des § 670 BGB zu entnehmen. Näher hierzu: Staudinger/*Martinek*, § 670 Rn. 1. Rn. 40. Da auf das Innenverhältnis der Treuhand Auftragsrecht anwendbar ist, können die dort angestellten Überlegungen auf den hiesigen Fall übertragen werden. Zur Anwendung des Auftragsrecht auf die Fälle der rechtsgeschäftlichen Treuhand, vgl.: Staudinger/*Martinek*, Vorbem. zu §§ 662 ff. Rn. 40.

285 So schon oben § 5 B. II. b) ee); in diesem Sinn auch *Grönwoldt*, DB 2004, 979.

286 Dies folgt schon aus der Kodifikation des Eigentumsrechts als umfassendes Herrschaftsrecht am Anfang des Sachenrechts in § 903 BGB. Näher zur Bedeutung des Eigentums als „Einrichtung des Privatrechts", Staudinger/Eckpfeiler/*Herrmann* S. 901.

versucht, die Handlungsfreiheit des Grundeigentümers im Zusammenhang mit dem Sicherheitentausch mit Hilfe einer analogen Anwendung des § 1218 BGB zu untermauern.[287] Mit der Regelung des § 1218 BGB wurde ein Austauschrecht des Mobiliarverpfänders kodifiziert, um mögliche Erlöseinbußen im Verwertungsfall frühzeitig abwenden zu können, die aus einem Substanzverlust oder einer Wertminderung des Pfandes aufgrund äußerer Umstände, wie der Marktentwicklung oder der Konjunkturlage, beruhen.[288] Telos der Norm ist daher, die Erhaltung der Werthaltigkeit des Pfandobjektes und deren Einsatz als Sicherungsmittel im Sinne der Parteien.[289]

Mit Hilfe des Grundschuldtausches soll allerdings nicht die Aufrechterhaltung des Sicherungswertes garantiert werden, sondern dem Sicherungsgeber die Möglichkeit verschafft werden, den Haftungsgegenstand ohne Beendigung der darlehensvertraglichen Bindung zu veräußern und die bestehende Finanzierung auf ein neu zu erwerbendes Sicherungsobjekt zu übertragen.[290] Der Kreditnehmer, der sich aus privaten Gründen zur Veräußerung der Immobilie veranlasst sieht, soll den Nutzen aus dem Austausch der Sicherheit ziehen.[291] Vor diesem Hintergrund lässt sich die Regelung des § 1218 BGB für den Grundschuldtausch nicht fruchtbar machen.[292]

Im Rahmen der Interessenabwägung ist aber zu Gunsten des Sicherungsgebers die Regelung des § 1136 BGB anzuführen, wonach der Sicherungsgeber nicht wirksam gegenüber dem Grundpfandrechtsgläubiger verpflichtet werden kann, das belastete Grundstück nicht zu veräußern oder eine weitergehende Belastung nicht vorzunehmen. Mit dieser Regelung aus dem Hypothekenrecht, die über ihren eigentlichen Anwendungsbereich auch auf die Grundschuld anwendbar ist,[293] soll

---

287 So insbesondere *Bülow,* LMK 2004, 129.

288 *Protz*, in jurisPK-BGB, § 1218 Rn. 3; ähnlich auch Palandt/*Bassenge*, § 1218 Rn. 1.

289 *Protz,* in jurisPK-BGB, § 1218 Rn. 1.

290 In diesem Sinne auch: *Medicus,* EWiR 2004, 734, der im Rahmen der Besprechung des BGH-Urteils v. 03.02.3004 darauf hinweist, dass dem Kreditnehmerinteresse zur Enthaftung eines bestimmten Sicherungsobjektes „ein zusätzlicher Weg“ eröffnet würde.

291 So auch der BGH BB 2004, 1019, 1020, der unter Hinweis auf BGHZ 136, 161, 167 betonte, dass private Interessen des sicherungsgebenden Klägers an der Veräußerung der belasteten Immobilie von der beklagten Bank „ohne weiteres“ zu akzeptieren waren.

292 Ob § 1218 BGB außerhalb seines Anwendungsbereiches überhaupt Anwendung finden kann ist umstritten. Gegen eine Ausdehnung: Staudinger/*Wiegand*, § 1218 Rn. 7; *Protz,* in jurisPK-BGB, § 1218 Rn. 4. Hiergegen insbesondere: Soergel/*Habersack*, § 1218 Rn. 4.

293 Vgl.: Staudinger/*Wolfsteiner*, § 1136 Rn. 19; *Protz* in jurisPK-BGB, § 1136 Rn. 18.

die wirtschaftliche Handlungsfreiheit des Eigentümers gewährleistet werden.[294] Mit Hilfe des darin enthaltenen Gedankens wiegt das Interesse des Sicherungsgebers an einem Austausch der Sicherheit höher, als das Interesse des Sicherungsnehmers an der Aufrechterhaltung des „status quo.“ Da der Sicherungsvertrag durch die Stellung einer Ersatzsicherheit nur inhaltlich modifiziert, im Übrigen aber unangetastet bleibt, kann der Sicherungsgeber den Austausch nur verlangen, wenn er eine äquivalente Ersatzsicherheit zur Verfügung stellt, die vorhandene Kreditrisiken in gleichem Maße abdeckt und bei der keinerlei Probleme bei der Verwaltung oder einer möglicherweise erforderlichen Verwertung zu befürchten sind.[295] Trotz des Tauschbegehrens bleibt er nämlich weiterhin aufgrund des Sicherungsvertrages zur Stellung einer Sicherheit verpflichtet.

Nicht nur die Ausgangssituation des Grundschuldtausches, sondern auch seine Durchführung muss gewährleisten, dass den Interessen beider Parteien hinreichend Rechnung getragen wird. Die Interessenabwägung, die zu Gunsten des Sicherungsgebers einen Anspruch auf Austausch der Grundschuld auf Grundlage des sicherungsvertraglichen Treuhandverhältnis zur Entstehung gelangen lässt, rechtfertigt es nicht, dass der Sicherungsnehmer stets sämtliche Eigeninteressen unterzuordnen hat, womit zwangsläufig aufgrund der mit dem Austausch verbundenen Kosten auf Seiten des Sicherungsnehmers, die Entstehung eines „wirtschaftlichen Machtgefälles“ verbunden wäre.[296]

Gerade dies ist aber nicht Sinn und Zweck des Tätigwerdens in fremdem Interesse.[297]

Mit dem Grundschuldtausch sind auf Seiten des Sicherungsnehmers erhebliche Kosten verbunden. So muss die neu zu erwerbende Immobilie zunächst einem Beleihungswertverfahren unterzogen werden. Für den Fall der Geeignetheit des Erwerbsobjekts fallen Notar- und Grundbuchkosten für die Löschung der alten Grundschuld am Veräußerungsobjekt und zugleich Kosten für die Neubestellung der Sicherungsgrundschuld am Erwerbsobjekt an.[298] Hierbei handelt es sich um Vermögenseinbußen, die dem Gläubiger im Rahmen eines fremdnützigen Vorgehens im Sinne des Sicherungsgebers entstehen, so dass von Aufwendungen

---

294 So auch: Staudinger/*Wolfsteiner*, Rn. 3; Müko/*Eickmann*, § 1136 Rn. 1; Erman/*Wenzel*, § 1136 Rn. 1; BGH NJW 1997, 2878.

295 Vgl.: BGH BB 2004, 1019, 1020.

296 Zum Begriff näher: Staudinger/*Martinek*, Vorbem. zu §§ 662 ff. Rn 30.

297 Zur Anschlussfrage, ob die Bank im Fall des Grundschuldtausches ein Entgelt verlangen kann näher: *Krüger/Bütter*, WM 2005, 673, 680.

298 Allgemein zu den Kosten für die Bestellung und Löschung einer Grundschuld: *Clemente,* Recht der Sicherungsgrundschuld, § 17 Kostenüberblick, S. 263 ff.

gesprochen werden kann.[299] Da der Gläubiger keine Nachteile erleiden darf, sind ihm diese Aufwendungen nach § 670 BGB zu ersetzen.[300] Um für diese Kosten nicht in Vorlage treten zu müssen und damit ein weiteres Risiko eingehen zu müssen, könnte hierfür nach § 669 BGB Vorschuss vom Kreditnehmer verlangt werden. Praktisch kann dieses Ergebnis auch dadurch herbeigeführt werden, dass die Verpflichtung des Sicherungsnehmers zur Einwilligung und Durchführung des Grundschuldtausches Zug-um-Zug gegen die Übernahme der dadurch entstehenden Kosten durchzuführen ist.[301] Durch diese Voraussetzungen kann gewährleistet werden, dass dem Gläubiger keine Nachteile aus dem Sicherheitentausch resultieren.

Schließlich muss diesem Umstand auch auf prozessualer Ebene Rechnung getragen werden. Wenn die Rechtsprechung einen Anspruch zu Gunsten des Sicherungsgebers auf Austausch der Grundschuld nur unter der Voraussetzung anerkennt, dass der Gläubigerbank dies „mangels eigener schutzwürdiger Belange zuzumuten ist,“[302] so trägt der Kreditnehmer die Darlegungs- und Beweislast, dass diesen Anforderungen im Einzelfall Genüge getan wurde.[303] Die Beweislastverteilung für den Fall einer streitigen Auseinandersetzung bietet dem Sicherungsnehmer auch auf prozessualer Ebene einen gewissen Schutz und gewährleistet die Berücksichtigung seiner Interessen.

dd) Ergebnis

Der Grundschuldtausch führt zu einer inhaltlichen Modifikation des Sicherungsvertrages. Ein Anspruch zu Gunsten des Sicherungsgebers auf Durchführung einer Substitution des Sicherungsobjekts ist dem Sicherungsvertrag im Wege der ergänzenden Vertragsauslegung unter umfassender Berücksichtigung der Parteiinteressen zu entnehmen. Stellt der Sicherungsgeber eine äquivalente Ersatzsicherheit zur Verfügung kann der Sicherungsnehmer die Durchführung des Austausches Zug-um-Zug gegen Kosten- bzw. Aufwendungsübernahme verlangen.

---

299 Zum Begriff der Aufwendungen: Palandt/*Sprau*, § 670 Rn. 3, unter Verweis auf BGHZ 8, 222, 229; auch *Hönn*, in jurisPK-BGB, § 670 Rn. 5.

300 In diesem Sinne auch Staudinger/*Martinek*, § 670 BGB Rn. 2.

301 So auch Müko/*Berger*, § 490 Rn. 45.

302 Vgl.: BGH BB 2004, 1019, 1020.

303 So auch die Folgerung von *Grönwoldt*, DB 2004, 979.

C. Die Interessenlage in der Kombinationsphase

I. Rückgang des Sicherungsinteresses – Aufrechterhaltung der Fremdnützigkeit

Die bisherige Untersuchung hat zu Tage gefördert, dass in der Grundschuldsicherungstreuhand die Parteiinteressen von Sicherungsgeber und Sicherungsnehmer gleichberechtigt nebeneinander stehen. Der Sicherungsvertrag als treuhänderisches Innenverhältnis übernimmt gerade in Konfliktfällen die Aufgabe, aufkommende diametrale Interessenlagen in Ausgleich zu bringen. Zugleich verpflichtet der Sicherungsvertrag den Sicherungsnehmer im Sinne des Sicherungsgebers interessenwahrend tätig zu werden, solange ihm dies mangels entgegenstehender Eigeninteressen zumutbar ist.[304]

In objektiver Hinsicht ließ sich feststellen, dass der Eintritt einer Übersicherungssituation zugleich eine Zweckrichtungsänderung hinsichtlich des übersicherten Grundschuldteiles eintreten lässt, die eine Teilwandlung der Sicherungstreuhand zur Verwaltungstreuhand mit sich bringt.[305] Ab diesem Zeitpunkt muss der Gläubiger stets damit rechnen, dass der Sicherungsgeber die teilweise Rückgewähr der nicht mehr benötigten, rangletzten Grundschuldteilbeträge verlangt, hinsichtlich derer sich der Sicherungszweck endgültig erledigt hat. Der Grundschuldgläubiger wird aufgrund dieser Zweckrichtungsänderung zum potentiellen „Rückgewährschuldner" des Sicherungsgebers, der die nicht mehr benötigte Sicherheit in Form der teilvalutierten Grundschuld „in treuen Händen" hält. Die Folge hieraus ist, dass der Sicherungsnehmer stets Sorge dafür zu tragen hat, dass er seiner Rückgewährverpflichtung als Verwaltungstreuhänder, bei Geltendmachung durch den Sicherungsgeber, nachkommen kann. Ansonsten droht eine Verpflichtung zum Schadensersatz wegen positiver Vertragsverletzung.[306]

---

304 So etwa Staudinger/*Wolfsteiner;* Vorbem. zu §§ 1191 ff. Rn. 29; *Reischl* in jurisPK-BGB § 1191 Rn. 44; *Kolbenschlag*, WM 1958, 1434; *Clemente*, Recht der Sicherungsgrundschuld, § 3 Rn. 225; BGH WM 1988, 210, 211.

305 Vgl.: Oben § 5 A. II 2) c).

306 Vgl.: *Gaberdiel*, Kreditsicherung durch Grundschulden, Rn. 776, mit dem Hinweis, dass stets die Verpflichtung des Gläubigers bestünde die Grundschuld in der Weise zurück zu übertragen, wie sie ursprünglich bestellt wurde. Ähnlich auch BGH NJW 1969, 1426, indem eine Verpflichtung zum Schadensersatz nach Abtretung der Grundschuld angenommen wurde und der Rückgewähranspruch durch den Neugläubiger durch Teilfreigabe in seiner Werthaltigkeit beeinträchtigt wurde. Eine schadensersatzverpflichtende Rückgewähr kommt schließlich auch in Betracht, wenn die

Da in der Bankpraxis eine Teilfreigabe regelmäßig nicht erfolgt,[307] Zins-und Tilgungsleitungen auf die ausgereichten Darlehen aber weiter erbracht werden, wächst der übersicherte Teil immer weiter an, während im Gegenzug das aus den eingegangenen Geschäften resultierende Kreditrisiko immer weiter abnimmt. Zugleich ist mit der möglicherweise erfolgenden Geltendmachung der teilweisen Rückgewähr der Grundschuld ein potentielles Haftungsrisiko verbunden, dass entsprechend der Übersicherung immer weiter anwächst, sofern zwischenzeitlich keine Teilrückgewähr erfolgt.

Aus dem Rückgang des Kreditrisikos resultiert wiederum eine entsprechende Minderung des Sicherungsbedürfnisses auf Seiten des Gläubigers. Einerseits nimmt das „genuine" Eigeninteresse des Sicherungsnehmers am Abschluss und der Aufrechterhaltung des Sicherungsgeschäfts stetig ab, wohingegen andererseits das Interesse des Sicherungsgebers an der Rückgewähr seiner Sicherheit ohne Wertminderung und in von ihm gewählter Art und Weise, zunehmend an Bedeutung gewinnt.

Dem Sicherungsnehmer wird es in erster Linie darum gehen, seine treuhänderischen Tätigkeiten im Sinne des Sicherungsgebers aufgrund des stetig zurückgehenden Eigeninteresses auf ein Minimum zu beschränken und so zu agieren, dass keinerlei Haftungsrisiken zu befürchten sind, im Übrigen aber die Werthaltigkeit der Sicherheit entsprechend den bestehenden Kreditrisiken aufrecht erhalten bleibt. Demgegenüber wird der Sicherungsgeber im Verhältnis zum sicherungsnehmenden Gläubiger in gewohnter Weise die fremdnützige Interessenwahrung einfordern, die für ihn angesichts der teilweise verwaltungstreuhänderischen Situation immer weiter in den Mittelpunkt des Interesses rückt. Damit ist auch die Kombinationsphase nicht selten durch Interessenkonflikte gekennzeichnet, deren Lösung dem Sicherungsvertrag als treuhänderischem Innenverhältnis zukommt, mit dem Ziel, die Interessen der Parteien in einen gerechten Ausgleich zu bringen.

II. Verdeutlichung des Interessenausgleich in Refinanzierungsfällen

1) Ausgangssituation und Problemstellung

Banken und Kreditinstitute sind nicht selten darauf angewiesen, bestehende Kreditarrangements und die dafür bestehenden grundpfandrechtlichen Sicherungen

---

Grundschuld in falscher Weise, entgegen dem Weisungsrechts des Sicherungsgebers, ausgeübt wird. Vgl.: BGH NJW 1989, 2536.

307 So auch *v. Crailsheim/Rohleder,* in Ahnert/Engel/Rohleder, Handbuch Firmenkreditgeschäft, S. 725.

zu veräußern. Diese Vorgehensweise dient einerseits dazu kurzfristige Liquidität zu erlangen und andererseits das Risikoprofil des gesamten bankeneigenen Kreditportfolios zu sanieren.[308] Weniger attraktive Kreditvergaben sind zumeist mit höheren Ausfallrisiken verbunden, so dass zur Erfüllung der bankenaufsichtsrechtlichen Vorgaben vermehrt Eigenkapital zur Abfederung von Kreditrisiken vorgehalten werden muss.[309] Durch den Verkauf dieser Kredite werden Eigenmittel freigesetzt und bilanzielle Risiken reduziert.[310] Der großangelegte Verkauf von besicherten Kreditverträgen ist gerade in jüngerer Zeit eine bedeutende Refinanzierungsquelle gewesen.[311]

Ein derartiges Vorgehen mussten die sicherungsgebenden Darlehensnehmer billigen, denn dem Sicherungsvertrag ist ohne gesonderte Vereinbarung eines Abtretungsverbots nur zu entnehmen, dass die Übertragung der Forderung nur zusammen mit der Grundschuld erfolgen darf, um den Schuldner nicht der Gefahr der doppelten Inanspruchnahme auszusetzen und die treuhänderische Zweckbindung des Sicherungsvertrages aufrecht zu erhalten.[312] Gleichwohl handelt es sich hierbei nur um eine schuldrechtliche Verpflichtung des Sicherungsnehmers, so dass der Sicherungsnehmer die Grundschuld, entgegen den Regelungen des Sicherungsvertrages, wirksam an einen Dritten übertragen konnte.[313] Hieraus

---

308 So auch BGH BB 2010, 1495, 1497.

309 In diesem Sinne auch *Langenbucher*, NJW 2008, 3169, die darauf hinweist, dass der Verkauf ordnungsgemäß bedienter Kreditverträge nicht zu Sanierungszwecken dient, sondern weil eine Bank ihre Geschäftspolitik geändert hat und in Zukunft weniger im Kreditgeschäft aktiv sein möchte.

310 So auch *Horat*, Die besicherte Refinanzierung des Hypothekargeschäfts, 2.4.6.1, S. 20, der den Verkauf dieser Kredite als „Radikallösung" bezeichnet. *Nobbe*, ZIP 2008, 97, 98 weist darauf hin, dass kleinere Institute zudem nicht in der Lage seien Sicherheiten im Falle notleidender Kredite aufgrund des damit verbundenen Aufwands selbst zu verwerten.

311 So auch *Bachner*, DNotZ 2008, 644. Vgl. hierzu auch die Ausführungen des Finanzausschusses des DT.-Bundestages zu BT-Drucks. 16/9821, wonach Kreditforderungen im Umfang von 10–12 Mrd. Euro unmittelbar vor den Beratungen zum Risikobegrenzungsgesetz feststellbar gewesen seien.

312 Vgl.: BGH NJW-RR 1987, 139, 140; in diesem Sinne auch *Reischl*, in jurisPK-BGB § 1191 Rn. 140. Ähnlich auch *Epp*, in Schimansky/Bunte/Lwowski, Bankrechtshandbuch § 94 Rn. 380 für den praktisch wichtigen Fall der freihändigen Veräußerung.

313 So BGH WM 1991, 86; auch *Bülow*, Recht der Kreditsicherheiten, Rn. 302. Ein derartiges Vorgehen hätte nur ausgeschlossen werden können, wenn der Ausschluss der Grundschuldabtretung im Grundbuch eingetragen worden wäre. Vgl.: *Wilhelm*, Sachenrecht, Rn. 1647.

ergab sich die Gefahr, dass die treuhänderische Zweckbindung der Grundschuld gegenüber dem Neuerwerber verloren geht. Um den Sicherungsgeber in diesen Fällen nicht schutzlos zu stellen, konnte er sich auf §§ 1192 I, 1157 BGB berufen und dem Erwerber sämtliche eigentümerbezogene Einreden, als auch solche, die aus dem Sicherungsvertrag gegen die Inanspruchnahme aus der Sicherungsgrundschuld resultierten, entgegenhalten.[314] Dieses vermeintlich hohe Schutzniveau war jedoch zu relativieren. Zum einen erstreckte sich die Verteidigungsmöglichkeit des Sicherungsgebers lediglich auf solche Einreden, deren Tatbestand zum Zeitpunkt der Zession bereits verwirklicht war.[315] Zum anderen bestand nach §§ 1192, 892 BGB iVm. § 1157 S. 2 BGB die Möglichkeit, dass der Zessionar die Sicherungsgrundschuld unter relativ geringen Anforderungen gutgläubig frei von Einreden erwarb.[316] Der Sicherungsgeber war dann der Inanspruchnahme aus der Grundschuld schutzlos ausgeliefert.

Nachdem in den Jahren 2007, 2008, die Banken vermehrt dazu übergegangen waren Kreditverkäufe an Finanzinvestoren durchzuführen, was durch die Medien nicht selten übertrieben und verzerrt dargestellt wurde,[317] sah sich der Gesetzgeber unter Handlungsdruck das Schutzniveau der sicherungsgebenden Eigentümer zu verbessern.[318] Mit der Einführung des § 1192 Ia S. 1 BGB im Rahmen des Risikobegrenzungsgesetzes stellte der Gesetzgeber klar, dass die dem Eigentümer aufgrund des Sicherungsvertrages zustehenden Einreden auch gegenüber einem neuen Gläubiger geltend gemacht werden können und § 1157 S. 2 BGB insoweit keine Anwendung findet. Die Regelung führt dazu, dass nunmehr ein gutgläubiger einredefreier Erwerb der Sicherungsgrundschuld ausgeschlossen ist.[319]

---

314 Palandt/*Bassenge,* § 1191 Rn. 24; *Reischl,* in jurisPK-BGB § 1191 Rn. 135; *BGH* NJW 1989, 2536.

315 So insbesondere die Auffassung der Rechtsprechung: BGH WM 1986, 1386; BGHZ 85, 388, 390 ff.; hiergegen vor allem *Bülow*, ZJS 2009, 1, 4, der es als ausreichend ansieht, dass die Entstehung der Einrede zum Zessionszeitpunkt bereits „angelegt“ war.

316 Zu den Einzelheiten und den umstrittenen Voraussetzungen eines gutgläubigen Erwerbs einer Sicherungsgrundschuld vgl.: *Meyer*, WM 2010, 58, 59; auch *Fridgen*, WM 2008, 1862, 1866, 1867.

317 So der Befund von *Schalast*, BB 2008, 2190.

318 Vgl.: Gesetzesentwurf des Bundesrates v. 25.04.2008, BT-Drucks. 16/9447, S. 1, 7. Auf diesem Entwurf beruht im Wesentlichen das Gesetz zur Begrenzung der mit Finanzinvestitionen verbundenen Risiken (Risikobegrenzungsgesetz) v. 12.08.2008 (BGBL. I S. 1666).

319 Nach *Sokolowski*, ZAP 2011, 405, 412, handelt es sich bei dieser Änderung um die wichtigste Regelung des Risikobegrenzungsgesetzes. Sie wird überwiegend kritisch gesehen. Vgl.: *Sokolowski*, JR 2009, 309, 314; *Meyer*, WM 2010, 58, 65.

Die Neuregelung des § 1192 Ia BGB findet nach Art. 229 § 18 II EGBGB nur Anwendung, wenn die Sicherungsgrundschuld vom Zessionar nach dem 19.08.2008 erworben wurde. In den sogenannten „Altfällen", die vor dem Geltungsstichtag übertragen wurden, blieb es bei der vorskizzierten Rechtslage, so dass dem sicherungsgebenden Eigentümer bei der Veräußerung des Kreditarrangements der Verlust der sicherungsvertraglichen Zweckbindung drohte. Hinzu kam, dass sich die Sicherungsgeber zum Zeitpunkt der Grundschuldbestellung im Rahmen der notariellen Urkunde, wie auch heute noch üblich, der sofortigen Zwangsvollstreckung in dinglicher Hinsicht unterworfen hatten, was entsprechend im Grundbuch vermerkt wurde.[320] Zur vollstreckbaren Ausgestaltung der Sicherungsgrundschuld trat die Vereinbarung eines Nachweisverzichts, so dass der Gläubiger vom beurkundeten Notar die zur Vollstreckung nach § 725 ZPO erforderliche Vollstreckungsklausel auf Antrag erteilt bekam, ohne dass es des Nachweises der Vollstreckungsvoraussetzungen bedurfte.[321] Im Falle des Forderungsverkaufs musste die notarielle Urkunde nur noch gläubigerseits auf den Erwerber als Rechtsnachfolger nach § 795 S. 1 ZPO iVm. § 727 I ZPO umgeschrieben werden, bevor dieser nach Zustellung des Titel an den sicherungsgebenden Eigentümer, unmittelbar aus der Grundschuld vorgehen konnte.

Vor dem Hintergrund der bestehender Gefahren für die Eigentümer in den Fällen des Forderungsverkaufs, als auch im Zusammenhang mit den Neuregelungen durch das Risikobegrenzungsgesetz, sah sich insbesondere die Rechtsprechung veranlasst auch in den sogenannten „Altfällen", einen Schutzmechanismus zu Gunsten der sicherungsgebenden Eigentümer zu entwickeln. Erreicht werden sollte, dass die sicherungsvertragliche Zweckbindung in den Fällen der Rechtsnachfolge auf Gläubigerseite zu Gunsten des Sicherungsgebers, insbesondere im Hinblick auf die sofortige Vollstreckbarkeit des dinglichen Anspruchs aufrechterhalten bleibt.

Die gesamte Problematik dreht sich im Kern um die Fragestellung, in welcher Weise der Gläubiger Sorge dafür zu tragen hat, dass der Zessionar den sicherungsvertraglichen Regelungen hinsichtlich der Grundschuld unterworfen wird und ob eine Mitwirkung des Sicherungsgebers als Vertragspartei des Sicherungsvertrages erforderlich ist.

---

320 Die Grundschuld wurde vollumfänglich vollstreckbar ausgestaltet. Hierzu bereits oben § 4 B II 1) d).

321 Vgl.: Bereits oben § 4 B II 1) d); auch *Schmid/Voss*, DNotZ 2008, 740, 748; *Volmer*, MittBayNot 2009, 1, 6.

2) Entwicklung der Rechtsprechung

a) Die Grundlagenentscheidung I – BGH Versäumnisurteil vom 30.03.2010; XI ZR 200/09 –

Der XI. Zivilsenat des BGH hatte über die Konstellation eines Kreditverkaufs zu entscheiden, im Rahmen dessen auch eine „Altgrundschuld" den Inhaber wechselte.[322]

Die Klägerin bestellte an einem ihr gehörenden Grundstück eine Briefgrundschuld in Höhe von 1,8 Mio DM nebst 16 % Zinsen und einer einmaligen Nebenleistung von 5 % des Grundschuldkapitalbetrages zu Gunsten einer Volksbank. Anlass der Grundschuldbestellung war die Einräumung eines Kontokorrentkredits. Im Sicherungsvertrag wurde vereinbart, dass die Grundschuld zur Sicherung sämtlicher Ansprüche der Volksbank aus der laufenden Geschäftsbeziehung dienen solle. In der notariellen Bestellungsurkunde wurde das Grundschuldkapital sofort fällig gestellt. Zugleich unterwarf sich die Klägerin hinsichtlich sämtlicher dinglicher Ansprüche, der Zwangsvollstreckung in ihr belastetes Grundeigentum. Im Laufe der Zeit nahm die Klägerin weitere Darlehen bei der Volksbank auf. Die Parteien schlossen im Jahr 2000 eine Vergleichsvereinbarung zur Rückführung der Darlehensverbindlichkeiten, die sich zum damaligen Zeitpunkt auf 1.973.998,36 DM beliefen. Die Klägerin kam der vereinbarten Rückzahlungsverpflichtung nicht vollumfänglich nach, so dass die Volksbank im Jahre 2002 die Darlehen, die aufgrund zwischenzeitlich erbrachter Zins- und Tilgungsleistungen auf 581.573,04 DM zurückgeführt worden waren, kündigte und zur sofortigen Rückzahlung fällig stellte.

Im Jahre 2004 veräußerte die Volksbank sämtliche Forderungen gegen die Klägerin an die B. GbR und trat ihr diese zusammen mit der Sicherungsgrundschuld ab. Ein Jahr später veräußerte die B. GbR die Forderungen weiter und trat sie nebst Sicherungsgrundschuld an Frau W. ab. Diese trat die Forderungen und die Grundschuld im Jahre 2007 an die Beklagte ab. Ein entsprechender Rechtsübergang wurde hinsichtlich der Grundschuld im Grundbuch vermerkt. Nach Umschreibung der Vollstreckungsklausel im Jahre 2008 leitete die Beklagte Vollstreckungsmaßnahmen ein.

Die Klägerin erhob Vollstreckungsgegenklage mit dem Ziel die Zwangsvollstreckung aus der Grundschuldbestellungsurkunde für unzulässig erklären zu lassen. Ihr Begehr stütze die Klägerin im Wesentlichen darauf, dass die formularmäßige

322 Vgl.: BGHZ 185, 133–151=ZIP 2010, 1072–1078=WM 2010, 1022–1028; NJW 2010, 2041–2046=BB 2010, 1495–1500=ZfIR 2010, 454–462=DNotZ 2010, 542–549.

Zwangsvollstreckungsunterwerfung in Kombination mit der freien Abtretbarkeit der Forderung sie nach § 307 I S. 1 BGB unangemessen benachteilige und im Übrigen die offenen Forderungen teilweise zurückgeführt worden seien, zudem Grundschuldzinsen vor 2005 mittlerweile der Verjährung unterfielen.[323] Gegen dieses Vorbringen verteidigte sich die Beklagte unter anderem mit der Begründung, dass sie in den Sicherungsvertrag zwischen der Volksbank und der Klägerin nicht eingetreten sei und somit die erhobenen Einwände im Verhältnis zu ihr keine Geltung beanspruchten.

Der BGH gab der Klägerin nur teilweilweise hinsichtlich der verjährten Grundschuldzinsen statt, wies die Klage im Übrigen aber ab.

Zunächst konnte der BGH keine unangemessene Benachteiligung der Klägerin nach § 307 I S. 1 BGB feststellen.[324] Die formularmäßige Zwangsvollstreckungsunterwerfung in Kombination mit der freien Abtretbarkeit der gesicherten Forderungen sei durch das Interesse der kreditgebenden Bank, Vorsorge für den Fall des Vermögensverfalls des Schuldners zu treffen, gerechtfertigt.[325] Der Sicherungsgeber sei gegen ein unberechtigtes Vorgehen aus der sofortigen Zwangsvollstreckungsunterwerfung durch vollstreckungsrechtliche Rechtsbehelfe und einer Schadensersatzpflicht des unrechtmäßig vorgehenden Gläubigers ausreichend geschützt.[326] Allerdings sei die Vollstreckungsunterwerfung vom Sicherungscharakter der Grundschuld abhängig. Der Sicherungsvertrag begründe ein Treuhandverhältnis zwischen den Beteiligten, auf Grund dessen der Gläubiger als Treuhänder des Sicherungsgebers in Verkaufsfällen verpflichtet sei, die Beschränkungen des Sicherungsvertrages an den Erwerber der Grundschuld

---

323 Die Klägerin machte die Unwirksamkeit des Vollstreckungstitels geltend und erhob zugleich Einwendungen gegen den titulierten materiell rechtlichen Anspruch. Die materiellen Einwände unterfallen dabei dem Anwendungsbereich der Vollstreckungsgegenklage nach § 767 ZPO. Die Unwirksamkeit des Titels kann nach der Rechtsprechung im Wege einer prozessualen Gestaltungsklage analog § 767 ZPO geltend gemacht werden. Vgl.: BGHZ 124, 164, 170 f.; auch BGH BB 2010, 1495, 1496. Die Klägerin konnte beide Begehren im Wege der objektiven Klagehäufung miteinander verbinden. Vgl.: BGHZ 118, 229, 236.

324 Hierfür hatten sich im Zusammenhang mit den Kreditverkäufen insbesondere *Schimansky*, WM 2008, 1049, 1050 f. und ihm folgend das LG Hamburg, WM 2008, 1450, 1451 ausgesprochen.

325 BGH BB 2010, 1495, 1496.

326 BGH BB 2010, 1495, 1496 unter Berufung auf BGHZ 99, 274, 284 hinsichtlich der Schadensersatzverpflichtung bei unrechtmäßiger Ausnutzung eines Vollstreckungstitels.

weiterzugeben, damit die fiduziarische Zweckbindung nicht durch gutgläubigen Erwerb des Zessionars verloren gehe.[327]

Die Zwangsvollstreckungsunterwerfung sei im Wege der „kundenfreundlichsten“ Auslegung unter Berücksichtigung der maßgeblich objektivierten Interessenlage deshalb dahingehend zu verstehen, dass nur Ansprüche aus einer treuhänderisch gebundenen Sicherungsgrundschuld tituliert seien.[328] Für den Fall der Rechtsnachfolge müsse der Zessionar daher den Nachweis des „Eintritts“ in den ursprünglichen Sicherungsvertrag erbringen. Die Prüfung habe durch den Notar im Klauselerteilungsverfahren nach § 795 S. 1 ZPO iVm. § 727 ZPO zu erfolgen.[329]

Obwohl der Nachweis im konkreten Fall nicht erbracht worden war und der BGH im Grunde ganz im Sinne der Klägerin entschieden hatte, war der Klage nicht der gewünschte Erfolg beschienen, da der falsche Rechtsbehelf gewählt worden war. Die Klägerin hätte im Wege der Klauselgegenklage nach §§ 732, 768 ZPO gegen die, der Beklagten erteilten Vollstreckungsklausel, vorgehen müssen.[330]

Die vorliegende Entscheidung verdeutlicht, dass der BGH den Gläubiger einer sofort vollstreckbaren Sicherungsgrundschuld aufgrund des treuhänderischen Sicherungsvertrages für verpflichtet erachtet, einen „Eintritt“ des Zessionars zum Schutz des Sicherungsgebers zu gewährleisten. Offen bleibt allerdings, was in materieller Hinsicht unter einem „Vertragseintritt“ zu verstehen sein soll und ob eine Mitwirkung des Sicherungsgebers hierzu erforderlich ist.

Der BGH etabliert mit dem vorgenannten Urteil einen Schutzmechanismus für „Altgrundschulden“ auf Ebene des Vollstreckungsrechts, so dass die Rechtsnachfolge in den Sicherungsvertrag zu einer Art Vollstreckungsbedingung ausgestaltet wird. Der Notar hat in den Fällen der Rechtsnachfolge zu prüfen, ob der Eintritt in den Sicherungsvertrag im Wege öffentlicher oder öffentlich beglaubigter Urkunden nach § 727 ZPO nachgewiesen ist, bevor eine Klauselerteilung stattfinden darf.

b) Die Kehrtwende? – BGH Beschluss vom 29.06.2011; VII ZB 89/10 –

Nachdem der XI. Zivilsenat des BGH für Altgrundschulden die Prüfung des Eintritts der Rechtsnachfolge des Zessionars in den Sicherungsvertrag im

---

327 BGH BB 2010, 1495, 1498. So schon BGH WM 1997, 13, 16.

328 BGH BB 2010, 1495, 1498.

329 BGH BB 2010, 1495, 1498, 1499.

330 BGH BB 2010, 1495, 1499. So auch schon: OLG Frankfurt, OLGR 2008, 612, 613.

Klauselerteilungsverfahren etabliert hatte, musste sich der für Beschwerdeentscheidungen und andere Beschlüsse, die im Zusammenhang mit den Voraussetzungen der Zwangsvollstreckung stehen, zuständige VII. Zivilsenat, mit einer ähnlichen Fallkonstellation auseinandersetzen.[331] Im konkreten Fall begehrte die Antragstellerin die Erteilung einer Vollstreckungsklausel als Rechtsnachfolgerin der ursprünglichen Grundschuldgläubigerin.

Im Februar des Jahres 2000 erwarben die Schuldner ein Hausgrundstück. Mit der antragstellenden Bank schlossen sie kurz darauf einen Kreditvertrag über 220.000 DM und verpflichteten sich zur Absicherung eine erstrangige, sofort vollstreckbare Grundschuld am erworbenen Hausgrundstück in entsprechenden Höhe des Darlehensbetrages zur Verfügung zu stellen. Im April 2000 bestellten die Schuldner eine erstrangige Briefgrundschuld in Höhe von 454.000 DM nebst Zinsen zu Gunsten der R.-Bank. In der Bestellungsurkunde unterwarfen sich die schuldenden Eigentümer der sofortigen Zwangsvollstreckung in das Grundstück. Zugleich wurde die persönliche Haftung in Höhe des Grundschuldbetrages nebst Zinsen übernommen und auch in dieser Hinsicht eine persönliche Zwangsvollstreckungsunterwerfung vereinbart. Die Parteien schlossen zudem einen Sicherungsvertrag ab. Im August 2000 trat die R.-Bank einen erstrangigen Teilbetrag der Briefgrundschuld in Höhe von 220.000 DM an die Antragstellerin ab. Der Rechtsübergang wurde im März 2010 in das Grundbuch eingetragen.

Die Antragstellerin beantragte beim zuständigen Notar die Teilausfertigung der Grundschuldbestellungsurkunde hinsichtlich eines Betrages von 112.484,12 EUR zu ihren Gunsten sowie die Vollstreckungsklausel auf sie als Rechtsnachfolgerin der R.-Bank umzuschreiben. Hierzu legte sie einen Grundbuchauszug, eine vollstreckbare Ausfertigung der Grundschuldbestellungsurkunde, eine öffentlich beglaubigte Grundschuldabtretungsurkunde und eine einfache Kopie des Kreditvertrages vor, den sie mit den Schuldnern im Februar 2000 abgeschlossen hatte.

Der Notar hatte den Antrag unter Berufung auf das Urteil des BGH vom 30.03.2010 zurückgewiesen, da die Rechtnachfolge in den Sicherungsvertrag nicht in der Form des § 727 ZPO nachgewiesen worden sei. Das Beschwerdegericht war der Auffassung des Notars gefolgt, so dass der BGH über die Rechtsbeschwerde der Antragstellerin zu entscheiden hatte.

Der BGH entschied im Sinne der Antragstellerin und wies den Notar an, die Vollstreckungsklausel in dinglicher und persönlicher Hinsicht der Antragstellerin als Rechtsnachfolgerin zu erteilen.

---

331 BGH ZIP 2011, 1438–1442=WM 2011; 1460–1465=BB 2011, 2255–2259=NJW 2011, 2803–2807=ZfIR 2011, 720–725=DNotZ 2011, 751–758.

Zur Begründung berief sich der BGH nunmehr darauf, dass entgegen der Auffassung des XI. Zivilsenats, eine Prüfung des Eintritts des Zessionars in den Sicherungsvertrag im Klauselerteilungsverfahren nicht stattzufinden habe.[332] Bei der Rechtsnachfolge im Sinne des § 727 ZPO sei lediglich zu prüfen, ob der Zessionar den im Titel vermerkten Anspruch zu eigenem Recht erworben habe. Dies sei der Fall, wenn der materiell-rechtliche Übertragungstatbestand erfüllt sei und die Grundschuld, wie auch die persönliche Haftungsübernahme an den Neugläubiger abgetreten worden sei. Auf diesem Weg ginge dann auch die Möglichkeit zur Vollstreckung kraft gesetzlicher Anordnung auf den Neugläubiger über.[333] Im streng formalisierten Klauselerteilungsverfahren könnten nur solche Vollstreckungsbedingungen nach § 726 ZPO Berücksichtigung finden, die im Wortlaut der Urkunde angelegt seien.[334] Folglich könne der vom XI. Zivilsenat vorgenommenen Auslegung der Unterwerfungsklausel, die sich lediglich auf Ansprüche aus einer treuhänderisch gebundenen Sicherungsgrundschuld erstrecken soll, nur dann gefolgt werden, wenn der Eintritt des Zessionars als Vollstreckungsbedingung im Wortlaut der Urkunde enthalten sei.[335] Da jedoch die entsprechenden Urkunden keine derartige Formulierung enthielten, sei vom Notar der Eintritt des Zessionars in den Sicherungsvertrag nicht zu prüfen, die Vollstreckungsklausel vielmehr zu erteilen, wenn der materielle Rechtsübergang nachgewiesen sei.[336]

Der BGH betonte jedoch, dass der Schuldner hierdurch nicht schutzlos gestellt würde, da ihm als Ausgleich für die Formalisierung des Klauselerteilungsverfahrens Rechtsbehelfe zustünden. Er könne im Wege der Klauselgegenklage nach den §§ 732, 768 ZPO ohne Beweismittelbeschränkung gegen den Zessionar vorgehen und Einwendungen aus dem materiellen Recht erheben.[337]

In verfahrensrechtlicher Hinsicht erteilte der VII. Zivilsenat der vom XI. Zivilsenat vorgeschlagenen Lösung, den Eintritt des Zessionars im Klauselerteilungsverfahren einer Prüfung zu unterziehen, eine klare Absage. In diesem Sinne entschied der VII. Zivilsenat des BGH auch in mehreren Parallelentscheidungen.[338] Da der BGH die Auslegung der Vollstreckungsunterwerfungsklausel im Übrigen

332 BGH BB 2011, 2255, 2256.

333 BGH BB 2011, 2255, 2256; hierfür hatten sich auch auch *Stürner*, JZ 2010, 774, 776 und *Kessler*, WM 2011, 486, 487 ausgesprochen.

334 BGH BB 2011, 2255, 2257.

335 BGH BB 2011, 2255, 2258.

336 BGH BB 2011, 2255, 2258, 2259.

337 BGH BB 2010, 2255, 2258.

338 BGH Beschluss vom 28.07.2011; VII ZB 81/10=DNotZ 2011, 53; BGH Beschluss vom 27.10.2011; VII ZB 100/10=ZfIR 2011, 898; BGH Beschluss vom 28.10.2011;

aber unangetastet ließ, wird die Frage des Eintritts des Zessionars in den Sicherungsvertrag zur Aufrechterhaltung der treuhänderischen Zweckbindung, zurück in das materielle Recht verlagert. Dies zeigt auch der Umstand, dass der BGH den Schuldner auf die §§ 732, 768 ZPO verweist, wenn er gegen die Klauselerteilung vorgehen will. Die vorgenannte Entscheidung ist daher bei wertender Betrachtung lediglich in verfahrensrechtlicher Hinsicht als „Kehrtwende" zu bezeichnen.

In materieller Hinsicht bleibt es trotz des vorgenannten Urteils dabei, dass der Neugläubiger den sicherungsvertraglichen Bindungen unterworfen werden muss.[339] Offen bleibt, in welcher Weise dies erfolgen kann und insbesondere, ob eine Mitwirkung des Sicherungsgebers erforderlich ist.

c) Aufkommende Unklarheiten in der unterinstanzlichen Rechtsprechung

Der VII. Zivilsenat des BGH hatte die materiell-rechtliche Auslegung der Vollstreckungsunterwerfungsklausel, wie sie durch den XI. Zivilsenat des BGH vorgenommen worden war, nicht beeinträchtigt. Zudem hatte er die Möglichkeit einer Vollstreckungsgegenklage zu Gunsten des Sicherungsgebers nach den §§ 732, 768 ZPO aufgezeigt. Vor diesem Hintergrund ist es verständlich, dass in den Jahren 2010 und 2011 vermehrt Klagen anhängig gemacht wurden, in denen sich die Sicherungsgeber gegen eine erteilte Vollstreckungsklausel zu Gunsten eines Zessionars zur Wehr setzten, mit dem Ziel, die Zwangsvollstreckung aus der Grundschuldbestellungsurkunde für unzulässig erklären zu lassen.[340] Die sicherungsgebenden Darlehensnehmer stützen ihre Klagen im Wesentlichen darauf, dass die materielle Rechtsnachfolge in den Sicherungsvertrag nicht ordnungsgemäß erfolgt sei. Die Gerichte mussten sich daher mit Folgefrage des BGH Urteils vom 30.03.2010 auseinandersetzen und beleuchten, auf welche Weise ein „Eintritt" des Zessionars in den ursprünglich abgeschlossenen Sicherungsvertrag erfolgen könne und ob es einer Mitwirkung des Sicherungsgebers bedürfe. Innerhalb kurzer Zeit hatten sich in der unterinstanzlichen Rechtsprechung zwei Meinungsblöcke gebildet, die genau gegensätzliche Auffassungen vertraten.

Einerseits wurde vorgebracht, der BGH habe mit dem „Eintritt" in den Sicherungsvertrag einen Begriff aufgreifen wollen, der als Vertragsübernahme

---

VII ZB 20/11 und BGH Beschluss vom 27.10.2011; VII ZB 88/10=DNotZ 2012, 287–288.

339 Vgl.: BGH BB 1495, 1498, unter Berufung auf BGH WM 1997, 13, 16.

340 So etwa: LG Kiel, Beschlüsse vom 24.11.2010, 3 T 150 und 151/10 (beide bislang nicht veröffentlicht) und OLG Frankfurt, Urteil vom 16.12.2010; 3 U 11/10=ZfIR 2011, 578–580=BKR 2011, 330–332.

zu interpretieren sei. Hierzu sei die Mitwirkung des Sicherungsgebers unerlässlich, um ihm keinen Vertragspartner aufzuzwingen.[341] Ein „Eintritt" in den Sicherungsvertrag sei jedenfalls dann nicht anzunehmen, wenn der Sicherungsgeber von seinem Zurückweisungsrecht in entsprechender Anwendung des § 333 BGB Gebrauch gemacht habe.[342]

Andererseits ging man davon aus, dass auch ein Vertrag zu Gunsten Dritter im Sinne der §§ 328 ff. BGB, abgeschlossen zwischen dem ursprünglichen Sicherungsnehmer und dem Zessionar als Rechtsnachfolger, den höchstrichterlichen Anforderungen genügen könne.[343] Eine Mitwirkung oder Einwilligung des Klägers sei nicht erforderlich, da den Sicherungsgebern ansonsten die Möglichkeit eröffnet wäre, die Abtretbarkeit von Darlehensforderungen und der dafür bestellten Sicherheiten zu verhindern, was erkennbar den Interessen der Banken an einer effektiven Refinanzierungsmöglichkeit zuwiderliefe.[344]

d) Die Grundlagenentscheidung II – BGH Urteil vom 11.05.2012; V ZR 237/11

Angesichts der aufgekommenen Streitigkeiten war es lediglich eine Frage der Zeit, bis der BGH Klarheit schaffen und den von ihm geforderten Voraussetzungen klare Konturen verschaffen würde. Im Jahre 2012 ergab sich eine derartige Gelegenheit, im Rahmen derer der BGH erneut über einen großangelegten Kreditverkauf zu entscheiden hatte.[345]

Die ursprüngliche Grundschuldgläubigerin fusionierte im Jahr 2001 mit einer anderen Gesellschaft zu der H. Bank AG. Zur Sanierung ihres Kreditportfolios gliederte sie Kredite im Umfang von 3,6 Mrd. EUR an die I.-GmbH aus. Diese Gesellschaft veräußerte die Kreditforderungen an die Beklagte und trat ihr die Forderungen, sowie die bestehenden Grundschulden, die vollstreckbar ausgestaltet waren, ab. Die Rechtsänderungen wurden im Grundbuch entsprechend eingetragen. Am 23. und 27. Juli 2010 schlossen die I.-GmbH und die Beklagte

341 Vgl.: LG Kiel, Beschlüsse vom 24.11.2010, 3 T 150 und 151/10 (beide bislang nicht veröffentlicht).

342 So LG Kiel, Beschlüsse vom 24.11.2010, 3 T 150 und 151/10.

343 OLG Frankfurt, ZfIR 578, 580.

344 OLG Frankfurt, ZfIR 578, 580 unter Bezugnahme auf BGH NJW 2007, 2106 und OLG Köln WM 2005, 2385, die sich beide gegen die Annahme eines stillschweigenden Abtretungsverbots aufgrund des Bankgeheimnisses oder des Bundesdatenschutzgesetzes (BDSG) zu Gunsten der Refinanzierungsmöglichkeit von Banken bei der Abtretung von Darlehensforderungen ausgesprochen hatten.

345 BGH NJW 2012, 1331.1333=WM 2012, 2354–2357=ZIP 2012, 1549–1552.

einen Vertrag ab, wonach die Beklagte sämtliche Verpflichtungen der ehemaligen Grundschuldgläubigerin aus den abgetretenen Darlehensverträgen sowie den abgeschlossenen Grundschuldsicherungsverträgen, übernahm. Im Anschluss wurde der Beklagte als Rechtsnachfolgerin vom zuständigen Notar die Vollstreckungsklausel zum Zwecke der Zwangsvollstreckung erteilt. Daraufhin leitete die Beklagte die Zwangsvollstreckung in mehrere Grundstücke der Kläger ein und ließ die Zwangsversteigerung betreiben.

Hiergegen wendeten sich die Kläger im Wege der Klauselgegenklage nach § 768 ZPO im Wesentlichen mit der Begründung, dass die vertragliche Vereinbarung zwischen der ursprünglichen Gläubigerin und der Beklagten im Hinblick auf die Übernahme der sicherungsvertraglichen Verpflichtungen nicht den Anforderungen des „Eintritts“ in den Sicherungsvertrag nach dem Urteil des BGH vom 30.03.2010 genüge.[346]

Der BGH wies die Klage als unbegründet zurück. Die zwischen der ursprünglichen Gläubigerin und der Beklagten getroffene Vereinbarung im Sinne eines Vertrags zu Gunsten Dritter erfülle die materiellen Anforderungen, die an einen „Eintritt“ in den Sicherungsvertrag zur Übernahme der sicherungsvertraglichen Verpflichtungen zu stellen seien.

Im Rahmen der Urteilsbegründung betonte der BGH zunächst, dass die Vollstreckung aus der Zwangsvollstreckungsunterwerfungsklausel einen Eintritt des Rechtsnachfolgers in den Sicherungsvertrag voraussetze. Dies ergebe sich im Wege der Auslegung der entsprechenden Klausel, wonach nur Ansprüche aus einer treuhänderisch gebundenen Sicherungsgrundschuld tituliert seien.[347]

Der XI. Zivilsenat habe durch den Terminus des „Eintritts“ in den Sicherungsvertrag lediglich „plakativ“ beschreiben wollen, dass es darauf ankäme, die Zessionarin den sicherungsvertraglichen Bindungen zu unterwerfen. Die Art und Weise des Vollzugs sei aus Sicht des Sicherungsgebers gleichgültig, wenn die treuhänderische Zweckbindung im Ergebnis aufrecht erhalten bliebe.[348] Hierzu müsse nicht zwingend eine Vertragsübernahme stattfinden, es genüge auch ein Schuldbeitritt oder eine vergleichbare Vereinbarung, jedenfalls aber ein Vertrag zu Gunsten Dritter zwischen der ursprünglichen Gläubigerin und der Zessionarin, wenn hierin

346 Die Kläger hatten dabei das Urteil des BGH v. 30.03.2010=BGHZ 185, 133, direkt in Bezug genommen. Vgl.: BGH NJW 2012, 2354, 2355.

347 BGH NJW 2012, 2355, in Anlehnung an BGHZ 185, 133, 141 f.

348 BGH NJW 2012, 2355.

ein Änderungsvorbehalt zu Gunsten der Zessionarin ohne Zustimmung des Sicherungsgebers nicht enthalten sei.[349]

Der Sicherungsgeber müsse an einer derartigen Vorgehensweise nicht beteiligt werden. Es genüge vielmehr, dass ihm die Rechtsnachfolgeklausel mit den entsprechenden Urkunden, aus denen sich der Eintritt in die sicherungsvertraglichen Verpflichtungen ergäbe, nach § 750 II ZPO zugestellt würde, so dass er Kenntnis vom Vorgang erhalte.[350] Der Sicherungsgeber werde auf diese Weise nicht benachteiligt, da der Sicherungsvertrag in seiner ursprünglichen Form unverändert bestehen bleibe, so dass der Sicherungsgeber nicht nur von der alten Gläubigerin, sondern auch von der Zessionarin, die Einhaltung der sicherungsvertraglichen Verpflichtungen verlangen könne.[351]

Die treuhänderische Bindung der Zessionarin durch eine entsprechende Vereinbarung mit der ursprünglichen Gläubigerin entfalle selbst dann nicht, wenn der Sicherungsgeber die erworbenen Rechte nach § 333 BGB zurückweise. Diese Zurückweisung sei im Sinne aller Beteiligten dahingehend auszulegen, dass die ursprüngliche Sicherungsnehmerin alleine die Einhaltung der sicherungsvertraglichen Verpflichtungen von der Zessionarin zu Gunsten des Sicherungsgebers verlangen könnne. Nur auf diesem Wege sei das Ziel aller Beteiligten, nicht nur die Grundschuld, sondern auch die Vollstreckungsunterwerfung auf die Zessionarin übergehen zu lassen, zu erreichen.[352]

Mit der vorgenannten Entscheidung etabliert der BGH endgültig das Erfordernis des „Eintritts" in den Sicherungsvertrag als materielle Vollstreckungsvoraussetzung der „Altsicherungsgrundschuld" mit dem Ziel, den Sicherungsgeber in Zessionsfällen keinem Einredeverlust auszusetzen. Zur Erreichung dieses Ziels werden bislang die Vertragsübernahme, sowie ein Vertrag zu Gunsten Dritter in Form des § 328 II 2. Fall BGB anerkannt.[353] Jedenfalls in der letztgenannten

349 BGH NJW 2012, 2355. Der BGH hatte die Möglichkeit eines „Eintritts" in den Sicherungsvertrag in Form des Schuldbeitritts ausdrücklich angedacht. Vgl.: BGHZ 185, 133, 141 f.

350 BGH NJW 2012, 2355, 2356.

351 BGH NJW 2012, 2355, 2356.

352 BGH NJW 2012, 2355, 2356 mit dem Hinweis, dass die ursprüngliche Gläubigerin im Übrigen zum Schadensersatz nach § 280 I BGB verpflichtet sei, wenn die Zessionarin die Grundschuld kündigt und aus ihr vollstreckt, obwohl die Verwertungsvoraussetzungen nach den sicherungsvertraglichen Vereinbarungen noch nicht eingetreten wären.

353 Der BGH wies ausdrücklich darauf hin, dass dem Eintrittserfordernis in den Sicherungsvertrag unproblematisch durch eine Vertragsübernahme Genüge getan

Gestaltungsvariante wird eine Mitwirkung des Sicherungsgebers nicht für erforderlich gehalten. Als Ausgleich billigt der BGH dem Sicherungsgeber ein Zurückweisungsrecht gegenüber dem Zessionar nach § 333 BGB zu, was allerdings nicht dazu führt, dass der Sicherungsgeber den Übergang der treuhänderisch gebundenen Grundschuld in dinglicher Hinsicht verhindern kann, sondern lediglich dazu, dass die Einhaltung des Sicherungsvertrages vom ursprünglichen Sicherungsnehmer anstelle des Sicherungsgebers verlangt werden kann. Der Zessionar bleibt trotz der Zurückweisung an den Sicherungsvertrag gebunden.

Offen bleibt allerdings, ob weitere Gestaltungsvarianten einen „Eintritt" in den Sicherungsvertrag erreichen können.[354] Der BGH vertritt in ständiger Rechtsprechung jedenfalls die Auffassung, dass Gestaltungen möglich sind, bei denen die Mitwirkung des Sicherungsgebers nicht erforderlich ist.

3) Reaktionen der Literatur

Insbesondere im Anschluss an die Entscheidung des BGH vom 30.03.2010, hat sich die Literatur umfassend mit der Fragestellung auseinandergesetzt, wie der „Eintritt" des Neugläubigers in den titulierten Anspruch erreicht werden kann. Hierzu sind verschiedene Möglichkeiten entwickelt worden. Streitig geblieben ist allerdings, ob die Einbindung des Neugläubigers zwingend eine Mitwirkung des Sicherungsgebers erforderlich macht.

a) Gestaltungsvarianten

Schon vor der Entscheidung des BGH vom 11.05.2012 hatte man sich dafür ausgesprochen, auch einen Schuldbeitritt als Eintrittsvariante ausreichen zu lassen, wenn dem Schuldbeitritt eine sogenannte „Catch all"-Klausel enthalten sei, womit der Neugläubiger sämtliche Verpflichtungen aus dem Sicherungsvertrag übernehme.[355] Daneben wurde es teilweise für möglich gehalten, dass der Neugläubiger ein

---

werden könne. Diese könne entweder in Form eines dreiseitigen Vertrages zwischen sämtlichen Beteiligten, oder in form einer zweiseitigen Vereinbarung zwischen ursprünglichem Gläubiger und Zessionar erfolgen, sofern der Sicherungsgeber seine Zustimmung erklärt. Vgl.: BGH NJW 2012, 2355.

354 Diese Fragestellung hatte der BGH ausdrücklich offen gelassen, indem er im Zusammenhang mit der Möglichkeit einer Vertragsübernahme und des Schuldbeitritts und dem Vertrag zu Gunsten Dritter „weitere vergleichbare Vereinbarungen" für möglich hielt. Vgl.: BGH NJW 2012, 2355.

355 Vgl.: Gutachten des Deutschen Notarinstituts, DNotI-Report 2010, 93, 98; *Hinrichs/Jaeger*, NJW 2010, 2018; *Herrler*, BB 2010, 1931, 1937; *Stürner*, JZ 2010, 774,

unwiderrufliches Angebot zum Abschluss eines Schuldbeitritts nach § 132 I BGB gegenüber dem Sicherungsgeber abgab, um dem Eintrittserfordernis zu genügen, da aus Sicht des Neugläubigers damit sämtliche Erfordernisse zur Übernahme der sicherungsvertraglichen Verpflichtungen erfüllt seien und sich der Sicherungsgeber bei Zurückweisung desselben wegen treuwidrigen Verhaltens nicht auf die fehlende Übernahme der fiduziarischen Zweckbindung berufen könne.[356]

Schließlich bestanden keine Zweifel, dass auch der Abschluss eines neuen Sicherungsvertrags zwischen Neugläubiger und Sicherungsgeber die Rechtsnachfolge in den titulierten Anspruch herbeiführen konnte und die Vollstreckbarkeit der ursprünglichen Grundschuldbestellungsurkunde aufrecht hielt.[357]

b) Grundsatz: Kein Mitwirkungserfordernis des Sicherungsgebers

Abgesehen von der Vertragsübernahme und dem Abschluss eines neuen Sicherungsvertrages war man sich überwiegend einig, dass der Schuldbeitritt die favorisierte Lösungsmöglichkeit darstelle, um den Eintritt des Zessionars in den Sicherungsvertrag zu erreichen. Hierbei sei eine Mitwirkung des Sicherungsgebers nicht erforderlich, wenn der Schuldbeitritt zwischen Altgläubiger und Zessionar in Form eines Vertrages zu Gunsten Dritter erfolge und kein einseitiger Änderungsvorbehalt aus Sicht des Neugläubigers existiere.[358]Auf diese Weise könne das Ziel, die Trennung von Grundschuld und Sicherungsvertrag zu verhindern, am einfachsten erreicht werden.[359]

Die Entbehrlichkeit der Zustimmung des Sicherungsgebers erkläre sich aus dem Umstand, dass seine Rechtsstellung durch den Schuldbeitritt lediglich verbessert werde. Die Folge des Schuldbeitritts sei die Entstehung eines Gesamtschuldverhältnisses, innerhalb dessen dem Sicherungsgeber zwei Schuldner für die Erfüllung der sicherungsvertraglichen Pflichten hafteten.[360] Ein Zustimmungserfordernis lasse sich insbesondere nicht aus der Möglichkeit herleiten, dass der

---

Wolfsteiner, ZnotP 2010, 322, 323; *Bolkart*, DnotZ 2010, 483, 496, 497; *Lehleiter/ Hoppe*, BKR 2010, 238, 240.

356 *Lehleiter/Hoppe*, BKR 2010, 238, 241.

357 Gutachten des Deutschen Notarinstituts, DNotI-Report 2010, 93, 100; *Wolfsteine*r, ZNotP 2010, 322, 323.

358 Gutachten des Deutschen Notarinstituts, DNotI-Report 2010, 93, 99; *Herrler*, BB 2010, 1931, 1937; *Hinrichs/Jaeger*, NJW 2010, 2017, 2018; *Bolkart*, DNotZ 2010, 483, 496, 497.

359 *Bolkart,* DNotZ 2010, 483, 496.

360 *Lehleiter/Hoppe*, BKR 2010, 238, 240; Gutachten des Deutschen Notarinstituts, DNotI-Report 2010, 93, 99.

Zessionar von seinen sicherungsvertraglichen Befugnissen in anderer Weise Gebrauch machen könne, als es der bisherige Gläubiger getan habe. Der Sicherungsgeber könne nicht darauf vertrauen, dass eingeräumte Rechte nur in einer bestimmten Weise ausgeübt werden, sondern müsse damit rechnen, dass sämtliche sicherungsvertraglichen Befugnisse ausgeschöpft würden.[361]

c) Die Gegenposition

Stellenweise wurde die Zustimmung des Sicherungsgebers, unabhängig von der konkreten Gestaltungsvariante, zwingend für erforderlich gehalten, wenn die Konstruktion im Ergebnis geeignet war, einen Schuldbeitritt des Neugläubigers zum Sicherungsvertrag herbeizuführen.[362] Der Sicherungsgeber müsse sich gegen seinen Willen keinen zweiten Schuldner aufdrängen lassen und nicht dulden, dass ein bilaterales Schuldverhältnis in ein trilaterales umgestaltet wird.[363] Da mit dem Schuldbeitritt die Vollstreckbarkeit des titulierten Anspruchs aufrecht erhalten werden soll, habe der Sicherungsgeber ein „vitales Interesse“ um Zustimmung gefragt zu werden.[364] Anderenfalls könnte sich der Zessionar unter Mitwirkung des Altgläubigers in bestehende Verpflichtungen aus dem Sicherungsvertrag hineindrängen, was den Telos der §§ 414. ff. BGB in ihr Gegenteil verkehren würde. Auf diesem Weg würde die Vereinbarung zwischen dem Altgläubiger und dem Zessionar zu einem Vertrag zu Lasten Dritter.[365]

4) Stellungnahme

Die Rechtsprechung hat mit dem Erfordernis des Eintritts in den Sicherungsvertrag als materieller Vollstreckungsvoraussetzung der sofort vollstreckbaren Sicherungsgrundschuld, eine weitere, echte Drittwirkung des sicherungsvertraglichen Treuhandverhältnisses auf vollstreckungsrechtlicher Ebene manifestiert.[366] Drittwirkung entfaltete das Treuhandverhältnis auf Ebene des materiellen Rechts in Altfällen bislang nur über die §§ 1192, 1157 BGB, die es dem Sicherungsgeber

---

361 Vgl.: *Lehleiter/Hoppe*, BKR 2010, 238, 240.

362 So insbesondere: *Knops*, WM 2010, 2063, 2066.

363 *Knops*, WM 2010, 2063, 2066.

364 *Knops*, WM 2010, 2063, 2066.

365 *Knops*, WM 2010, 2063, 2066.

366 Derartige Drittwirkungen wurden bislang gewohnheitsrechtlich nur in der Zwangsvollstreckung in Form eines Widerspruchsrechts und einer Aussonderungsmöglichkeit in der Insolvenz anerkannt. Vgl.: *Berger*, Rechtsgeschäftliche Verfügungsbeschränkungen, S. 150, 151.

erlaubten, Einreden aus dem Sicherungsvertrag, die dem dinglichen Anspruch aus der Grundschuld entgegenstanden, auch dem neuen Gläubiger entgegenzuhalten.[367] Indem die Vollstreckbarkeit des titulierten Anspruchs in Zessionsfällen nur aufrechterhalten bleibt, wenn die Übernahme der sicherungsvertraglichen Beschränkungen erfolgt, erfährt der Sicherungsvertrag eine enorme Aufwertung, die die treuhänderische Zweckbindung in den Mittelpunkt der Betrachtungen rückt. Durch die aufgezeigte Entwicklung wird offensichtlich, dass es sich bei der Kombinationssicherheit Sicherungsgrundschuld, bestehend aus Rechtspositionen und Legitimationen, um ein treuhänderisch gebundenes Sicherungsinstrument handelt.[368]

Dieser Umstand spielt auch für die weitere Behandlung von Zessionsfällen eine zentrale Rolle. Dem Sicherungsvertrag ist in materieller Hinsicht ohne gesonderte Abrede weder ein Abtretungsverbot hinsichtlich der Forderung, noch hinsichtlich der Grundschuld zu entnehmen. Als Berechtigter ist der Gläubiger in der Lage, sowohl die Forderung, als auch die Grundschuld wirksam zu zedieren.[369] Alleine hierdurch kann eine effektive Refinanzierung und die Möglichkeit einer eigenkapitalentlastenden Kreditrisikoverlagerung gewährleistet werden.[370] Hiervon profitiert nicht nur das Finanzsystem, sondern auch der einzelne Darlehensnehmer, dem Kredite zu günstigeren Konditionen vergeben werden können.[371]

Welchen Verpflichtungen der Sicherungsgeber hierbei unterliegt, ist erneut dem Sicherungsvertrag unter Abwägung der gegenseitigen Interessen zu entnehmen. Hierbei stehen sich das Refinanzierungsinteresse der sicherungsnehmenden Banken und Kreditinstitute sowie das Interesse des Sicherungsgebers an der unveränderten Aufrechterhaltung des Treuhandverhältnisses, gegenüber. Aus dem Treuhandcharakter des Sicherungsvertrages folgt die Verpflichtung, Sorge dafür

---

367 Zur Drittwirkung der sicherungsvertraglichen Einreden vor der Kodifikation des § 1192 Ia BGB näher: *Stadler*, Gestaltungsfreiheit und Verkehrsschutz durch Abstraktion, S. 567.

368 Hierzu bereits oben: § 4 C.

369 Vgl.: So BGH WM 1991, 86; auch *Bülow*, Recht der Kreditsicherheiten, Rn. 302. Ein derartiges Vorgehen hätte nur ausgeschlossen werden können, wenn der Ausschluss der Grundschuldabtretung im Grundbuch eingetragen worden wäre. Vgl.: *Wilhelm*, Sachenrecht, Rn. 1647. An dieser Stelle zeigt sich, dass treuhänderische Wirkungen im Kern rein relativ wirken. Für die Rechtsprechung ist diese überschießende Rechtsmacht des Grundschuldgläubigers gerade typisch für ein Treuhandverhältnis. Vgl.: BGHZ 133, 25, 30; BGH WM 1989, 210, 211.

370 In diesem Sinne auch BGHZ 171, 180; BGH BB 2010, 1495, 1497.

371 Näher hierzu bereits oben: § 5 B. II. 2) b).

zu tragen, dass Forderung und Grundschuld nur gemeinsam übertragen werden, um den sicherungsgebenden Schuldner nicht der Gefahr der Doppelinanspruchnahme auszusetzten.[372] Der Altgläubiger ist weiter verpflichtet, den Zessionar in den Sicherungsvertrag einzubinden, um den Fortbestand des Treuhandverhältnisses aufrechtzuerhalten.[373] Diese Einbindungsverpflichtung des Altgläubigers als Treuhänder, ist letztlich der Preis, den er für die bestehende Refinanzierungsmöglichkeit zu zahlen hat. Er wird dieser Verpflichtung nachkommen, da er ansonsten dem Sicherungsgeber aus § 280 I BGB haftet, wenn der neue Gläubiger entgegen den sicherungsvertraglichen Beschränkungen Vollstreckungsmaßnahmen einleitet und dem Sicherungsgeber Schaden zufügt.[374]

Bedeutend ist, dass die Einbindungsverpflichtung auch für Neufälle Geltung beanspruchen wird. Die Kodifikation des § 1192 Ia BGB verschafft dem Sicherungsgeber einen Schutzmechanismus gegenüber dem Neugläubiger und berührt damit ausschließlich Fragen des Außenverhältnisses. Im Innenverhältnis bleibt der Altgläubiger, auf Grundlage des Sicherungsvertrages verpflichtet, die Weitergabe des Treuhandverhältnisses sicherzustellen. Das sicherungsvertragliche Treuhandverhältnis der Grundschuld erschöpft sich, wie die bisherige Untersuchung zeigen konnte, nicht ausschließlich darin, den Sicherungsgeber vor einer unrechtmäßigen Inanspruchnahme aus der Grundschuld zu schützen, sondern begründet die Pflicht des Grundschuldgläubigers, die Interessen des Sicherungsgebers wahrzunehmen und damit fremdnützig tätig zu werden.[375]

Aus der schuldrechtlichen Perspektive des Treuhandverhältnisses überzeugt der Weg, die Rechtsnachfolge in den titulierten Anspruch nicht über eine Beschneidung der Gläubigerbefugnisse im Außenverhältnis heraus zu entwickeln und sich damit wieder dinglichen Kategorien des Treuhandwesens zuzuneigen, sondern die Lösung über schuldrechtliche Pflichten des treuhänderischen Innenverhältnisses heraus zu kreieren, die ihre Grundlage im Sicherungsvertrag haben.

Auf dieser Grundlage kann die Lösung zur konkreten Einbindungsmöglichkeit des Neugläubigers gefunden werden. Die jeweilige Gestaltungsvariante muss gewährleisten, dass der Neugläubiger sämtlichen sicherungsvertraglichen Beschränkungen und Verpflichtungen unterworfen wird. Dieses Erfordernis erfüllen sowohl die Vertragsübernahme, als auch der viel diskutierte Schuldbeitritt in Form des § 328 II, 2. Fall BGB, wie auch der Abschluss eines neuen

---

372 Vgl. *Epp*, in Schimansky/Bunte/Lwowski, Bankrechtshandbuch, § 94 Rn. 380.

373 So auch BGH WM 1997, 13, 16; Müko/*Eickmann* § 1191 Rn. 96.

374 So auch die Klarstellung des BGH in NJW 2012, 2354, 2355.

375 Vgl.: BGHZ 133, 25, 30; BGH BB 2010, 1495, 1498.

Sicherungsvertrages.[376] Hingegen genügt ein unwiderrufliches Angebot des Zessionars auf Abschluss eine Schuldbeitritts gegenüber dem Sicherungsgeber in Form des § 132 I BGB nicht den vorgenannten Anforderungen.[377] Durch eine einseitige Willenserklärung des Beitretenden kann ein Schuldbeitritt nicht wirksam vereinbart werden. Eine Bindung des Neugläubigers alleine aufgrund einer einseitigen Willenserklärung anzunehmen, schafft kein ausreichendes Schutzniveau zu Gunsten des Sicherungsgebers.

Für die Vertragsübernahme, wie auch für den Abschluss eines neuen Sicherungsvertrages ist die Mitwirkung des Sicherungsgebers unentbehrlich. Dies folgt nicht aus dem Umstand des Gläubigerwechsels, sondern aus der Tatsache, dass der Neugläubiger vor allem sicherungsvertragliche Pflichten zu übernehmen hat. Da die Veräußerung häufig im Stadium der Teilvalutierung der Grundschuld erfolgt, ist zu verdeutlichen, dass der Neugläubiger potentieller Rückgewährschuldner des Sicherungsgebers wird. Da beide Konstruktionen dem Sicherungsgeber letztlich auch einen neuen Schuldner verschaffen, ist dessen Mitwirkung unentbehrlich.[378]

Anders ist die Lage hingegen, wenn durch den Zedenten und den Zessionar ein Schuldbeitritt in Form eines Vertrages zu Gunsten Dritter abgeschlossen wird, bei dem ein einseitiger Änderungsvorbehalt nicht besteht. Diese Konstruktion führt dazu, dass zwischen dem Alt- und dem Neugläubiger ein Gesamtschuldverhältnis zur Entstehung gelangt.[379] Dem Sicherungsgeber stehen nunmehr hinsichtlich der Erfüllung sicherungsvertraglicher Verpflichtungen zwei Schuldner gegenüber. Da sich hierdurch seine Rechtsstellung ausschließlich verbessert, ist eine Mitwirkung nicht erforderlich.[380]

Die hiergegen vorgebrachten Argumente, der Neugläubiger könne sonst dem Sicherungsgeber „aufgedrängt" werden, womit der Schuldbeitritt zu einem Vertrag zu Lasten Dritter würde,[381] greifen nicht durch. Der Altgläubiger haftet auch weiterhin auf die Erfüllung der sicherungsvertraglichen Verpflichtungen, selbst wenn der Neugläubiger durch den Sicherungsgeber zurückgewiesen wird.[382]

---

376 So auch das Gutachten des Deutschen Notarinstituts, DNotI-Report, 2010, 93, 99, 100.

377 So aber *Lehleiter/Hoppe*, BKR 2010, 238, 240.

378 Staudinger Eckpfeiler/*Schmidt-Kessel*, S. 258.

379 Palandt/*Grüneberg*, Überbl. v. § 414 Rn. 2; *Fikentscher*, Schuldrecht, § 61 Rn. 753.

380 So auch: BGH NJW 2012, 2353, 2555; OLG Frankfurt, ZfIR 2011, 578, 580; Gutachten des Deutschen Notarinstituts, DNotI- Report, 2010, 93, 98, *Bolkart*, DNotZ 2010, 483, 486 f.; *Hinrichs/Jaeger*, NJW 2010, 2017; *Lehleiter/Hoppe*, BKR 2010, 238, 240.

381 So insbesondere *Knops*, WM 2010, 2063, 2066.

382 BGH NJW 2012, 2353, 2356.

Hinsichtlich der Überprüfung, ob eine Übernahme der sicherungsvertraglichen Beschränkungen stattgefunden hat, ist der BGH allerdings im Urteil vom 30.03.2010 entschieden zu weit gegangen. Dem streng formalisierten Klauselerteilungsverfahren kommt nicht die Aufgabe zu, materielle Vollstreckungsvoraussetzungen zu prüfen, die nicht im Wortlaut der notariellen Urkunde enthalten sind.[383] Der BGH ist davon zu Recht mit Urteil vom 29.06.2011 abgerückt und hat den Sicherungsgeber auf die Möglichkeit der Klauselgegenklage verwiesen, sofern der Eintritt des Zessionars in den Sicherungsvertrag nicht ordnungsgemäß erfolgt ist.[384] Diese Verteidigungsmöglichkeit reiht sich somit auch systematisch in die Rechtslage bei der Sicherungsgrundschuld ein, wonach es dem Sicherungsgeber obliegt, sich gegen die unrechtmäßige Inanspruchnahme aus der Grundschuld zur Wehr zu setzen.

5) Ergebnis

Will der Rechtsnachfolger daher aus einer abgetretenen Sicherungsgrundschuld vollstrecken, muss er in den Sicherungsvertrag eingetreten sein. Damit wird dem Sicherungsvertrag eine echte Drittwirkung auf Ebene des Vollstreckungsrechts zuerkannt.

Zugleich folgt aus dem Sicherungsvertrag die Verpflichtung des Grundschuldgläubigers Forderung und Grundschuld nur zusammen abzutreten und zugleich einen Eintritt des Zessionars in den Sicherungsvertrag sicherzustellen, um die treuhänderische Zweckbindung der Sicherungsgrundschuld aufrecht zu erhalten. Es besteht dabei die Möglichkeit durch einen Schuldbeitritt zwischen Altgläubiger und Neugläubiger in Form eines Vertrages zu Gunsten Dritter, eine Gestaltungsvariante zu wählen, bei der eine Mitwirkung des Sicherungsgebers nicht erforderlich ist.

Im Ergebnis zeigt sich, dass der Grundschuldgläubiger aufgrund des treuhänderischen Charakters des Sicherungsvertrages stets verpflichtet ist, im Sinne des Sicherungsgebers tätig zu werden und damit eigene Interessen unterzuordnen.

III. Die Behandlung nicht valutierter Grundschuldzinsen im Verwertungsfall

1) Ausgangspunkt und Problemstellung

Nicht selten tritt im Stadium der Kombination von Sicherungs- und Verwaltungstreuhand der Sicherungsfall ein, da der sicherungsgebende Kreditnehmer nicht

383 Vgl.: *Herrler*, BB 2010, 1931, 1934; *Wolfsteiner*, ZNotP, 2010, 322.

384 BGH BB 2011, 2255, 2258.

mehr in der Lage ist, seinen darlehensvertraglichen Verbindlichkeiten nachzukommen. Banken und Kreditinstitute sind zumeist berechtigt, die Sicherheit in Anspruch zu nehmen und die Grundschuld zwangsweise zu realisieren, „wenn der Kreditnehmer mit der Erfüllung der fälligen Forderungen aus dem Darlehensverhältnis in Verzug ist, seine Zahlungen erkennbar eingestellt hat oder wenn ein Insolvenzverfahren über sein Vermögen eröffnet worden ist.“[385] Mit dem Eintritt des Verwertungsfalls kann der Sicherungsnehmer die zwangsweise Verwertung der Sicherheit betreiben. Der Sicherungsvertrag als Regelungsinstrumentarium zwischen Sicherungsgeber und Sicherungsnehmer wird von dem Eintritt des Verwertungsfalls nicht berührt, sondern besteht unverändert fort.[386] Die in diesem Stadium aufkommenden Rechtsfragen sind damit nicht isoliert zu betrachten, sondern stellen sich als Teilbereich des Sicherungsverhältnisses dar, deren Lösung nur im Gesamtzusammenhang gefunden werden kann.

Will der Gläubiger aus der Grundschuld das Zwangsversteigerungsverfahren betreiben, so hat er dies nach § 16 ZVG unter Nachweis der erforderlichen Vollstreckungsunterlagen unter Bezeichnung des Anspruchs, aus dem die Vollstreckung betrieben werden soll, zu beantragen. Die darauf folgende gerichtliche Anordnung der Versteigerung wird im Grundbuch eingetragen und bewirkt nach §§ 20 ff. ZVG die Beschlagnahme des Grundstücks samt mithaftender Gegenstände zu Gunsten des betreibenden Gläubigers. Zu Lasten des Vollstreckungsschuldners werden Wirkungen ähnlich einem relativen Veräußerungsverbot entfaltet.[387]

Wird nun das Grundstück in der Versteigerung einem Erwerber zugeschlagen, so zahlt dieser einen Geldbetrag entsprechend seinem Höchstgebot, auf welches ihm der Zuschlag erteilt wurde an das Vollstreckungsgericht. Dort wird die Erlösverteilung von Amts wegen vorgenommen. Für die Verteilung des Erlöses ist alleine die dingliche Rechtslage maßgeblich.[388] Der Grundschuldgläubiger erhält

---

385 So etwa das Beispiel eines Sicherungsvertrages des Deutschen Sparkassenverlags zur Sicherung einer Geschäftsverbindung zwischen der Bank und dem Kunden mittels einer Sicherungsgrundschuld. Abgedruckt bei *Gaberdiel*, Kreditsicherung durch Grundschulden, Anhang 6, dort (16).

386 Dies lässt sich besonders an dem Umstand verdeutlichen, dass die Sicherungsverträge der Bankpraxis Regelungen zu Einzelfragen der Sicherheitenverwertung explizit regeln. Vgl. hierzu: Sicherungsvertrag des Deutschen Sparkassenverlags zur Sicherung einer Geschäftsverbindung, abgedruckt bei *Gaberdiel*, Kreditsicherung durch Grundschulden, Anhang 8, dort (18 ff.).

387 *Stöber*, Zwangsversteigerungsgesetz, § 20 Rn. 3.

388 BGH NJW 1981, 1505; NJW 1996, 3341; MüKo/*Eickmann* § 1191 Rn. 146; Staudinger/*Wolfsteiner* Vorbem. zu §§ 1191 ff. Rn. 197.

von Amts wegen Zuteilung aus dem Versteigerungserlös auf das Grundschuldkapital und die laufenden Zinsen entsprechend der grundbuchrechtlich ausgewiesenen dinglichen Rechtslage, selbst wenn er den zur Auskehrung vorgesehenen Betrag nicht mehr benötigt und dies dem Vollstreckungsgericht gegenüber zum Ausdruck bringt.[389] Es spielt daher für die Frage der Erlösverteilung grundsätzlich keine Rolle, ob die gesicherte Forderung mittlerweile teilweise zurückgeführt worden ist und Teile der Grundschuld, aufgrund einer mittlerweile eingetretenen Übersicherung quasi „rückgewährreif" geworden sind.

Lediglich hinsichtlich der Zinsen hat der betreibende Gläubiger die Möglichkeit, die rückständigen Zinsen nicht anzumelden und auf laufende Zinsen im Wege der Minderanmeldung zu verzichten und auf diese Weise zumindest eine Zuteilung hinsichtlich der Zinsen zu verhindern.[390] Für den Fall, dass der Gläubiger die Annahme des Geldes im Verteilungstermin verweigert, ist es dem Gericht nicht möglich, den Erlös anderweitig zu verteilen.[391] Nach § 117 II S. 3 ZVG ist der Erlös für den Grundschuldgläubiger in diesem Fall als dinglich Berechtigtem zu hinterlegen. Erzielt der Grundschuldgläubiger durch die Entgegennahme des auf sein Recht entfallenden Erlöses einen Übererlös, hat er diesen an den Sicherungsgeber anstelle der Rückgewähr der Grundschuld auszukehren.[392]

---

389 So *Stöber* ZIP 1980, 833. Beispielsweise indem der Gläubiger im Verteilungstermin nur einen Teil des Erlöses in Empfang nimmt und bezüglich des Restes erklärt „eine Valuta nicht gewährt, oder eine solche nicht mehr zu haben". So geschehen in einem Fall der BGH DNotZ 1957, 602 zu Grunde lag.

390 Zumindest hinsichtlich der laufenden Zinsen widerspricht dies dem Grundsatz der Maßgeblichkeit der dinglichen Rechtslage für die Berücksichtigung bei der Erlösverteilung. Überwiegend wird diese Minderanmeldung jedoch für zulässig erachtet. Etwa BGH NJW 2012, 686 f.; LG Frankenthal RPfleger 1986, 232; *Stöber*, Zwangsversteigerungsgesetz, § 45 Rn. 7.1; RPfleger 1986, 232, 233.

391 Das Gericht muss die Verteilung strikt nach der dinglichen Rechtslage vornehmen. Entwicklungen der Forderung oder Ansprüche des Sicherungsgebers aus dem Sicherungsvertrag auf Rückgewähr der Grundschuld wegen (teilweisem) Wegfall des Sicherungszwecks führen keine dingliche Rechtsänderung herbei. So *Stöbe*r, Zwangsversteigerungsgesetz §114 Rn. 7.5. Explizit für den Fall der Rückgewährreife der Grundschuld auch *Stöber* ZIP 1980, 833.

392 Da die Grundschuld durch den Zuschlag im Zwangsversteigerungsverfahren erlischt und damit nicht mehr zurückgewährt werden kann, ist die Auskehrung des Versteigerungserlöses an den Sicherungsgeber Surrogat der Grundschuldrückgewähr. Vgl.: BGH NJW 2002, 1578; NJW 2003, 2673; MüKo/*Eickmann* § 1191 Rn. 146; Palandt/*Bassenge* § 1191 Rn. 32; Staudinger/*Wolfsteiner* Vorbem. zu §§ 1191 ff. Rn. 197.

Kontrovers diskutiert wird, ob der betreibende Gläubiger verpflichtet ist einen größtmöglichen Übererlös zu erzielen und hierzu insbesondere die von ihm nicht benötigten Grundschuldzinsen in größtmöglichem Umfang geltend zu machen hat, obwohl er den gesamten Erlös zur Rückführung der ihm noch zustehenden Forderungen gegen den Sicherungsnehmer eigentlich nicht mehr benötigt. Eine entsprechende Verpflichtung des Grundschuldgläubigers im Sinne des Sicherungsnehmers tätig zu werden, könnte sich aus dem Sicherungsvertrag ergeben, der den Sicherungsnehmer verpflichtet, im Sinne des Sicherungsgebers fremdnützig tätig zu werden, sofern eigene schutzwürdige Belange dem nicht entgegenstehen.[393]

Für den betreibenden Gläubiger sind mit der Erzielung und anschließenden Auskehrung des Übererlöses an den Sicherungsgeber diverse Haftungsrisiken verbunden. Erzielt er einerseits einen Übererlös, so wird er sich in Folgeverfahren möglicherweise mit anderen Gläubigern über die Berechtigung hinsichtlich dieses Übererlöses auseinandersetzten müssen.[394] Dieser Umstand scheint angesichts der klaren höchstrichterlichen Vorgaben zur Auskehrung an den Sicherungsgeber als wahren Berechtigten auf den ersten Blick nicht unbedingt verständlich.[395] Mit Blick auf die Praxis, in der häufig auf die Übererlösansprüche des Sicherungsgebers im Wege der Forderungspfändung zugegriffen wird, zeichnet sich die Konfliktlage allerdings ab.[396] Die Auskehrung an einen falschen Gläubiger würde den betreibenden Gläubiger Schadensersatzansprüchen aussetzen. Würde der Gläubiger es andererseits unterlassen einen größtmöglichen Übererlös zu erzielen und rückständige Zinsen nicht anmelden und laufende mit Minderanmeldung aufgeben, könnte dies eine Pflichtverletzung gegenüber dem Sicherungsgeber darstellen, da diesem nur ein geringerer Betrag zugewandt wird, als das dingliche Recht eigentlich gewähren würde.

Die rechtliche Behandlung nicht benötigter Grundschuldzinsen in der Zwangsversteigerung ist nicht nur eine der umstrittensten Fragestellungen des gesamten Grundschuldrechts der letzten 30 Jahre, sondern auch eine besonders intensive Form des Interessenkonfliktes zwischen Sicherungsnehmer und Sicherungsgeber.

---

393 Vgl.: *Clemente*, Recht der Sicherungsgrundschuld, Rn. 235; BGH NJW 1997, 2672, 2673; BGH NJW 2000, 352, 353; BGH WM 2012, 301, 302; BGH NJW 2012, 1142, 1143.

394 So auch *Zimmer*, NotBZ 2012, S. 163.

395 Erneut zur materiellen Berechtigung des Sicherungsgebers hinsichtlich des Übererlöses: BGH NJW 1981, 1600.

396 Nicht selten kommt es vor, dass auf den Anspruch zur Auskehrung des Übererlöses von mehreren Gläubigern zugegriffen wird, so dass der Gläubiger sich mit der Frage konfrontiert sieht, wem nun der Übererlös zu welchem Teil gebührt.

Auch hierbei wird dem Sicherungsvertrag die Aufgabe zukommen, die divergierenden Interessen der Parteien in einen gerechten Ausgleich zu bringen und eine tragbare Lösung aus dem schuldrechtlichen Innenverhältnis heraus zu entwickeln. Die nachfolgende Darstellung konzentriert sich dabei auf die Frage, ob und unter welchen Voraussetzungen der betreibende Grundschuldgläubiger, dessen dingliches Recht nach dem Zuschlag an den Erwerber in der Zwangsversteigerung erlischt, zur Geltendmachung von ihm selbst nicht benötigter Grundschuldzinsen verpflichtet ist.[397]

2) Haltung und Entwicklung der Rechtsprechung

a) Keine Berechtigung und keine Verpflichtung – OLG Köln Urteil vom 03.12.1979, 15 W 92/79 und OLG München Urteil vom 17.09.1980, 27 U 232/80

Im Jahre 1979 wurden sowohl das OLG München,[398] als auch das OLG Köln erstmals mit der Behandlung nicht mehr benötigter Grundschuldzinsen konfrontiert. Im Fall der der Entscheidung des OLG Köln zu Grunde lag, beantragte die Beklagte aus einer zu ihren Gunsten bestehenden Sicherungsgrundschuld in Höhe von 100.000 DM zuzüglich 10 % dinglicher Zinsen die Zwangsversteigerung. Im Antrag berief sie sich in voller Höhe auf den Grundschuldkapitalbetrag, sowie auf die ihr zustehenden laufenden und rückständigen Zinsen, wobei letztere ausdrücklich durch Anmeldung zum Verfahrensgegenstand erhoben wurden. Die gesicherten Forderungen beliefen sich zum Zeitpunkt der Antragstellung auf 36.053,62 DM.

Hiergegen wandten sich die Kläger im Wege der Vollstreckungsgegenklage und beantragten die Zwangsvollstreckung in voller Höhe für unzulässig zu erklären, da die Beklagte sämtliche von ihr geltend gemachten Ansprüche nicht benötige, um die offenen Forderungen zurückzuführen.

Das OLG Köln betonte in seiner Entscheidung zwar die rechtliche Unabhängigkeit der Grundschuld als dinglichem Recht gegenüber der zu sichernden Forderung, schränkte dies jedoch für den Fall der Sicherungsgrundschuld dahingehend ein, dass durch die sicherungsvertragliche Bindung der Grundschuld an die gesicherten Forderungen eine Verwertung, die über das Sicherungsinteresse

397 Die Frage der Behandlung nicht benötigter Grundschuldzinsen im Zwangsversteigerungsverfahren taucht in mehreren Konstellationen auf. Zu den verschiedenen Möglichkeiten vgl.: BGH NJW 2012, 1142.

398 OLG München, NJW 1980, 1051, 1052.

des Sicherungsnehmers hinausginge, unzulässig sei. Bei Teilvalutierung dürfe die Grundschuld daher nur in der Höhe der noch offenen Forderungen, im zu entscheidenden Fall zu 36.053,62 DM verwertet werden, da ansonsten eine Verletzung des Sicherungsvertrages feststellbar wäre.[399]

In ähnlicher Weise sprach auch das OLG München in seiner Entscheidung vom 17.09.1980 dem betreibenden Gläubiger die Berechtigung ab, von ihm nicht benötigte dingliche Grundschuldzinsen vollumfänglich geltend zu machen.[400] Das OLG München betonte dabei nicht nur die Verletzung des Sicherungsvertrages, sondern stellte durch die vollumfängliche Geltendmachung des Zinsanspruches eine unzulässige Rechtsausübung im Verhältnis zu nachrangigen Grundpfandrechtsgläubigern fest. Diese bestünde darin, dass vorrangige Gläubiger durch die Geltendmachung nicht benötigter Grundschuldzinsen darüber entscheiden könnten, in welchem Umfang Teile des Versteigerungserlöses noch für die Verteilung auf nachrangig berechtigte Gläubiger zur Verfügung stünden. Vor diesem Hintergrund sei daher die Geltendmachung nicht benötigter Grundschuldzinsen unzulässig.[401]

b) Die Klarstellung – BGH Urteil vom 27.02.1981, V ZR 9/80

In dem der Entscheidung zu Grunde liegenden Sachverhalt stritten eine nachrangige Grundpfandrechtsgläubigerin und eine Pfändungsgläubigerin um die Freigabe eines zu ihrer beiden Gunsten hinterlegten Übererlöses. Dieser resultierte aus Grundschuldzinserlösen, die eine vorrangige Grundschuldgläubigerin im vorangehenden Zwangsversteigerungsverfahren erzielt hatte. Da die vorrangige Grundschuldgläubigerin selbst die Vollstreckung aus ihren Grundpfandrechten nicht betrieb, waren sie als Teil des geringsten Gebotes bestehen geblieben und vom Ersteher zu übernehmen gewesen. Die vorrangige Grundschuldgläubigerin meldete hingegen die rückständigen Grundschuldzinsen vollumfänglich zum Versteigerungstermin an und erhielt auf diese eine Erlöszuteilung, die sie mit ihr zustehenden Forderungen verrechnete. Es verblieb ein Übererlös von 15.001, 02 DM, den sie aufgrund unklarer Rangverhältnisse zwischen nachrangigen Grundpfandrechtsgläubigern und Pfändungsgläubigern, zu deren Gunsten hinterlegte.

---

399 OLG Köln, ZIP 1980, 112, 113, unter Berufung auf Huber, der ebenfalls davon ausging, eine Verwertung sei nur im Umfang der Valutierung zum Zeitpunkt des Versteigerungsantrages zulässig. Vgl.: *Huber*, Die Sicherungsgrundschuld, S. 120.

400 OLG München, ZIP 1980, 974–976.

401 In ähnlicher Weise hatte sich auch *Vollkommer* geäußert. Vgl.: NJW 1980, 1052, 1053.

Mit Grundsatzurteil vom 27.02.1981 korrigierte der BGH die obergerichtlich eingeschlagene Rechtsprechungslinie und stellte fest, dass der Grundschuldgläubiger berechtigt sei, Grundschuldzinsen vollumfänglich geltend zu machen, auch wenn er die daraus erzielten Erlöse nicht zur Rückführung der gesicherten Forderung benötige.[402] Zur Begründung führte der BGH an, dass die Sicherheit und insbesondere der aus ihr resultierende Grundschuldzinsanspruch, rechtlich losgelöst von den zu sichernden Forderungen sei. Die schuldrechtliche Verknüpfung der zu sichernden Forderung mit der Grundschuld, die durch den Sicherungsvertrag herbeigeführt werde, beeinträchtige die dingliche Rechtslage, die für die Verteilung des Versteigerungserlöses maßgeblich sei, nicht. Insbesondere stelle die vollumfängliche Geltendmachung des Zinsanspruches aus der Grundschuld keinen Verstoß gegen den Sicherungsvertrag dar, wie es das OLG Köln und das OLG München in den Urteilen aus dem Vorjahr angenommen hatten. Der BGH betonte, dass der Sicherungsvertrag lediglich dazu führe, dass ein Übererlös, der zur Tilgung von Forderungen nicht mehr benötigt werde, an den Sicherungsgeber auszukehren sei.

Auch dem vorgebrachten Argument der unzulässigen Rechtsausübung erteilte der BGH eine Absage. Da alleine die dingliche Rechtslage für die Erlösverteilung maßgeblich sei, könne die vollumfängliche Geltendmachung von Zinsen niemals im Verhältnis zu nachrangigen Gläubigern als unzulässig angesehen werden. Die dingliche Berechtigung der vorrangigen Gläubigerin bestünde im Verhältnis zu anderen dinglich Berechtigten unabhängig davon, ob der erzielte Übererlös aufgrund schuldrechtlicher Beziehungen materiell dem Sicherungsgeber zustünde.[403]

Die eigentliche Frage, ob der betreibende Grundschuldgläubiger zur vollständigen Geltendmachung des Zinsanspruches verpflichtet sei, ließ der BGH ausdrücklich dahinstehen.[404] Die entscheidende Rechtsfrage blieb damit weiterhin ungeklärt.

c) Die Grundlagenentscheidung – BGH Urteil vom 24.06.1997, XI ZR 178/96 und Urteil vom 05.10.1999, XI ZR 280/98

Mit Urteil vom 09.01.1997, IX ZR 1/96, hatte der BGH bereits für die Sicherungsübereignung festgestellt, dass ein Gläubiger aus Verletzung des Sicherungsvertrages nach § 280 I BGB auf Schadensersatz in Anspruch genommen werden kann, wenn er es bei der Verwertung des Sicherungsgutes unterlässt,

402 BGH NJW 1981, 1505, 1506.
403 BGH NJW 1981, 1505, insbesondere 1506.
404 BGH NJW 1981, 1506.

einen größtmöglichen Übererlös zu erzielen.[405] Mit Urteil vom 24.06.1997, XI ZR 178/96 wurden die aufgestellten Grundsätze auf die Sicherungsgrundschuld übertragen. Der BGH führte an, dass der Grundschuldgläubiger bei der Verwertung der Sicherheit stets die Belange des Sicherungsgebers in angemessener und zumutbarer Weise zu berücksichtigen habe. Die sich aus dem Sicherungsvertrag ergebende Interessenwahrungspflicht verpflichte den Gläubiger auch in den Fällen, in denen absehbar sei, dass die Verwertung zu einem Übererlös führe, das bestmögliche Verwertungsergebnis im Interesse des Sicherungsgebers zu erzielen.[406] Zugleich wies der BGH jedoch sowohl im Urteil vom 24.06.1997, als auch im Urteil vom 05.10.1999 darauf hin, dass diese Verpflichtung dann nicht bestehe, wenn schutzwürdige Interessen des Sicherungsnehmers dem entgegenstünden.[407] Offengelassen wurde an dieser Stelle, welche schutzwürdigen Interessen des Sicherungsnehmers eine Einschränkung der zuvor angenommenen Bestverwertungspflicht hätten rechtfertigen können.

Feststellbar ist, dass die Judikatur des BGH bezüglich der hier interessierenden Rechtsfrage in Anbetracht der dargestellten Entscheidungen keinesfalls eindeutig ausfällt. Einerseits wurde dem Gläubiger die Pflicht auferlegt, einen größtmöglichen Übererlös im Interesse des Sicherungsgebers zu erzielen, andererseits sollte diese Verpflichtung durch entgegenstehende Interessen des Sicherungsnehmers wiederum einschränkbar sein. Welche Interessen eine derartige Einschränkung erlaubten, wurde nicht festgestellt. Die bisherigen Entscheidungen erweckten den Eindruck, als habe der BGH die entscheidende Rechtsfrage bewusst offen lassen wollen. Anlässe zu einer verbindlichen Klärung wären zur Genüge vorhanden gewesen.

d) Die Kehrtwende? – BGH Urteil vom 16.12.2011, V ZR 52/11

Im Jahre 2011 hatte sich der Bundesgerichtshof erneut mit der Frage der Geltendmachung von nicht benötigten Grundschuldzinsen zu beschäftigen. Eine nachrangige Grundschuldgläubigerin betrieb aus ihrem Recht die Zwangsversteigerung in den schuldnerischen Grundbesitz. Das erstrangige Grundpfandrecht der Beklagten war in das geringste Gebot gefallen und wurde vom Ersteher übernommen. Die Beklagte verzichtete gegenüber dem Versteigerungsgericht auf die Geltendmachung der ihr zustehenden rückständigen Zinsen. Der Ersteher löste sodann die Grundschuld in Höhe ihres Kapitalbetrages, zuzüglich der Zinsen ab

405 BGH NJW 1997, 1063, 1064.

406 BGH NJW, 1997, 2672, 2673.

407 BGH NJW 1997, 2672, 2673; BGH NJW 2000, 352, 353.

dem Zeitpunkt des Zuschlages ab. Nachdem die Beklagte die Ablösesumme mit den ihr zustehenden Forderungen verrechnet hatte, kehrte sie den Übererlös an die nachrangige Grundpfandrechtsgläubigerin aus.

Der Kläger war Treuhänder über das Vermögen des insolventen Grundbesitzers nach §§ 293, 313 InsO und klagte auf Schadensersatz nach § 280 I BGB, da die Beklagte es unterlassen hatte, rückständige Zinsen im Zwangsversteigerungsverfahren geltend zu machen und an die Masse abzuführen. Nach Auffassung des Revisionsklägers sei dieses Vorgehen als Verletzung von sicherungsvertraglichen Pflichten zu werten.

Diesem Vorbringen erteilte der BGH eine klare Absage. Im konkreten Fall sei eine Verletzung des Sicherungsvertrages nicht feststellbar. In der Vorgehensweise der Beklagten, rückständige, nicht benötige Grundschuldzinsen nicht geltend zu machen, könne keine Verletzung des Sicherungsvertrages festgestellt werden. Die Richter betonten, dass ein vorrangiger, nicht das Verfahren betreibender Gläubiger, nicht verpflichtet sei, nicht benötigte Zinsen im Verfahren anzumelden. Zu diesem Ergebnis gelangte der BGH aufgrund eines hypothetischen Vergleichs, im Rahmen dessen beleuchtet wurde, ob der Sicherungsgeber Anspruch auf die rückständigen Zinsen hätte, wenn die Grundschuld bereits zurückgewährt worden wäre.[408] In diesem Fall versage § 1178 BGB dem Sicherungsgeber den Anspruch unter anderem auf rückständige Zinsen, da sich Rechtsinhaberschaft und Eigentum in einer Person vereinigten. Daraus sei ersichtlich, dass die rückständigen Zinsen nicht von der Rückgewährpflicht des Sicherungsnehmers umfasst seien. Da die Erlöse aus dem Versteigerungsverfahren nur die Rückgewährpflicht hinsichtlich der Grundschuld surrogierten, bestehe keine Verpflichtung zur Geltendmachung.[409]

Obwohl die vorgenannte Entscheidung explizit nicht die Pflichten des betreibenden Gläubigers zum Gegenstand hatte, vollzog der BGH eine klare Richtungsänderung zur bisherigen Judikatur, indem er eine Verpflichtung zur Geltendmachung nicht benötigter Grundschuldzinsen verneinte.[410] Zwar war die hier entscheidende Frage bezüglich der Pflichten des betreibenden Gläubigers nach wie vor offen. Die vorgenannte Entscheidung ließ allerdings erahnen, dass auch hinsichtlich

---

408 BGH NJW 2012, 686, 687.

409 In diesem Sinne bereits BGH WM 1961, 691; BGH NJW 1975, 980.

410 In ähnlicher Weise hatte der BGH in seinem Urteil v. 04.02.2011, NJW 2011, 1500, 1501, entschieden. Dort hatte er ebenfalls eine Verpflichtung des Grundschuldgläubigers zur Geltendmachung rückständiger Zinsen gegenüber einem Ersteher verneint, der die Grundschuld durch entsprechende Zahlung abgelöst hatte.

rückständiger Zinsen des betreibenden Gläubigers eine ähnlich gerichtete Entscheidung ergehen würde.

e) Der Rückschlag – BGH Urteil vom 03.02.2012, V ZR 133/11

Kurze Zeit später hatte sich der BGH erneut mit der Thematik der Grundschuldzinsen zu beschäftigen. Diesmal mit einem Fall, in dem es um die Verpflichtungen des betreibenden Gläubigers ging. Überraschender Weise setzte der BGH seine mit Urteil vom 16.12.2011 eingeschlagene Linie nicht fort, sondern knüpfte vollumfänglich an seine Urteile vom 24.06.1997 und vom 05.10.1999 an.[411] Die Richter betonten, dass der das Verfahren betreibende Grundschuldgläubiger zur Erzielung eines bestmöglichen Verwertungserlöses verpflichtet sei, unter der Einschränkung, dass keine eigenen, schutzwürdigen Interessen entgegenstünden.[412]

Im konkreten Fall betrieb die Beklagte aus einer ihr zustehenden verzinslichen Grundschuld die Zwangsversteigerung. Zum Versteigerungstermin meldete sie Zinsansprüche in Rücksprache mit der nachrangigen Grundpfandrechtsgläubigerin nur anteilig an. Aufgrund dessen wurde im Verteilungsverfahren der restliche Versteigerungserlös in Höhe von 3.620,93 € an die nachrangige Grundpfandrechtsgläubigerin ausgekehrt, der die Schuldnerin im Übrigen sämtliche Ansprüche auf Auskehrung eines Übererlöses abgetreten hatte. Da die Schuldnerin mittlerweile in Insolvenz gefallen war, klagte der Insolvenzverwalter gegen die betreibende Gläubigerin auf Schadensersatz. Er vertrat die Auffassung, dass die betreibende Gläubigerin ihre Ansprüche hätte vollumfänglich geltend machen müssen und verpflichtet gewesen sei, den nicht benötigten Erlös an die Insolvenzmasse abzuführen. Da dies nicht erfolgt sei, hafte sie der Masse nach § 280 I BGB auf Schadensersatz.

Der BGH konnte jedoch in dem Verhalten der Beklagten keine schadensersatzbegründende Pflichtverletzung feststellen. Unter Bekräftigung der Bestverwertungsverpflichtung sahen die Richter im zu entscheidenden Falle schutzwürdige Belange des Sicherungsnehmers als beeinträchtigt an, weswegen eine vollumfängliche Geltendmachung nicht benötigter Grundschuldzinsen zu Recht unterblieben sei.[413] Da die Beklagte mit der nachrangigen Grundpfandrechtgläubigerin einvernehmlich abgesprochen hatte, Zinsansprüche nur anteilig geltend zu machen, hätte sie sich durch eine absprachewidrige vollumfängliche Anmeldung möglicherweise zum Schadensersatz verpflichtet. Im Übrigen hätte sich die Beklagte sonst mit

411 BGH NJW 1997, 2672, 2673; BGH NJW 2000, 352, 353.
412 BGH NJW 2012, 1142, 1143.
413 BGH NJW 2012, 1142, 1143.

der Frage auseinandersetzen müssen, ob aufgrund der erfolgten Abtretung an die nachrangige Gläubigerin dieser, oder dem Insolvenzverwalter Ansprüche auf den Übererlös zugestanden hätten.[414]

Vor diesem Hintergrund und dem bestehenden Haftungsrisiko billigte der BGH die Vorgehensweise der Beklagten.

Auch in der jüngsten Entscheidung hat der BGH die Rechtsfrage, ob der betreibende Gläubiger verpflichtet ist, nicht benötigte Grundschuldzinsen vollumfänglich gelten zu machen, erneut ausdrücklich offen gelassen.[415] Im Rahmen dieser Entscheidung hatten die Richter die Gelegenheit eine seit 30 Jahren höchst umstrittene Rechtsfrage abschließend zu klären. Diese Gelegenheit hat der Bundesgerichtshof ungenutzt verstreichen lassen und stattdessen eine am Einzelfall ausgerichtete Lösung präsentiert, die einen dogmatischen Unterbau vermissen lässt. Überraschender Weise hat der BGH die eingeschlagene Linie aus den Urteilen vom 04.02.2011 und vom 16.12.2011 gerade nicht fortgesetzt und auf den hier interessierenden Fall entgegen aller Erwartungen nicht übertragen.

f) Fazit

Die dargestellten Entscheidungen verdeutlichen, dass es dem BGH bislang nicht gelungen ist, eine einheitliche Rechtsprechungslinie zu entwickeln. Ob der das Zwangsversteigerungsverfahren betreibende Gläubiger verpflichtet ist, einen größtmöglichen Übererlös zu erzielen und hierzu insbesondere ihm zustehende, nicht benötigte Grundschuldzinsen vollumfänglich geltend zu machen, ist nach wie vor eine ungeklärte Rechtsfrage. Statt einen dogmatisch fundierten Lösungsweg zu entwickeln, entscheidet der BGH einzelfallorientiert, ohne die Kernproblematik verbindlich zu klären.

3) Das Meinungsbild in der Literatur

Die wissenschaftliche Auseinandersetzung zur Frage, ob der Grundschuldgläubiger verpflichtet ist, einen Übererlös zu erzielen und hierzu insbesondere auch die Grundschuldzinsen vollumfänglich geltend zu machen hat, dauert schon seit den späten 1950-iger Jahren an. Auch hier ist die Entwicklung nach wie vor im Fluss. Gleichwohl hat sich mittlerweile ein fester Meinungsstand konsolidiert, der aus drei unterschiedlichen Strömungen besteht.

---

414 BGH NJW 2012, 1142, 1143.

415 BGH NJW 2012, 1142.

a) Pflicht zur vollständigen Realisierung der Grundschuld

Einerseits wird vertreten, dass der Gläubiger der Sicherungsgrundschuld aufgrund des Sicherungsvertrages verpflichtet sei, die Grundschuld hinsichtlich des Kapitals, als auch im Hinblick auf sämtliche Zinsen, vollumfänglich geltend zu machen und einen etwaig vorhandenen Übererlös nach Rückführung der gesicherten Forderungen an den Sicherungsgeber auszukehren habe.[416] Zur Begründung wird überwiegend angeführt, dass der Sicherungsvertrag den Gläubiger verpflichte, die Interessen des Sicherungsgebers vollumfänglich wahrzunehmen, insbesondere solche, die der Sicherungsgeber aufgrund der Rechtsübertragung selbst nicht mehr vornehmen könne.[417] Da den Grundschuldgläubiger aufgrund des Sicherungsvertrages im Zweifel die Pflichten eines Beauftragten träfen, der es übernommen hat, im Interesse eines anderen tätig zu werden, sei er verpflichtet ein bestmögliches Verwertungsergebnis zu erzielen, da er sich anderenfalls Schadensersatzansprüchen des Sicherungsgebers ausgesetzt sähe.[418]

b) Vollständige Geltendmachung des Kapitals, nicht aber der Zinsen

Andererseits hat sich eine Auffassung herausgebildet, die den Grundschuldgläubiger in der Zwangsversteigerung zwar für verpflichtet hält einen Übererlös zu erzielen und, sofern zur Rückführung gesicherter Forderungen nicht erforderlich, an den Sicherungsgeber auszukehren. Diese Verpflichtung soll sich hingegen nur auf die Geltendmachung des Grundschuldkapitals erstrecken, nicht auch auf die Zinsen.[419]

Zur Begründung wurde bereits in den 1960-iger Jahren vorgebracht, dass der Sicherungsnehmer aufgrund des Sicherungsvertrages zwar zur Verwertung der Grundschuld berechtigt, nicht aber verpflichtet sei.[420] Verzichte der

416 Soergel/*Konzen* BGB § 1191 Rn. 59; Staudinger/*Wolfsteiner* Vorbem. zu §§ 1191 ff. Rn. 124; *Pleyer*, FS Hübner, S. 655, 663; *Clemente*, Recht der Sicherungsgrundschuld Rn. 528; derselbe, ZfIR 2012, 317, 319; *Serick*, Eigentumsvorbehalt und Sicherungsübereignung, Band III, S. 519; *Eckelt*, WM 1980, 454, 455; *Kolbenschlag*, WM 1958, 1434.

417 Staudinger/*Wolfsteiner* Vorbem. zu §§ 1191 ff. Rn. 29; *Kolbenschlag* WM 1958, 1434.

418 In diesem Sinne: *Clemente*, ZfIR 2012, 317, 319.

419 MüKo/*Eickmann* § 1191 Rn. 150; Palandt/*Bassenge* § 1191 Rn. 32; *Stöber*, ZVG, § 114 Rn. 7.6 f.; *Huber*, Die Sicherungsgrundschuld, S. 237; *Storz*, ZIP 1980, 506, 513; *Räfle*, ZIP 1981, 821, 822 f.; *Zimmer*, NotBZ 2012, 163, 165.

420 Vgl.: *Huber*, Die Sicherungsgrundschuld, S. 237. In diesem Sinne hatte sich bereits das Reichsgericht im Falle des Sicherungszessionars einer Hypothek dafür ausgesprochen

Grundschuldgläubiger im Zwangsversteigerungsverfahren auf die vollumfängliche Geltendmachung der Zinsen, käme es zwar in den seltensten Fällen zur Auskehrung eines Übererlöses an den Sicherungsgeber.[421] Daraus resultiere jedoch kein Schaden, da nachrangige Gläubiger eine Zuteilung aus dem Erlös erhielten und somit ihre Forderungen gegen den Sicherungsgeber entsprechend zurückführen könnten, so dass letztlich wirtschaftlich der Sicherungsgeber vom Verzicht des betreibenden Gläubigers profitiere.[422] Jedenfalls könne vom betreibenden Gläubiger nicht verlangt werden seine dingliche Rechtsstellung nur zu dem Zweck auszunutzen, eine möglichst umfangreiche Auskehrung an den Sicherungsgeber vorzunehmen, um nachrangigen Grundpfandrechtsgläubigern Erlösanteile zu entziehen.[423] Im Übrigen könne der Sicherungsgeber, als Eigentümer, selbst rückständige Zinsen aus der Grundschuld aufgrund § 1178 I, § 1197 II BGB nicht verlangen. Wäre daher die Rückgewähr der Grundschuld an den Eigentümer vor Durchführung des Versteigerungsverfahrens erfolgt, stünden ihm keine Ansprüche auf rückständige Zinsen zu.[424] Dementsprechend seien rückständige Zinsen niemals von der Rückgewährverpflichtung des Sicherungsnehmers umfasst, ihre Nichtgeltendmachung dementsprechend nicht als schadensersatzbegründende Pflichtverletzung aufzufassen.

Anders soll die Rechtslage nur zu beurteilen sein, wenn der Rückgewähranspruch an einen Dritten abgetreten worden ist. In diesem Fall sei der Grundschuldgläubiger zur vollumfänglichen Geltendmachung der Grundschuldzinsen verpflichtet.[425] In diesem Zusammenhang wird darauf verwiesen, dass die Nichtgeltendmachung von Grundschuldzinsen das Sicherungsrecht des Zessionars im Wert mindere, so dass diesem Schadensersatzansprüche gegen den betreibenden Gläubiger zustünden.[426] Da für diesen die eigentümerbezogenen Beschränkungen der §§ 1178, 1197 BGB keine Geltung beanspruchten, müsste der Gläubiger entweder die dinglichen Zinsen vollumfänglich geltend machen oder so rechtzeitig von ihm nicht mehr benötigte

---

diesem lediglich die Berechtigung zur Einziehung einzuräumen, nicht aber die Verpflichtung aufzubürden die Einziehung für den Zedenten betreiben zu müssen. Vgl.: RGZ 76, S. 345, 346 ff.

421 *Huber*, Die Sicherungsgrundschuld, S. 237.

422 So schon *Komanns*, Das Grundpfandrecht als fiduciarische Sicherheit, S. 49 f.; auch *Freckmann*, BKR 2012, 133, 137.

423 So insbesondere *Huber*, Die Sicherungsgrundschuld, S. 238.

424 *Storz*, ZIP 1980, 506, 513; ebenso *Räfle*, ZIP 1981, 821, 823.

425 MüKo/*Eickmann* § 1191 Rn. 150; *Huber*, Die Sicherungsgrundschuld S. 238; *Storz*, ZIP 1980, 506, 513; *Räfle*, ZIP 1981, 821, 823.

426 Vgl.: *Storz*, ZIP 1980, 506, 513.

Grundschuldteile zedieren, um dem Inhaber des Rückgewähranspruches die Gelegenheit zu geben, ihm zustehenden Zinsansprüche im Versteigerungsverfahren durch entsprechende Anmeldung selbst zu verfolgen.[427]

Diese Auffassung differenziert letztlich danach, wer Inhaber des Rückgewähranspruches ist. Steht dem Eigentümer der Rückgewähranspruch zu, so braucht der Grundschuldgläubiger die Grundschuld hinsichtlich der Zinsen nicht vollumfänglich geltend zu machen. Ist der Rückgewähranspruch hingegen an einen vom Eigentümer zu unterscheidenden Dritten abgetreten, wird eine Verpflichtung des betreibenden Grundschuldgläubigers angenommen, die Grundschuldzinsen zur Gänze einzufordern.

c) Keine Verpflichtung zur Erzielung eines Übererlöses

Die dritte Ansicht hält den Grundschuldgläubiger schließlich nur für berechtigt, die Grundschuld in einem Umfang geltend zu machen, der zur Tilgung noch offener Forderungen benötigt wird.[428] Zur Begründung wird angeführt, dass der Grundschuldgläubiger im Rahmen der Verwertung nur in dem Umfang aus der Grundschuld vorgehen dürfe, die der Valutierung entspräche, da ansonsten dem Sicherungsgeber Einreden aus dem Sicherungsvertrag zustünden, die einer darüber hinausgehenden Inanspruchnahme der Sicherheit entgegenstünden. Es sei nicht einzusehen, warum der Gläubiger im Verhältnis zu Dritten in der Zwangsversteigerung zu einem Vorgehen gedrängt werde, welches im Verhältnis zum Sicherungsgeber selbst unzulässig wäre.[429] Im Übrigen könne es nicht angehen, den Gläubiger zur Erzielung eines größtmöglichen Übererlöses anzuhalten und eine Auskehrung an den Sicherungsgeber vorzunehmen, alleine um nachrangigen Grundpfandrechtsgläubigern zu deren Nachteil den Zwangsversteigerungserlös zu entziehen.[430]

4) Stellungnahme

Ausgangspunkt der Lösungsfindung ist, dass der Sicherungsvertrag zwischen dem Sicherungsgeber und dem betreibenden Sicherungsnehmer auch ohne

427 Diese Argumentation entwickelte Huber bereits in den 1960-iger-Jahren. Vgl.: *Huber*, Die Sicherungsgrundschuld, S. 238. Dieser Argumentation im Kern folgend auch: *Storz*, ZIP 1980, 506, 513.

428 *Gaberdiel*, Kreditsicherung durch Grundschulden, Rn. 1155.

429 *Gaberdiel*, Kreditsicherung durch Grundschulden Rn. 1155, mit Verweis auf Rn. 788, 794.

430 *Gaberdiel*, Kreditsicherung durch Grundschulden Rn. 1155.

ausdrückliche Vereinbarung ein Treuhandverhältnis begründet.[431] Aufgrund dessen hat der Sicherungsnehmer im Zweifel die Pflichten eines Beauftragten, der es übernommen hat im Interessenkreis eines anderen tätig zu werden.[432] Hieraus resultiert eine Interessenwahrungspflicht, die sich insbesondere auf die Wahrnehmung solcher Angelegenheiten konzentriert, die der Sicherungsgeber aufgrund der dinglichen Rechtsübertragung selbst nicht mehr vornehmen kann.[433]

Typischer Ausdruck dessen ist, dass der Sicherungsnehmer die ihm eingeräumte Sicherheit zurückgewähren muss, wenn er sie endgültig zur Absicherung von Risiken nicht mehr benötigt, der Sicherungszweck damit endgültig in Wegfall geraten ist und der Sicherungsgeber den ihm zustehenden Rückgewähranspruch geltend macht.[434] Vor diesem Hintergrund ist die Rechtsposition des Sicherungsnehmers stets nur eine „Inhaberschaft auf Zeit." Der Sicherungsnehmer ist daher gehalten die Sicherheit pfleglich zu behandeln, um sie im Fall der Rückgewährreife ohne Wertminderung zurückübertragen zu können.[435] Mithin handelt es sich bei der Verpflichtung zur Rückgewähr der Sicherheit um eine Hauptpflicht des Sicherungsnehmers.[436]

Wird nun aus der Grundschuld die Zwangsversteigerung betrieben, so erlischt mit dem Zuschlag das dingliche Recht nach §§ 90, 91 ZVG. Als Surrogat für das untergegangene Recht entsteht ein Anspruch auf den Versteigerungserlös.[437] Da dem betreibenden Gläubiger die Rückgewähr von nicht benötigten Grundschuldteilen aufgrund des Unterganges nicht mehr möglich ist, muss er stattdessen eine Auskehrung des überschüssigen Erlöses an den Inhaber des Rückgewähranspruches vornehmen.

In welchem Umfang dabei eine Auskehrung zu erfolgen hat, ist letztlich davon abhängig, ob alleine die dingliche Rechtslage entscheidend ist oder ob weitere Aspekte in die Betrachtungen miteinbezogen werden müssen.

---

431 Vgl.: BGHZ 133, 25 ff.; BGH ZIP 1989, 157.

432 So auch *Clemente*, ZfIR 2012, 317, 318.

433 MüKo/*Eickmann* § 1191 Rn. 53; Staudinger/*Wolfsteiner* Vorbem. zu §§ 1191 Rn. 29; *Kolbenschlag* WM 1958, 1434, 1435.

434 Vgl.: BGH NJW 1986, 2108; BGH NJW 1989, 1349; BGH NJW 1989, 2536; BGH NJW 1992, 1620; *Epp* in Schimansky/Bunte/Lwowski, Bankrechtshandbuch, § 94 Rn. 398 ff.; *Lettl*, WM 2002, 788.

435 Wird die Rückgewähr aufgrund schuldhaften Verhaltens des Sicherungsnehmers unmöglich, so ist er dem Sicherungsgeber zum Schadensersatz verpflichtet. Näher: BGH NJW 1989, 2536, 2538.

436 In diesem Sinne auch *Pleyer*, FS Hübner, S. 662.

437 *Stöber*, ZVG § 114, Rn. 7.4.

a) Eigentum und Rückgewähranspruch fallen auseinander

Steht der Rückgewähranspruch einem anderen als dem Eigentümer des Grundstücks zu, so wäre der Anspruchsberechtigte hypothetisch bei Erfüllung des Rückgewähranspruches außerhalb des Zwangsversteigerungsverfahrens in der Lage, das dingliche Recht und sämtliche Grundschuldzinsen vollumfänglich geltend zu machen, da die eigentümerbezogenen Beschränkungen der §§ 1178, 1197 BGB in diesem Fall nicht einschlägig wären.[438] Unterbleibt eine vorzeitige Rückgewähr, so ist der Inhaber des Rückgewähranspruches zur vollumfänglichen Realisierung der Grundschuldzinsen auf die Mitwirkung des Sicherungsnehmers angewiesen. Unterlässt dieser die Anmeldung, verringert er den Wert der Sicherheit zulasten des Rückgewährberechtigten und macht sich damit schadensersatzpflichtig. Angesichts der Tatsache, dass rückständige Zinsforderungen aufgrund anhaltend hoher Grundschuldzinssätze einen erheblichen Anteil am Sicherungswert der abgetretenen Grundschuld ausmachen,[439] verbirgt sich in der unterbliebenen Geltendmachung ein erhebliches Haftungsrisiko.

Bei Divergenz von Eigentum und Rückgewährberechtigung ist der betreibende Gläubiger daher verpflichtet, im Interesse des Rückgewährberechtigten, die Grundschuld auch hinsichtlich der Zinsen vollumfänglich geltend zu machen.

b) Identität zwischen Eigentümer und Inhaber des Rückgewähranspruches

Ist der Eigentümer zugleich Inhaber des Rückgewähranspruches so ist die Antwort auf die Frage, ob der betreibende Gläubiger zur vollständigen Geltendmachung dinglicher Zinsen verpflichtet ist, scheinbar einfach zu beantworten, wenn man die Rechtslage mit der Situation vergleicht, in der die Grundschuld bereits vor Einleitung des Zwangsversteigerungsverfahrens an den Eigentümer zurückgelangt wäre. In diesem Fall würde die Grundschuld nach § 1192 BGB, iVm. § 1178 I S. 1 BGB für rückständige Zinsen und Nebenleistungen erlöschen.[440] Zugleich würde § 1197 II BGB die Verzinslichkeit der Grundschuld solange ausschließen, wie

---

438 Palandt/*Bassenge* § 1178 Rn. 2, sowie § 1197 Rn. 1.

439 Vgl.: Die rechnerische Aufstellung bei *Storz*, ZIP 1980, 506, 507.

440 § 1178 I BGB ist für die Eigentümergrundschuld entsprechend anwendbar. Vgl.: BGH WM 1965, 1197, 1198; BGH NJW 2011, 1500, 1501; *Reischl* in jurisPK-BGB § 1178 Rn. 20; Palandt/*Bassenge* § 1178 Rn. 3; anders nur: *Jauernig*, BGB, § 1192 Rn, 3, der § 1178 BGB als Ausdruck der Akzessorietät der Hypothek ansieht und deshalb entsprechende Anwendung auf die Grundschuld ablehnt.

Eigentum und Rechtsinhaberschaft in einer Person vereinigt sind.[441] In diesem Fall könnte der Eigentümer aus der Eigentümergrundschuld weder rückständige noch laufende Zinsen erhalten.

Alleine die dingliche Rechtslage ist jedoch für die Lösung der hier zu untersuchenden Rechtsfrage nicht entscheidend. Bedacht werden muss, dass der Eigentümer als Sicherungsgeber aufgrund des Sicherungsvertrages schuldrechtlich mit dem betreibenden Gläubiger als Sicherungsnehmer verbunden ist. Welche Verpflichtungen dem Gläubiger im Falle der Verwertung der Sicherungsgrundschuld obliegen, lässt sich alleine im Hinblick auf die Rechtsnatur des Sicherungsvertrages und die daraus resultierenden Verpflichtungen beantworten.

Ausgangspunkt der Überlegung ist, dass der Sicherungsvertrag ein Treuhandverhältnis zwischen den Parteien zur Entstehung gelangen lässt.[442] Dieses Rechtsverhältnis erlischt nicht durch die Einleitung von Vollstreckungsmaßnahmen, sondern verlangt dem Sicherungsnehmer auch in diesem Stadium Treuepflichten gegenüber dem Sicherungsgeber ab. Der Sicherungsnehmer ist im Rahmen jeder Verwertungsmaßnahme gehalten, die Belange des Sicherungsgebers zu wahren und muss dabei bestrebt sein, das bestmöglichste Verwertungsergebnis zu erzielen.[443]

Diese Bestverwertungspflicht besteht nicht schrankenlos, sondern findet ihre Grenzen dort, wo schutzwürdige Interessen des Sicherungsnehmers entgegenstehen.[444] Damit kann eine Lösung der hier interessierenden Frage nur gefunden werden, wenn im Rahmen einer wertenden Betrachtung die Interessen beider Parteien des Sicherungsvertrages hinreichend berücksichtigt werden.

Eine Einschränkung der Bestverwertungspflicht kann für den betreibenden Gläubiger nur in den Fällen gebilligt werden, in denen ihm aus der vollumfänglichen Geltendmachung des dinglichen Rechts Nachteile resultieren könnten. Als Ausdruck des allgemeinen Gedankens von Treu und Glauben, wird man auch einen fremdnützig Tätigen nicht zu einem Vorgehen verpflichten wollen, aus dem ihm persönliche Nachteile erwachsen könnten. Im konkreten Fall der vollumfänglichen Geltendmachung der Grundschuldzinsen wäre denkbar, dass sich der betreibende Gläubiger nach Erzielung eines Übererlöses im Unklaren darüber befände, an wen die Auskehrung zu erfolgen hätte. So könnte sich der Gläubiger

441 BGH WM 1975, 757 spricht in diesem Zusammenhang von einer „personengebundenen Suspendierung" des Zinsanspruches.

442 Vgl.: BGH ZIP 1996, 1164; auch BGH ZIP 1989, 157.

443 So BGH NJW 2000, 352, 353.

444 BGH NJW 1997, 2672, 2673. Auch BGH WM 2012, 301, 302.

möglicherweise Haftungsgefahren aussetzen, wenn die Auskehrung an einen Nichtberechtigten erfolgen würde.[445]

Diese Gefahr lässt sich dahingehend relativieren, dass mit ihr nur dann gerechnet werden muss, wenn tatsächlich mehrere Berechtigte, beispielsweise nachrangige Grundpfandrechtsgläubiger, Pfändungsgläubiger und der Sicherungsgeber selbst, vorhanden sind. Bestehen dann Unsicherheiten über die Person des Berechtigten, könnte der betreibende Gläubiger den Übererlös zu Gunsten der Beteiligten nach § 372 S. 2, 2. Alt BGB, wegen Ungewissheit über die Person des Gläubigers, hinterlegen und die Frage der Berechtigung hinsichtlich des hinterlegten Betrages in einem sich anschließenden Freigabeverfahren, ohne seine Beteiligung, unter den Interessenten hinsichtlich des Hinterlegungsbetrages ausurteilen lassen.[446] Damit bestünden für den betreibenden Gläubiger bei der Erzielung eines größtmöglichen Übererlöses keinerlei Haftungsrisiken.

Der betreibende Gläubiger ist daher aufgrund des Sicherungsvertrages im Verhältnis zum Sicherungsgeber verpflichtet, die Grundschuld in vollem Umfang geltend zu machen. Eigene, schutzwürdige Interessen stehen dieser Vorgehensweise nicht entgegen, so dass das schuldrechtliche Innenverhältnis, verkörpert durch den Sicherungsvertrag, dem Gläubiger auferlegt, möglichst weitgehend im Interesse des Sicherungsgebers tätig zu werden.

Hiergegen lässt sich schließlich auch nicht vorbringen, dass die Erzielung eines größtmöglichen Übererlöses zu Lasten nachrangiger Grundpfandrechtsgläubiger erfolgt. Diesen steht die Möglichkeit offen, im Wege der Forderungspfändung auf Ansprüche des Sicherungsgebers auf Auskehrung des Übererlöses zuzugreifen und sich damit einen Teil des Versteigerungserlöses zu sichern.

5) Ergebnis

Es lässt sich damit festhalten, dass der betreibende Gläubiger stets verpflichtet ist in der Zwangsversteigerung einen Übererlös anzustreben und hierzu insbesondere die dinglichen Zinsen vollumfänglich geltend zu machen hat. Im Falle der Abtretung des Rückgewähranspruches folgt dieses Ergebnis aus der dinglichen Rechtslage. Bei Personenidentität von Eigentümer und Rückgewährberechtigtem begründet das treuhänderische Innenverhältnis in Form des Sicherungsvertrages die Pflicht, das dingliche Recht vollumfänglich geltend zu machen und damit im Sinne des Sicherungsgebers hinsichtlich nicht benötigter Übererlösteile auf

445 Hierauf hat auch der BGH in NJW 2012, 1142, 1143 hingewiesen.

446 In diesem Sinne auch *Clemente*, ZfIR 2012, 317, 319.

fremde Rechnung tätig zu werden. Die Pflicht zur Erzielung eines größtmöglichen Übererlöses veranschaulicht besonders deutlich, dass es sich in der Kombinationsphase des Sicherungsvertrages um eine Mischform aus zwei Treuhandformen handelt. Hinsichtlich der realisierten Grundschuldteile liegt eine Sicherungstreuhand vor. Bezüglich der zu realisierenden Teile, die vom Sicherungsnehmer hingegen selbst nicht mehr benötigt werden, handelt es sich dagegen um eine reine verwaltungstreuhänderische Tätigkeit des Sicherungsnehmers. Anstatt die Grundschuld teilweise zurück zu gewähren, wird diese Verpflichtung mit der Auskehrung des erzielten Übererlöses surrogiert. Der Sicherungsgeber handelt diesbezüglich auf fremde Rechnung.

D. Ausschließliche Fremdnützigkeit bei der reinen Verwaltungstreuhand

I. Vollständige Wandlung der Interessenrichtung zur reinen Fremdnützigkeit

In objektiver Hinsicht konnte festgestellt werden, dass durch die ratierlichen Zins- und Tilgungsleistungen des Sicherungsgebers nach bereits eingetretener Übersicherung, der nicht mehr benötigte Teil der Sicherungsgrundschuld immer weiter anwächst, wohingegen die gesicherten Forderungen immer weiter zurückgeführt werden. Letztlich führt dies dazu, dass durch die vollständige Tilgung der gesicherten Forderungen und dem damit einhergehenden endgültigen Entfall des Sicherungszwecks eine Zweckrichtungsänderung hin zur reinen Verwaltungstreuhand stattfindet.

Diese objektive Zweckänderung schlägt sich auch in der Interessenausrichtung des treuhänderischen Innenverhältnisses nieder. Der Sicherungsnehmer hat solange ein Eigeninteresse an der Aufrechterhaltung der Sicherheit und ihrer Werthaltigkeit, wie ein Sicherungsbedürfnis in Form eines abzusichernden Kreditrisikos vorhanden ist. Da sich dieses Risiko kongruent der gesicherten Forderungen entwickelt, ist eine stetige Abnahme durch die ratierliche Rückführung der gesicherten Forderungen festzustellen. Damit einhergeht ein immer weiter schwindendes Eigeninteresse des Sicherungsnehmers.

Ist schließlich eine vollständige Rückführung erfolgt, ein Sicherungsbedürfnis in Form eines abzusichernden Kreditrisikos nicht mehr vorhanden, bedingt dies den vollständigen und endgültigen Entfall des Sicherungszwecks. Der Sicherungsgeber hat ab diesem Zeitpunkt einen Anspruch auf Rückgewähr der Grundschuld und der weiterhin bestellten Sicherheiten. Der Sicherungsnehmer kann ab dem Zeitpunkt des endgültigen Entfalls des Sicherungszwecks keinerlei eigene Rechte mehr an den bestellten Sicherheiten geltend machen.[447] Obwohl er nach wie vor dinglich Berechtigter hinsichtlich der Grundschuld ist, gehört die Sicherungsgrundschuld nach Entfall des Sicherungszwecks wirtschaftlich vollständig zum Vermögen des Sicherungsgebers.[448] Der Sicherungsnehmer hält die Grundschuld fremdnützig für den Sicherungsgeber, bis dieser von seinem Rückgewähranspruch Gebrauch macht.

Aus Sicht des Sicherungsnehmers bedingt der objektive Entfall des Sicherungszwecks damit auch eine Wandlung der Interessenrichtung hin zu einem rein fremdnützigen Tätigwerden im Sinne des Sicherungsgebers. Dem Sicherungsvertrag als dem schuldrechtlichen Innenverhältnis der nunmehr bestehenden Verwaltungstreuhand kommt nunmehr die Aufgabe zu, die Erfüllung des Rückgewähranspruches zu regeln und die damit einhergehende vollständige Beendigung des Sicherungsverhältnisses einzuleiten. Auch in dieser Phase des Sicherungsverhältnisses wird zu zeigen sein, dass Interessenkonflikte unvermeidbar sind.

II. Die Entgeltfrage im Rahmen der Rückgewähr

Ist der Sicherungszweck vollständig und endgültig weggefallen, so steht dem Sicherungsgeber hinsichtlich der Art und Weise der Rückgewähr ein Wahlrecht zu.[449] Der Sicherungsgeber kann frei entscheiden, ob die Sicherungsgrundschuld

---

447 Insbesondere kann gegen den Rückgewähranspruch des Sicherungsgebers kein Zurückbehaltungsrecht nach § 273 BGB hinsichtlich der Sicherungsgrundschuld geltend gemacht werden für solche Ansprüche, die nicht mit Hilfe der Sicherungszweckvereinbarung in den Deckungsbereich der Grundschuld einbezogen waren. In diesem Sinne bereits: BGHZ 41, 30, 37; 71, 19, 23; speziell zur Sicherungsgrundschuld BGH NJW 1988, 3260, 3261; WM 2000, 1443. Würde man ein Zurückbehaltungsrecht anerkennen, könnte die Rückgewähr der Grundschuld wegen nicht in den Sicherungsbereich fallender Forderungen scheitern. Dadurch würde letztlich der Haftungsbereich der Grundschuld, zumindest ihrer Herausgabe, unter Missachtung der ursprünglichen Sicherungszweckerklärung ausgedehnt werden. So auch: *Wilhelm*, Sachenrecht, FN. 1223; *Hutner* in Balensiefen/Bönker/Geiger/Schaller, Rechtshandbuch für die Immobilienpraxis, 8.6.1.9, S. 313; *Reischl* in jurisPK-BGB § 1191 Rn. 84.

448 In diesem Sinne auch: BGH WM 2012, 1331, 1332.

449 Vgl.: BGH ZIP 2002, 932, 934; NJW-RR 1994, 847; WM 1989, 1412, 1415; Staudinger/*Wolfsteiner* Vorbem. zu §§ 1191 ff. Rn. 121; *Gaberdiel*, Kreditsicherung durch Grundschulden, Rn. 748.

an ihn oder einen Dritten abgetreten werden soll, ob sie gelöscht werden soll oder ob der Sicherungsnehmer eine Verzichtserklärung abzugeben hat.[450] Es handelt sich daher um eine Wahlschuld, deren Konkretisierung durch Ausübung des Wahlrechts durch den Rückgewährberechtigten nach Maßgabe des § 263 BGB eintritt.[451] Im Rahmen der Erfüllung des Rückgewähranspruches sind nicht nur die materiellen Rechtsänderungen herbeizuführen, sondern da es sich zumeist im Buchgrundschulden handelt, auch die entsprechenden grundbuchrechtlichen Erklärungen abzugeben. Verlangt der Sicherungsgeber etwa die Abtretung der Sicherungsgrundschuld, so muss eine entsprechende Abtretungsurkunde in Form des § 29 GBO erstellt werden, mit der auf Antrag des Sicherungsgebers nach § 13 GBO hin, die entsprechenden grundbuchrechtlichen Änderungen vorgenommen werden können. Wird hingegen die Löschung oder der Verzicht begehrt, so hat der Sicherungsnehmer entsprechende formgerechte Urkunden zu erstellen. Die Erstellung der notwendigen Urkunden im Rahmen der Erfüllung des Rückgewähranspruches lassen sich Banken und Kreditinstitute nicht selten gut bezahlen. Regelmäßig wird vom sicherungsgebenden Darlehensnehmer für den Vollzug der Rückgewähr ein Entgelt verlangt, um den vermeintlich entstandenen Aufwand auf Seiten der Bank oder des jeweiligen Kreditinstituts angemessen abzugelten.

Fraglich ist daher, ob der Sicherungsnehmer für die Erfüllung des Rückgewähranspruches ein Entgelt verlangen darf.

1) Entwicklung der Rechtsprechung

Die Rechtsprechung hatte sich mit der Entgeltproblematik im Rahmen der Erfüllung des Rückgewähranspruches schon vor über 20 Jahren erstmals auseinanderzusetzen. Daraufhin hat sich eine Rechtsprechungslinie entwickelt, die mittlerweile als gefestigt angesehen werden kann.

a) OLG Frankfurt Urteil vom 20.09.1990, 6 U 177/88

In dem der Entscheidung zu Grunde liegenden Sachverhalt nahm ein rechtsfähiger, aus öffentlichen Mitteln geförderter Verbraucherschutzverein eine Bank auf Unterlassung in Anspruch, die ihre Allgemeinen Geschäftsbedingungen,

---

450 Palandt/*Bassenge* § 1191 Rn. 26; Erman/*Wenzel* § 1191 Rn. 62; Staudinger/*Wolfsteiner* Vorbem. zu §§ 1191 ff. Rn. 121; *Clemente,* Recht der Sicherungsgrundschuld, Rn. 392.

451 In diesem Sinne auch: Erman/*Wenzel* § 1191 Rn. 62; *Clemente*, Recht der Sicherungsgrundschuld, Rn. 393.

insbesondere Ziff. 22 Abs. 2, mit einem Preisverzeichnis versehen hatte und gegenüber ihren Kunden verwendete.[452] Ziff. 22 Abs. 2 der Allgemeinen Geschäftsbedingungen lautete:

„2. Für alle sonstigen Leistungen und Maßnahmen bei der Bestellung, Verwaltung, Freigabe und Verwertung von Sicherheiten sowie bei der Inanspruchnahme von Mitverpflichteten kann die Bank ein angemessenes Entgelt im Rahmen des § 315 des Bürgerlichen Gesetzbuches in Rechnung stellen…"

Im entsprechend von der Bank herausgegebenen, die vorangehende Klausel näher ausgestaltenden Preisverzeichnis, waren die gebührenpflichtigen Dienstleistungen mit den jeweiligen Gebührenansätzen einzeln aufgelistet. Nr. 1 dieses Preisverzeichnisses hatte folgenden Inhalt:

„1. Ausfertigung Löschungsbewilligung; Abtretungserklärung oder Rangrücktrittvereinbarung bei Grundpfandrechten – 30 DM"

Zur Begründung des Unterlassungsanspruchs vertrat der klägerische Verein die Auffassung, die voraufgeführte Klausel im Preisverzeichnis der Beklagten benachteilige Verbraucher in unangemessener Weise. Die Beklagte lasse sich hier insbesondere bei der Ausfertigung einer Löschungsbewilligung eine Leistung vergüten, für die sie wegen § 369 BGB schon kein Entgelt verlangen dürfe. Im Übrigen hätte die Beklagte den ihr entstandenen Aufwand bereits im effektiven Jahreszinssatz des gesicherten Kreditverhältnisses entsprechend eingepreist.

Dem trat die Beklagte unter Darlegung des ihr entstehenden Arbeitsaufwandes bei der Erteilung einer Löschungsbewilligung entgegen. Vor diesem Hintergrund sei die Klausel nicht zu beanstanden.

Das OLG folgte schon im Ansatz nicht der Argumentation des klagenden Vereines. Die von der Beklagten verwendete Klausel weiche nicht vom gesetzlichen Leitbild des § 369 BGB ab, da es sich bei einer Löschungsbewilligung nicht um eine Tatsachenerklärung in Form einer Quittung, sondern um eine Rechtserklärung handele, für die § 369 BGB keine Aussage träfe.[453] In der Erhebung eines Entgeltes für die Ausfertigung einer Löschungsbewilligung könne auch keine unangemessene Benachteiligung von Verbrauchern gesehen werden, da der auf Seiten der Bank feststellbare Aufwand nicht in den Kreditzins eingepreist werde, da er nicht bei jedem Kreditgeschäft anfalle.[454] Eine gesonderte Gebühr für die Ausfertigung einer Löschungsbewilligung sei vor diesem Hintergrund gerechtfertigt.

---

452 Zum Sachverhalt vgl.: WM 1988, 1664, 1665 und WM 1990, 2036.

453 OLG Frankfurt, WM 1990, 2036, 2037.

454 OLG Frankfurt, WM 1990, 2036, 2037.

Schließlich sei auch die Höhe des Entgelts nicht zu beanstanden, da sie sich im Vergleich mit den zu zahlenden Entgelten bei anderen Instituten an der untersten Grenze bewege.[455]

Das OLG wies die Klage des Verbraucherschutzvereins ab.

b) Grundlagenentscheidung – BGH Urteil vom 07.05.1991, XI ZR 244/90

Der Verbraucherschutzverein ging in Revision, so dass sich der XI. Zivilsenat des BGH im Jahre 1991 mit der Rechtsauffassung des OLG Frankfurt auseinanderzusetzen hatte.

Entgegen der Vorinstanz hielt der BGH die streitgegenständliche Entgeltklausel der beklagten Bank für die Erteilung einer Löschungsbewilligung bei Sicherungsgrundschulden mit den AGB-rechtlichen Vorschriften für unvereinbar. Sie sei zum einen mit Grundgedanken der gesetzlichen Regelung nicht vereinbar und benachteilige zudem die betroffenen Verbraucher in unangemessener Weise.[456]

Im Rahmen der Begründung zeigte der Senat zunächst auf, dass § 369 I BGB auf Löschungsbewilligungen anzuwenden sei. Hierfür sei es ohne Bedeutung, dass eine Quittung lediglich eine Tatsachenerklärung beinhalte, nicht aber eine rechtliche Wirkung entfalte, wie es bei der Löschungsbewilligung der Fall sei. Dies ergebe sich aus § 897 BGB, der in der Würdigung des OLG keine Beachtung gefunden hätte, wonach derjenige, der eine rechtliche Erklärung in Form einer grundbuchrechtlichen Erklärung begehre, hierfür lediglich die Kosten, nicht aber ein gesondertes Entgelt zu tragen habe.[457] Im Ergebnis dürfe der Gläubiger unabhängig der Unterschiede zwischen Tatsachen- und Rechtserklärung, stets nur die Kosten, nicht aber ein gesondertes Entgelt verlangen. Schließlich sei dies auch im Hinblick auf § 1144 BGB gerechtfertigt, der davon ausgehe, dass die erforderlichen Urkunden zur Berichtigung des Grundbuchs oder zur Löschung des Grundpfandrechts Zug um Zug gegen Befriedigung aus dem dinglichen Recht zu erteilen seien, ohne die Entrichtung eines gesonderten Entgelts.[458] Aus den

455 Im Rahmen des Verfahrens wurde eine Erhebung durch die THK Wiesbaden durchgeführt, die klären sollte, ob das Verlangen nach einem Entgelt für die Erteilung einer Löschungsbewilligung üblich ist und in welcher Höhe sich die jeweiligen Entgelte bewegten. Von 13 befragten Banken erhoben alle ein Entgelt. Die Höhe variierte von 20 DM im günstigsten Fall, bis hin zu 100 DM. Vgl. OLG Frankfurt, WM 1990, 2036, 2037.

456 BGHZ 114, 330–337=WM 1991, 1113–1115=NJW 1991, 1953–1954= ZIP 1991, 857–859=BB 1991, 1289–1291.

457 BGH BB 1991, 1289, 1290.

458 BGH BB 1991, 1289, 1290.

Grundgedanken der gesetzlichen Regelung folge daher, dass jeder seine Verpflichtung zur Erteilung von Urkunden nachzukommen habe, ohne dies von der Gewährung eines gesonderten Entgelts abhängig machen zu können.[459]

Da die streitgegenständliche Klausel hierzu in Widerspruch stehe, liege eine Unwirksamkeit nach § 9 II Nr. 1 AGBG vor.

Darüberhinaus komme dem von der Beklagten verlangten Entgelt die Aufgabe zu, einen entstandenen Verwaltungsaufwand zu vergüten. Somit erfülle es eine ähnliche Aufgabe wie der Kreditzins, der ebenfalls teilweise zur Deckung anfallenden Verwaltungsaufwands diene. Alleine aus ihm habe die Beklagte aber den entstehenden Verwaltungsaufwand zu bestreiten, ohne ein gesondertes Entgelt verlangen zu können.[460] Da der Abwicklungsaufwand nach Ansicht des BGH bei jedem privaten Bodenkredit anfalle, gingen die privaten Kreditnehmer davon aus, dass hierbei entstehender Aufwand mit dem Kreditzins bereits abgegolten sei und kein gesondertes Entgelt von ihnen hierfür zu entrichten sei.[461] Da die Beklagte ein solches aber verlange, führe die Entgeltklausel im Preisverzeichnis zudem zu einer unangemessenen Benachteiligung der Verbraucher.[462]

c) Die Bestätigung – OLG Köln Urteil vom 28.02.2001, 13 U 95/00

Die aufgezeigte BGH-Rechtsprechung führte für die Bank- und Kreditwirtschaft vor allem zum Versiegen einer Nebeneinnahmequelle. Eine besonders findige Bank hatte daher versucht ihre Entgeltklausel, wonach sie für die Erteilung einer Löschungsbewilligung 150 DM vom Kreditnehmer verlangte, zu retten, indem sie diese aus ihren AGB entfernte und stattdessen in den Konditionenteil der Darlehensverträge integrierte. Über diese Gestaltung hatte das OLG Köln im Jahre 2001 zu befinden.

Das OLG Köln hielt auch die im Konditionenteil des Darlehensvertrages enthaltenen Entgeltklausel für die Erteilung einer Löschungsbewilligung, wegen Abweichung von der gesetzlichen Grundkonzeption und ungemessener Benachteiligung der Verbraucher für unwirksam.

---

459 BGH BB 1991, 1289, 1290.

460 BGH BB 1991, 1289, 1290. Der BGH zeigte mit dieser Argumentation deutlich auf, dass die beklagte Bank ihre Kostenkalkulation besser hätte durchführen müssen und anfallenden Aufwand in der Abwicklungsphase in den Kreditzins hätte einpreisen müssen.

461 BGH BB 1991, 1289, 1290.

462 BGH BB 1991, 1289, 1290.

Zur Begründung verwiesen die Richter darauf, dass Entgelte auch im Rahmen von AGB-rechtlichen-Gestaltungen nur dann verlangt werden könnten, wenn der Verwender eine echte Leistung für den Kunden erbringe. Unzulässig sei es hingegen Aufwendungen für die Erfüllung eigener Verpflichtungen, die von Gesetzes wegen dem Verwender zugewiesen sind, auf den Kunden abzuwälzen und durch AGB als Leistungen für den Kunden zu deklarieren.[463]

Unter Berufung auf das Urteil des BGH vom 07.05.1991 stellten die Richter klar, dass nach § 368 BGB lediglich die Kosten einer Löschungsbewilligung verlangt werden könnten. Das Verlangen eines Entgelts von 150 DM, unabhängig davon ob die entsprechende Klausel in den AGB oder im Konditionenteil des Darlehensvertrages enthalten sei, weiche klar von der gesetzlichen Regelung ab, benachteilige Verbraucher in unangemessener Weise und sei deshalb unwirksam.[464]

d) Folgerungen

Im Ergebnis vertritt die Rechtsprechung die Auffassung, dass für die Erteilung einer Löschungsbewilligung zur Erfüllung des Rückgewähranspruches kein Entgelt verlangt werden kann. Der Sicherungsnehmer soll hierbei in Erfüllung einer gesetzlichen Verpflichtung tätig werden, wofür ihm das Gesetz lediglich eine Erstattungsregelung hinsichtlich der Kosten zur Verfügung stellt, aber keine Rechtsgrundlage zur Beanspruchung eines Entgeltes an die Hand gibt. Obwohl die Entscheidungspraxis hinsichtlich des Entgelts für die Erteilung einer Löschungsbewilligung eindeutig ist, ist in der Bankpraxis nach wie vor Vieles umstritten. Dies rührt vor allem daher, dass einschlägige Entscheidungen lediglich zur Frage des Entgeltes für Löschungsbewilligungen vorliegen, nicht aber für andere Formen der Erfüllung des Rückgewähranspruches, insbesondere die Rückabtretung an den Sicherungsgeber.

Ob für die Erstellung einer Abtretungsurkunde oder einer Verzichtserklärung ein Entgelt verlangt werden kann, ist bislang nicht Gegenstand der höchstrichterlichen Rechtsprechung gewesen, so dass insbesondere hierfür von Banken und Kreditinstituten weiterhin ein Entgelt verlangt wird.[465]

---

463 OLG Köln, OLGR 2001, 277, unter Berufung auf BGHZ 136, 261 und BGH NJW 1998, 383.

464 OLG Köln, OLGR 2001, 277, 278.

465 Vgl.: Bericht der Schutzgemeinschaft für Bankkunden e.V, abrufbar am 24.10.2012 unter: http://www.schuvoba.de/Rechtsverdreher-in-Banken-74.14302.0.html?&contUid=14276, wonach die Dresdner Bank für die Erstellung einer Abtretungsurkunde 150 € vom Kunden vereinnahmte und selbst gegenüber der Kundenbeschwerdestelle

Die Fragestellung, ob der Sicherungsnehmer im Rahmen der Erfüllung des Rückgewähranspruches ein Entgelt für die Erstellung der erforderlichen Urkunden verlangen kann, ist daher nach wie vor aktuell und weist erheblichen Praxisbezug auf.

2) Haltung der Literatur

Eine vertiefte wissenschaftliche Auseinandersetzung mit der Problematik der Bankenentgelte im Rahmen der Rückgewähr der Sicherungsgrundschuld hat bislang nicht stattgefunden. Dies lässt sich vor allem damit erklären, dass es sich bei der gesamten Materie um gelebtes Recht handelt, welches durch die Bank- und Kreditwirtschaft und insbesondere die Rechtsprechung geprägt wird.

Vereinzelt ist davon die Rede, dass die Erteilung einer Löschungsbewilligung nicht im Rahmen einer jeden Bodenkreditabwicklung anfalle, so dass der hierfür entstehende Aufwand nicht in die allgemeine Kreditkonditionengestaltung der Bank einfließe.[466] Vielmehr erbringe die Bank durch die Erteilung einer Löschungsbewilligung eine gesonderte Leistung für den Kunden, so dass für diese Tätigkeit auch ein Entgelt verlangt werden könnte.[467]

Demgegenüber wird überwiegend vertreten, dass für die Erteilung einer Löschungsbewilligung kein Entgelt beansprucht werden kann.[468] Zur Begründung wird überwiegend der Haltung des BGH gefolgt, so dass der Sicherungsnehmer nach §§ 369, 897, 1144 BGB die erforderlichen Urkunden herzustellen hat und ihm

des Bundesverbandes Deutscher Banken die Auffassung vertrat, dass nach dem Urteil des OLG Frankfurt vom 20.09.1990 (WM 1990, 2036, 2037) ein Entgelt verlangt werden kann, obwohl der BGH längst gegenteilig entschieden hatte. Ähnlich auch das Preis und Leistungsverzeichnis der ING-DiBa abrufbar am 24.10.2012 unter: https://www.ing-diba.de/kundenservice/konditionen/leistungsverzeichnis/; wonach im Kreditgeschäft für Baufinanzierungen für die „Sicherheitenfreigabe (Grundschuldabtretung/Teilabtretung)“ ein Entgelt von 100 € ausgewiesen ist. Schließlich das Preisverzeichnis der SKG Bank AG, abrufbar am 24.10.2012 unter: https://www.skgbank.de/pdf/prsverz.pdf; die ihren Kunden auf S. 3 für die Grundschuldabtretung ebenfalls 80 € in Rechnung stellt.

466 Vgl.: *Heinrichs*, EWiR 1991, 735, 736.

467 *Heinrichs*, EWiR 1991, 735, 736.

468 Vgl.: *Siol*, WM 1996, 2217, 2222; *Bunte* in Schimansky/Bunte/Lwowski, Bankrechtshandbuch, §17 Rn. 33; *Kropf/Habl*, BKR 2012, 141, 143; *Göhrmann*, BKR 2012, 233, 236; *Nobbe*, WM 2008, 185, 194.

hierfür lediglich eine Kostenerstattung, nicht aber ein Entgeltanspruch zusteht.[469] Schließlich findet sich vereinzelt der Hinweis, dass diese Regelung nicht nur für die Erteilung einer Löschungsbewilligung Geltung beansprucht, sondern darüberhinaus auch für andere Formen der Rückgewähr zum Tragen kommt.[470] Zur Begründung dieser Ausweitung wird darauf hingewiesen, dass dem Sicherungsgeber das Wahlrecht zusteht, in welcher Form die Sicherungsgrundschuld zurückgewährt wird, so dass für die Erfüllung der Rückgewährverpflichtung, unabhängig der konkreten Wahl, kein Entgelt verlangt werden könne.[471]

3) Stellungnahme

Ausgangspunkt der Überlegung ist, dass der Sicherungsgeber aus dem Sicherungsvertrag einen Anspruch auf Rückgewähr der Grundschuld hat, wenn der vereinbarte Sicherungszweck vollständig und endgültig entfallen ist.[472] Hinsichtlich der Art und Weise der Rückgewähr wird dem Sicherungsgeber ein Wahlrecht zugestanden.[473] Die Ausübung dieses Wahlrechts konkretisiert den zu erfüllenden schuldrechtlichen Anspruch auf eine konkrete Leistungsmodalität.[474] Die Erfüllung des Rückgewähranspruches vollzieht sich, da es um die Übertragung eines beschränkt dinglichen Rechts geht, alleine nach den sachenrechtlichen Regelungen. Hier zeigt sich auf augenscheinliche Weise, wie eng Schuld- und Sachenrecht bei der Sicherungsgrundschuld ineinandergreifen. Die Löschung der Grundschuld erfolgt nach §§ 875, 1183, 1192 BGB, der Verzicht und die damit einhergehende Entstehung einer Eigentümergrundschuld nach §§ 1168, 1192 BGB, die Rückgewähr schließlich nach §§ 1154. 1192 BGB.[475]

Der Rückgewähranspruch aus dem Sicherungsvertrag liefert die schuldrechtliche Grundlage zur Beseitigung der Gläubigerstellung und gestaltet die

---

469 *Siol*, WM 1996, 2217, 2222; *Bunte* in Schimansky/Bunte/Lwowski, Bankrechtshandbuch, §17 Rn. 33; *Kropf/Habl*, BKR 2012, 141, 143; *Göhrmann*, BKR 2012, 233, 236; *Nobbe*, WM 2008, 185, 194.

470 *Kropf/Habl*, BKR 2012, 141, 143; halten auch ein Entgelt für die Rückübertragung der Sicherungsgrundschuld in Form der Abtretung für unzulässig.

471 So insbesondere *Nobbe*, WM 2008, 185, 194.

472 So etwa: BGH NJW 1996, 2092, 2093; BGH WM 1998, 227, 230.

473 Palandt/*Bassenge* § 1191 Rn. 32; MüKo/*Eickmann* § 1191 Rn. 123; *Gaberdiel*, Kreditsicherung durch Grundschulden, Rn. 748; BGH ZIP 2002, 932, 934; BGH NJW-RR 1994, 847; BGH WM 1989, 1412, 1415.

474 Erman/*Wenzel* § 1191 Rn. 62; *Clemente*, Recht der Sicherungsgrundschuld, Rn. 393.

475 Vgl. hierzu näher die Aufstellung bei *Rösler*, WM 1998, 1377, 1382.

sachenrechtlichen Möglichkeiten aufgrund des mit ihm verbundenen Wahlrechts zu Gunsten des Sicherungsgebers näher aus.[476]

Zu diesem Zeitpunkt hat der Gläubiger keinerlei eigenen Rechte mehr an der Sicherheit.[477] Seine Aufgabe beschränkt sich alleine darauf, entsprechend der vom Sicherungsgeber ausgeübten Wahl, der Rückgewährverpflichtung nachzukommen.[478] Die Rückgewähr durch den Sicherungsgeber ist in diesem Stadium nichts anderes, als die Erfüllung einer ausschließlich im Interesse des Sicherungsgebers bestehenden Verpflichtung. Deren Erfüllung vollzieht sich nach sachenrechtlichen Regelungen, für die der Gesetzgeber hinsichtlich erforderlicher Urkunden und Erklärungen zur Grundbuchberichtigung, worum es letztlich auch bei der Erfüllung des Rückgewähranspruches geht, eine eindeutige Kostenregelung in § 897 BGB getroffen hat.

Danach hat derjenige die Kosten der Berichtigung des Grundbuches und der dazu erforderlichen Erklärungen zu tragen, welcher die Berichtigung verlangt. Im Zusammenspiel mit § 1144 BGB aus dem Hypothekenrecht,[479] der dem Sicherungsgeber einen Anspruch auf Aushändigung der erforderlichen Urkunden nach Befriedigung des Gläubigers zugesteht, ergibt sich damit ein klares Bild. §§ 897, 1144 BGB gewähren dem Sicherungsgeber für den Fall der Befriedigung des Gläubigers einen Anspruch auf Aushändigung der erforderlichen Urkunden und gestalten damit die Erfüllung des schuldrechtlichen Rückgewähranspruches weiter aus.

Zugleich hält § 897 BGB nur eine entsprechende Regelung hinsichtlich der Kosten bereit. Eine Rechtsgrundlage für das Verlangen nach einem Entgelt existiert hingegen nicht. §§ 897, 1144 BGB sind für das Verlangen des Sicherungsgebers nach Aushändigung der erforderlichen Urkunde zum Vollzug des Rückgewähranspruches daher spezieller. Da § 1144 BGB keine Differenzierung zwischen den einzelnen Urkundsarten vornimmt, spielt es im Ergebnis keine Rolle, ob der Sicherungsgeber eine Löschungsbewilligung,

---

476 Zur Beseitigung der Gläubigerstellung des Sicherungsnehmers durch den Rückgewähranspruch insbesondere: Erman/*Wenzel* § 1191 Rn. 62.

477 Insbesondere darf die Sicherheit nicht zurückgehalten werden, weil der Gläubiger meint noch andere Ansprüche gegen den Sicherungsgeber zu haben glaubt, die aber tatsächlich nicht unter die Sicherungszweckvereinbarung fallen. Vgl.: BGH BB 2000, 1375.

478 Die Missachtung des Wahlrechts lässt Schadensersatzansprüche des Sicherungsgebers nach § 280 I BGB zur Entstehung gelangen.

479 § 1144 BGB ist auf die Sicherungsgrundschuld entsprechend anwendbar. Vgl.: BGH NJW 1988, 3260; *Reischl* in jurisPK-BGB § 1144 Rn. 28.

Abtretungsurkunde oder eine Verzichtserklärung verlangt. Für alle diese Urkunden können nach § 897 BGB lediglich die Kosten, nicht aber ein Entgelt verlangt werden. Im Zusammenspiel mit §§ 368, 369 BGB zeigen die §§ 897, 1144 BGB, dass dem BGB der allgemeine Gedanke zu entnehmen ist, dass derjenige, der zur Fertigung und Herausgabe von Urkunden verpflichtet ist, lediglich seine Kosten, nicht aber ein Entgelt verlangen darf.[480]

In wirtschaftlicher Hinsicht entstehen dem verpflichteten Sicherungsnehmer keinerlei Nachteile. Der Aufwand zur Fertigung und Ausstellung der Urkunden fällt bei der Abwicklung eines jeden grundpfandrechtlich besicherten Darlehen an. Der hierfür erforderliche Aufwand kann entsprechend in die Kreditkonditionengestaltung einfließen und eingepreist werden. Ein separates Entgelt alleine für die Erteilung der erforderlichen Unterlagen zur Erfüllung des Rückgewähranspruches kann nicht verlangt werden.

III. Ergebnis

Zusammenfassend kann für die Erteilung der erforderlichen Urkunden zum Vollzug des Rückgewähranspruches kein gesondertes Entgelt verlangt werden. Die Untersuchung hat gezeigt, dass es dabei keine Rolle spielt, ob eine Löschungsbewilligung, eine Abtretungserklärung oder schließlich eine Verzichtserklärung vom Sicherungsgeber verlangt wird, da für alle Urkundsarten die gleichen Regelungen greifen. Banken und Kreditinstitute dürfen daher in Erfüllung des Rückgewähranspruches lediglich die erforderlichen Kosten beanspruchen, keinesfalls aber ein Entgelt. Als fremdnützig Tätige, denen keine eigenen Rechte an der zurück zu gewährenden Sicherheit bestehen, haben sie auch insoweit eigene Entgeltinteressen hintenanzustellen und im Sinne des Sicherungsgebers tätig zu werden.

E. Gesamtergebnis

Nachdem im ersten Teil dieses Kapitels nachgewiesen werden konnte, dass der Sicherungsvertrag in objektiver Hinsicht eine Wandlung vollzieht, die von der Sicherungstreuhand über eine Kombinationsphase bis hin zur reinen Verwaltungstreuhand reicht, lässt sich dieses Phänomen auch hinsichtlich der Interessenrichtung feststellen. Bei Begründung des Sicherungsverhältnisses besteht eine echte Sicherungstreuhand,

---

480 Vgl.: BGH BB 1991, 1290.

die sowohl den Interessen des Sicherungsgebers, als auch denen des Sicherungsnehmers, zu Gute kommt. Der Sicherungsnehmer ist aufgrund des treuhänderischen Charakters des Sicherungsvertrages stets verpflichtet auch fremdnützig tätig zu werden und notfalls eigene Belange zurückzustellen, sofern ihm dies nicht aufgrund gegenläufiger Eigeninteressen unzumutbar ist.

Zugleich sind Fremd- und Eigeninteressen in der Grundschuldsicherungstreuhand in Ausgleich zu bringen. Durch den Eintritt einer Übersicherungssituation kommt es in objektiver Hinsicht zu einer Zweckrichtungsänderung im Sinne einer Teilverwaltungstreuhand, die hinsichtlich der Interessenrichtung ebenfalls eine Teilwandlung mit sich bringt. Das Eigeninteresse des Sicherungsnehmers an der vollständigen Aufrechterhaltung der Sicherheit, geht immer weiter zurück, da eigene Rechte an dem Teil der Sicherheit hinsichtlich dessen der Sicherungszweck endgültig weggefallen ist, nicht mehr bestehen. Insofern schrumpft durch die ratierliche Erbringung von Zins- und Tilgungsleistungen durch den Sicherungsgeber das Eigeninteresse des Sicherungsnehmers immer weiter. Trotzdem ist auch in der Kombinationsphase der Sicherungsnehmer verpflichtet, die Interessen des Sicherungsgebers zu wahren und fremdnützig tätig zu werden. Da die Übersicherung stetig anwächst, kommt dem fremdnützigen Tätigwerden des Sicherungsnehmers eine immer größere Bedeutung zu. Der Sicherungsvertrag übernimmt auch in diesem Stadium die Aufgabe die widerstreitenden Interessen der Beteiligten in einen gerechten Ausgleich zu bringen. Als Treuhänder muss der Sicherungsnehmer trotz schwindendem Eigeninteresse, seinen Pflichten gegenüber dem Sicherungsgeber nachkommen.

Schließlich bedingt der endgültige und vollständige Entfall des Sicherungszwecks auch hinsichtlich der Interessenrichtung eine vollständige Wandlung. Da der Sicherungsnehmer nunmehr überhaupt keine eigenen Rechte mehr an de Sicherheit hat, erlischt sein Eigeninteresse an der Aufrechterhaltung des Sicherungsverhältnisses. Er wird als Verwaltungstreuhänder ausschließlich fremdnützig tätig und hat Sorge dafür zu tragen, dass die Rückgewähr der Sicherungsgrundschuld und der weiterhin gegebenen Sicherheiten nach Weisung des Sicherungsgebers vollzogen wird.

Im Ergebnis spiegelt die Entwicklung der Interessenrichtung die Feststellungen der objektiven Zweckrichtungsänderung wieder. Aus Sicht des Sicherungsnehmers ist auch hier eine vollständige Wandlung festzustellen, von einer bestehenden Eigennützigkeit zum Zeitpunkt des Abschlusses des Sicherungsvertrages, über eine Kombinationsphase von schwindender Eigen- und wachsender Fremdnützigkeit, bis hin zur reinen Fremdnützigkeit. Der Sicherungsvertrag der Grundschuld kann damit endgültig als wandlungsfähiges Treuhandverhältnis bezeichnet werden. Zugleich hat sich durch die Untersuchung der Interessenrichtung gezeigt, dass der Sicherungsnehmer aufgrund des Sicherungsvertrages in jeder Phase des Sicherungsverhältnisses verpflichtet ist, fremdnützig tätig zu werden und notfalls Eigeninteressen zurückzustellen, sofern dies nicht absolut unzumutbar ist. Damit erweist sich der Sicherungsvertrag der Grundschuld zugleich als echtes Subordinationsverhältnis.

§ 7 Zusammenfassung und Ergebnis

Die Praxis der Bank- und Kreditwirtschaft hat die Sicherungsgrundschuld zu einer Kombinationssicherheit weiterentwickelt. Neben dem dinglichen Recht werden dem Gläubiger weitere Rechtspositionen und Legitimationen eingeräumt, die ihn in die Lage versetzen, umfassend in den Vermögens- und Interessensbereich des darlehensnehmenden Sicherungsgebers einzuwirken. Die Regelung dieses „Sicherheitenpakets" obliegt dem schuldrechtlichen Sicherungsvertrag. Die in ihm enthaltene Sicherungszweckerklärung schafft die Verbindung zwischen den bestellten Sicherheiten und ihrem Zweck, der Absicherung des vorhandenen Kreditrisikos aus den eingegangenen Finanzierungsgeschäften. In dem die Sicherungszweckerklärung die Sicherheiten mit einem festen Zweck verknüpft, limitiert sie einerseits die Befugnisse des Gläubigers, verpflichtet ihn aber andererseits, zugleich die Interessen des Sicherungsgebers wahrzunehmen. Die Sicherungszweckerklärung ist vor diesem Hintergrund der eigentliche Ursprung der treuhänderischen Charakteristik und qualifiziert den Sicherungsvertrag der Grundschuld zu einem echten Treuhandverhältnis.

Die Besonderheit des Sicherungsvertrages liegt darin, dass er in zweierlei Hinsicht eine Entwicklung durchläuft, die in Zusammenhang mit der gesicherten Forderung und dem daraus resultierenden Kreditrisiko steht. In objektiver Hinsicht konnte eine vollständige Zweckrichtungsänderung festgestellt werden. Im Anfangsstadium stellt der Sicherungsvertrag zum Zeitpunkt seiner Begründung und der Auszahlung der gesicherten Kredite eine umfassende Sicherungstreuhand dar. Durch die ratierlichen Zins- und Tilgungsleistungen des darlehensnehmenden Sicherungsgebers tritt nach gewisser Zeit eine Übersicherungssituation ein, die mit dem damit einhergehenden teilweisen und endgültigen Entfall des Sicherungszwecks hinsichtlich der übersicherten Teiles der Sicherheit, eine teilweise Wandlung zur Verwaltungstreuhand mit sich bringt. Die in diesem Stadium festzustellende Kombinationsphase vereint sicherungs- als auch verwaltungstreuhänderische Elemente in sich.

Durch die weitere, fortlaufende Erbringung von Zins- und Tilgungsleistungen werden die gesicherten Forderungen schließlich in Gänze zurückgeführt, was den vollständigen und endgültigen Sicherungszweckfortfall mit sich bringt. Durch diesen Umstand wandelt sich der Sicherungsvertrag zu einer vollständigen

Verwaltungstreuhand, die ihre Beendigung erfährt, wenn sämtliche Sicherheiten an den Sicherungsgeber zurück gewährt worden sind.

Parallel zu dieser Zweckrichtungsänderung durchläuft der Sicherungsvertrag auch auf der Ebene der Interessenrichtung eine Wandlung. In der Begründungsphase zum Zeitpunkt der Auszahlung der gesicherten Kredite nutzt der Abschluss des Sicherungsvertrages sowohl den Interessen des Sicherungsnehmers, als auch des Sicherungsgebers und stellt sich damit aus Sicht des Sicherungsnehmers als nicht ausschließlich eigennütziges Treuhandverhältnis dar. Der Eintritt einer stetig wachsenden Übersicherungssituation führt dazu, dass das Eigeninteresse des Sicherungsnehmers an der Aufrechterhaltung des Sicherungsverhältnisses immer weiter abnimmt.

In der Kombinationsphase ist der Sicherungsnehmer, trotz sinkendem Eigeninteresse aufgrund des Sicherungsvertrages verpflichtet, die Interessen des Sicherungsnehmers stets zu wahren. Da die Übersicherung stetig anwächst, gewinnt die rein fremdnützige Tätigkeit des Sicherungsnehmers immer weiter an Bedeutung. Der vollständige und endgültige Entfall des Sicherungszwecks führt dazu, dass der Sicherungsnehmer nunmehr ausschließlich fremdnützig tätig wird, da ihm eigene Rechte an den übertragenen Sicherheiten nicht mehr zustehen. Diese Verpflichtung besteht solange, bis die Sicherheiten an den Sicherungsgeber vollständig zurückgewährt worden sind.

Hinsichtlich der Interessenrichtung wandelt sich der Sicherungsvertrag aus Sicht des Sicherungsnehmers daher vom nicht ausschließlich eigennützigen Rechtsverhältnis, zu einer Kombinationsphase aus eigen- und fremdnützigen Motiven, bis schließlich ein rein fremdnütziges Rechtsverhältnis besteht. In jedem Stadium verpflichtet der Sicherungsvertrag den Sicherungsnehmer die Interessen des Sicherungsgebers wahrzunehmen.

Der Sicherungsvertrag der Grundschuld lässt sich im Ergebnis als wandlungsfähiges Treuhandverhältnis qualifizieren. Durch die stetige Verpflichtung des Sicherungsnehmers zur Wahrung fremder Interessen unter Rückstellung eigener Belange, zeigt sich zugleich sein subordinationsrechtliche Charakter.

Literaturverzeichnis

Adams, Michael. Ökonomische Analyse der Sicherungsrechte. Königstein, 1980.

Adomeit, Klaus. Gestaltungsrechte, Rechtsgeschäfte, Ansprüche. Berlin, 1969.

Aengenheister, Heinz. Das Treuhandkonto – Ein Beitrag zur Dogmatik des Treuhandwesens. Bonn, 1933.

Ahnert, Sascha/ Engel, Markus/Rohleder, Georg (Hrsg.) Handbuch des Firmenkreditgeschäfts, 3. bearbeitete Auflage. Stuttgart, 2009.

Asmus, Wolfgang. Dogmengeschichtliche Grundlagen der Treuhand – Eine Untersuchung zur romanistischen und germanistischen Treuhandlehre. Frankfurt a. Main, 1977.

Assies, Paul/Beule, Dirk/Heise, Julia/Strube, Hartmut (Hrsg.). Handbuch des Fachanwalts Bank- und Kapitalmarktrecht, 1. Auflage. Heidelberg, 2008.

Böttcher, Roland. ZVG Gesetz über die Zwangsversteigerung und die Zwangsverwaltung, 5. Auflage. München, 2010.

Bülow, Peter. Das Recht des Darlehensnehmers zur außerordentlichen Kündigung des Immobilien-Kreditvertrages oder zum Austausch der Sicherheiten. Kommentierte BGH-Rechtsprechung (LMK), 2004: S. 129–130.

———. Die These von der Doppelcausa im Kreditsicherungsverhältnis – ein Holzweg, Neue Juristische Wochenschrift (NJW), 1997: S. 641–643.

———. Recht der Kreditsicherheiten, 7. neu bearbeitete und erweiterte Auflage. Heidelberg, 2007.

———. Die Sicherungsgrundschuld als gesetzlicher Tatbestand. Zeitschrift für das Juristische Studium (ZJS), 2009: S. 1–6.

Büschgen, Hans E./Everling, Oliver (Hrsg.). Handbuch Rating, 2. Auflage. Wiesbaden, 2007.

Bachner, Ralph-Roman. Notarrelevante Änderungen durch das Risikobegrenzungsgesetz – Schutz des grundpfandrechtlich gesicherten Darlehensnehmers bei Forderungsabtretung. Deutsche Notar-Zeitschrift (DNotZ), 2008: S. 644–652.

Balensiefen, Gotthold/Bönker, Christian/Geiger, Norbert/Schaller, Wolfgang (Hrsg.). Rechtshandbuch für die Immobilienpraxis. München, 2011.

Baur, Fritz. Sachenrecht, 7. Auflage. München, 1973.

Baur, Jürgen/Stürner, Rolf. Sachenrecht, 18. Auflage. München, 2009.

Becker, Florian. Staatlich-private Rechtssetzung in globalisierten Finanzmärkten. Zeitschrift für Gesetzgebung (ZG), 2009: S. 123–140.
Becker, Hans Paul/Peppmeier, Arno. Bankbetriebslehre, 6. Auflage. Ludwigshafen, 2006.
Becker, Rainer. Die fiducie von Québec und der trust. Tübingen, 2007.
Becker, Thomas. Die Auslegung des § 9 Abs. 2 AGB-Gesetz. Heidelberg, 1986.
Becker-Eberhard, Ekkehard. Die causa für die Bestellung von Sicherungsrechten. In Festschrift für Ulrich Huber zum siebzigsten Geburtstag, S. 121–141. Tübingen, 2006. Heraugegeben von Baums, Theodor/Schmidt, Karsten.
———. Die Forderungsgebundenheit der Sicherungsrechte. Bielefeld, 1993.
Berger, Christian. Rechtsgeschäftliche Verfügungsbeschränkungen. Tübingen, 1998.
Berger, Christian. Zur Aussonderung aufgrund obligatorischer Herausgabeansprüche. In Verschuldung, Haftung, Vollstreckung, Insolvenz–Festschrift für Gerhart Kreft, S. 191–206. Recklinghausen, 2004. Herausgegeben von Haarmeyer, Hans/Hirte, Heribert/Kirchhof, Hans-Peter/Graf von Westphalen, Friedrich.
Beuthien, Volker. Zweckerreichung und Zweckstörung im Schuldverhältnis. Tübingen, 1969.
Beyerle, Franz. Die Treuhand im Grundriß des deutschen Privatrechts. Weimar, 1932.
Bitter, Georg. Rechtsträgerschaft für fremde Rechnnung. Tübingen, 2006.
Blaurock, Uwe. Regelbildung und Grenzen des Rechts-Das Beispiel der Finanzkrise. JuristenZeitung (JZ), 2012: S. 226–234.
Boeken, Winfried. BGB-Allgemeiner Teil. Stuttgart, 2007.
Boemke, Burkhard/Ulrici, Bernhard. BGB Allgemeiner Teil. Berlin, Heidelberg, 2009.
Bolkart, Johannes. Prozessuale Rechtsnachfolge in titulierte Grundpfandrechte – Zugleich Anmerkung zum Urteil des BGH vom 30.03.2010 – XI ZR 200/09 –. Deutsche Notarzeitschrift (DNotZ), 2010: S. 483–506.
Boos, Karl-Heinz/Fischer, Reinfried/Schulte-Mattler, Herrmann. Kreditwesengesetz, Kommentar, 3. Auflage. München, 2008.
Bork, Reinhard. Allgemeiner Teil des Bürgerlichen Gesetzbuches, 2. Auflage. Tübingen, 2006.
Brehm, Wolfgang/Berger, Christian Sachenrecht, 2. Auflage. Tübingen, 2006.
Brinkmann, Moritz. Kreditsicherheiten an beweglichen Sachen und Forderungen. Tübingen, 2011.
Brox, Hans/Walker, Wolf-Dietrich. Allgemeines Schuldrecht; 31. aktuallisierte Auflage. München, 2006.

Buchholz, Stephan. Einreden gegen die Gurndschuld–Zum Wandel von der „Verkehrs“- zur „Sicherungs“ -Grundschuld. Archiv für die civilistische Praxis (AcP), 203, 2003: S. 786–817.

———. Sicherungsvertraglicher Rückgewähranspruch bei Grundschulden. Zeitschrift für Wirtschaftsrecht und Insolvenzpraxis (ZIP) 1987: S. 891–899.

Bundesnotarkammer, Ausschuss für Schuld- und Liegenschaftsrecht. Vorschlag des Ausschusses für Schuld-und Liegenschaftsrecht der Bundesnotarkammer für ein Grundschuldformular. Deutsche Notarzeitschrift (DNotZ), 2002: S. 84–93.

Busche, Jan. Privatautonomie und Kontrahierungszwang. Tübingen, 1999.

Camphausen, Bernd/Vollmer, Theo/Jandt, Jürgen/Levin, Frank/Eichler, Bernd Grundlagen der Betreibswirtschaftslehre, 2. Auflage. München, 2011.

Canaris, Claus-Wilhelm. Der Zinsbegriff und seine rechtliche Bedeutung. Neue Juristische Wochenschrift (NJW), 1978: S. 1891–1898.

———. Die Problematik der Sicherheitenfreigabeklauseln im Hinblick auf § 9 AGBG und § 138 BGB. Zeitschrift für Wirtschaftsrecht und Insolvenzpraxis (ZIP), 1996: S. 1109–1123.

Choudhry, Moorad. An Introduction to Value-At-Risk, 4. Edition. West Sussex, 2006.

Claussen, Carsten Peter/Erne, Roland. Bank- und Börsenrecht für Studium und Praxis, 4. Auflage. München, 2008.

Clemente, Clemens. Recht der Sicherungsgrundschuld, 3. neubearbeitete Auflage. Köln, 1999.

———. Aktuelle Entwicklungen beim Anspruch auf Rückgewähr einer Sicherungsgrundschuld. Zeitschrift für Immobilienrecht (ZfIR), 1997: S. 127–133.

———. Anmerkungen zu den BGH Urteilen vom 10.11.2011 und 03.02.2012.“ Zeitschrift für Immobilienrecht (ZfIR), 2012: S. 317–319.

———. Neuerungen im Immobiliardarlehens- und Sicherungsrecht. Zeitschrift für Immobilienrecht (ZfIR), 2008: S. 589–599.

———. Persönliche Haftungsübernahme in der Grundschuldbestellungsurkunde. Zeitschrift für Immobilienrecht (ZfIR), 2004: S. 497–508.

———. Sicherungsgrundschuld und Untreue. Zeitschrift für Wirtschafts- und Steuerstrafrecht (wistra), 2010: S. 249–254.

Coing, Helmut. Die Treuhand kraft privaten Rechtsgeschäfts. München, 1973.

Cziupka, Johannes. Dispositives Vertragsrecht. Tübingen, 2010.

Dörrie, Robin. Immobilienfinanzierung und Verkauf von Kreditforderungen nach Inkrafttreten des Risikobegrenzungsgestzes. Zeitschrift für Bankrecht und Bankwirtschaft (ZBB), 2008: S. 292–306.

Dempewolf, Günter. Der Rückübertragunsanspruch bei Sicherungsgrundschulden. Berlin, 1958.

———. Die Pfändung eines Anspruches auf Rückgewähr einer Sicherungsgrundschuld. Neue Juristische Wochenschrift (NJW), 1959: S. 556–560.

Derleder, Peter/Knops, Kai-Oliver/Bamberger, Heinz Georg (Hrsg.). Handbuch des deutschen und europäischen Bankrecht. Berlin, 2004.

Derleder, Peter. Die neue Sicherungsgrundschuld. Zeitschrift für Wirtschaftsrecht und Insolvenzpraxis (ZIP), 2009: S. 2221–2230.

Derleder, Peter. Die unsichere Sicherungsgrundschuld. Juristische Schulung (JuS), 1971: S. 90–95.

Dobbener, Reinhard. Analysis– Studienbuch für Ökonomen; 4. Auflage. München, 2007.

Dolzanski, Christoph. Konsequenzen von Konzentrationsprozessen – Die ökonomischen Wirkungen von Bankfusionen auf Märkte und Produktpreise am Beispiel des Kreditzinses. In Fusionen von Banken und Versicherungen, S. 63–76, Karlsruhe 2004. Herausgegeben von Kürble, Günther/Reichling, Helmut.

Drukarczyk, Jochen. Finanzierung, 9. Auflage. Stuttgart, 2003.

Duttle, Josef. Ökonomische Analyse dinglicher Sicherheiten–Die Reform der Mobiliarsicherheiten und Probleme ihre Behandlung im insolvenzrechtlichen Verfahren–. Krefeld, 1986.

e.V., Arbeitskreis „Revision des Kreditgeschäfts" des Deutschen Instituts für Interne Revision. Fachbeiträge zur Revision des Kreditgeschäftes. Berlin, 2002.

Eckelt, Ernst. Umfaßt die Abtretung des Anspruchs auf Rückgewähr einer Sicherungsgrundschuld auch den Zinsanspruch? Wertpapier-Mitteilungen (WM), 1980: S. 454–455.

Eilenberger, Guido. Bankbetriebswirtschaftslehre, 8. Auflage. München, 2012.

Emmerich, Hugo. Die Sanierung I. Teil. Mannheim, 1930.

Erman. BGB, 13. Auflage. Köln, 2011.

Füller, Jens Thomas. Eigenständiges Sachenrecht. Tübingen, 2006.

Fähnrich, Christian/Manns, Denise. Konzeptionsentwicklung im Treasurymanagement für Banken. Hamburg, 2008.

Felgentraeger, Wilhelm. Hypothek und Grundschuld. In Festschrift für Julius von Gierke zu seinem goldenen Doktorjubiläum am 25. Oktober 1948, S. 140–162. Berlin, 1950. Herausgegeben von der Rechts- und Staatswissenschaftlichen Fakultät Göttingen.

Fikentscher, Wolfgang/Heinemann, Andreas. Schuldrecht, 10. vollst. neubearbeitete Auflage. Berlin, 2006.

Freckmann, Peter. Der Rückgewähranspruch bei Sicherungsgrundschulden in der Bankpraxis–zugleich Anmerkung zu den BGH-Urteilen vom 10.11.2011–IX ZR 142/10 und vom 16.12.2011–V ZR 52/11. Zeitschrift für Bank- und Kapitalmarktrecht (BKR), 2012: S. 133–141.

Fridgen, Alexander. Die Sicherungsgrundschuld beim Forderungsverkauf. Wertpapiermitteilungen (WM), 2008: S. 1862–1870.

Göbel, Jürgen. Übersicherung und Freigabeklauseln in vorformulierten Kreditsicherungsverträgen. Berlin, 1993.

Göhrmann, Alexander. Die Auslagenersatzklausel der Kreditinstitute auf dem Prüfstand – zugleich Anmerkung zu OLG Nürnberg, Urt. v. 20.12.2011 – 3 U 1441/11, sowie OLG Nürnberg, Urt. v. 20.12.2011 (3 U 1606/10) (entgegen BGH, Urt. v. 10.11.1988 – III ZR 215/87). Zeitschrift für Bank- und Kapitalmarktrecht (BKR), 2012: S. 233–237.

Gaberdiel, Heinz. Kreditsicherung durch Grundschulden, 7. neu bearbeitete Auflage. Stuttgart, 2004.

Gansauge, Rudolf. Das Dauerschuldverhältnis. Leipzig, 1928.

Ganter, Hans Gerhard. Aktuelle Probleme der Kreditsicherheiten in der Rechtsprechung des Bundesgerichtshofs. Wertpapiermitteilung (WM), 1996: S. 1705–1719.

———. Die nachträgliche Übersicherung eines Kredits. Zeitschrift für Wirtschaftsrecht und Insolvenzpraxis (ZIP), 1994,: S. 257–264.

Gaul, Hans F. Lex commissoria und Sicherungsübereignung. Archiv für die civilistische Praxis (AcP) 168, 1968: S. 351–382.

Gernhuber, Joachim. Das Schuldverhältnis. Tübingen, 1989.

———. Die Erfüllung und ihre Surrogate; 2. neubearb. Auflage. Tübingen, 1994.

———. Die fiduziarische Treuhand. Zeitschrift für das Juristische Studium (JuS) 1988: 355–363.

Gerth, Axel. Zur Kündbarkeit der Zweckerklärungen von Grundschulden. Betriebs-Berater (BB), 1990: S. 78–81.

Gitter, Wolfgang. Gebrauchsüberlassungsverträge. Tübingen, 1988.

Glos, Alexander/Sester, Peter. Rechtliche Anforderungen an die Berücksichtigung von Kreditsicherheiten im Rahmen der SolvV. Zeitschrift für Bank-und Kapitalmarktrecht (BKR), 2008: S. 315–322.

Gotteswind, Christian. Risikomanegement der Banken–Vergleichende Analyse der Deutschen Bank, Commerzbank und Hypo Vereinsbank. Hamburg, 2010.

Gottwald, Peter (Hrsg.). Insolvenzrechtshandbuch, 4. neu bearbeitete Auflage. München, 2010.

Grönwoldt, Jens. Anmerkung zu BGH Urteil vom 03.02.2004 – XI ZR 398/02. Der Betrieb (DB), 2004: S. 979–980.

Gräfe, Andrea. Flexibilisierung des Kreditvertrages. Hamburg, 2006.

Gschnitzer, Franz. Die Kündigung nach deutschem und österreichischem Recht Teil 1. JherJb. 76 (1926), 1926: S. 317 ff.

Gursky, Karl-Heinz, (Hrsg.). J. von Staudingers Kommentar zum BGB: Staudinger BGB – Buch 3 Sachenrecht. Berlin, 2011.

Guse, Jörg. Grundschuld und Übersicherung. Berlin, 2002.

Hölscher, Reinhold/Karrenbauer, Ulrike. Kreditrisikominderungstechniken in der Solvabilitätsverordnung. Risko Manger, 2008: S. 8–18.

Hütter, Marlena. Gefahrvereitelung und Schadensersatz im Rückabwicklungsschuldverhältnis nach gesetzlichem Rücktrittsrecht. Frankfurt/Main, 2010.

Häcker, Joachim. Welche Auswirkungen hat die Finanzkrise auf das Fach „Internationale Finanzen." In Heilbronner Beiträge zur Unternehmensführung, S. 81–96, München 2009. Herausgegeben von Dillerup, Ralf/ Haberlandt, Karlheinz/Vogler, Gerhard.

Haas, Michael J. H. Materiellrechtliche Einreden gegen die Sicherungsgrundschuld und ihre Drittwirkung bei rechtsgeschäftlichem Grundschuldübergang. Frankfurt a. Main, 1992.

Hadding, Walther. Leistungspflichten und Leistungsstörungen nach „modernisiertem" Schuldrecht. In Festschrift für Horst Konzen zum siebzigsten Geburtstag, S. 193–216. Tübingen, 2006. Herausgegeben von Dauner-Lieb, Barbara/ Hommelhoff, Peter/ Jacobs, Matthias/ Kaiser, Dagmar/ Weber, Christoph.

Halfmeier, Axel. Popularklagen im Privatrecht. Tübingen, 2006.

Hamme, Gerd. Die Teilungsversteigerung, 3. überarbeitete Auflage. Berlin, 2006.

Handke, Michael. Die Hausbankbeziehung. Berlin, 2011.

Harke, Jan Dirk. Allgemeines Schuldrecht. Berlin, Heidelberg, 2010.

Heermann, Peter W. Geld und Geldgeschäfte. Tübingen, 2003.

Heinrichs, Helmut. Kurzkommentar zu BGH Urt. v. 07.05.1991 – XI ZR 244/90 —. Entscheidungen zum Wirtschaftsrecht (EWiR), 1991: S. 735–736.

Henssler, Martin. Treuhandgeschäfts–Dogmatik und Wirklichkeit. Archiv für die cilivilistische Praxis (AcP), 1996: S. 37–87.

Herholz, Felix. Das Schuldverhätlnis als konstante Rahmenbeziehung. Archiv für die civilistische Praxis (AcP) 130, 1929: S. 257–324.

Herrler, Sebastian. Zwangsvollstreckungs aus titulierter (Sicherungs-) Grundschuld nach Gläubigerwechsel – prozessuale Rückbeziehung des § 1192 Ia BGB. Betriebs Berater (BB), 2010: S. 1931–1941.

Hinrichs, Mark/Jaeger, Gerold. Die Zwangsvollstreckung durch den Zessionar einer Sicherungsgrundschuld. Neue Juristische Wochenschrift (NJW), 2010: S. 2017–2018.

Hinrichs, Mark/Jaeger, Gerold. Zum Umgang der Bankpraxis mit der Kündigungsregelung nach dem Risikobegrenzungsgesetz. Zeitschrift für Immobilienrecht (ZfIR), 2008: S. 745–753.

Horat, Robert. Die besicherte Refinanzierung des Hypothekargeschäfts, 1. Auflage. Bern, 2007.

Horn, Georg/von Schrotenberg, Hubertus. Ganzheitliche Finanzplanung, 1. Auflage. Wiesbaden, 2011.

Hromadka, Wolfgang/Maschmann, Frank. Arbeitsrecht Band 1-Individualarbeitsrecht. Berlin, Heidelberg, 2012.

Huang, Yuhui. Schutz des Eigentümers durch Einwendungen und Einreden gegenüber der Sicherungsgrundschuld. Frankfurt a. Main, 2002.

Huber, Ulrich. Die Sicherungsgrundschuld. Heidelberg, 1965.

Hull, John. Risikomanagement–Banken, Versicherungen und andere Finanzinstitutionen, 2. Auflage. München, 2011.

Isele, Hellmut Georg. Geschäftsbesorgung: Umrisse eines Systems. Marburg, 1935.

J. von Staudingers Kommentar zum Bürgerlichen Gesetzbuch mit Einführungsgesetz und Nebengesetzen Eckpfeiler des Zivilrecht. Berlin, 2005. Herausgegeben von Martinek, Michael.

Jauernig, Othmar (Hrsg.). Bürgerliches Gesetzbuch mit Allgemeinem Gleichbehandlungsgesetz Kommentar; 13. Auflage. München, 2009.

Josten, Ralf. Kreditvertragsrecht. München, 2012.

Joussen, Jacob. Schuldrecht I, Allgemeiner Teil. Stuttgart, 2008.

Köndgen, Johannes. Teilweise getilgte Sicherungsgrundschuld in der Zwangsversteigerung. Entscheidungen zum Wirtschaftsrecht (EWIR), 1993: S. 973–974.

Küchler, Kurt. Die Sicherungsgrundschuld. Berlin, 1939.

Kessler, Christian. „Rechtsnachfolge" in Vollstreckungsklauseln. Wertpapier-Mitteilungen (WM), 2011: S. 486–493.

Kirchhof, Hans-Peter/Lwowski, Hans-Jürgen/Stürner, Rolf (Hrsg.). Münchener Kommentar zur Insolvenzordnung, 2. Auflage. München, 2007.

Knops, Kai-Oliver/Bamberger, Heinz Georg/Maier-Reimer, Georg. Recht der Sanierungsfinanzierung, 1. Auflage. Berlin, 2005.

Knops, Kai-Oliver/Bamberger, Heinz Georg/Maier-Reiner, Georg. Recht der Sanierungsfinanzierung, 2. Auflage. Berlin, Heidelberg, 2008.

Knops, Oliver. Der Eintritt in den Sicherungsvertrag als Vollstreckungsvoraussetzung für Erwerber von grundschuldbesicherten Darlehen – zugleich Anmerkung zu BGH, Urt. v. 30.03.2010 = WM 2010, 1022 –. Wertpapier-Mitteilungen (WM), 2010: S. 2063–2068.

Kofner, Stefan. Wohnungsmarkt und Wohnungswirtschaft. München, 2004.

Kolbenschlag, Herbert. Zur Interessenwahrungspflicht des Grundschuldgläubigers in der Zwangsversteigerung. Wertpapier-Mitteilungen (WM), 1958: S. 1434–1436.

Koller, Ingo. Interessenkonflikte bei der Ausführung von Geschäftsbesorgungsverträgen. In Festschrift für Hennig Piper zum 65. Geburtstag, München, 2006. S. 899–921. Herausgegeben von Ermann, Willi/Gloy, Wolfgang/Herber, Rolf.

Komanns, Theo. Das Grundpfandrecht als fiduciarische Sicherheit. (Ein Beitrag zur Lehre von der Sicherungsgrundschuld). Düsseldorf, 1939.

Koppmann, Tobias. Gedeckte Schuldverschreibungen in Deutschland und Großbritannien. Berlin, 2009.

Kowalski, Herbert. Die Grundschuld im modernen Grundbuchverkehr. Leipzig, 1932.

Krüger, Thomas/Bütter, Michael. Recht der Bankentgelte: Nebenentgelte im Kreditgeschäft. Wertpapier-Mitteilungen (WM), 2005: S. 673–681.

Krämer, Gerd. Das besitzlose Pfandrecht – Entwicklungen in der römischen Republik und im frühen Prinzipat –. Köln, 2007.

Krawielicki, Robert. Grundlagen des Bereicherungsanspruches. Breslau, 1936.

Kreft, Gerhart (Hrsg.). Insolvenzordnung, 5. neu bearbeitete Auflage. Heidelberg, 2008.

Krephold, Hans-Michael/Fischbeck, Sandra. Bankrecht. München, 2011.

Kritikos, Alexander/Bolle, Friedel. Kreditvergabe ohne herkömmliche Sicherheiten. In Währung und wirtschaftliche Entwicklung–Festschrift für Vincenz Timmermann zum 65. Geburtstag, S. 133–156. Berlin, 2000. Herausgegeben von Scholing, Eberhard.

Kropf, Christian/Habl, Rouben. Aktuelle Entwicklungen zur Zulässigkeit von Bankenentgelten. Zeitschrift für Bank- und Kapitalmarktrecht (BKR), 2012: S. 141–145.

Kurth, Daniel. Einreden gegen Grundpfandrechte beim Wechsel des Grundstückeigentümers. Göttingen, 2010.

Löhnig, Martin. Treuhand. Tübingen, 2006.

Löhnig, Martin/Schärtl, Christoph. Einreden aus dem Sicherungsvertrag gegen die Duldung der Zwangsvollstreckung-BGH NJW 2003, 2673. Juristische Schulung (JuS), 2004: S. 375–379.

Lang, Helmut. Neue Theorie des Managements-Bewähren sich die Managementtheorien in der Finanzkrise, 2. Auflage. Bremen, 2009.

Langenbucher, Katja. Kredithandel nach dem Risikobegrenzungsgesetz. Neue Juristische Wochenschrift (NJW), 2008: S. 3169–3173.

Larenz, Karl. Lehrbuch des Schuldrechts Band I, 14. Auflage. München, 1987.

———. Methodenlehre der Rechtswissenschaft, Band 6; 6. Auflage. Berlin, 1991.

Larenz, Karl/Wolf, Manfred. Allgemeiner Teil des Bürgerlichen Rechts, 9. Auflage. München, 2006.

Lehleiter, Gunther/Hoppe, Christian. Zwangsvollstreckung aus einer formularmäßigen Unterwerfungserklärung – Roma locuta, causa finita? – zugleich Anmerkung zum Urteil des BGH v. 30.03.2010 – XI ZR 200/09. Zeitschrift für Bank- und Kapitalmarktrecht (BKR), 2010: S. 238–241.

Lehmann, Marc. Nach der Kreditrückzahlung: Löschen oder Stehenlassen. Welt am Sonntag, 2008.

Lenz, Christian. Fortführung der Immobilienfinanzierung bei Veräußerung der finanzierten Immobilie. Leipzig: Institut für Deutsches und Internationales Bank- und Kapitalmarktrecht, 2001.

Leonhard, Franz. Lehrbuch des Allgemeinen Schuldrechts. München, Leipzig, 1929–1931.

Lettl, Tobias. Das Entstehen des Rückgewähranspruches bei Sicherungsgrundschulden. Wertpapier-Mitteilungen (WM), 2002: S. 788–799.

Lopau, Eberhard. Bürgerliches Recht–Die nichtvalutierte Sicherungsgrundschuld am Zwangsversteigerten Grundstück. Juristische Schulung (JuS), 1976: S. 315–319.

Lwowski, Hans-Jürgen/Fischer, Gero/Langenbucher, Katja (Hrsg.). Das Recht der Kreditsicherung, 9. völlig neu bearbeitete Auflage. Berlin, 2011.

Mühl, Dorothee. Sicherungsübereignung, Sicherungsabtreung und Eigentumsvorbehalt im italienischen Recht. Berlin, 1980.

Münchener Kommentar zum BGB, 5. Auflage. Bd. 6. München, 2009. Herausgegeben von Säcker, Franz Jürgen/Rixecker, Roland.

Münstermann, Hans. Grundschuld und persönliche Forderung. Gelsenkirchen, 1937.

Maetschke, Matthias. Der Zeitpunkt der Kündigung des Grundschuldkapitals bei der Sicherung von Immobiliardarlehen. Archiv für die civilistische Praxis (AcP) 211, 2011: S. 287–316.

Marburger, Christian. Grundschuldbestellung und Übernahme der persönlichen Haftung. Berlin, 1998.

Martinek, Michael/Stoffels, Markus/Wimmer-Leonhardt, Susanne. Handbuch des Leasing, 2. Auflage. München, 2008.

Meder, Stephan/Czelk, Andrea. Grundwissen Sachenrecht, 2. Auflage. Tübingen, 2008.
Medicus, Dieter/Petersen, Jens. Bürgerliches Recht, 22. Auflage. Köln, 2009.
Medicus, Dieter/Lorenz, Stephan. Schuldrecht I, 19. Auflage. München, 2010.
Menke, Svenja. Das Schiff als Kreditsicherheit–Folgen der Finanzmarktkrise auf die Eigenkapitalunterlegungspflicht der schiffsfinanzierenden Banken. Hamburg, 2010.
Meyer, André. Die Regelung der Sicherungsgrundschuld in § 1192 Abs. 1a BGB – ein nicht durchdachter Schnellschuss des Gesetzgebers –. Wertpapier-Mitteilunen (WM), 2010: S. 58–65.
Meyer-Stolte, Klaus. Zu den Wirkungen der Minderanmeldung des Gläubigers eines bestehenbleibenden Rechts zum Versteigerungstermin. Der Deutsche Rechtspfleger (RPfleger), 1986: S. 232–233.
Michalski, Lutz. Das Schuldanerkenntnis in der Praxis, insbesondere als Mittel der Kreditsicherung. Zeitschrift für Bankenrecht und Bankwirtschaft, 1995: S. 260–272.
Michler, Albrecht, F./Smeets, Heinz-Dieter. Die Finanzkrise: Ursachen, Wirkungen und Maßnahmen, 1. Auflage. In Die aktuelle Finanzkrise-Bestandsaufnahmen und Lehren für die Zukunft, S. 3–32. Stuttgart, 2011.
Mielk, Holger. Die Neufassung des § 10 KWG durch die 7. KWG-Novelle. Wertpapier-Mitteilungen, 2007: S. 52–57.
———. Die Umsetzung von Basel II in deutsches Recht-Ein Überblick über wesentliche Aspekte des KWG-Änderungsgesetzes. Wertpapier-Mitteilungen, 2007: S. 621–627.
Mugdan, Benno. Die gesammelten Materialien zum Bürgerlichen Gesetzbuche für das Deutsche Reich. Bd. 3. 5 Bde. Berlin, 1899.
Musielak, Hans-Joachim. Grundkurs BGB, 12., neu bearbeitete Auflage. München, 2011.
Nathan, August. Die Übertragung des Eigentums an beweglichen Sachen mittels „constitutum possessorium" zum Zwecke der Sicherung von Forderungen. Stuttgart, 1909.
Neuberger, Doris. Kreditvergabe durch Banken. Tübingen, 1994.
Neuhof, Rudolf. 16 Jahre Kreditsicherheiten Makulatur? Neue Juristische Wochenschrift (NJW), 1993: 2840–2845.
Nicklisch, Fritz. Empfiehlt sich eine Neukonzeption des Werkvertragsrecht? – unter besonderer Berücksichtigung komplexer Langzeitverträge. Juristenzeitung (JZ), 1984: S. 757–771.
Nobbe, Gerd. Konsequenzen aus dem Beschluss des Großen Senats für Zivilsachen des Bundesgerichtshofs zur Sicherheitenfreigabe. In

Bankrecht–Schwerpunkte und Perspektiven, zugleich Festschrift für Herbert Schimanksy, S. 433–456. Köln, 1999. Herausgegeben von Horn, Norbert/Lwowski, Hans-Jürgen/Nobbe, Gerd.

———. Zulässigkeit von Bankenentgelten. Wertpapier-Mitteilungen (WM), 2008: S. 185–194.

———. Der Verkauf von Kreditforderungen. Zeitschrift für Wirtschaftsrecht und Insolvenzpraxis (ZIP), 2008: S. 97–106.

Notarinstitut, Deutsches. Unterwerfung unter die sofortige Zwangsvollstreckung; Erteilung einer vollstreckbaren Ausfertigung zugunsten des Rechtsnachfolgers auf Gläubigerseite; Nachweis der Rechtsfolge bei vollstreckbaren Sicherungsgrundschulden; Auswirkungen des BGH-Urteils vm 30.03.2010 (Az. XI ZR 200/09). Report des Deutschen Notarinstituts (DNotI-Report), 2010: S. 93–104.

Oechsler, Jürgen. Gerechtigkeit im modernen Austauschvertrag. Tübingen, 1997.

Oechsler, Jürgen. Vertragstypen. In J. von Staudingers Kommentar zum Bürgerlichen Gesetzbuch nebst Einführungsgesetz und Nebengesetzen Eckpfeiler des Zivilrechts. Berlin, 2005.

Oetker, Hartmut. Das Dauerschuldverhältnis und seine Beendigung. Tübingen, 1994.

Oetker, Hartmut. Kommentar zum Handelsgesetzbuch. 3. Auflage. München, 2013.

Oetker, Hartmut/Maultzsch, Felix. Vertragliche Schuldverhältnisse, 3. Auflage. Berlin, 2007.

Palandt. Bürgerliches Gesetzbuch: BGB, 71. Auflage. München, 2012.

Pfeifer, Andreas. Praktische Finanzmathematik, 5. Auflage. Frankfurt a. Main, 2009.

Plank. Bürgerliches Gesetzbuch, 3. Auflage. Bd. III. Berlin, 1906.

Pleyer, Klemens. Die Minderanmeldung einer teilvaluierten Sicherungsgrundschuld durch eine Bank im Zwangsversteigerungsverfahren. In Festschrift für Heinz Hübner zum 70. Geburtstag am 7. November 1984, S. 655–667. Berlin, 1984. Herausgegeben von Klingmüller, Ernst/Becker, Hans-Jürgen.

Primaczenko, Valdimir. Treuhänderische Vermögensverwaltung nach russischem Recht. Tübingen, 2010.

Rösler, Patrick. Aktuelle Fragen zu grundpfandrechtlich gesicherten Krediten. Wertpapier-Mitteilungen (WM), 1998: S. 1377–1386.

Rösler, Patrick/Lang, Volker. Sicherheitentausch anstelle einer Vorfälligkeitsentschädigung–zugleich Anmerkung zu BGH Urteil vom 03.02.2004–XI

ZR 398/02– Zeitschrift für Bank-und Kapitalmarktrecht (BKR), 2004: S. 191–192.

Rünger, Hans Ulrich. Der Rückgewähranspruch bei der teilvalutierten Sicherungsgrundschuld in der Zwangsversteigerung. Erlangen-Nürnberg, 1985.

Räbel, H. Rechtsfragen zur Kreditsicherungsgrundschuld. Neue Juristische Wochenschrift (NJW), 1953: S. 1247–1250.

Räfle, Siegfried. Aus der neueren Rechtsprechung des Bundesgerichtshofs zur Immobiliarvollstreckung. Zeitschrifit für Wirtschaftsrecht und Insolvenzpraxis, 1981: S. 821–825.

Rainer, Anno. Die Auswirkung des AGB-Gesetzes auf die formularmäßige Sicherungszweckerklärung für Grundschulden und die dingliche und persönliche Zwangsvollstreckungsunterwerfung. Wertpapier-Mitteilungen (WM), 1988: S. 1657–1663.

Regelsberger, Ferdinand. Zwei Beiträge zur Lehre von der Cession. Archiv für die civilistische Praxis (AcP) 63, 1880: S. 157–207.

———. Pandekten, Band I. Leipzig, 1893.

Reich, Norbert. Funktionsanalyse und Dogmatik bei der Sicherungsübereignung. Archiv für die civilistische Praxis (AcP), 1969: S. 247–270.

Reinicke, Dietrich/Tiedtke, Klaus. Kreditsicherung, 5. vollständig überarbeitete und erweiterte Auflage. Köln, 2006.

Reithmann, Christoph. Grundpfandrechte heute – Rechtsentwicklung und Aufgaben des Notars. Deutsche Notarzeitschrift (DNotZ), 1982: S. 67–90.

Rennert, Guido. Praxisleitfaden Immobilienanschaffung und Immobilienfinanzierung. Berlin, 2012.

Rombach, Patricia. Die anfängliche und nachträgliche Übersicherung bei revolvierenden Globalsicherheiten. Berlin, 2001.

Rudolph, Bernd/Hofmann, Bernd/Schaber, Albert/Schäfer, Klaus. Kreditrisikotransfer, 2. Auflage. Berlin, 2012.

Rumpf, Max. Wirtschaftsrechtliche Vertrauensgeschäfte. Archiv für die civilistische Praxis (AcP) 119, 1921: S. 1–156.

Schäfer, Frank. Eigenkapital im Bankenaufsichtsrech und Basel III. Zeitschrift für das gesamte Wirtschafts-und Handelsrecht (ZHR) 175, 2011: S. 319–337.

Schalast, Christoph. Das Risikobegrenungsgesetz – Konsequenzen für die Kreditvergabe und für Kredittransaktionen. Betriebs-Berater (BB), 2008: S. 2190–2195.

Schapp, Jan. Methodenlehre und System des Rechts. Tübingen, 2009.

Scharrenberg, Claudia. Die Rechte des Treugebers in der Zwangsvollstreckung. Mainz, 1989.

Schellhammer, Kurt. Sachenrecht nach Anspruchsgrundlagen, 3., neu bearbeitete Auflage. Heidelberg, 2009.

Schimansky, Herbert. Verkauf von Kreditforderungen und Unterwerfung unter die sofortige Zwangsvollstreckung. Wertpapiermitteilung (WM), 2008: S. 1049–1052.

Schlechtriem, Peter/Kessel-Schmidt, Martin. Schuldrecht Allgemeiner Teil, 6. Auflage. Tübingen, 2005.

Schmid, Irene/Voss, Matthias. Die Sicherungsgrundschuld nach dem Risikobegrenzungsgesetz. Deutsche Notar-Zeitschrift (DNotZ), 2008: S. 740–758.

Schmidt, Karsten. Die Kommission: Treuhand am Rechtsverhältnis. In Perspektiven des Privatrechts am Anfang des 21. Jahrhunderts: Festschrift für Dieter Medicus zum 80. Geburtstag am 9. Mai 2009, S. 467–486. Köln, 2009. Herausgegeben von Buchheimer, Volker/Fuchs, Maximilian/Roth, Herbert/Schiemann, Gottfried/Wacke, Andreas.

———. Handelsrecht, 6. Auflage. Köln, 2006.

Schmitz, Karl-Bernhard. Die neuere Rechtsprechung des Bundesgerichtshofes zu Hypothek und Grundschuld. Werpapiermitteilung (WM), 1991: S. 1061–1069.

Scholz, Hellmut. Der sicherungsrechtliche Rückgewähranspruch als Mittel der Kreditsicherung. In Festschrift für Philipp Möhring zum 65. Geburtstag am 4. September 1965, S. 419–445. München, 1965. Herausgegeben von Hefermehl, Wolfgang/Nipperdey, Hans Carl.

Schulte, Karl-Werner. Immobilienökonomie, 4. Auflage. München, 2008.

Schultze, Alfred. Treuhänder im geltenden deutschen Recht." Jahrbücher für die Dogmatik des heutigen römischen und deutschen Privatrechts (JherJB), 1901: S. 1–104.

Schulze, Eike/Stein, Anette. Baufinanzierung. München, 2005.

Schulze, Reiner. Bürgerliches Gesetzbuch, Handkommentar, 6. Auflage. Baden-Baden, 2009.

Schwennicke, Andreas/Auerbach, Dirk. Kreditwesengesetz (KWG) Kommentar. München, 2009.

Seckelmann, Helmut. Die Grundschuld als Sicherungsmittel. Münster, 1962.

Serick, Rolf. Eigentumsvorbehalt und Sicherungsübereignung, Band II. Heidelberg, 1965.

Siber, Heinrich. Schuldrecht. Leipzig, 1931.

Siebert, Wolfgang. Das rechtsgeschäftliche Treuhandverhältnis; 2. Auflage. Marburg, 1933.

Siol, Joachim. Die neuere Rechtsprechung des Bundesgerichtshofs zu Hypothek und Grundschuld. Wertpapier-Mitteilungen, 1996: S. 2217–2226.

Soergel, Hans Theodor (Hrsg.). Bürgerliches Gesetzbuch mit Einführungsgesetzen und Nebengesetzen; 13. Auflage, Sachenrecht Band 3. Stuttgart, 2001.

Sokolowski, Krzysztof Piotr. Die Abtretbarkeit der Sicherungsgrundschuld nach der Neuregelung durch das Risikobegrenzungsgesetz. Juristische Rundschau (JR), 2009: S. 309–314.

Sokolowski, Piotr. Aktuelle Entwicklungen zur Grundschuld. Zeitschrift für die Anwaltspraxis (ZAP), 2011: S. 405–414.

Solmecke, Katrin. Die Haftung für den Rückgewähranspruch bei der Sicherungsgrundschuld. Bonn, 1996.

Spreman, Klaus/Gantenbein, Pascal. Kapitalmärkte. Stuttgart, 2005.

Stöber, Kurt. Zuteilung des Versteigerungserlöses an den Gläubiger einer Grundschuld. Zeitschrift für Wirtschaf- und Insolvenzpraxis (ZIP), 1980: S. 833–838.

———. Zwangsversteigerungsgesetz, Kommentar zum ZVG der Bundesrepublik Deutschland mit einem Anhang einschägiger Texte und Tabellen; 19. neubearbeitete Auflage. München, 2009.

Stürner, Rolf. Der Darlehensrückzahlungsanspruch der Banken und der Schutz des Eigentümers belasteter Grundstücke. Juristen Zeitung (JZ), 2010: S. 774–779.

Stadler, Astrid. Gestaltungsfreiheit und Verkehrsschutz durch Abstraktion. Tübingen, 1996.

Stegmaier, Martin. Formularmäßige Erweiterung des Sicherungszwecks einer Grundschuld. Betriebs-Berater (BB), 1996: S. 2587–2588.

Steppeler, Wolfgang. Die neuen Rechtsprechungsgrundsätze zur Lohnabtretung-Eine kritische Betrachtung zum BGH-Urteil vom 22-6-1989 und den praktischen Auswirkungen. Wertpapiermitteilung (WM), 1989: S. 1913–1922.

Stockmayer, Ulrich. Die Grundschuld als Kreditsicherungsmittel. Stuttgart, 1954.

Stoffels, Markus. Gesetzlich nicht geregelte Schuldverhältnisse. Tübingen, 2001.

Storz, Karl-Alfred. Die nicht voll valutierte Sicherungsgrundschuld in der Zwangsversteigerung. Zeitschrift für Wirtschaftsrecht und Insolvenzpraxis (ZIP), 1980: S. 506–514.

Tetzlaff, Christian. Prozessuale Durchsetzung der Unwirksamkeit wegen anfänglicher Übersicherung. Deutsche Zeitschrift für Wirtschafts- und Insolvenzrecht, 2003: S. 453–457.

v. Gierke, Otto. Dauernde Schuldverhältnisse. JherJb. Bd. 64 (1914), 1914: S. 355–411.

Vieweg, Klaus/Werner, Almuth. Sachenrecht, 3. Auflage. Köln, 2007.
Vollkommer, Max. Pflicht zur Auswertung einer nicht voll valutierten Grundschuld in der Zwangsversteigerung. Neue Juristische Wochenschrift (NJW), 1980: S. 1052–1053.
Volmer, Michael. Die Kündigung der Sicherungsgrundschuld nach dem Risikobegrenzungsgesetz. Mitteilung des Bayerischen Notarvereins, der Notarkasse und der Landesnotarkammer Bayern, 2009: S. 1–8.
von Staudinger, J. J. von Staudingers Kommentar zum bürgerlichen Gesetzbuch: Staudinger-BGB Buch 2: Recht der Schuldverhältnisse §§ 657–704 (Geschäftsbesorgung) Neubearbeitung 2006. Berlin, 2006.
v. Thur, Andreas. Der Allgemeine Teil des Deutschen Bürgerlichen Rechts. 2 Bde. Berlin, 1918.
v. Westphalen, Friedrich. Grundschulddarlehen – Kontrollkriterien des AGBG. Zeitschrift für Wirtschaftsrecht und Insolvenzpraxis (ZIP), 1984: S. 1–10.
Walter, Gerhard. Das Unmittelbarkeitsprinzip bei der fiduziarischen Treuhand. Tübingen, 1974.
Weber, Hansjörg. Der Rückübertragungsanspruch bei der nichtvalutierten Sicherungsgrundschuld. Archiv für die civilistische Praxis (AcP), 1969: S. 237–246.
Weckerle, Konrad. Die Verwaltungstreuhand: Treugeberrechte bei Insolvenz des Treuhänders. Bern, 1971.
Weisbecker, W. Die Grundschuld in ihren Beziehungen zur persönlichen Forderung. München, 1922.
Wellenhofer, Marina. Das Recht der Sicherungsgrundschuld nach dem Risikobegrenzungsgesetz. Juristen Zeitung (JZ), 2009: S. 1077–1086.
Weller, Marc-Philippe. Die Sicherungsgrundschuld. Juristische Schulung (JuS), 2009: S. 969–975.
———. Vertragstreue. Tübingen, 2009.
Westerhoff, Ralph. Sachenrecht III, Kreditsicherungsrecht. Heidelberg, 2010.
Westermann, Harm Peter. BGB-Sachenrecht, 12. Auflage. Heidelberg, 2011.
Westermann, Harm Peter/Gursky, Karl-Heinz/Eickmann, Dieter. Sachenrecht, 8. neu bearbeitete Auflage. Heidelberg, 2011.
Westermann, Harm Peter/Bydlinski, Peter/Weber, Ralph. BGB-Schuldrecht Allgemeiner Teil, 7., neu bearbeitete Auflage. Heidelberg, 2010.
Westermann, Harry. Interessenkollisionen und ihre richterliche Wertung bei den Sicherungsrechten an Fahrnis und Forderungen. Karlsruhe, 1954.

Wiegand, Wolfgang. Treuhand und Vertrauen. In Festschrift für Wolfgang Fikentscher, S. 329–346. Tübingen, 1998. Herausgegeben von Großfeld, Bernhard/Sack, Rolf.

Wieling, Hans Josef. Sachenrecht, 5. Auflage. Heidelberg, 2007.

Wiese, Günther. Beendigung und Erfüllung von Dauerschuldverhältnissen. In Festschrift für Hans Carl Nipperdey zum 70. Geburtstag Bd. I, S. 837–854. München, 1965. Herausgegeben von Dietz, Rolf/Hübner, Heinz.

Wilhelm, Jan. Sachenrecht, 3. Auflage. Berlin, 2007.

Wolf, Manfred. Sachenrecht, 23. Auflage. München, 2007.

Wolfsteiner, Hans. Vollstreckbare Urkunde als Alibi-Kriegsschauplatz; Besprechung von BGH, Urt. v. 30.03.2010 – XI ZR 200/09–. Zeitschrift für die notarielle Praxis (ZNotP), 2010: S. 323–324.

Wolfsteiner, Hans/Wiegand, Wolfgang (Hrsg.). J. von Staudinger-Kommentar zum Bürgerlichen Gesetzbuch mit Einführungsgesetz und Nebengesetzen, Buch 3 Sachenrecht, Neubearbeitung 2009. Berlin, 2009.

Wolke, Thomas. Risikomanagement, 2. Auflage. München, 2008.

Yamik, Gülten. Die Rolle der Verbriefung in der aktuellen Finanzkrise. München, 2009.

Zantow, Roger/Dienauer, Josef. Finanzwirtschaft des Unternehmens: Die Grundlagen des modernen Finanzmanagements; 3. Auflage. München, 2011.

Zepos, Panajotis. Zu einer „gestalttheoretischen" Auffassung des Schuldverhältnisses. Archiv für die Civilistische Praxis (AcP) 155, 1956: 486–494.

Zetzsche, Dirk. Die Drittwirkung des Sicherungsvertrages beim Immobiliarkredithandel. Archiv für die civilistische Praxis (AcP), 2009: S. 543–576.

Zimmer, Maximilian. Grundschuldzinsen in der Zwangsversteigerung. Zeitschrift für die notarielle Beratungs-und Beurkundungspraxis (BNotZ), 2012: S. 163–165.

Saarbrücker Studien zum Privat- und Wirtschaftsrecht

herausgegeben von
Prof. em. Dr. Johann Paul Bauer
Prof. Dr. Dr. Dr. h.c. mult. Michael Martinek
Prof. Dr. Dr. h.c. Helmut Rüßmann

Die Schriftenreihe "Saarbrücker Studien zum Privat- und Wirtschaftsrecht" bildet in erster Linie ein Forum für rechtswissenschaftliche Doktorarbeiten der Universität des Saarlandes auf zwei juristischen Schwerpunktgebieten. Zum einen sollen Dissertationen im klassischen Privatrecht, vor allem im bürgerlichen Vermögensrecht der ersten drei Bücher des BGB und ihrer Nebengesetze vorgestellt werden. Zum anderen findet das Wirtschaftsrecht im Sinne des Wirtschaftsprivatrechts besondere Berücksichtigung, womit namentlich die Gebiete des Handelsrechts einschließlich des Bilanzrechts, des Personen- und Kapitalgesellschaftsrechts einschließlich des Konzernrechts, des Gewerblichen Rechtsschutzes sowie des Wettbewerbs- und Kartellrechts bezeichnet sind. Es versteht sich, daß nicht nur rechtsdogmatische Studien, sondern auch rechtstatsächlich, rechtspolitisch oder interdisziplinär angelegte Arbeiten in die Schriftenreihe Aufnahme finden. Denn die Rechts- und Wirtschaftswissenschaftliche Fakultät der Universität des Saarlandes vereinigt unter *einem* Dach die Fachbereiche Rechtswissenschaft und Wirtschaftswissenschaft und regt damit Studenten und Hochschullehrer in besonderer Weise zu fachübergreifender Lehre und Forschung an. Die Schriftenreihe steht aber nicht nur sehr guten und ausgezeichneten Dissertationen, sondern auch anderen "Studien" zu privat- und wirtschaftsrechtlichen Themen offen, bis hin zu Materialien und Skripten des akademischen Unterrichts. Die drei Herausgeber, die zugleich stellvertretend für ihre anderen Saarbrücker Fakultätskollegen des Privat- und Wirtschaftsrechts handeln, verbinden mit den "Saarbrücker Studien zum Privat- und Wirtschaftsrecht" den Wunsch, daß die hier veröffentlichten Arbeiten die verdiente Resonanz in der breiteren juristischen Fachöffentlichkeit finden.

Saarbrücker Studien zum Privat- und Wirtschaftsrecht

Herausgeber:
Johann Paul Bauer, Michael Martinek und Helmut Rüßmann

Band 1 Susanne Jaschinski: Die Haftung von Schwestergesellschaften im GmbH-Unterordnungskonzern. Ein Beitrag zum Konzernverfassungsrecht. 1997.

Band 2 Roman Sascha Ahnert: Die *actio individualis*. Ein Beitrag zur verfassungsrechtlichen Fundierung der Aktionärsklage bei sogenannten Aktien-Interessenverbänden. 1997.

Band 3 Torsten Peters: Der Cateringvertrag. Rechtstatsachen, Rechtsnatur und Rechtsprobleme eines modernen Dienstleistungsvertrags. 1998.

Band 4 Michael Meissner: Persönlichkeitsschutz juristischer Personen im deutschen und US-amerikanischen Recht. Eine rechtsvergleichende Untersuchung des allgemeinen Persönlichkeitsrechts juristischer Personen. 1998.

Band 5 Thomas Tegen: Joint Venture-Vertrag und Projektträgergesellschaft im amerikanischen und deutschen Recht. 1998.

Band 6 Gerhard Wolter: Treuhandrecht im Umbruch? Ein Blick nach Frankreich, Luxemburg, in die Schweiz und in den Libanon sowie auf das Haager Trust-Übereinkommen. 1999.

Band 7 Thomas Dehlfing: Das Recht der irreführenden Werbung in Deutschland, Großbritannien und Frankreich. 1999.

Band 8 Hanno Dornseifer: Börsentermingeschäfte und Börsentermingeschäftsfähigkeit. Zur börsengesetzlichen Behandlung von finanzwirtschaftlichen Festgeschäften, Options- und Optionsscheingeschäften. 1999.

Band 9 Patrick Lenz: Absatzförderung durch *zinssubventionierte* Darlehen. Eine wettbewerbs- und kartellrechtliche Studie zur Zulässigkeit von Niedrigzins-Kreditangeboten unter besonderer Berücksichtigung des Automobilmarktes. 1999.

Band 10 Mansur Pour Rafsendjani: Der Goodwill-Ausgleichsanspruch des Franchisenehmers. Ein Vergleich des deutschen, französischen und US-amerikanischen Franchiserechts. 1999.

Band 11 Jörg Hartmann: Juristische und ökonomische Regelungsprobleme des Insiderhandels. Eine rechtsvergleichende Darstellung USA – Deutschland. 1999.

Band 12 David Altmeier: Rückstellungsbilanzierung in Deutschland und Frankreich. Eine vergleichende Untersuchung der französischen Rückstellungsbilanzierung aus der Perspektive des deutschen Bilanzrechts. 1999.

Band 13 Barbara Günther: Aktivische Bilanzierungshilfen im deutschen und französischen Bilanzrecht. 1999.

Band 14 Bernhard Glasow: Vertikale Preisbindung, Wettbewerbstheorie und Wettbewerbsrecht in den USA, Deutschland und Europa. Bestandsaufnahmen, Kritik und Zukunftsperspektiven. 2000.

Band 15 Dorota Nowak-James: Der Börsenzugang für Anleger in Deutschland und Polen. Eine rechtsvergleichende Untersuchung zum deutschen Finanzkommissionsgeschäft und zum polnischen Brokerauftragsvertrag. 2000.

Band 16 Mathias Queck: Der Nießbrauch am Anteil einer offenen Handelsgesellschaft. Eine Form der (un-)mittelbaren Unternehmensbeteiligung. 2000.

Band 17 Ina Roth: Umweltbezogene Unternehmenskommunikation im deutschen und europäischen Wettbewerbsrecht. 2000.

Band 18 Jörg Preiss: Die Anwendung des markenrechtlichen Erschöpfungsgrundsatzes auf Dienstleistungsmarken. 2000.

Band 19 Kevin M. McDonald: Der Begriff der Dienstleistung im europäischen Binnenmarkt und WTO-System (GATS). 2001.

Band 20 Carolin Opgenhoff: Die europäische Fusionskontrolle zwischen Wettbewerbsrecht und Industriepolitik. 2001.

Band 21 Susanne Schäfer: Die Deliktsfähigkeit juristischer Personen. Eine rechtsvergleichende Untersuchung zur Übertragbarkeit des englischen Modells. 2001.

Band 22 Kay Diedrich: Die Interventionswirkung – Ausprägung eines einheitlichen Konzepts zivilprozessualer Bindungswirkung. 2001.

Band 23 Michael Fröhlich: Zentrale Institutionen des deutschen Urheberrechts und des französischen Droit d'auteur auf dem Prüfstand der elektronischen Netzwerke. 2001.

Band 24 Joël Benjamin Münch: Abtretungsverbote im deutschen und französischen Recht. Rechtsvergleichende Untersuchung der Übertragungshindernisse im deutschen und französischen Forderungsverkehr als Beitrag zu einer weiteren Schuldrechtsvereinheitlichung in Europa. 2001.

Band 25 Monika Prieß: Der Begriff des Sachmangels im deutschen und englischen Kaufrecht. Reformbedarf aufgrund der Verbrauchsgüterkauf-Richtlinie 1999/44/EG. 2001.

Band 26 Katharina Siegel: Produkthaftung im polnischen, tschechischen und slowenischen Recht. 2001.

Band 27 Carolin Kühne: Die gesetzliche Form der Rechtsgeschäfte im deutschen und italienischen Recht. Eine rechtsvergleichende Untersuchung. 2002.

Band 28 Nina Scherf: Die Nachschußpflicht im Gesellschaftsrecht. Eine rechtsformübergreifende Bestandsaufnahme, Analyse und Kritik. 2002.

Band 29 Marc Laukemann: Fernsehwerbung im Programm. Die zunehmende Kommerzialisierung des Fernsehprogramms im Zeitalter einer Ökonomisierung der Aufmerksamkeit als verfassungs-, wettbewerbs- und rundfunkrechtliches Problem. 2002.

Band 30 Michael Bo Jaspers: Nachträgliche Rechtswahl im internationalen Schuldvertragsrecht. Unter besonderer Berücksichtigung der Rechtspraxis in England, Frankreich, Dänemark und Deutschland. 2002.

Band 31 Christina Pernice: Die Insolvenzverschleppung durch das Geschäftsführungsorgan der kleinen Kapitalgesellschaft im deutschen, französischen und englischen Recht. Eine rechtsvergleichende Untersuchung zur Entwicklung eines europäischen Lösungsansatzes. 2002.

Band 32 Anne Christine Janert: Der sachliche und persönliche Anwendungsbereich des deutschen Verbraucherkreditrechts und des britischen Consumer Credit Act 1974. Ein Beitrag zu den Möglichkeiten und Grenzen verbraucherrechtlicher Harmonisierung in Europa. 2002.

Band 33 Annette Trost: Faktische Sitzverlegung unter Sitz- und Gründungstheorie im Vergleich. Unter besonderer Berücksichtigung ihrer gesellschafts- und zivilrechtlichen Folgewirkungen. 2003.

Band 34 Esther Cordula Hilpert: Die Gründerhaftung in der Gesellschaft mit beschränkter Haftung in Deutschland, Frankreich und England. 2003.

Band 35 Wei-ming Liao: Die Schiedsgerichtsbarkeit in Taiwan. Unter besonderer Berücksichtigung der internationalen Handelsschiedsgerichtsbarkeit und mit Hinweisen zu der Entwicklung in Deutschland. 2003.

Band 36 Stefan Stork: Sitzverlegung von Kapitalgesellschaften in der Europäischen Union. Zur Reichweite der Niederlassungsfreiheit unter Berücksichtigung der positiven und der negativen Integration. 2003.

Band 37 Marc Pfeffer: Interbrand-Kartellverbot und Intrabrand-Vereinbarungen. Die Ablösung horizontaler und vertikaler Eingriffsmerkmale im GWB zu Gunsten einer Betrachtung produktexterner und -interner Wettbewerbsfaktoren. 2003.

Band 38 Nicole Burkardt: Der arbeitsrechtliche Aufhebungsvertrag. Einvernehmliche Beendigung von Arbeitsverhältnissen unter Berücksichtigung der Rechtslage nach der Schuldrechtsreform. 2004.

Band 39 Christian Schmeling: Die Entlastung von Mitgliedern geschäftsführender Organe im Recht der Kapitalgesellschaften. Eine rechtsvergleichende Studie zum deutschen, schweizerischen und französischen Recht. 2004.

Band 40 Andreas Wolf: Wege zur virtuellen Haupt- und Gesellschafterversammlung. Eine vergleichende Untersuchung über die Einbeziehung elektronischer Medien in die Hauptversammlung einer Aktiengesellschaft und die Gesellschafterversammlung einer GmbH. 2004.

Band 41 Bianca Natalie Baldus: Der elektronisch geschlossene Vertrag mit Schiedsabrede. Zulässigkeit und anwendbares Recht in nationalen und internationalen Schiedsverfahren. 2004.

Band 42 Vania Dilek: Der Wettbewerbsschutz in Bulgarien und in der Russischen Föderation während des Übergangs vom Dirigismus zur Privatautonomie. 2004.

Band 43 Rudolf Lenders: Treuhand am Gesellschaftsanteil. Die Einbindung des Treugebers in das gesellschaftsrechtliche Organisationsgefüge. 2004.

Band 44 Weizuo Chen: Rück- und Weiterverweisung (Renvoi) in staatsvertraglichen Kollisionsnormen. 2004.

Band 45 Stefan Hahn: Neue Ansätze im Anlegerschutz durch die Ad-hoc-Publizität des § 15 WpHG. 2004.

Band 46 Pietro Graf Fringuelli: Internet TV. Filmurheberrecht im Internet. 2004.

Band 47 Caspar Frhr. v. Schnurbein: Missbrauch von Minderheitsrechten im deutschen und italienischen Aktienrecht. 2005.

Band 48 David Kereselidze: Der allgemeine Teil des Georgischen Zivilgesetzbuches von 1997. Eine rechtsvergleichende Untersuchung. 2005.

Band 49 Miguel A. García Mateos: Das neue Recht der Namensaktie. Bestandsaufnahme, Analyse und Kritik. 2005.

Band 50 Christine Eckstein-Puhl: Prozessbetrug im Schiedsverfahren. Eine Studie zu den vom erschlichenen Schiedsspruch aufgeworfenen Fragen des Aufhebungsverfahrens gemäß § 1059 ZPO. 2005.

Band 51 Steffen Paulmann: Wirksamkeit von Haftungsausschlüssen und -begrenzungen im deutsch-französischen Warengeschäftsverkehr. Unter besonderer Berücksichtigung der UNIDROIT-Principles und der Principles of European Contract Law. 2005.

Band 52 Ina Krischek: Wirtschaftsmediation als alternatives Streitbeilegungsverfahren. Gerichtsverfahren, Schiedsverfahren und Mediation im Vergleich. 2005.

Band 53 Olaf Pick: Verkehrspflichten und Handlungsfreiheit des „Schädigers". 2005.

Band 54 Thomas Paul: Die Gesellschafterfähigkeit von Gesamthandsgemeinschaften. 2005.

Band 55 Dieter Friedrich Unger: Das Recht der Kapitalaufbringung und -erhaltung bei der Aktiengesellschaft im Rechtsvergleich Deutschland, Österreich und Schweiz. Eine Analyse des Kapitalsicherungsrechts in Deutschland, Österreich und der Schweiz. 2006.

Band 56 Nicole Schröder: Perspektiven der Europäisierung des GmbH-Rechts und der Europäischen Privatgesellschaft vor dem Hintergrund der Europäischen Aktiengesellschaft. 2007.

Band 57 Ivo du Mont: Die Kombination von Rücktritt und Schadensersatz im neuen Schuldrecht. Eine ökonomische und rechtsvergleichende Analyse am Beispiel des Kaufvertrags. 2007.

Band 58 Matthias Kühn: Umweltschutz durch Privatrecht. Eine Studie zur ökologischen Analyse der privatrechtlichen Schutzrechte und des Vertragsrechts in Deutschland und England. 2007.

Band 59 Komninos Komnios: Die elektronische Signatur im deutschen und griechischen Recht. 2007.

Band 60 Matthias Kühl: Die Gewinnzusage nach § 661a BGB. Dogmatische Einordnung und rechtsvergleichende Untersuchung. 2007.

Band 61 Barbara Jeanne Attinger: Der Mittelpunkt der hauptsächlichen Interessen nach der EuInsVO – erfolgreiches Konzept oder Quelle der Rechtsunsicherheit? Eine Auseinandersetzung mit dem Zuständigkeitskriterium der Europäischen Insolvenzverordnung unter Heranziehung der Erkenntnisse der ökonomischen Analyse des Rechts. 2008.

Band 62 Dorothee Stober: Der deutsch-schweizerische Erbfall. Eine rechtsvergleichende und international-privatrechtliche Analyse. 2009.

Band 63 Daniel Marc Protz: Das zivilrechtliche Anforderungsprofil mezzaniner Strukturen der Unternehmensfinanzierung. 2009.

Band 64 Manuela Schäfer: Die Verträge zur Durchführung des Schiedsverfahrens. Analyse und Vergleich zweier Lösungsmodelle am Beispiel des deutschen und US-amerikanischen Rechtsraums. Teil I und Teil II. 2010.

Band 65 Ionut Raduletu: Der Schutz von Minderheitsaktionären nach rumänischem und deutschem Aktienrecht unter Berücksichtigung des EU-Acquis. 2010.

Band 66 Christoph Köhler: Lastschriftverfahren in der Insolvenz des Schuldners. Im Lichte der neuen BGH-Rechtsprechung. 2010.

Band 67 Stefan Weiland: *Par condicio creditorum*. Der insolvenzrechtliche Gleichbehandlungsgrundsatz und seine Durchbrechungen zugunsten öffentlich-rechtlicher Gläubiger. 2010.

Band 68 Philipp Ehring: Die Due Diligence im Spannungsverhältnis zwischen kaufrechtlichem Haftungssystem und vertraglicher Gestaltung. 2010.

Band 69 Jochen Hell: GmbH-Mantelverwendung. Haftung und Verantwortlichkeit jenseits der „wirtschaftlichen Neugründung". 2010.

Band 70 Ge Jiang: Das GmbH-Recht in China aus rechtsvergleichender Sicht. Analyse, Kritik und Verbesserungsvorschläge. 2011.

Band 71 Michael Helmut Wildscheck: Das Recht des Unternehmenskaufs in Deutschland und Frankreich unter besonderer Berücksichtigung von Garantieklauseln. Eine rechtsvergleichende Studie zur deutschen und französischen Kautelarpraxis. 2011.

Band 72 Britta Wagner: Haftungsrisiken aus Liquiditätszusagen und Patronatserklärungen in der Unternehmenskrise. 2011.

Band 73 Manuel Karb: Energiepreiskontrolle. Eine Untersuchung der Entgeltkontrolle auf den verschiedenen Energiemärkten nach Energiewirtschaftsrecht, deutschem und europäischem Wettbewerbsbeschränkungsrecht und allgemeinem Zivilrecht. 2011.

Band 74 Bernd Steffen Bertelmann: Das BGB-Zahlungsdiensterecht im Kontext der Single Euro Payments Area. Leitlinien zur richtlinienkonformen Auslegung unter vergleichender Berücksichtigung des britischen und französischen Rechts. 2011.

Band 75 Susanne Niesse: Die leistungsstörungsrechtlichen Grundstrukturen des deutschen, französischen und englischen Unternehmenskaufrechts im Vergleich. 2012.

Band 76 Zhong Ren: Wahrheitspflicht und Kooperationsmaxime im Zivilprozess in Deutschland, Japan und China. 2013.

Band 77 Giga Gabrichidze: Der Prozess der Angleichung des georgischen Wettbewerbsrechts an das Recht der Europäischen Union. 2013.

Band 78 Stephan Wachs: Flucht aus der kartellrechtlichen Bußgeldverantwortung? Unternehmensrestrukturierung und Haftungsnachfolge im deutschen und europäischen Bußgeldrecht. 2013.

Band 79 Max Jakob Rösch: Gesellschafterfremdfinanzierung, Gläubigerschutz und Gläubigerrisikoverantwortung. Die insolvenzrechtliche Sonderbehandlung der Gesellschafterfremdfinanzierung als Ausdruck von Gläubigerschutz und Gläubigerrisikoverantwortung der Gesellschafter. 2013.

Band 80 Sinan Okur: Eine kritische Untersuchung zu den Rechtsbehelfen des Käufers im alten und im neuen türkischen Warenkaufrecht. Zugleich ein Beitrag zu der Harmonisierung des türkischen Warenkaufrechts im Lichte des CISG, BGB und der europäischen Vertragsrechtsharmonisierung. 2013.

Band 81 Dagmar Julia Mathieu: Der Kampf des Rechts gegen erpresserische Aktionäre. Bestandsaufnahme, Kritik und Perspektiven. 2014.

Band 82 Matthias Michael Kappel: Der Grundschuldsicherungsvertrag als Wandlung eines Treuhandverhältnisses. Ein Beitrag zur Überwindung der Dichotomie von Sicherung und Treuhand. 2014.

www.peterlang.com